JN437062

글로벌 무역문화론

권 오 | 홍승린 공저

도서출판 두남

머리말

글로벌 무역문화는 무역거래의 관행을 형성하게 된 세계 각국의 무역환경 중에서 무역상담문화, 초대문화, 식사문화, 선물문화, 행태문화 등을 의미하는 것으로 한정지었다. 실제적으로 글로벌 무역문화를 형성하는 배경에는 정치, 경제, 사회, 문화 등 다양한 요소가 존재한다. 정치적으로는 정치형태와 국가체제 및 민족구성 형태, 경제적으로는 빈부의 격차와 국민 소득수준 및 국가경제발전단계, 사회적으로는 국민성과 종교 및 생활형태, 문화적으로는 질서의식과 국민정서 수준 및 역사적 배경 등이 세부요소로 정리하여야 할 요소로 보았다. 세계 각국의 독특한 문화를 전체적으로 자세하게 다룰 수는 없었다. 글로벌 무역문화라는 용어를 사용한 것도 이러한 한계점을 나타내려고 사용한 용어이다.

글로벌 무역문화를 무역상담과 연결시킨 이유는 무역거래자는 각국의 무역업계에서 형성된 관습과 관행을 모두 체득할 수 없기 때문이다. 무역거래자는 무역상담(貿易商談)을 진행하는 중에 각국의 무역업계에 형성된 관행과 관습이 해당국의 전통적인 문화와 직접적인 연관성이 있다는 점을 터득하게 된다. 이러한 경우 무역거래자를 시행착오를 겪으면서 시간과 경비를 낭비하는 비효율적인 일이 발생한다. 이러한 점을 해결하기 위해서 본 책에서는 제1부에 글로벌 무역문화의 형성배경을, 제2부에 글로벌 지역의 무역문화에 대한 내용을 기초적인 내용만 함축하여 다음과 같이 설명하였다.

첫째, 제1부에서는 글로벌 무역문화의 형성에 대하여 글로벌 무역의 발생원인과 글로벌 기업의 경영전략 그리고 글로벌 기업이 실제업무에서 적용할 수 있는 상황 등을 중심으로 설명하였다. 즉 제1장 글로벌 무역문화와 무역상담, 제2장 글로벌 무역의 기조이론, 제3장 글로벌 세계의 경제통합과 상호이해, 제4장 글로벌 기업의 국제경영과 위험, 제5장 글로벌 기업의 해외진출과 마케팅, 제6장 글로벌 기업의 무역계약 준비와 체결. 제7장 글로벌 기업의 무역계약 이행, 제8장 글로벌 기업의 전자무역 등으로 분류하여 설명하였다.

둘째, 제2부에서는 글로벌 지역의 무역문화에 대한 설명을 위하여 글로벌 지역별 국가의 무역문화에 대한 내용을 일반 개요, 무역상담 문화, 초대문화 · 식사문화 · 선물문화 등으로 대별하여 국가별로 서로 비교할 수 있도록 하였다. 일반 개요에는 국가의 특징, 국민성, 사회관습의 내용을, 무역상담 문화에서는 시간관념, 무역상담 전략, 무역상담 결정형식, 무역상담 유의점에 관한 내용을, 초대문화 · 식사문화 · 선물문화에서는 각국의 특징에 대한 내용을 설명하였다. 그래서 세부적으로 제9장 아시아지역의 무역문화, 제10장 오세아니아지역의 무역문화, 제11장 중동지역의 무역문화, 제12장 북미지역의 무역문화, 제13장 중남미지역의 무역문화, 제14장 유럽지역의 무역문화, 제15장 아프리카지역의 무역문화 등으로 분류하여 설명하였다.

이와 같은 구성으로 본 책은 국제무역에 관련된 글로벌 무역문화를 포괄적으로 이해하고 무역상담에 응용할 수 있도록 관련된 전공서적들을 근거로 하여 설명하였으나 글로벌 무역문화의 범위가 광범위하고 무역관행이나 관습의 변화가 극심한 까닭에 충분하게 설명하지는 못하였다. 더욱이 지역별 글로벌 문화에 대해서는 직접 해당국을 방문하고 수집한 자료를 근거로 설명하는 것이 타당하지만 모든 국가를 방문하지 못한 관계로 인터넷을 통한 간접조사가 대부분을 이루고 있다. 이러한 이유로 국가별로 수집한 자료의 내용과 수준에 있어서 많은 편차를 보였기 때문에 체계에 일관성이 부족하고 학문적 깊이가 고르지 못한 점이 곳곳에 나타나고 있다. 더욱이 본 책을 저술하면서 활용한 모든 자료에 대한 근거를 충분하게 표시하지 못한 점을 부끄럽게 여기고 있다. 이러한 부족한 점들은 발간된 내용을 근거로, 연구를 거듭하면서 독자 여러분들의 비판과 지도를 수렴하여 다음 개정을 할 때에 수정하려고 한다.

끝으로 본 책은 한성대학교 교내학술연구비의 지원을 받아 발간되었음을 밝히며 출판계의 어려운 실정 속에서도 이 책을 간행하는 데에 적극 협조하여 주신 도서 출판 두남의 전두표 사장님과 편집부 직원 분들에게 감사를 드린다.

2014. 8.

저자 씀

차 례

Part 01 글로벌 무역문화의 형성 / 13

Part 02 글로벌 지역의 무역문화 / 129

글로벌 무역문화의 형성

글로벌 무역문화와 무역상담

제1절 글로벌 무역문화의 형성

1. 글로벌 무역문화의 의의

글로벌은 자국의 독창성을 배경으로 타국의 독창성을 인정하면서 세계 각국의 국민과 협력하며 경제적 복지수준을 향상시키는 데에 목적을 가지고 있다. 글로벌 시대에는 정신적으로 세계화의 신념을 가지고 타국 문화를 수용할 수 있는 기업과 사람이 필요하다. 문화는 각국의 국민들이 지니는 행태와 주변 환경이 조화를 이루면서 전통적으로 계승되는 정신 및 행동양식이다. 그래서 문화는 국가별로 또는 국가를 이루고 있는 정치, 경제, 사회 등과 같은 분야에서 각각의 특성이 존재한다. 세계를 구성하고 있는 국가의 정치제도와 정치적 여건, 경제제도와 경제적 여건, 사회제도와 사회적 여건, 문화제도와 문화적 여건, 전통적인 문화유산 등은 서로 유기적인 관계를 유지하고 있다. 이러한 이유로 글로벌 무역문화는 각국의 언어와 생활방식에 근거한 문화를 배경으로 무역업계에서 발달한 관행과 관습이라 할 수 있다.

2. 글로벌 무역문화의 형성배경

(1) 정치문화

글로벌 지역에서 존재하는 정치제도는 집단을 하나의 제도 속에서 정신적, 경제적, 사회적 성향을 한 방향으로 이끌어가는 수단이기 때문에 중요한 것이다. 정치제도가 어떻게 형성되고 운영되는가에 따라 글로벌 무역문화도 차이를 보이게 된다.

(2) 사회문화

글로벌 지역에서 사회문화를 구성하는 요인으로는 언어, 가족제도, 종교, 교육제도, 시간관념 등을 들 수 있다. 언어는 동일한 관념을 표시하는 것으로 문화형성에 기초가 되는 수단이다. 동일한 언어를 사용하면서 동일한 인식을 가지고 생활하고 있다는 것을 깨닫게 하는 것이 언어문화이다. 가족은 인간으로서 최초이자 가장 최소의 집단이다. 가족관계는 인간관계를 결성하는 최초의 문화이기 때문에 혈연관계, 인간관계, 조직관계, 연령관계, 성별관계, 결혼관계 등이 차이를 보이고 이를 중심으로 마을이 형성되고 국가가 형성되는 것이다. 복장과 장식은 동일한 집단을 상징하는 전통적 수단이다. 동일한 복장과 장식을 함으로써 의복문화를 형성할 수 있는 것이다. 종교는 동일한 정신세계를 추구하는 구심체로서 하나의 문화를 형성한다. 종교는 개인의 정신세계를 인정하고 존중하는 것이기 때문에 중요한 문화가 되는 것이다. 교육제도는 교육의 기회가 집단 내의 모두에게 제공될 수 있었는가와 집단 내에서 교육의 기회를 어떻게 이해하고 동참하였는가에 따라 결과가 다르게 나타난다. 국민의 지적수준과 인성을 어느 방향으로 교육시키는가에 따라 서로 다른 교육문화가 형성된다. 시간관념은 개인생활 습관에서 차이를 찾는 것이 일반적이지만 동일한 집단 내에서는 유사한 양상을 보인다. 시간관념은 집단이 위치한 환경여건에 따라 다른 시간문화를 형성하는 요인이 된다. 결국 사회문화가 글로벌 무역문화의 형성배경이 되는 것이다.

(3) 식사문화

글로벌 지역에서 식사방법과 식사도구 그리고 음식은 동일한 집단 내에서만 통용되는 문화이다. 식사도구의 사용여부와 음식종류의 독창성은 그 집단 내에서 형성되어 온 음식문화이기 때문에 글로벌 무역문화의 형성배경이 되는 것이다.

제2절 글로벌 무역문화의 실제

1. 글로벌 무역문화와 무역상담 문화

(1) 글로벌 무역문화와 무역상담의 의의

무역상담(貿易商談)은 무역을 성사시키기 위하여 이루어지는 기초단계이고 지속적인 단계이며 최종단계로서의 대화와 문화의 적응과정을 포함하는 의미이다. 그러므로 무역상담은 자기중심적인 사고방식에서 벗어나 상대방에 대한 이해를 하는 데에서 출발한다. 무역상담은 무역거래자가 무역거래와 관련한 정보를 사전에 조사하여 거래를 유리하게 성사시키려는 의도로 이루어진다. 그래서 무역상담의 방식은 국가별로 다른 문화가 존재한다는 인식을 전제로 시작한다.

무역상담은 글로벌 무역문화의 이해와 존중을 배경으로 한다. 글로벌 무역문화의 이해와 존중은 무역에서 필요한 행동양식이다. 무역을 하는 데에는 상대방이 있기 때문에 상대방에 대하여 예의범절을 갖출 때에만 필요한 것을 얻게 되는 것이다. 무역에서는 이해관계가 존재하지만 글로벌 무역문화에서는 이해관계가 성립하지 않고 상대방에 대한 존중과 배려, 고마움과 감사함이 존재할 뿐이다. 그러므로 무역상담은 글로벌 무역문화의 이해와 존중을 바탕으로 시작하고 진행하여 목표를 달성하는 데에 의의가 있는 것이다.

(2) 글로벌 무역문화와 무역상담 자세

1) 상대방에 대한 예의

무역거래자는 복장을 단정하게 하여 무역상담이 진지하게 진행할 수 있도록 유도하여야 한다. 무역거래자는 단기적인 목표의 달성보다는 장기적인 안목에서 무역상담 시간약속부터 상담과정 중, 그리고 마무리 단계까지 상대방을 존중하는 마음을 가지고 성실하게 진행하여야 한다. 자신의 입장보다는 상대방의 입장을 배려하고 무역상담 내용에 대해서는 최선을 다하여 관철해 주겠다는 사실을 인지시켜야 한다.

2) 침착하며 순발력 있는 대처

무역거래자는 침착한 태도로 무역상담을 하여야 한다. 무역상담시에는 예기치 않은 다양한 조건들이 제시되는 경우가 많다. 무역상담은 정해진 순서에 따라 진행되는 법이 없다. 예상하지 않은 제안을 받거나 예상한 제안이라 할지라도 의사결정권의 권한 범위 내에서 침착한 태도를 보일 때 상대방도 신뢰하게 되는 것이다.

3) 글로벌 무역문화의 이해와 수용

① 글로벌 무역문화의 이해

㉠ 해당 문화권에 대한 사전조사

무역거래자가 타국의 문화를 긍정적으로 인정하고 융화를 할 수 있는가의 여부는 무역상담의 성패를 좌우하는 관건이 된다. 무역거래자는 타국의 문화에 대하여 긍정적이고도 유연성을 가진 융화의 태도를 가져야 한다. 그래서 타국에 무역상담을 위하여 출장을 하는 경우에는 해당 국가의 문화에 대하여 이론적으로 알고 있는 것과 현실적으로 경험해야 할 것에 대하여 사전에 대비를 하여야 한다.

㉡ 해당 문화권의 언어 교습

무역거래자가 출장을 가는 경우에 해당 문화권의 언어에 미숙하다면 가장 필요한 말만 습득하고 출발하여야 한다. 음식 시키는 것과 숙박하는 것과 화장실 등을 찾는 것 등이 가장 시급한 사항일 것이다. 오늘날에는 다양한 언어교재가 개발되어 있기 때문에 간단한 문장을 구사할 수 있는 언어교재를 가지고 출발하는 것도 방법이다. 가장 문제가 되는 것은 업무에 관한 일인데 사안이 급한 경우에는 통역을 고용하여야 한다. 통역을 고용하는 경우에는 정보의 전달성, 정보의 보안유지 등과 같은 문제를 충분하게 고려하여 결정하여야 한다.

㉢ 해당 문화권의 생활체험

무역거래자가 출장을 가는 경우에 사전에 현지문화를 체험하는 것이 해당 문화권을 이해하는 데에 도움이 된다. 해당 문화권을 다녀오거나 이민을 온 사람을 찾아 정보를 축적하는 것도 방법이다. 미래를 위한 계획이 있다면 원하는 국가의 대사관이나 문화원을 찾아 해당국가에 대한 정보를 찾거나 해당국의 문화를 체험하는 방법을 모색하는 것도 생각해 볼 수 있다.

㉣ 해당 문화권의 인정

무역거래자가 해당국을 방문하였더라도 그 나라 전체를 샅샅이 살펴 본 것도 아니고 출장 중에 접한 극히 소수의 사람이 그 나라 민족성를 대표하거나 문화의 전통계승자도 아니기 때문에 그 나라의 문화를 예단해서는 안 된다. 음식대접을 받고 전혀 다른 맛에 당황할 수도 있고 특유의 맛으로 인하여 전혀 입에 대고 싶지 않는 상황도 발생할 수 있다. 화장실의 구조가 자국과 달라 용변을 참아야 하는 고충도 발생할 수 있다. 대부분 국가에서는 민족분쟁, 종교계의 갈등, 사회의 이중구조, 교육수준의 격차 등으로 인한 사회적 갈등을 극복하기 위하여 최선의 방향으로 운영하고 있다.

② 글로벌 무역문화의 수용

㉠ 해당 문화권의 수용계획 수립

무역거래자가 해당국을 방문하는 경우에 글로벌 무역문화와 관련하여 해결하여야 할 문제는 현지인과의 인간관계 형성, 현지문화와 자국문화의 차이에서 오는 괴리감의 해결 등이다. 이를 해결하기 위해서는 현지에서 판단하고 결정할 수 있는 권한을 부여하여 무역상담 활동에 대한 자신감을 높여 주어야 기업의 목적을 위한 지식이나 기술 등도 습득할 수 있는 여유를 가지고 업무를 추진할 수 있다.

글로벌 무여문하를 사원에게 습득시키기 위해서는 해외영업부 등과 같은 기업조직이 주도권을 가지고 사원에 대한 언어교육, 현지문화 적응계획 등을 수립하여 다양한 위험에 대처하여야 한다. 글로벌 기업이 해외시장의 확장을 위하여 현지인 등을 채용하는 경우 문화의 이질성으로 인하여 상당한 기간 시행착오를 겪게 된다.

㉡ 해당 문화권의 수용훈련 실제

㉮ 수용훈련 기본방향

무역거래자의 글로벌 무역문화 수용을 위한 훈련은 무경험자와 경험자를 구분하여 실시할 수 있다. 무경험자와 경험자에 따라 타국 문화에 대한 선입견이나 편견의 차이가 발생하지만 양자 모두 현지에서 발생하는 다양한 상황을 모두 경험할 수는 없기 때문에 기업이 원하는 업무를 일정한 틀에 맞추어 추진할 수는 없다. 특히 인간관계를 형성하는 단계는 개인의 능력차에 따라 전혀 다르기 때문에 현지에서 직접 체험하고 시행착오를 겪으면서 경험을 축적할 수 있도록 순발력과 응용력을 발휘하는 것을 유도하는 훈련이 필요하다.

㈏ 수용훈련 방법

무역거래자의 글로벌 무역문화 수용을 위한 훈련 방법으로는 지식강화훈련, 지역환경훈련, 형평인식훈련, 문화체험훈련 등이 있다. 지식강화훈련은 다른 문화에 대한 직접적 정보와 간접적 정보를 수합하여 활용하는 훈련이다. 직접적 정보는 현지에 파견된 자사의 영업소 또는 지사의 사원 등으로부터 얻은 정보를 활용하는 것이고 간접적인 정보는 각종 홍보매체를 통하여 획득한 정보를 활용하는 것이다. 지역환경훈련은 현지 지역과 자연환경이 유사한 상황을 조성하여 현지인의 생활방식 등을 체험하는 훈련이다. 현지인의 시간관념, 의복, 인사방법 등을 체험하고 이해하는 훈련이다. 형평인식훈련은 자국 문화의 독창성과 긍지감을 갖는 교육을 우선으로 하고 그 결과를 타국 문화의 독창성을 인정하도록 발전시키는 훈련이다. 형평인식훈련은 현지인의 문화인식과 동화를 위한 것으로 타국 문화를 배척하는 등과 같은 오만함, 자국 문화에 대한 교만함 등을 감소시키는 데에 목적이 있다. 형평인식훈련은 타국 문화에 대한 수용자세와 동화자세를 상대방에게 전달하여 현지인과 인간적으로 신뢰할 수 있는 인간관계를 어떻게 형성하는가를 모색하여 실제의 상황에서 발휘할 수 있도록 훈련하는 방법이다. 문화체험훈련은 자국에 주재하는 이민자 또는 체류자 등을 중심으로 친목단체나 문화교류단체 등을 결성하여 해당 국가의 초대문화, 식사문화, 선물문화, 생활문화 등을 체험하는 훈련이다. 해당 지역에 형성되어 있는 관념, 관행, 관습 등을 직접 체험하여 현지문화에서 일반화되어 있는 사회인식과 행동양식 등을 분석하고, 문화적 가치를 판단하는 훈련이다.

(3) 글로벌 무역문화와 무역상담 기법

1) 합리적인 수준의 무역거래정보 제공

무역거래자가 무역상담시에 주의해야 할 일은 관련된 거래정보를 상대방에게 어느 정도의 수준으로 제공하는가에 대한 문제이다. 무역상담을 하는 경우에는 제품에 대한 정보의 상당부분이 노출되기 마련이다. 신제품의 경우에는 제품제작에 대한 기술 및 디자인이 노출되는 위험을 감수하여야 한다. 그래서 무역상담에 참여하는 상대방이 원하는 정보는 어떠한 수준인가를 확인하는 것은 어렵지만 한 번에 모든 정보를 제공하는 것보다는 상대방의 의사를 경청하면서 그에 맞는 정보를 정확한 시기에 맞추어 합리적으로 제시하는 것이 바람직하다.

2) 정확한 질문과 답변

무역거래자가 무역상담시에 자신의 직무에 맞는 정확한 질문이나 답변이 이루어져야 순조롭게 진행을 할 수 있다. 직무에 부여된 권한을 벗어나는 질문이나 답변이 필요한 경우에는 무역상담시간을 연장할 수 있는 방법을 모색하여야 한다. 즉각적인 답변을 회피하고 상급자와 상의할 시간을 확보하여야 한다.

3) 적극적인 상담자세

무역거래자는 무역상담시에 내용에 대하여 분명한 목적의식을 가지고 그 의사를 상대방에게 전달하여야 한다. 상대방이 쉽게 판단할 수 있도록 요약하여 전달하는 것이 필요하다. 무역상담은 되도록 본론 내지 결론적인 부분부터 의사를 밝히고 빠른 시간 내에 결론을 도출할 수 있도록 통계 등을 활용하여 설명하는 것이 좋다. 그리고 무역상담의 요지를 논리적으로 전달하여 상대방을 설득하여야 한다. 적극적인 상담자세라는 것은 상대방이 충분한 판단을 할 수 있도록 베푸는 배려를 포함한다. 그러므로 상대방에 대한 관습이나 관행 등을 숙지하여 상대할 때에 효과가 크다.

4) 긍정적인 화법

무역거래자는 무역상담시에 긍정적인 화법을 구사하여야 한다. 상대방의 관심수준에 맞추어 상담을 진행하되 상대방의 전통문화나 사회문화 등에 관하여 좋은 면만 칭찬하고, 좋지 않은 면에 대해서는 가급적 회피하는 것이 좋다. 제3자에 대한 비판이나 비평을 하는 경우에는 신중한 자세로 그 의도를 간파하여야 한다. 상대방이 경쟁회사에 대하여 의견을 제시한다고 하더라도 장점을 부각시키는 것이 바람직하다.

5) 전문성에 입각한 화법

무역거래자는 무역상담시에 자사제품에 대하여 차별화할 수 있는 전문성을 입각한 화법을 구사하여야 한다. 상대방이 제품의 기능 등에 대하여 혹은 부작용 등에 대하여 질문을 하는 경우 전문성을 가진 답변을 하여야 한다. 경쟁회사의 제품과 비교하여 기능면에서 어떤 차별성이 있는가에 대하여 초점을 두고 자료 없이 설명할 수 있을 정도로 전문성에 입각한 화법을 구사하여야 한다. 차별성에 있어서는 서비스의 내용 등, 디자인의 기능적 장점 등, 가격의 경쟁성 등, 주 공급처 또는 판매처 등을 제시하여야 한다.

(4) 글로벌 무역문화와 무역상담 유형

1) 1팀 면담 관행

① 1팀 면담 관행의 의미

글로벌 무역문화에서 무역거래자가 무역상담 약속시간에 상대방 1팀만 면담하는 관행이 있다.

② 1팀 면담 관행의 장단점

무역상담 약속시간에 1팀만 면담하는 경우에는 무역상담에 집중하여 충족도를 높일 수 있다. 또한 일정한 시간계획에 따라 무역상담이 진행되기 때문에 당사자들이 다음 시간계획을 수립하거나 다른 업무를 수행하는 데에 정확성을 기할 수가 있다. 그리고 자신이 존중받는다는 심리적 충족감도 만끽할 수 있다. 그렇지만 약속된 시간 내에 무역상담의 목적을 달성하여야 한다는 심리적 부담이 있다. 이러한 1팀 면담 관행은 인간관계보다는 업무관계를 중요시하는 것으로 시간관념이 철저한 중부유럽, 북구, 미국, 앵글로 색슨계 국가에 존재한다.

2) 다수 팀 동시 면담 관행

① 다수 팀 동시 면담 관행의 의미

글로벌 무역문화에서 무역거래자가 무역상담 약속시간에 다수 팀을 동시에 면담하는 관행이 있다.

② 다수 팀 동시 면담 관행의 장단점

다수 팀 동시 면담 관행은 약속된 시간에 다수의 상대방을 면담하는 것이기 때문에 시간상 효율적인 면이 있다. 약속된 시간에 대한 구속감을 전혀 갖지 않기 때문에 무역상담자들이 심리적으로 여유를 가지고 무역상담에 응할 수가 있다. 그렇지만 일정한 시간계획에 따라 업무를 수행하거나 무역상담 내용에 집중할 수 없다. 무역상담자가 약속된 시간 내에 거래를 성사시키려는 성의가 없어 보이는 경우가 많다. 이러한 관행이 존재하는 국가에서는 시간약속과 무관한 태도로 무역상담을 진행하기 때문에 시간약속을 철저히 지키는 국가의 무역거래자는 난처한 경우를 만날 수 있다. 이러한 다수 팀 동시 면담 관행은 주로 업무관계보다는 인간관계를 중시하는 것으로 시간관념에 구애받지 않는 중동, 중남미, 남부유럽, 라틴계 유럽계의 국가에 존재한다.

(5) 글로벌 무역문화와 무역상담 실제

1) 첫 인사와 호칭

① 명함교환

글로벌 무역문화에서 상대방과 대면할 때, 첫인사는 무역거래의 성사와 밀접한 관계를 갖는다. 첫인사를 나누는 경우에는 먼저 상대방에 대하여 정확하게 파악하고 상대방에 맞는 호칭을 사용하는 것이 중요하다. 대면할 때에 상대방과 명함을 교환하는 경우에는 상대방이 읽기 쉽도록 명함을 건네주어야 한다. 그리고 상대방으로부터 명함을 받으면 진지하게 확인을 하고 다시 이름과 직위 또는 직함을 반복하여 확인하면서 정중한 태도로 명함케이스에 넣어 두는 것이 중요하다. 명함을 교환할 때에 상대방의 명함을 성의 없는 태도로 훑어보거나 하여 상대방을 호칭할 때에 이름이나 직위, 직함 등을 틀리게 호칭하는 경우에는 큰 결례가 된다. 외모를 보고 상대방의 직위나 직함을 판단하면 위험하다.

② 호칭

글로벌 무역문화에서 상대방과 대면할 때, 명함을 교환하고 호칭하는 경우 성명 뒤에 특별한 직위나 직함등과 같은 사회적 지위 등을 나타내는 명칭을 붙이는 경우가 있는데 이는 중요한 사항이다. 상대방을 호칭할 때에는 씨(Mister:(Mr.), 부인(Mistress: Mrs.), 양(Miss: Ms.) 등이 무난하다. 국가별로 선호하는 호칭이 존재하는데 이를 활용하면 더우 효과가 있다. 즉 국가에 따라서는 귀하(Esquire: ESQ), 의사(Doctor: Dr.)와 님(Sir.) 등을 사용하는 것이 더 큰 예이로 여겨지는 경우가 있다. 그런데 경어로 사용하는 님(Sir.)은 자기와 동일하거나 비슷한 직위나 직함을 갖는 경우와 여성의 경우에는 사용하지 않는다.

2) 복장

무역거래자가 상대방을 첫 대면할 때에 복장에 신경을 쓰는 것은 상대방에 대한 배려이기 때문이다. 첫 대면에서 바르게, 격에 맞는 옷차림을 갖추는 것은 자신의 인상을 깊게 전달하는 면에서 중요하지만 상대방도 무역상담자를 판단을 하는 기준이 되기 때문에 중요한 것이다. 그래서 상대방을 초대하는 경우에는 복장준비에 대하여 사전에 알려주는 방법을 사용하기도 한다.

3) 대화

① 대화방법

무역거래자가 첫 대면에서 약속된 경우가 아니면 거래관계 등 사업에 관한 대화는 가급적 논하지 않아야 한다. 상대국 문화의 우수성이나 스포츠, 개인의 취미 및 여행 등에 관한 소재가 좋다. 상대방의 눈치를 보면서 상대방의 주제에 따라가다 보면 잘 알지도 못하면서 대답을 하는 경우가 발생하여 신뢰감을 줄 수 없기 때문에 유의하는 것이 좋다. 그러므로 사전에 상대방의 기호도 등을 조사하여 공동의 관심사를 준비하는 것이 좋다.

상대방과 대화를 할 때에 시선을 돌리지 않는 것이 관행인 국가가 있다. 동양권에서는 상대방과 시선을 마주치는 것에 대하여 부담을 갖지만 서양권에서는 자연스러운 관행으로 간주하는 국가가 많다. 대화의 방법에 있어서도 사교적인 담소로 시작하면서 본론으로 유도하는 경우가 많다. 간접적 화법을 구사하는 국가에서는 직선적인 화법을 구사하지 않아야 한다. 그러므로 무역상담과 관련한 대화에 있어서는 상대방 국가의 전통적인 대화방법이나 동작 등에 대하여 사전 조사를 하는 것이 좋다. 대화방법에 있어서 긍정적인 표시인가 아니면 부정적인 표시인가에 대한 판단방법도 익혀야 한다.

일본인은 개인이 책임을 지고 무역상담을 하기 때문에 상담과정 내용을 문서로 작성하여 보고하는 경우는 거의 없다. 대화에 있어서 직접적인 화법을 구사하지 않고 제3자적인 관점에서의 간법적인 화법을 구사한다. 중동인은 대화에서 은유적인 상징적 표현을 많이 사용하기 때문에 서술어 또는 수식어가 많다. 미주인은 무역상담시에 상호 동의한 내용을 무역계약서에 기재하고 상호간에 그 내용을 철저하게 이행할 것을 강조한다.

② 대화주제

㉠ 종교

무역거래자는 무역상담 과정에서 친숙하게 되면 사생활에 대한 부분도 이야기 할 수 있다.종교의 주제는 되도록 피하는 것이 좋다. 종교를 가지고 있는가에 대한 질문 정도라면 쉽게 대답할 수 있지만 교리를 가지고 논하기 시작하면 논쟁으로 번질 가능성이 있다. 그리고 개인적인 신앙심 정도에 따라서는 무역상담 자체와 관련되는 결과가 초래될 수도 있다는 점을 유념하여야 한다.

ⓛ 정치

무역거래자는 무역상담 과정에서 정치체제는 국가마다 다르기 때문에 정치에 관한 주제는 거론하지 않는다. 상대방이 정치인이거나 공무원인 경우 자신의 국가에 대한 정치제도나 행정조직 등에 관한 주제를 질문하는 경우 전문적인 지식보유 여부를 떠나서 통상적이면서도 일반적인 상식선에서 답변하는 것이 좋다. 아직도 사회주의의 성격을 가진 국가가 많기 때문에 그러한 국가에서는 국가의 통제가 심하다는 것을 인지하고 대화에 응해야 한다. 일반적으로 상대방이 정치에 관한 질문을 하는 경우는 자신들의 국가체제 등에 대한 우수성을 과시하는 측면이 강하기 때문에 적절하게 대응하여야 한다.

ⓔ 개인 신상사항

무역거래자는 무역상담 과정에서 개인적으로 친밀해지면 개인적인 신상사항에 관한 주제로 대화가 이루어 질 가능성이 높다. 개인의 나이, 출신학교, 결혼여부, 자녀의 수, 취미, 주량정도 등을 들 수 있다. 무역상담에 대한 상호 신뢰가 구축되어 개인의 신상에 대한 대화를 나눌 수 있다면 상호간에 믿음이 싹트고 있다는 증거일 수 있다. 이런 경우에는 상대방의 입장에서 그리고 상대국 국가의 전통적인 관습이나 관례 등을 고려하여 대화에 응해야 한다. 그러나 무역상담 초기에 개인 신상문제와 관련된 대화가 많아진다면 무역상담에 대하여 관심이 없거나 의례적인 면담을 종료될 가능성이 높다.

2. 글로벌 무역문화와 초대문화

(1) 초대의 의미

무역거래자가 상대방으로부터 초대를 받았다는 것은 매우 무역상담이 긍적적으로 발전하고 있다는 신호이다. 초대에 응함으로써 상호 신뢰와 우의를 다질 수 있게 된다. 초대를 하는 경우에는 상대방의 직위나 나이 등을 고려하여 동등한 직위나 나이를 가진 사람이 응대를 하는 것이 바람직하다. 그러한 경우 상대를 배려한다는 차원에서 직위가 바로 위의 상급자가 잠시 자리를 한 후에 동급의 지위자에게 응대를 하는 방법도 생각할 수 있다.

(2) 초대좌석 배치

일반적으로 긴 사각식탁의 경우에는 중앙이 주빈석이다. 주빈석을 중심으로 오른쪽이 차석이다. 사각식탁에서 맞대응 배치하는 경우에도 중앙이 상석이다. 원식탁의 경우에는 무대공연이 있는 경우에는 무대를 바라 볼 수 있는 한 중앙이, 무대공연이 없는 경우에는 무대를 뒤로 하고 출입구를 볼 수 있는 중앙이 상석이다. 결국 상석이라는 의미는 상대방에게 직위나 직함에 맞게 앉아 편안함을 유지하도록 배려하는 자리이다. 전통이 있는 음식점에서는 식사에 대한 목적에 대한 의사를 전달하고 자리배치에 대하여 문의를 하면 해당음식점의 전통적인 자리배치를 알 수 있다. 다만 국가에 따라 상석과 하석을 구분하는 기준이 틀리기 때문에 상대방 측에 양해를 얻어 배치를 하는 경우도 있다. 자리배치는 의전절차의 기본이기 때문에 각별한 신경을 써야 한다.

(3) 초대장소

상대방을 초대하는 경우에는 상대방이 부담을 느끼지 않는 장소를 선택하여야 한다. 다만 그 지역이나 국가의 독창성을 나타낼 수 있는 장소와 음식을 선택하는 경우에는 상대방에게 사전에 의사를 타진하는 것이 좋다. 최상의 초대장소는 자신의 가정이다. 그렇지만 여러 사정으로 특정 음식점을 장소로 선택한 경우에는 음식을 상대방에게 선정토록 하고 상대방이 선택을 하는 데에 어려움이 있으면 그 음식에 대하여 설명을 하고 선택하도록 하거나 초대한 측에서 상대방을 염두에 두고 사전에 선택하는 방법도 있다.

3. 글로벌 무역문화와 식사문화

(1) 식사순서

1) 식사순서의 의미

초대를 받은 자리에서 식사시작 순서는 최고 상급자가 먼저 먹기 시작하면서 시작하는 경우가 대부분이다. 아무리 국제화가 되었다고 해서 모두가 평등한 입장이라는 측면에서 위아래의 구분이 없이 시작을 하는 경우는 드물다.

초대받는 측이 상급자인 경우는 더욱 그러하다. 상급자가 간단한 인사말 등을 곁들이는 경우에는 그 이후에 제공되는 순서대로 먹으면 된다. 간혹 동양인들의 경우 상급자가 해당 식탁에 초청된 모든 사람들의 앞에 음식이 놓여지는 것을 기다리는 경우가 있는데 이때는 상급자의 행동에 따라 보조를 맞추는 것이 예의를 갖추는 것이 된다. 왜냐하면 서로의 관습이나 개인적인 사정으로 인하여 인지를 못하는 경우도 있기 때문에 상급자가 당황하지 않도록 배려하는 것이 필요하다. 이것이 글로벌 무역문화의 식사시작 순서이다.

초대를 받은 자리에서 음식을 먹는 순서는 국가마다 음식의 종류에 따라 독특한 관습이 존재한다. 대부분은 어떠한 일정한 차례를 정해 놓고 제공되는 순서에 따라 음식을 먹는다. 일시에 식탁에 음식 전체를 차려 놓고 먹는 경우도 있다. 일정한 순서에 의하여 음식이 제공되는 경우에는 그 순서대로 먹으면 된다.

2) 식사순서의 유형

① 양식

글로벌 무역문화에서 무역상담과 관련하여 음식을 선정할 때는 양식을 선정하는 것이 가장 무난하다. 양식요리의 경우에는 식탁에 일정한 격식에 따라 물 잔과 포도주 잔 그리고 받침수건이 놓여 있게 된다. 착석하면 받침수건은 특별한 경우가 아니면 바지나 와이셔츠에 음식이 튀지 않도록 막는 개념으로 사용하면 된다. 식탁에 준비되어 있는 포크나 나이프를 보고 대충 몇 가지의 요리가 준비되고 있는가를 짐작할 수 있다. 식탁에 준비되어 있는 포크나 나이프는 제일 가장자리에 놓여 있는 것부터 안쪽으로 순서대로 사용하면 된다.

양식의 경우 일반적으로 수프(soup)가 애피타이저(appetizer)로 제공된 후, 빵(bread)을 먹는데 주요리(main dish)가 진행되는 동안에 곁들여 먹으면 된다. 식사 끝에는 과일 등과 같은 후식(dessert)이 제공된다. 빵 접시는 본인을 중심으로 왼쪽에 놓여있거나 식탁 한 중앙에 놓이는 경우가 있고 포도주 잔과 물 잔을 동시에 놓은 경우에는 본인을 중심으로 오른쪽에 있는 물 잔이 자신의 것이 된다. 포도주는 취향에 따라 주요리와 함께 알맞게 마시면 된다. 식사하는 사람이 음식을 먹은 후, 사용한 포크나 나이프는 사용한 접시 위에 올려놓으면 해당 음식에 대한 먹기가 종료되었다는 것을 의미한다. 그러면 다음 접시를 놓아 줄 것이기 때문에 식성에 따라 알맞게 먹으면 된다.

② 동양음식

동양음식은 거의 유사성이 없을 정도로 다양하다. 동양이나 중동에서 주식은 주로 쌀을 활용한 주식이 제공되고 반찬으로는 다양한 토속적 찬류가 제공된다. 동양은 예로부터 향료의 산지였기 때문에 야채의 경우에는 향이 독특한 것이 많다. 그러므로 사전에 향이 어느 정도인가 등을 파악하여 상대방에게 이러한 음식이 제공되어도 좋을 것인가라는 의사를 타진하여야 한다. 그렇지 않으면 식사가 시작되어서 상대방으로 하여금 난처한 경우를 만들어 무역상담에 영향을 줄 수 있다. 그리고 동양의 일부 국가에서는 식사도구로 숟가락과 젓가락을 사용하는데 젓가락의 경우에는 그 길이의 정도가 각각 다르다. 주식의 경우 밥그릇을 들고 먹는 국가가 있다.

3) 식사와 술

① 건배제의

식사자리에서 건배제의가 있는 경우가 많다. 식사시간에 술을 마시는 정도는 개인의 주량에 따르는 것이지만 상대방과의 관계를 고려하여 어느 정도의 예를 갖추는 것이 필요하다. 술을 마시지 않는다는 직선적인 표현도 좋지만 간단히 잔에 따라 넣고 건배제의 등에 응하면 상대방이 주량에 대하여 짐작할 수 있기 때문에 강제적으로 권하는 결례는 발생하지 않는다. 즉 식사와 함께 이루어지는 술자리에서는 대부분 간단하게 이루어지기 때문에 술을 마시지 않는 경우에 술잔을 엎어 놓는 것 등과 같은 행동은 취하지 않는 것이 좋다.

양식의 경우 어울리는 술은 포도주, 위스키, 브랜드, 진, 럼, 보드카, 데킬라, 칵테일 맥주 등이다. 포도주는 적색 포도주와 백색 포도주로 구분하여 적색 포도주는 육류와, 백색 포도주는 생선류와 곁들여 마신다. 중식의 경우 어울리는 술은 백주(白酒)가 대표적인데 명주로 호칭 받는 술로는 마오타이, 죽엽청주, 오량액 등이 있다. 일식의 경우에는 일본식으로 만든 청주인 정종(正宗)이 대표적이다.

② 술 마시는 예의

술을 마시는 데에는 일정한 예의가 필요하다. 술을 마시는 예의는 국가마다 다르고 개인마다 다르기 때문에 본인 사람을 보고 그 나라 전체를 매도하면 실수할 가능성이 높다. 미주지역에서는 대부분 각자가 부담하는 조건으로 간단하게 술을 마신다. 동양에서는 술값을 누가 내는가가 손님을 잘 대접하였는가의 잣대가 되는 경우가 많다.

공식적인 경우에는 초대하는 측이 술값을 부담하는 것이 자연스러운 행태이다. 중국에서는 술을 잘 마시는 것이 큰 자랑거리로 여겨지는 경향이 있다. 공적이건 사적인 일이건 간에 술자리에서 일이 결정되는 경우가 많다. 중국에서는 식사시에 술은 반드시 반주형식으로 곁들인다. 이슬람권에서는 술을 마시는 것을 허용하지 않기 때문에 아랍인들에게는 과일 주스나 콜라, 물을 대접하는 것이 좋다.

술은 개인의 주량에 따라 마시는 것이지 술잔을 돌리거나 하는 행위는 글로벌 무역문화가 아니다. 각자 잔을 채우고 건배제의를 하거나 개인 잔에 술을 따라 여러 번 건배제의를 하되 입술에는 대는 정도의 예의를 갖추는 것이 좋다. 일반적으로 술을 따르면 바로 식탁 위에 내려놓기 보다는 상대방과 눈을 마주치며 입술을 약간 댄 후에 내려놓는 것이 좋다.

③ 술의 종류

㉠ 포도주

㉮ 포조주 산지

포도주(wine)는 포도만을 발효하여 만든 술이다. 이탈리아, 프랑스, 스페인 등 남부 유럽의 포도주가 알려져 있다. 포도주는 프랑스에서 전국적으로 인기 있는 술이며 프랑스인들은 그들의 포도주에 대해 대단한 자부심을 가지고 있다. 아르헨티나 포도주는 맛이 좋으며 아르헨티나 사람들은 그들 나라의 포도주을 자랑스럽게 여긴다. 칠레의 포도주는 가격에 비해 맛이 매우 뛰어나다.

㉯ 포도주 마시는 법

마시기 전에 향기를 맡아봐야 하는 포도주는 10년 이상 적포도주이며 백포도주는 향기를 맡을 필요가 없다. 포도주 잔은 잔 밑을 엄지, 검지, 중지를 이용하여 잡는 것이 좋다. 포도주는 산화하는 성질을 가지고 있기 때문에 포도주 잔에 따르면 술잔을 식탁에서 약간 돌리는 것이다. 그리고 포도주 잔 윗부분을 잡으면 체온으로 인하여 맛이 변하므로 유의하여야 한다. 포도주는 생산지, 생산국가, 생산년도에 따라 명칭이 다르고 가격도 차이가 난다. 마실 때는 색을 보고, 향을 맡으며, 맛을 음미하는 기분으로 마신다. 그러므로 포도주 잔을 상대방과 약간 부딪히며 소리를 듣고, 코로 향기를 맡으며, 한 보금 입속에 넣고 혀를 약간 굴려 맛을 음미하는 듯이 마시는 것이 일반적이다. 포도주를 따를 때에 포도주 잔은 반 정도 채운다.

ⓛ 양주

위스키(whisky)는 곡식을 발효, 증류하여 만드는 술이고 술의 도수가 일반적으로 높다. 그래서 물이나 얼음을 넣어 마시거나, 물이나 얼음을 넣지 않고 마시는 경우도 있다. 브랜디(brandy)은 과일을 발효하여 증류시켜 만든 술이다. 브랜디 중에서 많이 알려진 것은 프랑스 코냐크 지방이 생산지로 알코올 농도가 40—70%인 코냑(cognac)이다. 코냑은 저장연도에 따라 25~30년은 VSOP, 50년은 XO, 70년은 EXTRA, 100년은 Napoleon으로 표시하는 것이 일반적이다. 보드카(vodka)는 감자를 주원료로 하여 발효시켜 만든 주정도가 40도 이상인 술이다. 보드카는 제조과정 중에 감자 특유의 냄새를 자작나무 활성탄에 알코올을 여과하여 만들기 때문에 무미, 무취, 무색인 것이 특징이다. 진(gin)은 두송(杜松)열매(juniper berries), 즉 노간주나무 열매를 원료로 하여 제조한 증류주이다. 노간주나무는 측백나뭇과의 상록 침엽 교목으로 산록의 양지에 난다. 럼(rum)은 서인도제도에서 사탕수수나 당밀을 원료로 만든 술이다. 즉 럼은 쿠바, 코스타리카 등지에서 생산되는 술인데 일반적으로는 포도주를 담았던 오크통 속에 럼을 저장한 것을 의미한다. 테킬라(tequila)는 멕시코에 서식하는 테킬라용설이라는 선인장의 즙을 이용 발효하여 증류시켜 만든 술이다. 칵테일(cocktail)은 술, 설탕, 과일, 주스, 물 등을 사용하면 만든 혼합 음료이다.

4. 글로벌 무역문화와 선물문화

(1) 선물의 의의

선물은 감사함을 표시하는 수단으로 전달하는 것이기 때문에 마음을 담은 선물이 가치가 있는 것이다. 선물이 대가를 전제로 하는 경우에는 그 가치를 잃고 뇌물로 전락하기 때문에 주의가 필요하다. 무역거래자가 무역상담과 관련하여 상대방과 선물교환을 하는 경우에는 일방적인 선물인가 아니면 선물교환이 사전에 약속되어 있는가에 따라 상황이 달라지기 때문에 주의가 필요하다. 일방적으로 선물을 준비하는 경우에는 상대방에 대한 예의라는 차원에서 상대방에게 깊은 감명을 준다는 장점이 있다. 그렇지만 상대방이 답례품을 준비하지 않은 상황에서는 사소 당황할 수도 있다는 점에서 주의가 필요하다. 대부분은 선물을 받으면 감사함을 갖는 것이기 때문에 무역상담에 대하여 깊은 관심을 표명한다는 측면에서 준비한다는 것은 바람직한 일이다.

(2) 선물방법과 시기

무역거래자가 무역상담과 관련하여 선물을 하는 경우에 첫 만남에서 주는 경우도 있지만 모든 무역상담이 종료된 후에 전달하는 것이 일반적이다. 선물은 상대방에 따라 주는 방법을 고려하여야 한다. 공식적인 자리에서 상호교환하는 선물은 공개적으로 전달하여야 한다. 개인적인 선물인 경우에는 가급적 비공개적으로 전달하는 것이 좋다. 다만 비공개적인 경우에는 뇌물로 오인할 수 있는 요인이 있기 때문에 이를 고려하여 전달하여야 한다.

(3) 선물의 유형

무역거래자가 무역상담과 관련하여 선물을 하는 경우에 상대방 국가에서 호의적으로 여기는 선물인가 아니면 금기시하는 선물인가에 대하여 사전에 파악하여야 한다. 선물을 전달하는 의도가 아무리 좋다고 하더라도 그 국가에서는 금기시하는 것이라면 오히려 부담감을 줄뿐만 아니라 무성의하게 보이거나 불쾌감을 초래하여 예기치 못한 상황을 초래할 수도 있다. 선물을 준비하는 데에 시간이 충분한 경우에는 가능하다면 개인의 선호도 등을 고려하는 준비하는 것이 좋다. 일반적으로 선물을 하는 사람의 해당지역에서 생산되는 특산품 중에서 간편하게 오래 저장하거나 보관할 수 있는 것으로 신택하는 것이 바람직하다. 선물은 양이나 크기의 관계없이 성성을 담은 것으로 선물을 받는 측에서도 부담감을 갖지 않을 정도의 선물을 준비하는 것이 유익하다. 중국에서는 시계의 종(鐘)의 발음이 종말이 종(終)과 발음이 유사하여 죽음을 연상시키기 때문에 탁상용 시계나 괘종시계를 선물하지 않는다. 라틴 아메리카의 대부분 지역에서는 칼은 관계의 이별을, 손수건은 슬픔을 의미하기 때문에 주지 않는다.

(4) 선물의 유의점

글로벌 무역문화와 관련하여 무역거래자가 선물을 포장하는 경우에는 포장하는 재료와 포장하는 재료의 색상을 고려하여야 한다. 선물을 포장하는 경우에는 흰색이나 너무 밝은 색은 피하는 것이 좋다. 독일이나 일본에서는 흰색, 검정색, 갈색을 기피한다. 선물하는 숫자에 있어서도 해당 국가에서 금기시하는 숫자로 선물하면 안 된다. 선물을 받은 경우에는 상대방이 보는 앞에서 개봉하는 것을 일반적으로 기피한다. 경우에 따라서는 오히려 개봉을 해야 하는 국가도 있다.

5. 글로벌 무역문화와 행태문화

(1) 안면언어

1) 눈짓

글로벌 무역문화와 관련하여 무역거래자가 상대방과 대화를 할 때에 눈, 코, 입, 귀, 머리를 이용한 표현은 사람마다 틀리지만 그 의미는 비슷한 측면을 보이고 있다. 눈을 찡긋(wink)하거나 깜빡(blink)여서 상대방에게 표시를 하는 경우에는 서로 의사가 통했다거나 알겠다라는 의미이다. 그런데 대만에서는 눈을 깜빡이면서 바라보는 경우 무례한 행동으로 간주한다. 제3자 대면에서 양자가 서로 눈을 깜빡인다면 제3자의 입장에서는 모욕으로 간주할 수 있는 것과 같다. 일본에서는 어른이 아랫사람이나 어린 사람을 눈을 아래로 향해 내려 보고 있으면 꾸중을 하는 의사로 판단한다.

2) 눈꺼풀

글로벌 무역문화와 관련하여 유럽과 라틴 아메리카의 일부 지역에서는 눈꺼풀 잡아당겨(eyelid pull) 주의하라는 의사를 전달하기도 하고 자신이 주의하고 있다는 의사를 전달하기도 한다.

3) 귀

글로벌 무역문화와 관련하여 인도에서는 후회나 진실의 표시로 귀를 움켜잡고(ear grasp), 브라질에서는 감사의 표시로 귓불을 어루만지는 행태로 의사를 전달한다. 대부분의 국가에서는 정신이 돌았다 또는 미쳤다라는 의미로 귀 근처에서 손가락으로 동그라미를 그리는(head circle) 행태를 보인다. 그렇지만 네덜란드 등에서는 전화가 왔다는 의미로 사용된다.

4) 코

글로벌 무역문화와 관련하여 영국에서는 비밀이라는 표시로 코를 가볍게 툭툭 치지만(nose tap) 이탈리아에서는 호의적으로 경고를 보낼 때에 같은 행태를 보인다. 유럽에서는 비웃음을 의미하는 경우에 엄지손가락을 코에 대고 흔드는 행동(nose thumb)을 하는데 양손으로 하는 경우에는 정도가 더 심한 것으로 간주한다.

5) 머리

글로벌 무역문화와 관련하여 우리나라에서는 머리를 상하로 끄덕이는 경우에는 예(yes)를 의미하고 불가리아나 그리스에서는 아니오(no)를 의미한다. 우리나라에서는 머리를 좌우로 흔드는 경우에는 아니오(no)를 의미하고 불가리아나 그리스에서는 예(yes)를 의미한다. 아르헨티나와 페루에서는 머리를 좌우로 흔드는 경우에는 생각하고 있다 또는 생각해 보라는 의미이지만 다른 국가에서는 머리를 좌우로 흔드는 경우에는 멍청이야 또는 정신나갔다라는 의미를 나타내기도 한다.

6) 뺨, 턱, 손끝 입맞춤

글로벌 무역문화와 관련하여 그리스, 이탈리아, 스페인에서는 매력적이란 표시로 뺨을 가볍게 쓰다듬는데, 유고슬라비아에서는 성공의 의미로 같은 행태를 취한다. 이탈리아에서는 관심이 없다거나 내 눈 앞에서 없어져라는 표시로 턱을 가볍게 툭툭 치는(chin flick) 경우가 있는데 브라질과 파라과이에서는 나는 모자란다 또는 부족하다는 의미를 전달할 때에 하는 보이는 행태이다. 유럽이나 남미에서는 여성에게 아름답다거나 좋아한다는 의미로 여성의 손끝에 입맞춤을 하는 경우가 있다.

(2) 손짓언어

1) 손의 사용

무역거래자가 상대방과 대화를 할 때에 손은 가장 많이 상대방과 접할 수 있는 표현노구이나. 이슬람 세동의 중동인이나 일부 아시아 국민들은 오른손은 좋은 일에만 왼손은 나쁜 일에만 사용한다는 인식이 존재하고 있다. 그래서 오른손으로는 음식을 먹는 데에 사용하고 불결한 것과 관련된 일에는 왼손을 사용한다. 특히 오지에 가는 경우에는 음식도 손으로만 먹는 경우가 있다.

2) 손짓

글로벌 무역문화와 관련하여 손바닥을 아래로 하여 상하로 흔들며 상대방에게 표시를 하는 경우에 일반적으로 동양에서는 상대방에게 오라는 표시로 인식하지만 서양에서는 가라는 표시로 인식하는 경우가 많다.

그러므로 서양에서는 상대방을 오라는 의미로 손짓을 할 때는 손바닥을 위로 하고 상하로 흔들어야 한다. 그리스나 나이지리아에서는 손바닥을 밖으로 향하게 하고 손을 상대방이 보이게 좌우로 흔들면(waving) 모욕으로 간주하고 상대방의 얼굴에 손바닥이 가까우면 가까울수록 더 심한 모욕으로 간주한다. 그렇지만 다른 국가에서는 대부분 인사의 의미를 내포하는 행태로 간주한다.

3) 손가락

글로벌 무역문화와 관련하여 중동이나 동양지역에서 손가락을 까닥까닥하여 상대방을 부르는(beckon) 것은 아랫사람을 부를 때에 주로 사용하는 것으로 모욕적인 행태가 된다. 유럽에서 보호나 행운을 의미하는 행태로 손가락을 엇걸어(fingers cross) 십자형 표시를 하는 경우가 있다. 그러나 포르투칼에서는 공격의 의미를 보이는 행태이다. 엄지와 검지를 이용하여 원을 표시하는 경우가 있는데 일부 국가에서는 승낙이나 좋다 또는 돈을 의미하는 행태이지만 일부 국가에서는 성(性)을 나타내며 상대방을 욕하는 의미를 담은 행태로 활용한다.

미주지역에서 주먹을 쥔 상태에서 중지를 세워 상대방에 보이는 것은 심한 욕설이 된다. 승리의 표시로 검지와 중지를 사용하여 'V'자를 표시하는 행태가 있는데 손바닥이 상대로 가는 경우에는 승리이지만 손등이 상대방에게 향하는 경우에는 성적(性的)인 모욕을 주는 행태로 인식하는 국가도 있다. 많은 국가에서는 좋다 또는 최고이다 혹은 승리했다 등과 같은 의미를 내포하는 행태로 엄지손가락을 위로 세우는 경우가 있는데 호주에서는 이를 무례한 행태로 간주하는 관행이 존재한다.

4) 팔장

글로벌 무역문화와 관련하여 핀란드에서는 대화를 하는 중에 오만과 자만을 의미하는 행태로 팔짱을 끼는데, 대부분의 국가에서도 대화를 하는 중에 상대방이 팔짱을 끼는 것에 대하여 무례한 행동으로 간주한다.

5) 팔꿈치

네덜란드에서는 상대방에 대하여 믿을만하지 않다는 불신의 의미를 나타내는 팔꿈치를 가볍게 두드리는 행태가 있다. 콜롬비아에서는 인색하다라는 의미를 나타내기 위하여 팔꿈치를 가볍게 두드린다.

(3) 색상언어

1) 색상과 생활

① 일반상식으로서의 색

글로벌 무역문화와 관련하여 사람들의 색의 선호도는 국가마다 다르다. 어느 한 색을 놓고 모든 세계의 국가가 모두 동일한 생각을 한다는 것은 있을 수 없는 일이다. 그렇기 때문에 선물을 할 때나 치장을 하는 경우에는 상대방 국가에서 인식하는 색의 선호도를 고려하여야 한다. 일반적으로 예술계에서 빨강색은 정열, 파란색은, 냉정, 노랑은 평화, 검정색은 암흑 등으로 표현하지만 국가별도 인식하는 색의 선호도는 상반되는 경우도 있다. 그래서 상대방 국가의 국기 등에 표시된 색을 먼저 알아보는 것도 필요하다.

② 생활과 색

미국, 한국 등 많은 나라에서 흰색은 신부 웨딩드레스에 적합한 색상으로 사용한다. 인도에서는 신부 드레스 색상으로 빨간색 혹은 노란색을 선호한다. 로마 시대의 신부들은 열정을 의미하는 오렌지색 면사포와 함께 흰색 드레스들을 입었다고도 하며 노란색 드레스를 고집한 신부도 많았다고 한다. 중세시대에는 웨딩드레스의 색상이 화려하면 화려할수록 선호도가 높은 것으로 밝혀졌다. 그 당시 신부들은 종종 빨간색 웨딩드레스를 입었으며, 빅토리아 여왕 시대의 신부는 색상과 상관없이 자신에게 가장 맞는 밝고 아름다운 색의 옷을 입었다고 한다. 일본의 결혼식장에서는 보라색 옷을 입은 사람을 찾기 힘들다. 일본 미신에 보라색은 다른 어떤 색깔보다도 빨리 바래고, 결혼의 행복함을 쇠락시킨다는 의미가 있다.

3) 색상과 의미

① 흰색

글로벌 무역문화와 관련하여 흰색은 죽음이나 장례식을 의미하는 색으로 간주하는 국가가 많다. 미국의 흰색 백합과 함께 일본의 흰색 국화는 죽음을 의미하는 꽃으로 선물하는 경우에는 사용하지 않는다. 일본인 등 동양인에게는 흰색은 장례식에서 사용하는 색상으로 인식된다. 그래서 일본에서는 선물을 포장할 때는 흰색 포장지를 사용하지 않는다.

② 녹색

프랑스, 스웨덴, 네덜란드인들은 녹색을 화장품을 연상시키는 색상으로 생각하지만, 이집트는 녹색이 이집트 국가를 상징하는 색깔로서 존중되고 있어 포장용지 색상으로 사용하지 않는다. 동양권에서 녹색은 풍부함과 젊음을 상징하고 있다. 그러나 중국의 일부지역에서는 남자들이 녹색 모자를 쓰는 것이 자신의 아내 혹은 여동생이 창녀라는 것을 선전하는 것과 같은 부정적인 의미를 지닌다. 말레이시아에서도 녹색은 질병, 혼돈과 연관되는 색이다. 녹색은 아일랜드 국가를 상징하는 색깔이지만 북아일랜드에서는 오렌지색, 핀란드에서는 청색이 국가를 상징하는 색깔이다.

③ 빨간색

일본에서는 빨간색과 흰색의 결합이 행복하고 즐거운 행사에 적합하다고 널리 알려져 있지만, 영국에서 빨간색은 노후화된 색깔로 여겨진다. 한국에서 빨간색의 가방, 지갑 등은 여성의 전유물로 여겨지듯이 빨간색은 여성의 색깔로 알려져 있지만, 영국과 프랑스에서 빨간색은 파란색보다 더욱 남자다운 색깔로 간주되기도 한다. 그리고 중국을 비롯한 일부 아시아권에서 새해에 가장 인기 있는 전통적인 선물은 돈이 담겨져 있는 밝고 선명한 빨간색 봉투로 알려져 있다. 붉은 글자로 표시된 기념일은 축제일이 빨간색으로 표시되었던 중세시대의 달력에서 유래했다고 한다.

④ 노란색

영국에서는 노란색이 젊음과 유머를 의미한다. 그러나 아시아권에서 노란색은 권위와 신비를 암시하기 때문에 황제의 색깔로 간주된다. 금의 다양한 색조들 역시 상징적인 의미를 가지고 있다. 미국인들은 밝은 금색 또는 샴페인색을 선호한다. 반면 중동과 극동지역 일부에서는 오렌지색 또는 진한 색의 금색을 선호한다.

⑤ 기타의 색

시리아에서는 파란색, 브라질과 멕시코에서 보라색, 이란에서는 갈색 이 죽음 그리고 장례를 의미한다.

글로벌 무역의 기초이론

제1절 글로벌 무역의 태동

1. 글로벌 무역의 의의와 대상

(1) 글로벌 무역의 의의

글로벌 무역은 국내에서 물건을 매매하는 과정 중에 물건이 부족하거나 값이 오르면 부족한 물건을 외국에서 사오거나, 값이 싼 물건을 수입하여 해결한다. 즉 글로벌 무역은 서로 다른 국가에 존재하는 사람들 간에 이루어지는 장사인 것이다.

과거에는 국가 사이에 무역을 통하여 국가의 부를 창출하고 자국 국민의 후생복지의 향상에 중점을 두었다. 세계경제 환경이 변하면서 모든 국가가 자국의 이익만을 창출하기 위한 무역을 추구하다 보면 국가별로 무역량이 감소하고 무역이익의 창출도 어렵다는 현실을 인식하게 되었다. 그래서 자국의 무역이익 창출은 상대국과의 이해와 협력 속에서만 가능하다는 사실을 직시하고 세계무역의 이해와 협력을 통한 무역을 추구한다는 데에 의미를 두고 글로벌 무역이라는 용어를 사용하게 된 것이다.

(2) 글로벌 무역의 대상

글로벌 무역은 국가와 국가 사이의 경제적 필요성에 의하여 이루어지는 거래이다. 글로벌 무역은 결제적 국경을 넘는 물품의 상거래라고 하여 국내거래와 구별을 한다. 경제적 국경은 세관행정이 수행되는 관세선을, 물품은 외국환거래법에서 정하는 지급수단·증권 및 채권을 추상화한 서류 외의 동산을, 상거래는 물품의 수출과 수입을 의미한다. 따라서 글로벌 무역은 좁은 의미에서 단순히 물품의 수출입을 의미하지만, 넓은 의미로는 용역(services), 자본(capitals), 기술(technical) 등이 국제적으로 이동하는 모든 경제거래이다.

글로벌 무역에서 물품의 수출입이 차지하는 비중은 매우 크다. 물품의 거래가 한 국가 또는 지역으로 한정되면 생산자와 소비자를 연결하여 주는 과정은 단순화될 수 있다. 대금지급에 사용되는 통화 및 거래와 관련한 법률의 적용 등과 같은 측면에서도 제약이 거의 없다. 그러나 글로벌 무역거래에서는 한 국가 내에서 다른 국가로 물품이 이동하기 때문에 물품의 생산에서 운송, 보관, 분배, 소비에 이르는 전 과정이 매우 복잡하기 마련이다. 물품거래에서는 물품의 생산에서 운송, 보관, 분배, 소비에 이르는 전 과정이 매우 복잡하기 마련이다.

글로벌 무역에서 용역의 거래는 운송, 보험, 통신, 금융, 관광 등과 같은 서비스(service)를 제공하고 그와 관련된 대가의 지급이나 수취를 의미한다. 즉 운송업계에서 물품을 외국으로 운송하는 과정 중에 발생하는 수집, 보관 또는 저장, 분배, 포장 등과 같은 서비스를 제공하고 그와 관련된 대가로 주고받게 되는 운임·보험료 및 수수료 등을 의미한다. 또한 보험업계에서 운송과 관련된 위험을 인수하거나 또는 여타의 사유와 관련된 보험서비스를 제공하고 그에 대한 대가로 주고받게 되는 보험료 등을 의미한다.

글로벌 무역에서 자본거래는 한 국가에서 다른 국가로 자본이 단기 또는 장기에 걸쳐 국제적으로 이동하는 현상을 의미한다. 따라서 자본거래의 대상은 외국에 자본을 대여하여 주거나 투자를 한 후에 이자·배당금 등을 받는 행위 등이다.

글로벌 무역에서 기술거래는 특허권이나 상표권 등과 같은 공업소유권을 양도하거나 비법(秘法, know-how)을 제공하고 그 대가를 수취하는 형태의 국제 기술원조 및 기술제휴계약을 체결하고, 그 제공한 기술의 대가를 받는 거래이다.

2. 글로벌 무역의 발생이론

(1) 고전적 글로벌 무역이론

1) 절대생산비설

애덤 스미스(A. Smith)는 그의 저서 국부론(*The Wealth of Nations*)[1]에서 국민이 생산하는 생산물을 국가의 부(富)로 보았으며 부의 원천이 되는 것은 노동이라고 하였다. 이 때 국가의 부가 되는 노동은 노동의 질과 노동의 양에 따라 수준이 다르고 노동의 생산력은 숙련이나 기교 등의 수준이 다르기 때문에 분업을 하면 그 생산성이 향상되고 이익이 증가한다고 하였다. 국가와 국가사이에서도 자국에 절대적으로 우위에 있는 산업을 특화하여 정부의 간섭 없이 무역을 하면 무역이익이 발생한다는 것이다. 특화라는 의미는 물품의 특성에 따라서 생산과정을 세분화하여 생산하는 것을 의미한다. 애덤 스미스의 이러한 주장을 절대생산비설(theory of absolutely advantage)이라고 한다. 절대생산비설에서의 절대우위는 한 국가가 다른 국가에 비하여 어떤 재화의 생산에 소요되는 노동투입량이 더 적은 경우를 의미한다. 그래서 절대생산비설을 절대우위설이라고도 한다.

2) 비교생산비설

리카르도(D. Ricardo)는 그의 저서 정치경제 및 조세의 원리(*Principles of Political Economy and Taxation*)[2]에서 한 국가가 모든 재화의 생산에 있어서 절대우위에 있고 다른 국가가 모든 재화의 생산에 있어서 절대열위에 있다고 하더라도 두 국가와 국가 사이에 비교생산비 혹은 비교우위의 차이가 있다면 무역이 발생할 수 있다고 하였다. 리카르도의 이러한 주장을 비교생산비설(theory of comparative advantage)이라고 한다. 비교생산비설에서 비교우위는 한 국가가 특정 재화를 생산하는 데에 있어 다른 국가에 비하여 기회비용이 적은 경우를 의미한다. 비교열위는 한 국가가 특정 재화를 생산하는 데에 있어 다른 국가에 비하여 기회비용이 많은 경우를 의미한다.

---

1) Smith, A., *An Inquiry into the Nature and Causes of the Wealth of Nations,* London, 1776.
2) Ricardo, D., *The Works and Correspondence of David Ricardo,* Cambridge University Press, 1951, vol. Ⅰ, on the Principles of Political Economy and Taxation, Chapter Ⅶ.

3) 상호수요설

밀(J. S. Mill)은 그의 저서 정치경제의 원리(Principles of Political Economy)[3]에서 교역조건은 자국 물품에 대한 외국의 수요와 외국 물품에 대한 자국의 수요가 일치하는 선에서 결정된다고 하였다. 즉 무역의 균형을 이루는 교역조건은 두 국가의 상호수요가 같아지는 점에서 결정된다는 것이다. 이를 상호균등의 법칙(law of equation of reciprocal demand)이라고 한다. 밀은 상호수요설에서 무역규모는 교역조건에 따라 다르다고 하였다. 즉 물품에 대한 각국의 수요규모가 교역조건을 결정한다는 것이다. 그러므로 교역상대국 물품에 대한 자국의 수요탄력성이 크면 자국의 교역조건이 불리해지고 탄력성이 작으면 자국의 교역조건이 유리하다고 하였다. 밀의 상호수요설은 무역이 발생하는 이유를 규명한 절대우위설이나 비교우위설에서 밝혀내지 못한 무역이익의 배분비율에 대하여 언급한 이론이다.

(2) 근대적 글로벌 무역이론

1) 기회비용설

허벌러(G. Haberler)는 그의 저서 국제무역이론*(The Theory of International Trade)*[4]에서 기회비용(opportunity cost) 혹은 대체비용(substitution cost)이라는 개념을 사용하여 국제무역의 성립과정을 설명하였다. 기회비용이란 한 행위의 가치를 평가할 때 실제적으로 취한 행위를 평가하는 것이 아니라 그 행위를 위하여 포기하여야 하는 다른 행위의 가치를 가지고 평가하는 개념이다. 허멀러의 이론에 의하면 한 국가의 총생산비용이 일정하다고 가정할 때 두 물품 사이의 생산 가능한 결합관계는 대체적 조합관계를 나타나게 된다. 즉 생산요소의 부존량이 한정되어 있는 경우 한 물품의 생산을 증가시키기 위해서는 다른 물품의 생산을 감소시켜야 한다. 그래서 한 재화의 비교우위는 생산물의 기회비용에 의하여 결정되기 때문에 무역상대국에 비하여 기회비용이 상대적으로 낮은 재화에 그 국가는 비교우위를 갖는다. 그래서 허벌러는 불변비용하의 생산가능곡선, 체증비용하의 생산가능곡선, 체감비용하의 생산가능곡선 등을 도출하여 이론을 설명하였다.

---

3) Mill, J. S., *Principles of Political Economy,* London, 1917, p. 588; 박병호, 국제무역론, 박영사, pp. 68-71 참조.

4) Haberler, G., *The Theory of International Trade, with its Application to Commercial Policy,* London, William Hodge and Co., 1936.

2) 헥셔-오린의 이론

헥셔(E. F. Heckscher)[5]와 오린(B. Ohlin)[6]의 이론은 무역의 발생원인을 각국의 요소부존도의 차이와 각 물품 사이의 요소집약도의 차이로 설명하였는데 이를 제1명제와 제2명제로 구분하여 설명한다.

헥셔-오린 이론의 제1명제는 국가와 국가 사이의 재화의 상대가격 차이와 비교우위가 존재하는 기본적인 원인은 두 국가 사이의 요소부존량에 있다는 것이다. 이에 따라 국가와 국가 사이에 생산요소의 부존 상태가 다르고 각 물품에 투입되는 생산요소의 비율이 달라 국가와 국가 사이에 비교생산비차가 발생한다는 것이다. 즉 생산요소의 부존 상태가 다르면 산업형태나 무역형태가 달라진다는 것이다. 이와 같이 이유로 헥셔-오린의 제1명제를 요소부존 이론(factor-endowment theorem) 혹은 요소비율 이론(factor-proportions theorem)이라고 한다.

헥셔-오린 이론의 제2명제는 국가와 국가 사이에 생산요소의 부존 상태가 각각 다르고 각 물품에 투입되는 생산요소의 비율이 달라 국가와 국가 사이에 비교생산비차가 발생하여 무역이 이루어지면 국제간에 생산요소의 직접적인 이동이 이루어지지 않더라도 국가와 국가 사이에 생산요소의 가격이 균등화된다는 것이다. 이를 요소가격균등화 이론(factor-price equalization theorem)이라고 한다.

3) 레온티에프의 역설

헥셔-오린의 이론대로 하면 미국은 자본이 풍부하고 노동이 부족한 상태가 된다. 그러므로 이자가 낮고 임금은 높기 때문에 자본집약재가 비교우위에 있게 된다. 이에 따라 자본집약재는 수출하고 비교열위에 있는 노동집약재는 수입하여야 한다. 그러나 레온티에프(W. Leontief)는 실증적 검증을 통하여 정반대의 결론을 도출하였다. 이를 레온티에프의 역설이라고 한다.[7] 레온티에프는 헥셔-오린의 이론을 미국을 대상으로 실증적으로 검증하여 정반대의 결과가 나왔지만 다른 국가를 대상으로 검증한 데에서는 헥셔-오린의 이론이 옳은 것으로 나왔다.

---

5) Heckscher, E. F., *The Effect of Foreign Trade on the Distribution of Income, Translated from Swedish and Reprinted in Redings in the Theory of International Trade* (American Economic Association Series), 1953.

6) Ohlin, B., *Interregional Trade,* Havard University Press (1933), Revised, ed., 1962.

7) Leontief, W. W., Domestic Production and Foreign Trade, The American Capital Position Reexamined, Economica Internationale, 1954; Reprinted in Readings in International Economics) 1968, pp. 523-524 참소.

(3) 현대적 글로벌 무역이론

1) 대표수요 이론

린더(S. B. Linder)[8]의 대표수요 이론(theory of representative demand)은 공산품과 공산품 사이의 무역형태는 수요측면에서 원인을 찾아야 하며 수출하기 이전에 그 물품에 대한 상당한 정도의 국내수요가 선행되어야 한다는 이론이다. 각국의 국내시장에 존재하는 대규모의 수요를 대표수요라고 한다. 린더는 공산품과 공산품 사이의 무역형태는 수요의 측면에서 파악하여야 한다고 하였다. 대표수요 이론은 수요가 생산을 증가시키고 생산증가에 따른 초과공급량이 무역을 창출한다는 것이다.

2) 연구 · 개발요소이론

그루버(W. Gruber)와 메타(D. Mehta) 그리고 버논(R. Vernon)[9] 및 키싱(D. B. Keesing)의 연구 · 개발요소 이론(theory of research and development factor)은 선진국의 무역패턴은 연구개발 요소에 우위를 둔 기술혁신적 물품에 근거한다는 이론이다. 연구 · 개발요소 이론은 무역패턴의 결정원인을 국가와 국가 사이의 연구개발에 투입하는 기술혁신에 두고 있다. 그루버, 버논, 메타, 키싱 등은 비교우위 산업은 요소부존이론에서 주장하는 것과 같은 것이 아니라 연구개발에 종사하는 인력이나 연구개발에 지출된 연구개발비 등의 규모에 우위가 있는 산업이라고 하였다.

3) 기술격차 이론

포스너(M. V. Posner)[10]는 기술격차 이론(theory of technological gap)은 기술선진국은 일시적으로는 신제품 창조자로서의 특정이익을 가지며 기술후진국이 모방하는 기간을 가지는 동안 수출을 독점할 수 있다는 것이다. 그런데 일정기간 후 기술후진국이 물품을 모방하여 생산하기 시작하면 최초로 신제품을 생산하여 수출한 기술선진국으로 역수출하게 된다는 것이다.

---

8) Linder, S. B., *An Essay on Trade and Transformation,* Uppsala: Almqviet & Wiksells, 1961: 小島清 · 山澤逸平 譯, 國際貿易の新理論, グイヤモンド社, 1964.

9) Gruber, W., Mehta, D., Vernon, R., The R&D Factor in International Trade and International Investment of United States Industries, *Journal of Political Economy,* February, 1967.

10) Posner, M. V., *International Trade and Technical Change,* Oxford Economic Papers, Oct. 1961.

4) 제품수명주기 이론

버논(R. Vernon)[11]의 제품수명주기 이론(theory of product life cycle)은 무역패턴의 결정요인으로 생산기술의 변화와 시간의 경과, 시간변화를 통한 제조업분야의 비교우위의 변화를 밝혀 동종 산업 내의 무역패턴을 규명한 이론이다. 제품수명주기 이론에서는 신제품단계, 성숙단계, 표준화단계로 구분하여 설명한다. 신제품단계는 소규모생산으로 제품을 소개하는 정도의 단계이다. 성숙단계는 제품에 대한 수요가 어느 정도 고정화되어 국제적으로 증가하는 단계이다. 표준화단계는 제품의 품질과 생산방법이 세계적으로 보편화된 단계이다.

제2절 글로벌 무역과 무역정책의 변천

1. 자유무역정책

(1) 자유무역정책의 근간

자유무역정책은 중상주의와 중농주의 사상에서 출발하였다. 중상주의는 16세기에서 18세기 동안 유럽제국에서 채택된 상업을 중시하는 국가본위의 간섭정책 내지 이를 기초로 한 경제사상이다. 중농주의는 자연 법적 질서에 의하여 토지가 유일한 부의 원천인데 여기에서 생산된 농산물은 풍작시에는 수출을 통하여, 흉작시에는 수입을 통하여 가격과 공급량을 조정할 수 있도록 거래가 자유로워야 한다는 사상이다.

자유무역정책의 이론은 애덤 스미스의 자유무역론에 근거를 두고 있는데 국제분업론, 자유경쟁론, 소비자 이익론이라는 측면에서 설명하고 있다. 국제분업론은 국내분업의 원리를 국제무역에 적용한 것이다. 자유경쟁론은 국내산업의 경영방식이나 생산기술 등은 외국과의 자유경쟁을 통하여 개선하여야 한다는 논지이다. 소비자 이익론은 생산의 목적은 소비이므로 소비자의 이익이 우선되어야 한다는 것이다.

11) Vernon, R., International Investment and International Trade in the Product Cycle, *Quarterly Journal of Economics*, May 1966.

(2) 자유무역정책의 이행

애덤 스미스는 자유무역론을 전개하면서 자유무역정책의 이행에 있어서는 예외조치를 인정하였다. 국방산업에 대한 보호조치를 주장하고 관세부과에 있어서도 재정수입을 위한 재정관세, 외국의 보호무역에 대한 보복관세, 실업방지관세 등에 대해서는 예외를 인정하였다. 자유무역정책의 수행에 필요한 것은 생산요소의 자유로운 이전이다. 그런데 현실적으로 국가 사이에 생산요소의 자유로운 이전은 이루어질 수 없다. 그리고 무역에서는 국내물품시장과 요소시장의 왜곡이 존재하기 때문에 긍정적 효과만 발생하는 것은 아니다. 선진국과 후진국이 무역을 하게 되면 국가마다 경제발전단계가 다르기 때문에 무역생산구조가 다르게 고착되는 경향을 보이게 된다. 이에 따라 후진국은 항상 농산품만 생산하는 국가의 수준에서 벗어날 수 없는 한계에 이른다.

2. 보호무역정책

(1) 보호무역정책의 근간

보호무역정책의 이론은 리스트(F. List)의 유치산업 보호론(infant industry protection argument)에 근거를 두고 있다. 리스트는 농업생산에만 의존하면 결국 공업부문에서 외국의 영향을 받게 되기 때문에 유치산업의 보호를 주장하였다. 유치산업을 보호하면 국민소득은 국내산업의 보호에 의하여 일시적으로 감소하지만 그 산업이 성장되면 국민소득은 증가하기 때문에 보호가 필요하다는 것이다.

리스트는 한 국가 내에서 장래 성장 가능성이 있는 유치한 산업을 보호하고 그 산업의 성장을 촉진시켜야 한다고 하였다.[12)] 밀(J. S. Mill)은 어떤 산업을 보호할 경우 보호되는 일정한 기간이 경과된 후에는 산업이 성장하여 더 이상의 보호조치가 필요없게 되는 분야이어야 한다는 유치산업보호의 선정기준을 제시하였다.[13)] 바스테이블(C. F. Bastable)은 보호받는 산업이 보호를 받는 일정한 기간이 경과된 후에는 더 이상의 보호조치를 받지 않고 자립할 수 있는 산업분야이어야 할 것을 전제조건으로 하였다.[14)]

---

12) List, F., Das National System der Politischen Őkonomie, Bd. I, Stuttgart u. Tűbingen, 1841(Sammlung Sozialwissenschftlich Meister von Meisterr von H. W ntig 1928); 정도영, 국제경제, 박영사, 1978, p. 180 참조.

13) Mill, J. S., *Principles of Political Economy,* London, 1917, p. 588, 정도영, 상게서, p. 181 참조 .

(2) 보호무역정책의 이행

보호무역정책을 추진하는 국가에서는 자국의 유치산업을 보호하기 위하여, 국민경제의 자립을 위하여, 소득분배의 달성을 위하여, 국제수지의 개선을 위하여, 교역조건의 개선을 위하여 해당 산업에서 생산되는 제품과 경쟁관계에 있는 외국수입품에 대하여 보호관세를 부과하고 있다. 보호무역정책은 자국 산업을 보호하면서 경제발전을 추구한다는 기본적인 목표를 가지고 이행되었다. 제1차 세계 대전 기간 중에 전시 체제의 유지를 목적으로 실행되었던 보호무역정책 수단들은 1930년대의 세계공황과 더불어 더욱 강화되었다.

3. 신보호무역주의

(1) 신보호무역주의의 의의

제2차 대전 이후 세계무역은 관세 및 무역에 관한 일반협정과 국제통화기금(IMF)을 중심으로 상호보완적 자유무역주의의 원칙을 가지고 이루어져 왔다. 그런데 1970년대 초에 발생한 석유파동으로 선진국은 대내적으로 대량 실업 등과 같은 경제문제가 발생하여 이를 해결하기 위하여 자국 산업을 보호하는 각종의 규제와 제한을 가하는 보호무역정책을 시작하였다. 이와 같이 1970년대 이후 선진국에서 실시하였던 무역사조가 신보호무역주의이다.

(2) 신보호무역주의의 이행

선진국은 사양산업으로 소외시하였던 1차 산업 또는 2차 산업에 종사하는 노동자의 실업이 증가하는 국내 문제가 대두되었기 때문에 그 분야의 산업들을 보호하기 시작하였다. 선진국은 자국과 불공정거래를 하는 교역상대국들에 대하여 보복조치를 취하기 시작하였다. 선진국은 수출자율규제나 시장질서협정 등과 같은 비관세장벽 수단을 활용하여 차별적인 보복조치를 취하였다. 더구나 선진국과 후진국 사이에 분업적 무역을 추진하는 행태와는 다르게 선진국은 후진국과의 무역에서 상호주의를 강요하였다. 선진국들은 과거의 보호무역과는 다르게 특정산업을 보호한다는 것과 같은 조치는 취하지 않았다.

---

14) Bastable C. F., The Theory of International Trade, 4th ed., London p. 140 참조.

4. 신국제경제질서

(1) 신국제경제질서의 의의

신국제경제질서는 제2차 세계대전 이후 식민지 체제에서 독립하기 시작한 다수의 후진국들이 국제사회에 진출하면서 형성되기 시작한 무역사조이다. 개도국들이 요구하는 새로운 경제체제는 국제협력을 근간으로 하는 주권평등, 상호의존, 공동이익 등에 기초를 둔 것이다. 따라서 신국제경제질서는 개도국들이 경제개발을 통하여 국민소득을 향상시키고 자립경제를 달성하는 데에 목적을 둔 경제질서라고 할 수 있다.

(2) 신국제경제질서의 이행

제2차 세계대전 이후 형성된 세계경제질서에서는 선진국이 후진국에서 생산되는 1차 산업 생산물을 수입하고 선진국이 생산하는 3차 산업 생산물은 후진국으로 수출함으로써 상호관계를 유지하여야 한다는 인식이 있었다. 신흥개도국들이 경제자립을 위한 정책을 수행하면서 천연자원의 확보와 관련한 자원민족주의가 나타났다. 또한 개도국들은 기존의 경제질서에 대하여 거부감을 표시하고 새로운 질서 체제의 구축을 요구하게 되었다. 개도국들은 경제주권의 확립, 국제분업 체제의 개혁, 소득의 국제적 평등화, 신흥주권국의 국제경제기구에의 참여 등을 요구하며 진행되었다.

5. 세계무역기구

(1) 세계무역기구의 의의

세계의 여러 국가들이 신보호무역주의를 비롯하여 국제통상마찰의 대상이 되었던 문제들을 해결하기 위하여 1986년 우루과이 라운드(Uruguay Round: UR)협상을 시작하였다. 이후 1994년에 마라케쉬 협정(Marrakasch Agreement)을 공표하고 1995년에 세계무역기구(World Trade Organization : WTO)가 출범하였다.

세계무역기구는 자유무역질서를 확대, 강화하며 이에 대한 제도화를 목적으로 하는 다자간 무역기구이다. 세계무역기구는 관세 및 무역에 관한 일반협정 체제를 확대 개편한 것으로 법적 구속력이 강한 권한을 행사할 수 있는 국제기구이다.

(2) 세계무역기구의 활동

세계무역기구는 서비스교역, 지적재산권, 무역 관련 투자 등과 같은 분야까지 협상 대상을 확대하였다. 세계무역기구는 회원국 사이에 발생한 문제에 대하여 일정기간 내에 다수결원칙으로 해결하는 원칙을 적용하고 있기 때문에 의사결정이 신속하다는 장점이 있었다. 세계무역기구는 회원국이 협정내용을 엄격하게 준수하도록 하고 있다. 세계무역기구에서는 관세 및 비관세장벽 등 무역장벽을 대폭 축소 내지 철폐하는 입장이다. 세계무역기구에서는 회원국에 대하여 무조건적으로 협정내용을 적용하지는 않는다. 각 회원국의 경제발전 단계를 고려하여 협정을 적용하도록 하고 있다. 경우에 따라 개도국이나 최빈국에 대해서는 협정시행 유예기간을 적용하고 있다.

(3) 세계무역기구와 라운드

세계무역기구에서는 세계경제의 발전을 위하여 여러 가지의 협상을 진행하였는데 이를 라운드라고 한다. 환경라운드(green round: GR)는 세계무역기구가 무역과 환경의 관계를 설정할 무역환경위원회를 설치할 것을 합의한 이후에 환경기준의 국제표준화, 환경보존을 목적으로 한 각종의 무역규제조치규정과 분쟁해결절차 등을 해결하려는 다자간 협상이다. 노동라운드(blue round: BR)는 근로조건 및 노사관계에 대한 기준 설정과 그 기준의 준수를 위한 각종 제재조치 규정 등에 관한 협상을 목적으로 하는 다자간 협상이다. 경쟁라운드(competition round: CR)는 자유경쟁 및 공정경쟁을 정착시키기 위하여 국가와 국가 사이의 경쟁에 대한 실체의 규정과 경쟁의 조화를 위한 다자간 협상이다. 기술라운드(technology round: TR)는 지적재산권 보호규범, 세계경제개발기구의 국제기술규범, 우루과이 라운드의 기술개발에 대한 규범, 환경기술규범 등을 논의하는 다자간 협상이다. 부패라운드(corruption round: CR)는 국제거래에서 각구 정부의 부패행위를 방지하고 공정한 경제질서를 보장하기 위한 다자간 협상이다. 디자인라운드(design round: DR)는 각국의 디자인 보호장치와 관련하여 발생하는 문제들을 논의하는 것을 목적으로 하는 다자간 협상이다. 인터넷라운드(internet round: IR)는 인터넷 전자상거래가 급증하고 기업이나 국가의 경쟁력 확보와 생존을 위한 필수적인 전략으로 인식됨에 따라 OECD, WTO, APEC 등의 국제기구와 미국, EU, 일본, 독일 등 선진국이 만든 다자간 협상이다.

제3절 관세와 비관세 장벽

1. 관세

(1) 관세의 의의

관세(tariff, custom duties)는 한 국가의 관세선을 통과하는 수출입 물품에 대하여 부과하는 세금을 의미한다. 보호무역에서는 정책수단으로 관세를 대표적으로 사용하여 왔다. 관세에는 그 부과 목적 등 에 따라 다양한 종류가 존재한다.

(2) 관세의 종류

물품의 이동방향에 따라 수입관세와 통과관세로, 관세의 부과목적에 따라 재정관세와 보호관세로, 관세율의 부과기준에 따라 종가관세, 종량관세, 선택관세, 복합관세 등으로, 관세의 적용 수에 따라 단일관세와 복수관세로, 관세의 부과 주체에 따라 국정관세와 협정관세로 구분한다.

탄력관세(flexible tariff)는 국내외 경제여건변화에 신축적으로 대처하려고 과세대상, 과세율표, 적용기간 등에 대하여 탄력적으로 부과하는 관세이다. 탄력관세에는 차별관세, 보복관세, 덤핑방지관세, 긴급관세, 조정관세, 상계관세, 편익관세, 할당관세 등이 있다.

물가평형관세(parity price duty)는 국내물가의 안정을 위하여 특정 물품의 공급을 원활히 하고 특정 수입물품의 가격등귀를 억제할 목적으로 부과하는 관세이다. 물품평형관세에는 차액관세, 활척관세, 계절관세 등이 있다.

(3) 관세의 효과

관세의 효과로는 산업보호효과, 소비효과, 재정수입효과, 소득재분배효과, 교역조건효과, 교역조건효과, 고용효과, 국제수지효과, 가격효과 등이 있다.

2. 비관세장벽

(1) 비관세장벽의 의의

비관세장벽(non-tariff barriers: NTB)은 무역거래에서 보호무역정책수단으로 사용되는 관세 이외의 모든 무역장벽수단을 의미한다. 비관세장벽은 수입허가량을 제한하거나 수출업자에게 보조금이나 특혜금융 등을 지원하는 등 다양한 형태로 나타난다. 관세는 수입을 억제하기 위하여 부과하는 세율이기 때문에 무역 상대국에서도 규제의 정도나 관세부과의 타당성 등에 대해서도 파악하기 쉬워 대처할 수 있는 방안를 수립하는 데에 용이하다. 그렇지만 비관세장벽은 관세율을 부과하는 방법이 아닌 방법이기 때문에 무역상대국에서는 이를 파악하거나 대철하기가 용이하지 않다는 차이점이 있다.

(2) 비관세장벽의 특성

비관세장벽은 국가별로 실시하는 상황에 따라 각각 다른 형태로 나타난다. 그러므로 각국에서 실시하는 비관세장벽은 내용 및 형태별로 미치는 영향을 측정하기가 어렵게 된다. 통상부문에서 주도권을 갖고 있는 선진국이 수입규제를 목적으로 시행하는 비관세장벽 수단들은 매우 다양하고 교묘하여 후진국으로서는 대치히기가 매우 어려운 실정이며 일단 실시가 되면 그 수단을 완화하거나 철폐하기가 어렵게 된다. 그래서 비관세장벽은 통상마찰의 주요 원인이 되고 있는 것이다.

(3) 비관세장벽의 수단

비관세장벽의 수단으로는 정부 관련 비관세장벽으로는 정부원조, 정부조달, 정부독점업무, 생산보조금, 수출보조금, 국영무역 등이 있다. 세관 및 행정업무 관련 비관세장벽으로는 관세평가, 구비서류 요구, 물품견본 요구 등이 있다. 수입물품 기준 관련 비관세장벽은 수입물품의 기준을 타국보다 높게 또는 엄격하게 적용하는 방법이다. 수입 및 수출 관련 비관세장벽으로는 수출자율규제, 수입할당제, 관세할당제, 외화할당제 등이 있다. 가격 관련 비관세장벽으로는 수입담보금제도, 국경세 조정, 차별적 세제의 적용 등이 있다.

글로벌 세계의 경제통합과 상호이해

제1절 글로벌 세계의 경제통합과 FTA

1. 글로벌 세계의 경제통합

(1) 경제통합의 의의

경제통합(economic integration duty)은 한 국가의 자주적 경제정책의 한계를 국제협력에 의하여 극복하고 통합체 내부의 한 국가로서 경제의 균형적 성장을 도모하는 데에 목적이 있다.[1] 경제통합은 주권국가 사이에 정책적 합의에 의하여 이루어진 의도적인 정책을 수행하기 때문에 정책수행과정상 단일시장이 형성되는 것이지 단순한 특혜지역을 형성하는 것은 아니다. 즉 경제통합은 국가 사이에 경제적 협정을 체결하여 하나의 자유시장 협력체를 결성한 후에, 물품 및 생산요소의 이동을 자유롭게 하여 경제의 조화적, 지속적, 균형적 발전을 추구하는 경제적 조직체라고 할 수 있다.

---

1) 신현종・노택환, 무역학개론, 박영사, 1996, p. 262.

(2) 경제통합의 효과

1) 무역창출효과

무역창출효과(trade creating effect)는 관세동맹으로 관세동맹국에 대한 관세가 철폐되면 종래 관세를 부과하여 보호를 할 때에 높은 비용으로 생산되던 역내 물품의 생산량은 감소하고 관세동맹국의 저렴한 물품이 수입되는 효과를 의미한다.

2) 무역전환효과

무역전환효과(trade diverting effect)는 관세동맹으로 관세동맹국에 대한 관세가 철폐되고 그 외의 국가에 대해서는 차별관세를 부과하여 종래 생산비가 저렴한 가격으로 물품을 공급하던 국가와의 무역이 관세동맹국의 생산비가 높은 물품을 공급하는 국가로 전환되는 효과를 의미한다.

(3) 경제통합의 유형

1) 자유무역지역

자유무역지역(free trade area)은 경제통합의 가장 초보적인 형태로 다수 국가들이 무역에 관한 협정을 체결하여 그들 국가영역을 하나의 광역적인 자유무역지역으로 설정한 후 이 지역 내의 수출입물품에 대하여 관세나 무역제한조치를 철폐하여 물품의 자유로운 이동을 보장하려고 하는 경제통합체이다.

2) 관세동맹

관세동맹(customs union)은 2개국 또는 다수 국가들이 관세에 관한 동맹을 체결하여 동맹국내에서는 서로 수출입물품에 대하여 관세를 감면 또는 철폐하여 무역자유화를 실현하고 동맹 외의 국가들에 대해서는 차별적인 공통관세제도를 채택하는 경제통합체이다.

3) 공동시장

공동시장(common market)은 다수 국가들이 무역 및 외환에 관한 협정을 체결하여 하나의 새로운 광역경제권을 결성한 후 역내 국가 사이의 물품 및 자본과 기술 등 생산요소의 자유로운 이동을 보장하는 경제통합체이다.

4) 경제동맹

경제동맹(economic union)은 다수 국가들이 산업, 재정, 금융, 통화, 무역, 외환 등에 관한 경제협정을 체결하고 이러한 여러 가지 부문의 경제정책을 상호 조정하면서 보조조치를 취하는 경제통합체이다. 각국에서 독자적으로 실시하는 대내외의 경제정책은 자국의 경제적 이익을 창출하는 데에 목표를 두고 있기 때문에 정책을 수행하는 과정과 관련하여 거래를 하는 인근 국가와 마찰을 일으켜 경제적 갈등을 유발시킬 위험성이 있다. 이에 따라 여러 국가가 경제전반에 관한 협정을 체결하여 경제 각 부문의 경제정책을 상호 조정함으로써 경제적 마찰을 방지하려고 경제동맹을 결성하게 된다.

5) 완전경제통합

완전경제통합(complete economic integration)은 다수 국가들이 경제동맹에 관한 협정을 체결하여 가맹국에서 실시되고 있는 경제정책을 조정하는 데만 그치지 않는 경제통합 형태이다. 초국가적 기구의 설립에 의하여 통화, 금융, 재정, 사회, 경기정책 등을 통합함으로써 사실상 새로운 국가를 결성하는 것과 다름없는 하나의 조직체를 구성하는 경제통합체이다. 따라서 완전경제통합은 경제적 통합뿐만 아니라 궁극적으로 정치적 통합까지 수반되는 가장 강력한 형태이다.

2. 글로벌 세계의 경제협력체

(1) 북남미지역 경제협력체

1) 북미 경제협력체

① 북미자유무역지역협정기구

북미자유지역협정기구(North American Free Trade Assosiation: NAFTA)는 북미지역의 경제협력체로서 1994년 공식 발효하였는데 미국의 고도기술과 방대한 자본, 캐나다의 천연자원과 멕시코의 저임노동력을 활용하여 역내 국가의 경제활동을 활성화하는 것을 목적으로 하고 있다. 즉 미국은 첨단기술산업을, 캐나다는 자원산업을 멕시코는 노동산업을 특화하여 산업 사이의 협력을 도모하는 상호보완적인 경제결합 형태이다.

NAFTA의 출범 이후에 미국은 국제협상력을 강화하여 EU와 일본 등에 통상압력을 행사하는 등 세계경제질서의 개편과정에서 지도적 역할을 수행하였다. 캐나다는 미국시장 내의 경쟁력 향상을 이루고 멕시코 시장에 진출할 수 있었다. 멕시코는 미국 시장을 확보하여 수출을 확대하고 고용을 증대시키는 성과를 거두었다.

② 미주자유무역지구

미주자유무역지구(Free Trade Area of the American: FTAA)는 정식적인 경제협력체는 아니고 미주지역에 위치하는 34개국이 모여 무역장벽, 보조금제도, 불공정관행 등을 철폐시키고 투자를 확대시키는 것을 목적으로 하여 2005년까지 결성이 추진되고 있는 협력구상체이다.

③ 범태평양자유무역지대

범태평양자유무역지대(Transatlantic Free Trade Area: TAFTA)는 정식적인 경제협력체는 아니고 1994년 캐나다가 중심이 되어 EU와 NAFTA를 연계시키는 자유무역협정 체결을 목적으로 제안되어 검토단계에 있는 협력구상체이다.

2) 중남미 경제협력체

① 중미공동시장

중미공동시장(Central American Common Market: CACM)은 1961년 공식 출범하였는데 코스티리카, 엘살바도르, 과테말라, 온두라스, 니카라과 등 5개국이 참여하였다. 중미공동시장은 회원국의 역내 자유무역화, 역외 공동관세 설정, 회원국의 역내 통합산업제도 설치, 역내 재정정책과 공업정책 그리고 농업정책의 통일 등을 목적으로 하고 있다.

② 카리브 공동시장

카리브 공동시장(Caribbean Common Market: CARICOM, CCM)은 1967년에 버뮤다, 바베이도스, 가이아나 등 3개국이 참여한 카리브 자유무역연합(Caribbean Free Trade Association: CARIFTA)이 모체가 되어 1973년에 창설된 회원국 15개국의 경제협력체이다. 카리브 공동시장은 역내 무역자유화 확대, 역외 공동관세 운용, 통화 및 재정정책의 조정, 회원국과 회원국 사이의 노동 및 자본 생산요소의 자유이동, 역내 후진국에 대한 특혜조치 부여 등을 목적으로 하고 있다.

③ 라틴아메리카통합연합

라틴아메리카통합연합(Latin American Integration Assosiation: LAIA)은 1981년 출범한 경제협력체인데 아르헨티나, 칠레, 브라질, 멕시코, 파라과이, 우루과이, 페루 등 7개국이 참여하였다. 라틴아메리카통합연합은 역내 자유무역 실현, 공동 관세정책 실시, 회원국과 회원국 사이의 공업부문의 상호보완협정 체결 및 실시, 회원국 은행과 은행 사이의 청산결제기구의 운영, 경제정책의 조정 등을 목적으로 하고 있다.

④ 안데안 공동시장

안데안 공동시장(Andean Common Market: ANCOM)은 안데스 산맥을 중심으로 위치하고 있는 국가와 국가 사이에 1969년에 창설한 경제협력체인데 에콰도르, 페루, 볼리비아, 콜롬비아, 베네수엘라 등 5개국이 참여하였다. 안데안 공동시장은 역내 관세 인하, 대외 공동 최저관세 적용, 역내 공동통화 개발, 회원국과 회원국 사이의 정책조정, 공동정책 수립 등을 목적으로 하였다.

⑤ 남미공동시장

남미공동시장(Mercado Conun del Sur: MERCOSUR)은 남미지역의 경제협력체로서 1995년에 창설되었는데 아르헨티나, 브라질, 파라과이, 우루과이 등 4개국이 참여하였다. 남미공동시장은 역내 관세 및 비관세장벽 철폐 서비스의 역내 이동 자유화, 역외 공동관세 설치, 대외 공동무역정책의 실시, 자본 및 노동 등 생산요소의 역내 이동 자유화, 역내 경제정책 조정 등을 목적으로 하고 있다.

(2) 유럽지역 경제협력체

1) 유럽연합

유럽연합(European Union: EU)은 유럽지역의 대표적인 경제통합체이다. 유럽연합은 1958년에 창설한 유럽공동체(European Economic Community: EEC) 회원국 6개국과 1960년에 설립한 유럽자유무역연합(European Free Trade Association: EFTA) 회원국 7개국이 중심이 되어 탄생한 것이다. 유럽연합은 유럽공동체의 기능과 회원국과 회원국 사이의 경제, 외교, 안보, 내무, 사법, 금융, 동일 화폐발행 등 모든 분야에 걸쳐 통합을 추구하는 완전한 경제통합체이다.

(2) 유럽경제지역

유럽경제지역(European Economic Area: EEA)은 유럽연합(European Union: EU)이 유럽자유무역연합(European Free Trade Association: EFTA)과 시장통합수준으로 체결하여 1994년에 발효시킨 협정이다. 유럽경제지역은 초기의 유럽연합 회원국과 유럽자유무역연합 회원국과 회원국 사이에 물품, 서비스, 자본, 노동의 자유로운 이동 등을 목적으로 하는 경제협력체이다.

(3) 아시아지역 경제협력체

1) 아시아 · 태평양 경제협력체

아시아 · 태평양 경제협력체(Asia Pacific Economic Cooperation: APEC)는 아시아 지역에서 1989년 공식 출범한 경제협력체이다. 아시아 · 태평양 경제협력체는 교역장벽의 제거, 개방적 교역질서 확립, 다자간 교역질서 확립, 무역정책협의 및 정보 교환, 교류의 촉진, 역내무역자유화, 무역 및 투자의 원활화, 무역 및 투자의 자유화, 기술협력 등을 목적으로 하고 있다. 현재 한국을 비롯, 중국, 미국, 일본 등 21개국이 회원국이다.

2) 남아시아 국가연합

남아시아 국가연합(Association of South-East Asian Nations: ASEAN)은 남아시아 지역에서 1967년 태국, 인도네시아, 필리핀, 말레이시아, 싱가포르 등 5개국이 참여한 지역협력기구이다. 1984년 브루나이가 가입했고 최근에 베트남, 라오스, 미얀마가 가입하여 모두 9개국으로 구성되어 있다. 남아시아 국가연합은 동남아시아의 지역협력의 촉진, 외국의 간섭 배제, 역내 국가의 평화 및 안정 수호, 회원국과 회원국 사이의 경제, 사회, 기술, 문학 분야의 상호협력 등을 목적으로 하고 있다.

3) 아세안 자유무역지역

아세안 자유무역지역(ASEAN Free Trade Area: AFTA)은 남아시아 지역에서 1993년 태국, 인도네시아, 필리핀, 말레이시아, 싱가포르 브루나이 등 6개국이 참여한 경제협력체이다. 아세안 자유무역지역은 공동지역개발, 관세협력, 산업협력 등을 목적으로 결성하였다.

4) 아시아 · 유럽 정상회담

아시아 · 유럽 정상회담(Asia-Europe Meeting: ASEM)은 1996년 아시아 10개국과 EU 15개국, EU 집행위원회가 정상회담을 하면서 탄생하였다. 아시아 · 유럽 정상회담은 지역과 지역의 경제협력 확대와 다자주의 무역질서를 보완하고 강화하는 데에 기여하였다.

5) 남아시아 지역협력연합

남아시아 지역협력연합(South Asian Association for Regional Cooperation : SAARC)은 남아시아 국가 사이에 1985년에 발족한 경제협력체이다. 남아시아 지역협력연합은 인도, 파키스탄, 방글라데시, 스리랑카, 네팔, 부탄, 몰디브 등 7개국을 회원국으로 하여 출범하였다. 남아시아 지역협력연합은 역내 국가 사이의 경제, 문화, 사회 등 제반분야의 협력강화와 국제무대에서의 상호협력증진을 목적으로 하고 있다.

(4) 중동 및 호주지역 경제협력체

1) 걸프만 협력위원회

걸프만 협력위원회(Gulf Cooperation Council: GCC)는 중동지역에서 1981년 사우디 아라비아, 쿠웨이트, 아랍 에미레이트 연합, 카타르, 바레인, 오만 등이 회원국으로 하여 공식 출범한 경제협력체이다. 걸프만 협력위원회는 역내 관세 철폐, 금융분야의 협력, 석유정책의 조정, 노동력 수급의 공동대응, 석유수출기구(OPEC)의 기능 강화 등을 목적으로 하고 있다.

2) 아랍공동시장

아랍공동시장(Arab Common Market: ACM)은 중동지역에서 1965년 이집트, 요르단, 시리아, 이라크, 쿠웨이트 등 5개국을 회원국으로 하여 출범한 경제협력체이다. 아랍공동시장은 회원국과 회원국 사이의 자유무역지역을 창설하여 사람 및 재화 이동의 자유, 역내외(域內外) 생산품의 무역 자유, 거주·노동·고용·경제활동의 자유, 공항·항만 이용의 자유 등의 실현을 목적으로 한다. 이를 위하여 역내관세를 공업품에 관해서는 연 10%씩 인하하여 향후 10년에 걸쳐 철폐, 농산물에 관해서는 일부는 완전철폐 등을 조건으로 하였지만 진척이 없는 상황이다.

3) 호주 · 뉴질랜드 경제관계 긴밀화 무역협정

호주 · 뉴질랜드 경제관계 긴밀화 무역협정(Australia · New Zealand Closer Economic Relations Trade Agrement: ANZCERTA, CER)은 1983년에 양국 사이에 체결된 쌍무무역협정이다. 호주 · 뉴질랜드 경제관계 긴밀화 무역협정은 양국 사이에 자유무역지역 창설을 목적으로 하고 있다.

(5) 아프리카지역 경제협력체

1) 아랍 · 마그렙 동맹

아랍 · 마그렙 동맹(Arab Maghreb Union: AMU)은 북부아프리카 지역에서 1989년 알제리, 리비아, 모로코, 모리타니, 튀니지를 회원국으로 하여 출범하였다. 마그렙이란 서쪽의 해지는 나라라는 의미인데 아랍문화권인 북부 아프리카 5개국으로 구성된 서부 아랍세계를 뜻한다. 1980년대 원유 가격의 폭락으로 인한 알제리와 리비아의 경제적 타격과 원자재 특히 인산염의 가격 폭락으로 모로코와 모리타니의 경기 침체를 극복하기 위해 이 동맹을 창설하였다. 아랍 · 마그렙 동맹은 역내 경제통합, 생산요소의 역내 이동 자유화, 자유무역지역, 관세동맹, 공동시장, 경제통합으로의 점진적 발전을 목적으로 하고 있다.

2) 서부아프리카 경제공동체

서부아프리카 경제공동체(Economic Community of Western African: CEAO)는 서부아프리카 지역에서 1973년 출범한 경제협력체이다. 서부아프리카 경제공동체는 회원국과 회원국 사이의 무역촉진, 관세율 조율, 관세수입의 분배, 영세회원국 지원 등을 목적으로 하고 있다.

3) 서부아프리카국가 경제공동체

서부아프리카국가 경제공동체(Economic Community of Western African States: ECOWAS)는 서부아프리카 지역에서 1975년 기니, 라이베리아, 시에라리온 등을 중심으로 16개국이 참여하여 출범한 경제협력체이다. 서부아프리카국가 경제공동체는 회원국과 회원국 사이의 산업, 금융, 사회, 경제 등의 협력을 목적으로 하고 있다.

4) 마노강 동맹

마노강 동맹(Mano River Union: MRU)은 서부아프리카 지역의 마노강 유역에 위치한기니, 라이베리아, 시에라리온 국가들을 회원국으로 하여 1973년 공식 출범한 경제협력체이다. 마노강 동맹은 관세 및 비관세장벽 제거, 경제분야의 협력 등을 목적으로 하고 있다.

5) 중부아프리카 관세경제동맹

중부아프리카 관세경제동맹(Central African Customs and Economic: UDEAC)은 중부아프리카 지역에서 콩고, 가봉, 차드, 중앙아프리카공화국, 카메룬 등 5개국이 회원국으로 참여하여 1966년 출범한 경제협력체이다. 중부아프리카 관세경제동맹은 회원국과 회원국 사이의 경제협력 및 무역증대, 공동조세정책추진 등을 목적으로 하고 있다.

6) 중앙아프리카 경제공동체

중앙아프리카 경제공동체(Economic Community of Central African States: ECCAS)는 중부아프리카 지역에서 1983년 카메룬, 앙골라, 가봉 등 11개국을 회원국으로 하여 출범한 경제협력체이다. 중부아프리카 국가 경제공동체는 회원국과 회원국 사이의 주민의 자유이동, 비관세장벽의 제거, 무역서류의 표준화, 개발기금설립 등을 목적으로 하고 있다.

7) 동부아프리카 공동체

동부아프리카 공동체(East African Community: EAC)는 동부아프리카 지역에서 1967년 케냐, 우간다, 탕카니카를 회원국으로 하여 출범한 경제협력체이다. 동부아프리카 공동체는 회원국과 회원국 사이의 관세면제, 대외공동관세 설정, 공동통화, 운송물류분야 협력 등을 목적으로 하고 있다.

8) 남부아프리카 관세동맹

남부아프리카 관세동맹(South African Customs Union: SACU)은 남부아프리카 지역에서 1969년 공식 출범한 경제협력체이다. 남부아프리카 관세동맹은 회원국과 회원국 사이의 공통관세의 적용 등을 목적으로 하고 있다.

9) 남부아프리카 개발공동체

남부아프리카 개발공동체(Southern African Development Coordination Conferences: SADC)는 남부아프리카 지역에서 1980년 앙골라, 탄자니아, 잠비아, 보츠와나, 레소토, 말라위, 모리셔스 등 12개국이 참여하여 출범한 경제협력체이다. 남부아프리카 개발공동체는 회원국과 회원국 사이의 공통관세의 적용 등을 목적으로 하고 있다.

3. 글로벌 세계와 FTA

(1) FTA의 의의

FTA(Free Trade Agreement: 자유무역협정)은 회원국 사이에 경제통합을 통하여 무역자유화를 증진시키기 위하여 회원국을 원산지로 하는 모든 상품 및 서비스에 대하여 관세 및 기타의 제한적 통상규제가 철폐되는 2이상의 관세영역의 집단을 의미한다.[2)]

(2) FTA의 효과

FTA의 단기적 효과는 무역창출효과와 무역전환효과 등이다. FTA의 장기적 효과는 규모의 경제효과, 경쟁력 제고 효과, 외부경제효과, 경제발전의 위험감소 효과 등이다. FTA의 추진동기는 상품무역분야의 시장 확대, 직접투자유치, 에너지 확보, 원자재 확보, 시장개방에 대한 대비, 국내산업의 보호, 경제시스템의 선진화 및 경쟁력 강화, 대외신인도 제고, 대외협상능력 배양 등에 있다.

(3) 우리나라의 FTA 현황

한국은 칠레와 최초로 FTA를 체결하고 2004년 4월 발효되었다. 한국은 싱가포르와 두 번째로 FTA를 체결하였는데 2006년 3월 발효하였다. 한-싱가포르 FTA는 개성공단 생산제품의 역외가공규정을 최초로 도입하여 해외의 판매망 개척을 위한 입지를 마련하였다. 한-EFTA FTA는 유럽자유무역연합 회원국 사이에 체결된 FTA이다.

---

2) WTO/GATT 협정문 제24조 제4항, 제8항 b호.

제2절 글로벌 무역과 국제금융

1. 외환과 국제통화

(1) 외환의 의의

외환(foreign exchange)은 대외거래에서 사용되는 대외지급수단, 외화증권 및 외화채권 등을 통칭하는 개념으로 파악할 수 있다. 대외지급수단에 해당하는 외환은 외국통화, 외국통화로 표시된 지급수단 기타 표시통화에 관계없이 외국에서 사용할 수 있는 지급수단을 의미한다.

(2) 국제통화

국제통화(international currency)는 국가와 국가 사이의 물품, 용역 및 자본이동에 따르는 대차관계를 결제하기 위한 수단으로서 세계적으로 자유롭게 통용되고 있는 통화를 의미한다. 그러므로 국제통화는 국가와 국가 사이의 경제적 거래를 원활하게 뒷받침할 수 도록 국제유동성이 있어야 한다. 국제통화는 특정지역 이외에 모든 지역으로 이체가 가능한 통화이어야 한다. 무역금융의 위기는 국제통화의 공급 부족에서 발생하는 경우도 있기 때문에 국제적인 수요를 모두 충족시킬 수 있을 정도의 공급량이 존재하여야 한다. 각국의 국제수지가 불균형할 경우 이에 대처할 수 있는 대외지급준비통화로서의 기능과 환율 결정에 있어 기준통화로서의 기능을 할 수 있도록 안전성을 가져야 한다. 국 국제통화는 세계경제를 지배할 수 있는 경제력을 보유한 국가의 통화가 될 수밖에 없다.

(3) 외환의 종류

외환의 종류를 이해하려면 외환의 특성을 활용하여 외화를 사고파는 개념으로 이해하여야 한다. 외화를 하나의 상품으로 보면 싸게 사서 비싸게 팔아 이익을 남긴다는 경제원리에 입각하면 이해하기 쉬울 것이다.

매입환은 외국환은행이 외환을 매입하는 경우의 개념이다. 매도환은 외국환은행이 외환을 매도하는 경우의 개념이다. 현물환은 외환시장에서 외환을 거래하면서 외환매입 또는 외환매도 자금을 이전하는 동시에 외환을 수취 또는 제공하는 경우의 환이다. 선물환은 환매매계약이 체결된 후 실제 매매거래가 일정한 시기에, 일정한 환율로 매매할 것으로 약정된 외환이다. 보통환은 환의 거래와 관련된 지시내용이 우편으로 전달되는 환이다. 보통환에는 환어음과 우편환 등이 있다. 전신환은 환의 거래와 관련된 지시내용이 전신으로 전달되는 환이다. 전신환은 대금결제에 있어서 시간이 촉박한 경우에 활용한다. 송금환은 대금결제에서 양국의 외국환은행과 외국환은행 사이에 현금의 이동방향과 환어음의 이동방향이 일치하는 경우이다. 추심환은 국가와 국가 사이의 대금결제에서 양국의 외국환은행과 외국환은행 사이에 현금의 이동방향이 환어음의 이동방향과 반대인 경우이다.

2. 환율과 우리나라의 환율제도

(1) 환율

1) 환율의 의의

환율(exchange rate)은 자국통화와 외국통화와의 교환비율이다. 무역거래에서는 대금결제수단으로 어느 일국의 통화가 일방적으로 사용될 수는 없다. 무역당사자 사이에 결제통화를 결정하여 사용하여야 한다. 따라서 무역결제에 사용되는 통화는 국제적으로 통용되는 국제통화이어야 한다. 그런데 국제통화로 지급하는 경우나 지급받는 경우에 외환과 자국통화 사이의 가치를 평가하게 된다. 이때 가치판단으로 나타나는 수치가 환율인 것이다.

2) 환율의 표시

환율은 자국통화 표시환율과 외국통화표시환율로 구분하여 사용한다. 자국통화 표시환율은 자국통화의 대외가치를 나타내는 환율인데 외국 화폐 1단위를 기준으로 교환되는 우리나라 화폐와의 교환비율을 의미한다. 외국통화 표시환율은 외국통화의 대내가치를 나타내는 환율인데 우리나라 화폐 1단위를 기준으로 교환되는 외국 화폐와의 교환비율을 의미한다.

3) 환율의 유형

환율은 무엇에 적용하는가에 따라 여러 유형으로 구분한다. 환율의 변동기준에 따라 고정환율과 변동환율로 구분한다. 고정환율은 외환에 대한 평가를 설정하고 일정한 범위 내에서 유지하는 환율이다. 변동환율은 외환에 대한 평가를 설정하지 않고 시장의 자율조정기능에 따라 환율이 유동적으로 결정되는 환율이다. 환율의 적용시점에 따라 직물환율과 선물환율로 구분한다. 직물환율은 외환의 외환매매계약 성립과 동시에 그 매매계약을 실행하는 현물환거래에 적용되는 환율이다. 선물환율은 외환매매계약이 체결되고 상당기간이 경과한 후 특정기일에 자금수급이 이루어 질 때 적용하기로 약정한 환율이다.

4) 환율제도의 구분

환율제도는 고정환율제도, 변동환율제도, 관리변동환율제도 등으로 구분한다. 고정환율제도는 외국환의 자유로운 수요와 공급에 의하여 결정되는 환율을 인정하지 않는 제도이다. 그러므로 고정환율제도는 무역을 하는 입장에서 또는 기업경영을 하는 입장에서 환율이 고정되어 있기 때문에 경영계획을 수립하거나 사업을 수행하는 데에 유리하다. 변동환율제도는 환율이 외환시장에서의 외환수요와 공급에 의하여 자동적으로 조정되는 제도를 의미한다. 관리변동환율제도는 고정환율제도와 자유변동환율제의 절충된 형태이다.

(2) 우리나라의 환율제도 변천

우리나라는 1945년 10월 1일 미군정 당국에 의하여 처음으로 미화 1달러당 15원으로 공식 환율이 정해졌다. 이후 1964년 5월까지 고정환율제도를 채택하였고 1964년 5월 3일부터는 단일변동환율제도를 채택하였다. 우리나라는 1980년 2월부터 실질적인 변동환율제도인 복수통화 바스켓제도로 환율제도를 전환하였다. 복수통화 바스켓제도는 자국과 교역비중이 큰 국가들의 통화를 중심으로 통화군(通貨群)을 구성하고 국제금융시장에서의 변동률을 감안하여 자국통화에 대한 환율을 결정하는 방식이다. 우리나라는 1990년 3월부터 시장평균환율제도를 채택하였다. 이후 우리나라는 금융시장계획에 따라 점진적으로 외환시장을 개방하여 왔다. 이 계획에 따라 우리나라는 1996년 이후부터는 완전 자유변동환율제도로 전환하였다.

3. 국제통화제도

(1) 국제통화제도의 의의

국제통화제도는 국가와 국가 사이의 재화와 용역 및 자본거래에 수반되는 국제대차 결제에 관련된 모든 경제제도, 경제정책 및 경제활동 등을 의미한다. 국제통화제도는 국제자원의 최적 활용을 통하여 각국 사이의 교역을 확대하고 국제적으로 균형적인 경제성장과 완전고용을 달성하는 한편 실질소득의 증대를 지원하는 데에 목적을 두고 있다.

(2) 국제통화제도의 변천

1) 국제금본위제도

국제통화제도의 시작은 국제금본위제도(international gold standard system)의 출발에서 찾을 수 있다. 국제금본위제도는 통화의 가치가 금의 일정량에 의하여 정해진다는 국제통화제도이다.

2) 국제금환본위제도

국제금본위제도와 더불어 금본위국에서 금태환(金兌換)이 가능한 금본위 통화로 표시된 환어음이나 예금 및 채권 등을 통화의 가치로 인정하는 국제금환본위제도가 등장하였다. 태환(兌換)이란 지폐 또는 은행권을 발행한 자가 정화와 바꾸는 일을 이미한다. 정화(正貨)는 명목가치와 액면가치가 같은 본위화폐, 즉 중앙은행이 발행하는 태환권과 교환할 수 있는 금은화(金銀貨)나 지금(地金)이다.

3) 국제통화기금

영국에서 국제청산동맹을 중심으로 스털링 통화권을 존속하려는 케인즈(J. M. Keynes)[3]의 국제청산동맹안이, 미국에서 각국 통화 사이의 외환시세의 안정에 중심을 두고 있는 화이트(D. H. White)[4]의 연합국 환안정기금예비초안이 발표되어 국제통화기금(International Monetary Fund: IMF)이 출범하게 되었다.

---

3) 정식명칭은 Proposal for an International Clearing Union이다.

4) Scammel W. M., *International Monetary Policy*, 2nd ed., 1961, pp. 122-125.

4) 브레튼 우즈 체제

1944년 7월에 금 및 미국의 달러 본위제를 기본으로 하는 브레튼 우즈(Bretton Woods)협정이 성립하였다.

5) 스미스소니안 체제

스미스소니안(smithsonian) 체제는 금태환성을 결여한 미국 달러를 평가의 기준으로 하고 Wider Band Margin제도를 실시한 체제이다.

6) 킹스턴 체제

킹스턴(kingston) 체제에서는 국제통화기금이 가맹국에 대하여 자국의 여건에 적절한 환율 체제를 자유롭게 선택할 수 있는 재량권을 부여하였다.

4. 국제금융과 국제금융시장

(1) 국제금융

1) 국제금융의 의의

국제금융(international finance)은 국가와 국가 사이에서 이루어지는 경제활동 가운데 자금의 이동과 관련된 모든 현상을 말한다.

2) 국제금융의 발전

① 국제금융의 태동

12세기말 프레드릭(Frederick) 2세는 금화를 처음 주조하여 상업적인 활로를 개척하였다. 13세기경에는 이탈리아의 군소 도시에 머천트 은행가들이 출현하여 교황청이나 영주들을 대신하여 세금을 징수하였다. 14세기경에는 머천트 은행 회사(merchant banking house)들이 수출입금융과 외환거래를 수행하고 산업체와 무역업자의 설비에 참가하였다. 15세기경에는 지중해 지역들의 은행들이 악성대출 등으로 인하여 쇠퇴하였다. 이후 17세기와 18세기경에는 유럽에서의 국제금융은 침체하게 되어 국제금융의 중심지가 암스테르담에서 파리와 런던으로 이동하게 되었다.

② 19세기의 국제금융

19세기의 국제금융회사들은 외국채의 인수단(引受團) 및 중간거래자로서의 역할을 담당하였다. 이 시기에 영국은 경제가 급속히 발전하여 일반대중 및 외국인까지도 런던금융시장을 이용하였다. 일반대중들은 해외광산개발투자에 관심을 기울여 많은 금융회사가 신설되었다. 19세기 후반에 이르러 은행들이 모여 주주가 되는 콘소시엄 은행(consortium bank)이 다수 설립되었다. 이들 은행들은 유럽에서 공동으로 자본을 조달하여 해외의 철도, 운하 등과 같은 대형 프로젝트에 금융을 제공하였다.

③ 제1차 세계 대전 이후의 국제금융

20세기 초 국제금융은 영국, 프랑스, 독일 등을 중심으로 발전하였다. 이들 3개국은 산업혁명을 성공적으로 수행한 국가들이었다. 그런데 제1차 세계 대전 이후에는 미국이 급속히 부각하기 시작하였다. 이것은 유럽통화의 안전성과 태환성의 기조가 되었던 금본위제도가 퇴색하고 유럽경제가 파탄한 것에 기인한다. 이로 인하여 뉴욕이 세계 제일의 금융센터가 되는 계기가 되었다.

④ 제2차 세계 대전 이후의 국제금융

제2차 세계 대전 이후 유럽의 은행들이 태환성을 되찾고 유로 달러들이 무역금융 및 단기국제은행차관에 이용되기 시작하였다. 유로달러시장은 1950년대 영국정부가 파운드화의 대외무역금융 이용에 제한조치를 취하자 이에 대한 대응책으로 형성되었다. 1960년대에 이르러서는 유로커런시시장으로 지칭되는 유럽 내의 미국 달러화 국제금융시장의 발달이 무역금융과 국제단기차관 및 외환거래 등을 활발하게 만들었다. 1960년대 초반에는 유로채시장이 형성되고 1960년대 후반과 1970년대 초반에 걸쳐 유로크레디트시장이 발달하여 국제금융의 발전에 지대한 공헌을 하였다.

(2) 국제금융시장

1) 국제금융시장의 의의

자본재나 원자재의 연불수입과 같은 공급자 신용의 경우와 기업의 운전 및 투자자금의 조달 등은 외국금융기관 및 국내금융기관을 매개로 이루어진다. 이와 같이 국가와 국가 사이의 자금대차를 매개시키는 시장기구를 국제금융시장이라고 한다.

2) 국제금융시장의 형성

런던금융시장은 19세기말 이후 국제금본위제도하에서, 유럽에서 이루어진 거래외 관련된 각종의 다각적 결제가 런던을 중심으로 행해져 세계의 금, 상품, 장단기자본 등이 런던으로 집중되어 형성된 금융시장이다.

뉴욕금융시장은 미국의 뉴욕을 중심으로 발전한 금융시장을 의미한다. 뉴욕금융시장은 제1차 세계대전과 제2차 세계대전의 여파로 런던 중심의 금융거래가 미국으로 이동하면서 형성된 시장이다. 뉴욕금융시장이 형성되면서 미국이 세계의 경제중심지로 변화하는 계기가 되었다.

유로커런시시장은 유로달러시장이라고도 불리는 유로금융시장이다. 유로커런시시장은 유로금융시장 중에서 단기금융시장을 지칭한다. 따라서 장기금융시장인 유로본드시장, 유로머니시장, 유로신용시장, 역외금융전문시장 등과는 구별된다.

제3절 글로벌 무역과 국제수지

1. 국제수지와 국제수지표

(1) 국제수지

국제수지(international balance of payment: BOP)는 국제경제거래에서 한 국가의 일정기간의 거주자와 비거주자 사이에 이루어진 모든 경제적 거래에 따른 외환의 수취와 지급과의 차이를 분류 집계한 것이다. 국제수지는 국민총생산(GNP)이나 손익계산서 등에 나타나는 유동량(flow; 流動量) 개념이다. 국제수지는 한 국가의 대외적 경제활동을 파악할 수 있는 지표가 된다. 국제대차(balance of international indebtedness: BII)는 한 국가의 일정 시점에서 거주자가 비거주자에 대하여 가지고 있는 채권 또는 채무의 잔고를 의미한다. 국제대차는 대차대조표 등에 나타나는 저장량(stock; 貯藏量) 개념이다. 국제대차는 한 국가가 채권국인가 혹은 채무국인가를 나타내는 지표가 된다.

(2) 국제수지표

1) 국제수지표의 의의

국제수지표는 한 국가의 경제활동을 종합적으로 파악하기 위하여 국민경제의 흐름을 계산하여 기록한 표이다. 즉 한 국가에서 일정기간 거주자와 비거주자 사이에서 발생한 경제거래를 체계적으로 기록한 표이다. 국제수지표는 경상거래계정, 자본거래계정, 금융계정, 종합수지계정 등으로 구성된다. 경상거래계정은 국민소득을 직접 발생시키거나 지출을 초래하는 국제거래를 기록한 계정이다. 자본거래계정은 거래주체에 따라 민간부문, 공공부문, 금융기관의 자본거래로 구분하여 기록한 계정이다. 금융계정은 정부나 외국환은행이 보유하는 유동적인 대외단기자산과 부채의 증감을 기록하는 계정이다. 종합수지계정은 집계상의 오차나 자료 원천의 불확실성 등으로 일치하지 않는 경우 이를 일치시키는 계정이다.

2) 국제수지의 산출

1) 경상수지

경상수지(balance of current account)는 대외경쟁력을 반영하는 기준이 된다. 경상수지는 기초수지 중 무역수지, 무역외수지, 이전수지를 합한 것이다. 무역수지는 상품의 수출과 수입액간의 차이다. 따라서 무역수지는 상품의 수출입 및 비화폐용 금의 수출입 등에서 나타난 수취액과 지급액의 차이로 그 국가가 무역거래에서 어느 정도의 외화를 보유하게 되었는가를 나타내는 척도가 될 수 있다. 무역외 수지는 상품의 수출입 이외의 용역의 대외거래에 따르는 수취액과 지급액의 차이이다. 이전수지는 급부에 대한 반대급부가 따르지 않는 무상의 재화 용역, 현금 및 자본의 거래에 따른 수취액과 지급액 사이의 차이이다.

2) 기초수지

기초수지는 국제경쟁력을 반영하고 안정적인 대외지급능력을 나타낸다. 즉 한 국가의 장기적인 대외 결제능력을 표시한다. 기초수지는 1962년 미국의 경제자문위원회에서 처음 사용한 기준이다. 기초수지는 경상수지와 장기자본수지를 합한 것이다. 장기자본수지는 기간이 1년 이상 되는 장기자본의 수취액과 지급액 사이의 차이이다.

3) 종합수지

종합수지는 국제수지의 불균형 상태를 대외결제자금 조달면에서 파악하려고 한 것이다. 즉 종합수지는 경상거래와 장기 및 단기의 자본거래를 자율거래로 보고 중앙은행을 포함한 금융기관의 대외자산 및 부채의 변동만 조정거래로 보는 방법이다.

4) 유동성수지

유동성수지는 유동성의 변화를 표시한다. 동성수지는 기초수지, 비유동성 단기민간자본수지, SDR 배분을 합한 개념이다.

5) 공적수지

공적수지는 정부와 중앙통화기구의 단기자본수지를 제외한 모든 거래수지를 통괄한 개념이다.

2. 국제수지와 경제

(1) 국제수지의 발생

1) 자율거래

자율거래(autonomous transaction)는 이윤의 획득이나 효용의 증대와 같이 독자적인 동기에서 발생하는 거래로서 상품과 용역의 수출입, 이전거래, 장기자본거래 등과 같은 자발적 거래이다. 자율거래로 인하여 외환의 수취와 지급액이 일치하면 국제수지가 균형되었다고 한다.

2) 조정거래

조정거래(compensatory transaction)는 자율거래의 결과로 발생한 국제수지의 흑자나 적자의 상태를 조정하기 위하여 실시하는 유발적 거래이다. 자율거래에 의하여 외환의 수취액이 지급액보다 많으면 국제수지가 흑자라고 한다. 또 외환의 수취액이 지급액보다 적으면 국제수지가 적자라고 한다. 자발적 거래로 인한 현실적 불균형은 자발적 거래로 인하여 유발된 거래에 의하여 결과적으로 조정하도록 하는 것이다.

(2) 국제수지와 국민경제

1) 국제수지의 불균형

국제수지의 불균형이라고 할 때는 단기적 불균형, 장기적 불균형, 구조적 불균형 중의 한 형태로 나타난다. 단기적 불균형은 경기변동이나 수입수요의 가격 및 소득탄력성에 의하여 발생하는 형태이다. 이러한 경우는 경기가 안정되면 해소가 될 수 있다. 장기적 불균형은 한 국가가 현재의 경제발전단계에서 다음 단계로 전환할 때 장기적 변동으로 발생하는 형태이다. 이러한 경우는 과도기적 상태에서 발생하는 불균형이기 때문에 경제발전이 순조롭게 이루어지면 해소될 수 있다. 구조적 불균형은 단기적 불균형과 장기적 불균형의 복합형태이다.

2) 국제수지 불균형과 국민경제

① 국제수지 흑자와 국민경제

국제수지가 흑자이면 국가경제의 건실한 운용이 가능하여, 외채를 감소시킬 수 있는 기반이 된다. 외환사정이 좋아지기 때문에 외국상품을 다양하게 수입하여 국민의 생활수준을 더욱 향상시킬 수 있는 기반조성이 가능하게 된다. 종전보다 더 많은 상품을 수입하게 되고, 수출경쟁산업의 증가로 고용이 확대되며 국민소득이 증가하여 국민경제의 발전에 이바지할 수 있다. 국내통화량이 증대되기 때문에 정부의 통화관리가 곤란하게 되고 교역상대국과의 통상마찰을 야기하기도 한다.

② 국제수지 적자와 국민경제

국제수지가 적자이면 수출을 통한 외화획득만으로 수입대금의 지급에 충당할 수 없게 되고 외국으로부터 차관을 도입하여야 하며, 외화부목으로 외채상환이 어려워져 국제적으로 신용도가 추락한다.

3) 국제수지와 경제발전단계

① 미성숙채무국

미성숙채무국은 국제수지에 있어 무역수지와 무역외수지가 적자이지만 자본수지는 흑자인 상태이다. 미성숙채무국 단계에서는 산업이 발달되어 있지 않고 수출노 미미한 상태이기 때문에 수입을 초과하는 국가가 대부분이다.

② 성숙채무국

성숙채무국은 국제수지에 있어 무역수지가 수출증대에 의하여 균형 또는 수출초과 상태를 이룬다. 성숙채무국에서는 무역외수지가 적자인 상태이다.

③ 미성숙채권국

미성숙채권국은 국제수지에 있어 무역수지와 무역외 수지의 수출초과 상태는 커지게 되어 경상수지가 흑자인 상태가 된다.

④ 성숙채권국

성숙채권국은 국제수지에 있어 무역외 수지가 투자수익의 증대로 인하여 수취초과가 된 상태이다. 그러나 무역수지는 수입초과로 전환된다.

3. 국제수지 조정정책

(1) 기본정책 방향

정책결합(policy mix)은 복수의 정책목표를 동시에 달성하기 위하여 복수의 정책수단을 동시에 결합시켜 적용하는 정책이다. 국제수지의 불균형은 복잡한 요인들이 상호 작용하면서 발생하기 때문에 개별적인 정책만으로 이를 해결할 수 없다. 따라서 국가가 국제수지를 조정하기 위하여 여러 개의 정책을 결합 또는 병행하여 수행하게 된다. 즉 국내균형을 유지하기 위하여 재정확대정책이나 재정긴축정책을 사용하는 재정정책과 국제균형을 유지하기 위한 금리를 조절하는 금융정책 또는 환율을 조정하는 외환정책을 결합 또는 병행하여 수행하게 된다.

(2) 지출변동정책

지출변동정책(expenditure changing policy)은 국내총지출의 크기 자체를 변동시켜 수입수요를 억제하여 경상수지를 개선하려는 국제수지 조정정책이다. 지출변동정책의 대표적 수단은 재정정책과 금융정책이다. 재정정책은 국내균형을 유지하기 위하여, 금융정책은 국제균형을 유지하기 위하여 수행하게 된다. 즉 양 정책을 결합 조정하면서 국제수지를 조정하는 것이다. 재정정책에서의 국내균형은 완전고용 및 물가의 안정이고, 금융정책에서의 국제균형은 국제수지의 균형을 의미한다.

(3) 지출전환정책

지출전환정책(expenditure switching policy)은 국내총지출의 크기는 그대로 두고 수입을 억제하고 수출을 장려함으로써 외국상품에 대한 지출을 국내상품에 대한 지출로 전환시키려는 국제수지 조정정책이다. 지출전환정책의 대표적 수단은 재정정책 및 외환정책이다. 재정정책은 국내균형을 유지하기 위하여, 외환정책은 국제균형을 유지하기 위하여 수행하게 된다. 즉 양 정책을 결합 조정하면서 국제수지를 조정하는 것이다.

글로벌 기업의 국제경영과 위험

제1절 글로벌 기업의 국제경영

1. 글로벌 기업의 국제경영과 경영환경

(1) 글로벌 기업의 국제경영 의의

글로벌 기업이 2국 이상의 국가에서 활동을 하는 것을 국제경영(international business)이라고 한다. 글로벌 기업은 2개 이상의 이질적인 경제조직과 관계를 맺으며 경영환경이 서로 다른 상태에서 경영활동을 하게 된다.

(2) 글로벌 기업의 국제경영 환경

글로벌 기업이 국제경영을 하거나 해외진출을 추진하는 경우에는 상이한 언어와 관습이 존재하는 사회, 문화적 환경 속에서 활동하여야 한다. 따라서 글로벌 기업이 국제경영을 하는 경우에는 국제적인 정치, 문화 사회 등에 대한 이해가 절대적으로 필요하다.

(3) 글로벌 기업의 국제경영 특성

글로벌 기업의 국제경영 활동은 경영자의 경영철학에 따른 경영목표의 세계성, 경영과정에서의 시행착오를 수정할 수 있는 경영계획의 보완성, 본부조직과 하부조직이 이루는 조직관리의 통합성, 본부조직과 하부조직이 연계하는 조직운영의 유관성, 통합관리 체제의 구축에 따른 정보처리의 신속성, 조직원의 세계화 인식에 따른 경영활동의 적극성, 현지인고용 등을 통한 경영활동의 현지적응성 특성 때문에 일사분란하게 이루어진다. 그래서 글로벌 기업이 적극적으로 국제경영활동을 할 수 있는 것이다.

2. 글로벌 기업의 국제화

(1) 글로벌 기업의 국제화 의의

글로벌 기업의 국제화(globallization)는 범세계적인 경영활동을 추구하는 과정이다. 글로벌 기업이 지향하는 국제화는 경영목표에 따라 이루어지는 활동이기 때문에 외국의 환경에 적응하는 속도에 따라 각각 다른 단계를 거치게 된다. 글로벌 기업이 국내시장 중심적 경영활동에 성공한 이후 일정한 수준에 이르면 국제화를 지향하게 된다.

(2) 글로벌 기업의 국제화 과정

글로벌 기업의 국제화 과정은 국내시장 지향단계, 수출시장 지향단계, 해외직접투자단계, 세계시장 지향단계 등을 거치게 된다. 국내시장 지향단계는 글로벌 기업이 본사가 위치하고 있는 본국의 시장수요를 충당할 목적으로 경영활동을 전개하는 단계이다. 수출시장 지향단계는 글로벌 기업이 수출시장 및 투자대상국의 수요를 충당하는 목적으로 경영을 하게 되는 단계이다. 해외투자지향단계는 글로벌 기업이 투자대상국을 중심으로 하는 국제시장의 수요를 충당할 목적으로 경영을 하는 단계이다. 세계시장 지향단계는 글로벌 기업이 자회사의 소재지와는 관계없이 범세계적으로 국제계약에 의거하여 경영을 하게 되는 단계이다. 즉 세계시장 지향단계에서는 현지회사의 설립 등 적극적인 해외투자가 이루어지는 단계이다.

3. 글로벌 기업의 국제경영 유형

(1) 국제라이센싱

국제라이센싱(international licensing; 국제허가, 국제인가)은 특정기업이 보유하고 있는 특허, 상표 및 상호, 비법(know-how, 秘法) 등을 외국기업이 일정기간 동안 사용하도록 허가 또는 인가하고 그 대가를 수취하는 것을 목적으로 하는 경영방식이다. 국제라이센싱은 당사자 사이의 협조관계를 바탕으로 하는 합작방식이다. 따라서 국제라이센싱은 계약에 의해서만 규제되기 때문에 상대기업의 지배를 받을 위험이 없다. 글로벌 기업이 국제경영을 시도하는 초기에는 국제라이센싱을 선호하게 된다.

(2) 프랜차이징

프랜차이징(franchising; 사용권 허가, 특허권 허가)은 일차적으로 본부기업(franchisor)이 보유하고 있는 상표나 상호의 사용권을 가맹기업(franchise)에게 허용하고 본부기업의 조직과 경영방법의 이전 등을 통하여 지속적으로는 가맹기업의 운영을 지원하는 것이다. 본부기업에서 사용하고 있는 제품과 관련한 원리 및 관리시스템에 이르는 전 과정에 대하여 직접, 간접적으로 참여하는 형태이다. 프랜차이징은 국제라이센싱의 형태를 갖지만 본부회사의 경영정책과 운영절차를 가맹기업이 준수하여야 하기 때문에 본부기업이 가맹기업을 엄격하게 통제하는 것이 대부분이다. 프랜차이징이 이루어지면 본부기업이 제품생산과 관련한 설비, 간판, 판매촉진광고물 등을 제공하지만 본부기업의 소유권과 가맹기업과 소유권은 분리되어 있다.

(3) 계약생산

계약생산(contract manufacturing)은 글로벌 기업이 진출대상국에 있는 기존의 제조업체로 하여금 일정한 계약조건을 전제로 제품을 생산하고 이를 현지국 시장이나 제3국에 판매하는 형태이다. 계약생산은 현지시장의 규모가 직접투자 형태로 진출하기에는 너무 협소하거나 현지국의 무역장벽으로 수출을 통한 진출이 곤란할 때 유용한 방식이다.

(4) 관리계약

관리계약(management contract)은 계약을 통하여 현지국 기업의 영업활동을 관리할 권한을 부여받아 경영서비스를 제공하고 일정한 대가를 수취하는 형태이다. 관리계약은 자본의 투자 없이 외국기업체에 경영용역을 제공함으로써 해외진출이 가능하다.

(5) 국제건설협력

국제건설협력(international contracting)은 도로 항만, 댐 상수도, 통신시설, 주택 등과 같은 대규모 건설사업을 계약에 의하여 보수를 받고 현지국에서 건설하는 형태이다.

제2절 글로벌 기업의 국제경영 위험

1. 글로벌 기업의 국제경영 위험

(1) 국제경영 위험의 의의

글로벌 기업의 국제경영 위험(risk)은 기업들이 국제경영을 하는 과정 중에 발생하는 불확실하고도 불안한 상황에 대한 표현으로 볼 수 있다. 유사한 용어이지만 위험과 구분되는 손실의 원인(peril)과 위험상태(hazard)가 있다. 손실의 원인은 손해를 일으킬 가능성이 있는 우연한 사고 또는 그 자체를 의미한다. 위험상태는 사고발생에 영향을 미치는 상태 및 조건 그리고 환경 등을 의미한다. 따라서 위험상태는 손실을 증가시키거나 또는 손실을 발생시키는 위험사정을 의미한다. 위험은 손실의 원인이 되는 사고발생에 관한 불확실성이다. 그리고 불확실한 사정이나 상황이 위험상태인 것이다. 이러한 위험상태는 손실의 원인을 유발시키거나 증가시키게 된다. 즉 불확실한 위험상태에 의하여 손실의 원인이 유발되거나 증가되는 것이다. 그리고 불확실한 위험상태가 확실한 위험으로 나타나면 손해로 귀결되는 것이다.

(2) 위험의 종류

글로벌 기업이 국제경영을 하는 과정 중에 조우할 수 있는 위험으로는 순수위험과 투기위험, 정적 위험과 동적 위험, 기본적 위험과 특수적 위험, 주관적 위험과 객관적 위험 등을 들 수 있다.

2. 글로벌 기업의 위험관리

(1) 위험관리와 위험관리자

1) 위험관리의 의의

위험관리(risk management)에 대하여 버글린(Baglins)은 위험통제(loss control)와 위험재무(loss financing)의 최적 조합에 의하여 순수위험의 비용을 최소화하도록 기업자금을 할당하는 경제적 과정[1]으로, 가메이 도시아끼(龜井利明)는 기업의 도산을 방지하고 기업경영의 합리적 운영을 도모하기 위하여 행하여지는 기업의 위험의 과학적 관리[2]라고 정의하고 있다. 결국 위험관리는 개인이나 기업의 목적달성을 위한 과정에서 발생하는 순수위험을 과학적으로 관리하는 것이라고 할 수 있다. 위험관리의 목적은 개인이나 기업이 활동과정 중에서 당면하는 순수위험으로 인하여 발생되는 손실을 방지하거나 최소의 비용으로 손실을 최소화시킴으로써 개인이나 기업의 이윤을 극대화하는 것이다. 위험관리는 글로벌 기업의 성장촉진, 기업의 손해 최소화, 글로벌 기업의 경영 효율화, 글로벌 기업의 경영관리 지원을 목적으로 하는 것이다.

2) 위험관리자

위험관리자는 최고경영자가 의사결정을 할 때에 올바른 의사결정이 가능하도록 조언과 조정을 하는 역할을 담당한다. 이에 따라 위험관리자는 위험관리 책임을 수행하는 데에 필요한 특수분야의 전문적 지식과 다른 부서내의 사람들과 함께 효과적으로 업무를 수행하기 위한 능력을 갖추어야 한다. 위험관리자가 전문적인 능력을 발휘하기 위해서는 법률, 기업안전관리, 회계, 보험 등에 대한 지식을 겸비하고 있어야 한다.

---

1) Baglins Norman A., *Risk Management in American Multinational and International Corporation*, University Microfilms International, 1974, p. 4.

2) 龜井利明, リスク・マネジメントの理論と實務, ダイセモント社, 1980, p. 1.

(2) 위험관리과정

1) 위험의 확인

위험의 확인은 글로벌 기업의 경영활동에 대한 위험관리 중에서 첫 단계이다. 글로벌 기업의 위험은 예기치 않은 법률상의 책임, 이익과 손실의 기복, 사원의 작업태만, 계약상의 거래분쟁, 노사대립과정, 컴퓨터의 기록파기 등과 같은 위험이 존재하기 때문에 위험관리자는 실재적 위험이건 잠재적 위험이건 확인을 하여야 한다.

2) 위험의 분석과 도구

점검목록표(check-list card)는 글로벌 기업에 내재하고 이종복합적인 원인을 발견하는 데에 사용한다. 재무제표(financial statement)는 대차대조표와 손익계산서 등에 기록된 내용을 근거로 하여 기업의 물적 자산에 대한 손실이나 인적 손실 혹은 배상책임 등을 확인하려는 경우에 활용한다. 작업공정표(flow chart)는 생산공정과정, 공급과 유통구조과정, 기업 내의 상호의존관계 등과 같은 글로벌 기업구조나 유통과정을 도표로 작성하여 글로벌 기업에 잠재된 위험을 분석하는 자료로 사용한다.

3) 위험의 측정

기업의 위험측정은 기업위험의 발생과 관련한 위험의 빈도와 위험의 강도에 관한 측정이다.

4) 위험관리 방법의 선택

위험처리의 방법은 크게 위험통제와 위험재무로 구분된다. 위험통제는 기업의 인적 자산이나 물적 자산 또는 배상책임 등에 미치는 위험의 빈도와 강도를 예방하거나 경감시키는 것이다. 위험재무는 손실발생에 따른 비용을 최소화하거나 손실을 보전하는 방법이다. 위험재무는 정도 이상으로 자금을 사용하지 않거나 불요불급한 비용의 지출은 억제하는 것 등이다.

5) 재평가 및 기록보관

위험관리의 마지막 단계는 위험관리계획의 재평가 및 기록의 보관이다. 위험관리계획의 올바른 평가는 다음의 계획을 수립하기 위하여 매우 중요하다.

(3) 위험통제

1) 위험통제의 의의

위험통제(risk control)는 위험사정을 감소시키거나 배제하는 조치를 의미한다. 위험통제는 글로벌 기업의 물적 자산과 인적 자산 또는 배상책임 등에 영향을 미치는 잠재적 손실사고를 예방하거나 또는 경감하는 것을 목적으로 한다.

2) 위험통제의 수단

위험통제의 수단은 위험의 회피, 위험의 분리, 위험의 결합 등으로 구분한다. 위험의 회피는 손실 발생 가능성이 있는 위험을 회피하여 그 가능성을 제거하는 것이다. 위험의 분리는 손실 발생 가능성이 있는 위험을 분리시켜 손실의 규모를 최소화하는 방법이다. 위험의 결합은 손실발생 가능성이 있는 아주 낮은 위험을 결합시킴으로써 위험의 측정수치를 높여 손실발생에 대한 예측을 할 수 있도록 하는 통제방법이다.

(4) 위험재무

1) 위험재무의 의의

위험재무(risk financing)는 위험통제 대책을 강구한 후 존재하는 위험에 대하여 최소의 비용으로 최대의 효과를 올리려고 취하는 방법이다. 위험재무는 자금을 활용하여 제3자에게 위험을 이전시키는 방법이다.

2) 위험재무의 수단

위험재무의 수단은 위험의 보유, 위험의 이전, 보험 외 이전 등으로 구분한다. 위험의 보유는 이미 위험의 발생을 필연적으로 받아들이면서 그에 대한 처리방법을 강구하는 것이다. 위험의 이전은 위험 발생이 예측되는 경우 그 발생 가능한 위험에 대해서 비용을 이용하여 타인에게 이전하는 것이다. 보험 외 이전은 위험을 인수하는 것을 주 업무로 하지 않는 주체에 어떤 경제주체의 손실위험의 재무적 부담, 또는 법적 책임을 계약이라고 하는 형태로서 이전하는 것으로 정의된다.[3]

3) Head George L., *Risk Management Pross*, Risk and Insurance Management Society, Inc., 1978, p. 63.

3. 글로벌기업의 국제경영과 자금위험관리

(1) 자금관리의 원칙[4)]

자금관리의 원칙으로는 유동성의 원칙, 안전성의 원칙, 수익성의 원칙, 국제신인의 원칙 등을 들 수 있다.

유동성의 원칙은 기업이 보유하는 자금을 언제나 사용할 수 있도록 가용성, 시장성, 교환성, 이체성 등을 확보하여야 한다는 원칙이다. 안전성의 원칙은 국제거래에서 신용분석 및 여신조사를 강화하여 신용상태가 우수한 고객에 신용을 제공하거나 증권에 투자하여야 한다는 원칙이다. 수익성의 원칙은 국제거래에서 조달비용을 극소화하고 이자 및 자본소득을 극대화하여야 한다는 원칙이다. 국제신인의 원칙은 국제거래에서 자금조달이나 자금운용은 제3자가 객관적으로 신뢰할 수 있는 것이어야 한다는 원칙이다.

(2) 자금관리의 기법

자금관리의 기법으로는 국가위험관리, 금융자산관리와 금융부채관리, 금리위험관리, 환 위험관리 등을 들 수 있다.

국가위험관리는 채무국의 정치, 경제, 사회 상황 등에 따라 대외채무의 원리금 상환불이행이나 상환불능 사태가 발생할 가능성이 잠재하는 국가위험에 대한 위험관리를 의미한다. 금융자산관리는 예수금으로 조달된 보유자금의 범위 내에서 법정 또는 임의적립금을 제외한 여유자금을 대출금 및 유가증권 투자자금으로 조정, 운영하는 관리를 의미한다. 금리위험관리는 금리변동에 따른 위험을 방지하여 경영수익을 극대화하려는 관리를 의미한다. 환 위험관리는 장래의 환율변동으로 인하여 외화표시 자산과 부채 및 손익의 흐름과 관련한 자국통화의 가치가 절하될 가능성이 있는 환차손 위험에 대한 관리와 어떤 기업이나 개인이 외국환의 거래, 대출, 투자와 관련하여 부담하게 되는 환위험에 대한 관리이다.

4) 김경림, 국제금융 및 자금관리론, 법문사, 1983, pp. 316-318 참조.

글로벌 기업의 해외진출과 마케팅

제1절 글로벌 기업의 해외진출

1. 글로벌 기업의 의의와 유형

(1) 글로벌 기업의 의의

글로벌 기업은 경영활동의 대상이 되는 국가의 수, 기업소유권자의 국적의 수, 최고경영층의 국적보유 수가 2이거나 그 이상인 경우를 의미한다.[1] 이외에도 글로벌 기업으로 분유하는 경우, 구조적 기준으로 제조업을 6개국 이상에 투자하거나 초국적 주체에 의하여 관리되는 경우, 경영성과 기준으로 해외부문의 매출액, 투자, 생산, 고용 등이 차지하는 일정 비율을 기준으로 정하여 놓고 이에 해당하는 경우, 기업의 경영목표 기준으로 기업경영의 관점이 국제적인 경우, 기업이 세계적인 관점에서 자원배분을 하는 경우, 기업이 세계시장을 하나의 시스템으로 보고 각국의 기업경영전략을 유기적으로 조정하는 경우 등을 글로벌 기업이라고 한다. 글로벌 기업의 특성으로는 대규모 자본, 대규모 생산, 대규모 판매, 세계적인 조직 등을 들 수 있다.

1) Brooke M. Z., and Remmers H. L., *The Strategy of Multinational Enterprise*, London, 1971 p. 5.

(2) 글로벌 기업의 유형

글로벌 기업의 유형은 원자재 지향형 글로벌 기업, 인적자원 지향형 글로벌 기업, 시장 지향형 글로벌 기업, 입지조건 지향형 글로벌 기업 등으로 구분할 수 있다.

원자재 지향형 글로벌 기업은 해외투자국 기업이 천연자원 내지 원재료가 저렴하거나 안정적인 공급원을 찾아서 해외투자를 하여 경영하는 기업이다. 인적자원 지향형 글로벌 기업은 선진국기업이 개발도상국의 풍부하고 저렴한 노동력의 이용을 목적으로 해외투자를 하여 경영하는 기업이다. 시장 지향형 글로벌 기업은 기업이 자국시장을 초월한 외국시장 내지 세계시장을 대상으로 매출액의 확대, 이윤의 극대화를 위하여 해외에 투자하는 기업이다. 입지조건 지향형 글로벌 기업은 기업이 시장, 원료, 에너지 자원, 용지, 용수, 운송설비 등의 최적의 입지조건을 추구하여 해외에 투자하여 경영하는 글로벌 기업이다.

2. 글로벌 기업의 해외진출

(1) 글로벌 기업의 해외진출요인

글로벌 기업이 해외진출을 하는 내부적 요인으로는 해외시장 개척, 원자재의 조달, 국내 판매시장의 한계성 극복, 제품의 이익주기 연장, 해외 경쟁시장 선점, 국내의 기업활동 규제 회피, 최고 경영층의 경영방침 등을 들 수 있다. 글로벌 기업이 해외진출을 하는 외부적 요인으로는 무역상대국의 무역장벽, FTA 등 지역공동시장의 형성, 현지생산의 경영 효율성 증대, 세계의 해외투자 유치정책, 세계적인 교통과 통신의 발달 등을 들 수 있다.

(2) 글로벌 기업의 해외진출 수단과 효과

글로벌 기업의 해외진출 수단으로는 세계적인 첨단기술, 세계적인 상호명 또는 상표, 세계적인 조직, 세계적인 정보망 등을 들 수 있다. 글로벌 기업의 해외진출에 따른 긍정적 효과로는 경영자원의 최적배분, 신제품 및 신기술 보급, 위험관리의 효율성 제고, 국제협력에 공헌 등을 들 수 있다. 부정적 효과로는 해외투자 수용국과의 경제적 마찰, 해외투자 수용국 주민과의 사회적 마찰 등을 들 수 있다.

제2절 글로벌 기업의 해외투자

1. 글로벌 기업의 해외투자 의의와 특성

(1) 글로벌 기업의 해외투자 의의

해외투자(foreign investment)는 글로벌 기업의 경영자원을 해외에 이전시켜 기업활동을 확장하는 것이다. 해외투자라는 의미가 반드시 자본의 이동을 수반하는 투자를 내포하고 있는 것은 아니다. 글로벌 기업의 해외진출 형태를 보더라도 해외투자는 자본 및 경영관리에 대한 노하우, 마케팅 등과 같은 유무형의 경영자원에 대한 이전을 의미한다고 할 수 있다. 해외투자는 글로벌 기업의 해외진출요인과 연관되어 있다.

글로벌 기업이 해외투자를 하는 것은 단순히 이자획득이나 유동성을 확보하려는 것이 아니다. 그러므로 기업이 행하는 주식이나 채권의 매입, 단기자본투자, 배당금 위주의 장기투자 등은 해외투자가 아니지만 주식의 보유가 경영지배권을 갖게 되면 해외투자라고 할 수 있다. 기업이 해외투자를 하는 것은 해외시장에서 현지기업을 실질적으로 지배하기 위한 것이기 때문에 화폐적 형태의 자본이동 및 유무형의 경영자원의 이동 등이 이루어진다.

(2) 글로벌 기업의 해외투자 유형

1) 글로벌 기업의 단독투자와 합작투자

① 단독투자

글로벌 기업의 단독투자(sole venture)는 글로벌 기업이 해외투자를 하는 경우 기업의 지분을 완전히 소유하거나 해외투자국 기업이 해외투자 수용국의 정치적, 문화적, 사회적 문제 등을 해소하려는 목적에서 이루어진다. 글로벌 기업의 단독투자는 상품에 대한 통일된 마케팅 기법이 필요하거나 생산비용의 절감을 위하여 생산설비를 집중화할 필요가 있는 경우에 이루어진다. 글로벌 기업의 단독투자는 자회사 설립 방식, 해외투자 수용국 기업인수 방식, 자회사 승격 등으로 이루어진다.

② 합작투자

글로벌 기업의 합작투자(joint venture)는 글로벌 기업이 해외투자를 하는 경우 기업의 지분을 완전 소유하지 않은 상태의 투자이다. 합작투자는 합작회사 상호 사이에 이해가 일치될 때 실행된다. 해외투자국의 기업으로서는 이윤의 증대, 시장개척 등이 목적이 된다. 해외투자 수용국의 기업으로서는 첨단기술의 도입, 상품의 확보, 자금 충당 등의 목적을 갖게 된다. 합작투자는 계약형 합작투자와 소유형 합작투자, 제3국 합작투자 · 해외투자 수용국 사기업 합작투자 및 정부 합작투자 등으로 이루어진다.

2) 글로벌 기업의 목표지향형 투자와 산업통합형 투자

① 목표지향형 투자

글로벌 기업의 목표지향형 투자에는 시장지향형 해외투자, 자원확보형 해외투자, 노동지향형 해외투자, 경제협력형 해외투자, 생산효율지향형 해외투자, 지식지향형 해외투자 등이 있다.

② 산업통합형 투자

글로벌 기업의 산업통합형투자에는 수직적 통합형 해외투자, 수평적 통합형 해외투자, 다각적 통합형 해외투자 등이 있다.

2. 해외투자국과 해외투자수용국

(1) 해외투자국의 효과

1) 해외투자국의 긍정적 효과

해외투자국에서 글로벌 기업이 직접투자를 하는 경우에는 이익금을 본국으로 송금할 수 있고 기술이전의 경우에는 로열티를 송금할 수 있다. 해외투자국에서는 정부의 과세소득이 증대될 수 있다. 해외투자국에서는 글로벌 기업의 국제경영활동에 필요한 전문직 혹은 관리직에 대한 고용기회를 창출할 수 있다. 즉 해외투자국에서는 글로벌 기업의 해외투자가 고용의 창출효과를 가져온다. 해외투자국에서는 자원의 효율적 이용으로 높은 수익성을 실현하고 국민소득을 증대시킨다.

2) 해외투자국의 부정적 효과

해외투자국에서는 글로벌 기업의 해외직접투자에 따른 자본의 유출로 인하여 생산직의 실업이 증가하는 경향이 있다. 해외투자국에서는 글로벌 기업의 해외직접투자가 조세피난처로 악용될 수도 있다. 해외투자국에서는 글로벌 기업의 해외직접투자를 통하여 기업 이전가격의 조작 등을 발생시킬 수 있다. 해외투자국에서는 글로벌 기업의 선진기술 유출이 본사의 기술적 우위를 잠식시킬 가능성도 있다.

(2) 해외투자 수용국의 효과

1) 해외투자 수용국의 긍정적 효과

해외투자 수용국에서는 글로벌 기업의 해외투자로 국내저축의 부족으로 인한 자본부족 문제를 해결하여 국제수지를 개선할 수 있다. 해외투자 수용국에서는 자본, 기술, 경영기법 등을 공급받아 경제성장과 경제안정을 추구할 수 있다. 해외투자 수용국내의 기업가들에게 투자를 자극하는 역할을 한다. 외국의 산업이 진출하면 배타적 심리에 의하여 자생적으로 경쟁기업이 나타나게 된다. 해외투자 수용국은 선진국의 고도기술과 경영능력을 전수받을 수 있다. 해외투자 수용국은 국제무역을 확대시키고 외부경제의 창출로 저개발국인 경우에는 급속한 경제발전을 촉진할 수 있다.

2) 해외투자 수용국의 부정적 효과

해외투자 수용국은 글로벌 기업의 해외직접투자가 원자재 산업에 치중하게 되면 국내산업에 대한 연관효과 및 소득효과가 없다. 해외투자 수용국은 글로벌 기업의 해외직접투자가 사치성 산업에 집중하게 되면 경제의 균형적 발전을 저해하여 경제의 이중구조를 심화시킬 수 있다. 글로벌 기업이 생산성산업에 투자하지 않고 향락성 산업에 투자를 하게 되면 균형적 산업발전을 기대할 수 없게 된다. 해외투자 수용국은 글로벌 기업의 해외직접투자가 해외투자 수용국의 해외의존도가 높은 시장을 목표로 투자를 하게 되면 수입을 증대시켜 해외투자 수용국의 국제수지가 악화된다. 해외투자 수용국은 해외직접투자로 인하여 투자기업의 영향력이 비대해지면 해외투자 수용국 정부에 대한 지배력이 강화되는 경향이 있다. 해외직접투자를 하는 기업들이 국제적 조직과 거대한 자본력을 바탕으로 해외투자 수용국에 영향력을 행사하는 경우가 있다.

제3절 글로벌 기업의 국제마케팅 전략

1. 글로벌 기업의 국제마케팅 의의

글로벌 기업의 마케팅(marketing)은 생산자로부터 소비자 또는 사용자에 이르기까지의 상품 내지 서비스의 유통과정을 결정하는 기업활동의 수행이라고 한다.[1] 즉 소비자의 욕구조사를 토대로 공략대상 시장을 선정하고 공략대상 시장에서의 제품계획, 가격결정, 판매촉진, 유통경로 등을 결정하는 과정이다. 이 과정은 분석, 계획, 집행, 통제와 같은 일련의 단계를 거치게 된다. 글로벌 기업의 국제마케팅(international marketing)은 한 국가 이상의 국경을 넘어 소비자 또는 사용자에 이르기까지의 상품 내지 서비스의 유통과정을 결정하는 기업활동의 수행[2]이라고 할 수 있다. 글로벌 기업의 국제마케팅은 자국의 경제영역을 벗어나 다른 국가의 영역에서 타국의 국민과 관련한 기업활동이다.[3]

2. 글로벌 기업의 국제마케팅 유형

(1) 글로벌 기업의 수출마케팅

글로벌 기업의 수출마케팅은 국내마케팅에서 국제마케팅으로 확장되는 첫 단계이다. 국내시장에서의 경쟁 심화로 상품이나 용역을 해외로 수출하는 단계이다. 기업의 기반은 국내에 존재하는 조직과 상품의 생산시설 등이다. 글로벌 기업이 수출마케팅을 전개하는 경우에는 국내마케팅과 전혀 다른 경제환경 속에서 진행되는 것이기 때문에 다양한 정보를 사전에 확보하는 것이 필요하다. 다양한 정보는 수출 목표시장의 시장성, 정치적 여건, 경제적 여건, 문화적 여건, 사회적 여건 등을 총괄적으로 분석하고 진행을 하여야 성공가능성이 높아진다.

---

1) *Marketing Definition: A Glossary of Marketing Terms,* complied by the Committee on Definition of the American Marketing Association(AMA) 1960.
2) Cateora, P. R. & Hess, J. M., *International Marketing,* 4th ed., Irwin, 1979, p. 4.
3) Terpstra V., *International Marketing,* 3rd ed., The Dryden Press, 1983, p. 4 참조.

(2) 글로벌 기업의 해외마케팅

글로벌 기업의 해외마케팅은 수출마케팅의 다음 단계로서 글로벌 기업이 자국에서 생산된 제품을 단순히 수출만 하는 것이 아니라 합작투자, 국제라이선싱 등을 통하여 현지에서 생산하거나 현지에서 판매하는 단계이다. 이에 따라 글로벌 기업의 해외마케팅 단계에서는 현지시장의 소비자의 기호에 맞는 상품을 생산하여 판매하게 된다. 글로벌 기업이 해외마케팅을 전개하려면 수출마케팅을 성공적으로 수행한 후에, 수출마케팅에서 얻은 결과를 가지고 문제점을 해결하면서 전개하는 것이 필요하다.

(3) 글로벌 기업의 세계적 마케팅

글로벌 기업의 세계적 마케팅은 마케팅의 활동영역을 세계로 확산하는 상태이다. 글로벌 기업의 세계적 마케팅은 해외마케팅의 단계를 벗어나 범세계적인 상업망을 가지고 활동을 하는 단계이다. 즉 글로벌 기업의 세계적 마케팅은 세계를 하나의 시장으로 보고 글로벌 기업의 이윤을 극대화하는 단계이다. 글로벌 기업의 입장에서는 최종적인 마케팅단계라고 할 수 있다.

3. 글로벌 기업의 국제마케팅 전략 수립과 운용

(1) 글로벌 기업의 국제마케팅 전략수립을 위한 사전조사

1) 조사목적의 설정

글로벌 기업의 국제마케팅 전략수립을 위하여 국제마케팅 조사를 할 때에는 조사를 무엇 때문에 하는가에 대한 목적이 설정되어야 한다. 즉 글로벌 기업이 신시장을 개척하려는 것인가 혹은 기존시장을 확대하려는 것인가, 아니면 경쟁시장에서 확실한 우위를 점하기 위한 것인가 등과 같은 조사의 목적이 분명하여야 한다. 그래서 글로벌 기업의 국제마케팅 조사는 국제마케팅 전략을 수립하는 의사결정에 기여할 수 있는 조사가 되어야 한다. 글로벌 기업이 국제마케팅 전략을 수립하는 데에 중요한 사항은 해외시장 진출여부, 해외시장 사업성, 해외시장 진출방식, 해외시장 규모 등이다. 이에 따라 글로벌 기업의 국제마케팅 조사목적도 글로벌 기업의 국제마케팅 전략수립과 연관되는 것으로 설정되어야 한다.

2) 정보원천의 결정

글로벌 기업의 국제마케팅 전략수립을 위한 국제마케팅 조사에 있어 정보원천은 1차 정보원천과 2차 정보원천 등으로 구분한다. 1차 정보원천은 직접적인 조사에 의한 자료이다. 2차 정보원천은 목적에 의하여 작성된 자료로서 공적 정보원천과 사적정보 원천으로 구분된다. 공적 정보원천은 공공기관이 공적 목적을 위하여 작성한 자료이다. 사적정보 원천은 각 기업이나 연구소의 사적 목적을 위하여 작성된 자료이다.

3) 자료의 수집

글로벌 기업의 국제마케팅 전략수립을 위한 국제마케팅 조사를 할 때에 1차 정보원천은 글로벌 기업에서 실시하는 직접조사이기 때문에 현실적인 자료수집 방법이 된다. 그러나 시간과 비용이 과다하게 소요되고 표본선정, 응답의 성실성, 언어의 소통 등과 관련한 문제가 발생할 수 있다. 2차 정보원천은 정부기관이나 신용정보기관 등을 활용하므로 시간과 비용도 적게 들고 자료의 수집이 용이하다. 그러나 자료의 이용가능성, 자료의 신뢰성, 자료의 비교성, 자료의 현실성 등을 고려할 때 문제가 있다.

4) 자료의 분석

글로벌 기업의 국제마케팅 전략수립을 위한 국제마케팅 조사과정에서 수집된 자료는 최종적으로 분석하여 기록된다. 분석을 하여 자료를 기록하는 것은 동일한 상황이 발생하였을 때에 문제점을 개선하기 취한 조치이다.

(2) 글로벌 기업의 국제마케팅 전략 수립

1) 글로벌 기업의 국제제품 생산전략

① 국제제품 생산전략의 의의

글로벌 기업의 국제제품 생산전략(international product strategy)은 제품에 대한 출시를 목적으로 설계를 포함하는 기획단계부터 생산단계 그리고 폐기단계까지 영향을 주는 제요소들을 검토하는 전략이다. 글로벌 기업의제품의 설계계획은 기업의 미래를 좌우하게 되기 때문에 제품과 관련한 기업의 이미지 등까지도 고려하여 어떠한 제품 그러면 그 기업이 연상될 정도의 대표적인 제품을 생산할 수 있도록 추진하여야 한다.

② 국제제품 생산전략 결정 요인

글로벌 기업의 국제제품 생산전략을 수립할 때에 영향을 주는 요소로는 시장특성, 산업의 여러 조건, 마케팅 제도, 법제 등을 들 수 있다.[4]

시장특성은 물적 환경, 산업환경, 경제발전단계, 문화적 요소 등을 의미한다. 산업의 모든 조건은 각 시장의 제품의 수명주기 정도, 경쟁수준 등을 의미한다. 마케팅 제도는 판매경로의 이용가능성과 관련한 제도적 기반에 대한 문제이다. 제품의 판매 유통단계가 제품에 따라 적합한가의 여부가 주요요소가 된다. 법제는 실정법에서 규정하고 있는 제품기준, 특허법, 과세 등에 대한 문제이다.

③ 국제제품 생산전략의 세부 내용

글로벌 기업의 국제제품 생산전략은 제품기획 생산전략, 제품라인 생산전략, 제품믹스 생산전략, 제품수명주기 생산전략, 신제품 생산전략, 제품폐기 생산전략 등으로 구성된다.

글로벌 기업의 제품기획 생산전략은 시장의 요구에 맞는 제품의 생산에 대한 기획이며 이를 실행에 옮길 수 있는 기업자원에 대한 점검에 관한 전략이다. 제품기획 생산전략을 수립할 때는 소비자의 기호에 맞는 제품을 기획하면서 문제점을 해결하고 자체기업 내에서 해결할 수 없는 것이면 기술제휴 등을 고려하여야 한다. 글로벌 기업의 제품라인 생산전략은 제품을 생산하는 시스템이나 공장의 생산시스템에 대한 전략이다. 그러므로 제품생산을 위한 원자재 등을 보관할 저장창고 등의 확보에서부터 실제로 제품을 생산하는 공장설비의 수준과 규모가 제품의 생산에 얼마나 효율적인 것인가에 대한 전략이다. 글로벌 기업의 제품믹스 생산전략은 기업의 각종 제품라인의 총체적인 내용이다. 제품믹스 생산전략은 동일라인에서 복수의 제품을 활용할 수 있도록 하는 생산전략이다. 글로벌 기업의 제품수명주기 생산전략은 제품을 생산하여 시장에 진출시킨 후 소멸하는 과정을 전제로 하고 제품을 제조, 판매하는 생산전략이다. 글로벌 기업의 신제품 생산전략은 제품수명주기와 관련하여 신제품을 개발하는 생산전략이다. 기존의 제품의 수명이 쇠퇴기에 이른 경우 대체할 신제품을 개발하는 생산전략이다. 글로벌 기업의 제품폐기 생산전략은 쇠퇴기에 속한 제품의 처리에 대한 생산전략이다. 쇠퇴기에 속한 제품에 대한 단순한 처리가 아니라 재활용까지 포함하는 생산전략이다.

---

4) Terpstra V., *ibid.*, pp. 230-231 참조.

2) 글로벌 기업의 국제가격 전략

① 국제가격 전략의 의의

글로벌 기업의 국제가격 전략(international price strategy)은 해외시장으로 진출할 때 가격에 영향을 주는 모든 요소들을 검토하여 대응하는 전략이다. 물품에 대한 가격의 탄력성은 국제가격 전략을 수립하는 데에 중요한 요소가 된다.

② 국제가격 전략 결정 요인

글로벌 기업의 국제가격 전략을 수립할 때에 영향을 주는 영향을 주는 요인으로는 수출가격 할당, 외환리스크, 대금지급조건, 무역장벽, 독점금지법, 가격통제 등을 들 수 있다.

수출가격 할당은 정부가 수출가격을 할당하는 조치인데 시장수요에 의한 가격 결정을 할 수 없게 만드는 요소이다. 외환 리스크는 외환거래에서 항상 잠재되어 있는 위험이다. 대금지급조건은 대금지급기간이 가격에 영향을 주게 된다. 무역장벽은 관세장벽이나 비관세장벽을 불문하고 가격을 인상하는 요소가 된다. 정부에서 시행하는 독점금지법은 글로벌 기업의 독점을 방지하는 것이 목적이기 때문에 기업으로서는 경쟁가격을 결정하게 만드는 요소가 된다. 가격통제는 법에 의하여 가격을 결정하는 것이다. 자본주의 국가에서는 가격을 정하여 통제하는 경우보다는 공급량을 조절하면서 가격을 일정한 수준으로 유지하는 것이 대부분이다.

③ 국제가격 전략의 세부 내용

글로벌 기업의 국제가격 전략은 저가격 전략, 고가격 전략, 차이가격 전략, 차별가격 전략, 제품가격 전략, 가격선도 전략 등으로 구성된다.

글로벌 기업의 저가격 전략은 수요의 탄력성이 큰 상품에 대하여 경쟁상품을 저가격으로 경쟁시켜 시장을 확대하는 전략이다. 글로벌 기업의 고가격 전략은 수요의 가격탄력성이 작은 경우 소량 다품종 생산으로 글로벌 기업 전체의 매상고를 신장시키는 전략이다. 글로벌 기업의 차이가격 전략은 일정기간에만 가격을 할인하여 판매하는 일시적 판매촉진을 위한 전략이다. 글로벌 기업의 차별가격 전략은 저가격의 특가로 판매하는 전략이다. 제품가격 전략은 제품의 품질과 판매가격을 조합한 전략이다. 글로벌 기업의 가격선도 전략은 업계 전체의 생산코스트와 수급조건 등을 고려하여 안정가격을 확보하는 전략이다.

3) 글로벌 기업의 국제판매경로 전략

① 국제판매경로 전략의 의의

글로벌 기업의 국제판매경로 전략(international outlet strategy)은 해외시장으로 진출할 때 판매경로에 영향을 주는 제요소들을 검토하여 대응하는 전략이다.

② 국제판매경로 전략 결정 요인

글로벌 기업의 국제판매경로 전략을 수립할 때에 영향을 주는 요인으로는 국제시장의 특성, 산업조건, 마케팅 제도, 법제적 측면 등을 들 수 있다.

국제시장의 특성은 제품판매에 영향을 주는 고객의 이동성, 구매유형 등에 대한 사항이다. 산업조건은 판매경로의 이용가능성, 특정 상표에 대한 구매자의 희망 등에 관한 사항이다. 마케팅 제도는 판매경로, 유통촉진능력 등에 관한 사항이다. 법제적 측면은 제품라인 등과 관련한 제도와 법제 등에 관한 사항이다.

③ 국제판매경로 전략의 세부 내용

㉠ 경쟁적 판매경로 수단

글로벌 기업의 국제판매경로 전략의 경쟁적 판매경로는 배타적 판매경로, 개방적 판매경로, 선택적 판매경로, 판매경로 적응 등으로 구성된다.

글로벌 기업의 배타적 판매경로 전략은 다른 제품의 판매경로를 차단하여 이익률 확보에 최대의 목표를 두는 전략이다. 글로벌 기업의 개방적 판매경로는 다른 제품의 판매경로도 인정하면서 판로확장에 목표를 두는 전략이다. 글로벌 기업의 선택적 판매경로 전략은 이익률이 낮은 판매경로는 폐쇄하고 이익률이 높은 판매경로에 집중하는 전략이다. 글로벌 기업의 판매경로 적응 전략은 소비자행동의 변화, 경쟁업자의 비전 등을 고려하여 판매경로를 구축하는 전략이다.

㉡ 조직적 판매경로 수단

글로벌 기업의 국제판매경로 전략은 직접 판매경로, 1단계 판매경로, 다단계 판매경로 등으로 구성된다.

글로벌 기업의 직접 판매경로는 기업과 소비자가 직접 연결되는 판매경로이다. 1단계 판매경로는 제품을 생산하는 기업과 소비자 사이에 1단계의 판매망이, 다단계 판매경로는 기업과 소비자 사이에 다단계의 판매망이 존재하는 판매경로이다.

4) 글로벌 기업의 국제물류경로 전략

① 국제물류경로 전략의 의의

글로벌 기업의 국제물류경로 전략(international logistics strategy)은 세계시장에 제품을 공급하기 위하여 코스트를 최저로 하면서 글로벌 기업의 공급력을 복수국가로 하여 연결하는 전략이다.[5)]

② 국제물류경로 전략의 결정 요인

글로벌 기업의 국제물류경로 전략을 수립할 때에 영향을 주는 요인은 물류경로가 수요측면에서 이루어지는 것인가 또는 유통측면에서 이루어지는 것인가, 그리고 운송코스트의 절감과 서비스의 질적 향상을 어느 정도 달성할 수 있는가 등이다.

③ 국제물류경로 전략의 세부 내용

글로벌 기업의 국제물류경로 전략을 수립할 때에 제품의 공급은 선별단계, 저장단계, 분할단계, 분류단계 등을 거치게 된다는 점을 고려하게 된다. 그러므로 글로벌 기업의 국제물류경로 전략은 직송 물류경로 체제, 유통센터 물류경로 체제, 배송 물류경로 체제, 저장·포장 물류경로 체제 등으로 구성된다.

글로벌 기업의 직송 물류경로 체제는 판매지역마다 공장을 분산시켜 소비자에게 배송하는 물류경로 체제이다. 직송 물류경로 체제에서는 배송시간과 운임을 절약할 수 있다. 글로벌 기업의 유통센터 물류경로 체제는 생산규모의 경제성을 극대화하려는 물류경로 체제이다. 글로벌 기업의 배송 물류경로 체제는 모든 공장, 모든 시네, 협력공상, 운송업사, 판매점을 연결시켜 제고관리 운송관리 등을 하는 물류경로 체제이다. 글로벌 기업의 저장·포장 물류경로 체제는 배송센터에 저장기능과 포장기능을 부여하는 물류경로 체제이다.

5) 글로벌 기업의 국제판매촉진 전략

① 국제판매촉진 전략의 의의

글로벌 기업의 국제판매촉진 전략(international promotion strategy)은 판매를 촉진시켜 기업의 수익을 최대화하는 운용계획이다.

---

5) Fayerweather, J., *International Business Management,* McGrow-Hill, 1969, pp. 141-147 참조; Fayerweather, J., *International Marketing,* 2nd ed., Prentice-Hall, Inc., 1970, pp. 14-18 참조.

② 국제판매촉진 전략의 결정 요인

글로벌 기업의 국제마케팅촉진 전략을 수립할 때에 영향을 주는 요인은 제품의 특성, 고객의 특성, 기업의 특성 등이다.

③ 국제판매촉진 전략의 세부 내용

글로벌 기업의 국제판매촉진 전략은 광고 전략, 판매촉진 전략, PR 전략, 광고대리점 선택 전략, 직접판매 전략 등으로 구성된다.

글로벌 기업의 광고 전략은 신문, 전단지, 텔레비전 등과 같은 홍보매체를 이용하여 상품을 선전하는 운용계획이다. 글로벌 기업의 판매촉진 전략은 판매촉진을 위하여 시식회, 사인회 등을 개최하고, 판매량을 부과하여 판매를 강제하는 전략이다. 글로벌 기업의 PR 전략은 장기간에 걸쳐 계속적으로 기업의 전반에 대한 내용을 알리는 전략이다. 글로벌 기업의 광고대리점 선택 전략은 기업이 직접 광고를 하는 것이 아니라 전문적인 광고업체를 활용하여 판매활동을 활성화하는 전략이다. 글로벌 기업의 직접판매 전략은 판매담당자가 직접 소비자를 상대로 판매를 하는 전략이다.

(3) 글로벌 기업의 국제마케팅 전략 운용조직 구성

1) 글로벌 기업의 국제마케팅 전략 운용조직 의의

글로벌 기업의 국제마케팅 전략 운용조직은 국제마케팅 관리자가 국제마케팅 계획을 합리적으로 운용하기 위한 관리조직이다. 그런데 글로벌 기업의 국제마케팅 전략 운용조직은 국내환경과는 다른 환경에서 조직하여야 하는 특성이 있다.

2) 글로벌 기업의 국제마케팅 전략 운용조직의 내용

① 수출부

글로벌 기업의 국제마케팅 전략 운용조직에서는 주요 역할을 수행하는 조직은 수출부이다. 수출부 조직은 초기의 수출단계에서 구성된다.

② 국제사업부

글로벌 기업의 국제사업부는 단순한 수출을 전담하는 수출부에서 발전하여 해외사업을 전담하는 조직이다. 따라서 국제사업부에서 거래를 하는 상대국이나 취급하는 물품도 다양하게 된다.

③ 세계적 조직

글로벌 기업의 국제사업부에서 사업을 전 세계적으로 확대하기 위해서는 범세계적 조직을 구성하여야 한다. 세계적 조직은 제품별 조직, 지역별 조직, 집중구조 조직 등으로 구성된다.

글로벌 기업의 제품별 조직은 국제마케팅의 설정과 통제는 최고경영자가 하지만 제품에 대한 계획과 통제는 각 제품사업부의 책임자가 한다. 글로벌 기업의 지역별 조직은 해외시장을 자회사가 설치되어 있는 지역별로 구분하여 지역별 업무책임자를 배치하는 조직이다. 글로벌 기업의 집중구조 조직은 제품별 조직과 지역별 조직의 혼합적인 형태를 갖춘 조직으로 제품별 조직과 지역별 조직에서의 책임과 권한이 집중화되는 조직이다.

(4) 글로벌 기업의 국제마케팅 전략 점검

1) 글로벌 기업의 국제마케팅 전략 점검

글로벌 기업의 국제마케팅 전략 점검은 국제마케팅 관리의 최종단계로 목표를 달성하기 위하여 설정한 계획이 원안대로 수행될 수 있도록 계획과 결과와의 차이를 비교하며 수정하는 관리활동이다.

2) 글로벌 기업의 국제마케팅 전략 점검과정

① 국제마게팅 전략 운용결과 점검기준 수립

글로벌 기업의 국제마케팅 전략의 운용결과를 평가하기 위해시는 점검기준이 있어야 하는데 측정하는 점검기준의 설정은 향후의 발전과 관련된 것이어야 한다. 글로벌 기업의 국제마케팅 전략의 운용결과를 측정하는 방법과 기준은 기업의 규모에 따라 다르게 된다. 국제마케팅 전략의 운용결과와 점검기준 사이에 차이가 발생하면 그 원인에 대한 분석을 하게 된다.

② 국제마케팅 전략의 운용결과 점검과 보완

글로벌 기업의 국제마케팅 전략의 운용결과를 점검하여 점검기준과 차이가 있을 때는 보완이 이루어진다. 글로벌 기업의 국제마케팅 전략의 운용결과를 보완하는 데에는 업무담당자의 책임한계, 업무의 성격, 작업여건 등과 같은 요인들이 세계적으로 다르기 때문에 상당한 시간이 소요된다.

글로벌 기업의 무역계약 준비와 체결

제1절 글로벌 기업의 무역거래와 무역관리제도

1. 글로벌 기업의 무역과 무역거래자

(1) 무역

무역은 물품, 대통령령으로 정하는 용역, 대통령령으로 정하는 전자적 형태의 무체물(無體物)의 수출과 수입을 말한다.

(2) 무역거래자

1) 무역거래자의 의의

무역거래자란 수출 또는 수입을 하는 자, 외국의 수입자 또는 수출자로부터 위임을 받은 자 및 수출과 수입을 위임하는 자 등 물품 등의 수출행위와 수입행위의 전부 또는 일부를 위임하거나 행하는 자를 말한다. 무역거래자라는 용어는 대외무역법에서 정의된 것으로 수출을 하는 자와 수입을 하는 자, 그와 관련된 자 모두를 의미한다.

2) 무역거래자의 자격

무역을 업으로 하려는 자는 한국무역협회에 무역업자 신청을 하고 무역업 고유번호를 부여받아야 한다. 무역업 고유번호의 신청과 부여는 우편, FAX, E-Mail, 전자문서교환체제 등의 방법으로 할 수 있다. 무역거래자가 이러한 통신수단을 이용하여 별지 서식을 통하여 무역업 고유번호의 신청을 한 경우에는 한국무역협회가 즉시 신청자에게 고유번호를 부여하도록 하고 있다. 한국무역협회는 무역업고유번호를 관리하며, 회원가입은 강제되지 않는다. 무역업자는 수출입신고를 할 때 무역업 고유번호를 필히 기재하여야 한다.

2. 글로벌 기업과 무역관리제도

(1) 무역관리의 의의

무역관리(trade control)는 무역과 관련한 제반사항을 국가가 간섭하거나 규제 또는 제한하거나 통제하는 것이다. 그래서 무역에 관련된 사항에 대하여 허가나 승인 또는 벌칙 등을 적용하여 관리하게 되는 것이다.

(2) 무역관계법

1) 대외무역법

무역관리의 뒷받침이 되는 기본법은 대외무역법이다. 대외무역법은 무역전반에 대한 정부의 조정, 간섭 및 규제 등 무역을 규율하는 기본법이다. 대외무역법에서는 무역거래자, 거래 대상국가, 거래 대상물품 등에 관한 무역관리의 세부적인 내용을 명시하고 있다. 대외무역법의 목적은 대외무역을 진흥하고 공정한 거래질서를 확립하여 국제수지의 균형과 통상의 확대를 도모함으로써 국민경제의 발전에 이바지하는 것이다.

2) 관세법

관세법은 관세의 부과와 징수 및 수출입 물품의 통관을 적정하게 하여 국민경제의 발전에 기여하고 관세수입의 확보를 기함을 목적으로 하고 있다. 관세법은 조세법, 통관법, 형사법과 같은 특성을 가지고 있다.

3) 외국환거래법

외국환거래법은 외국환과 그 거래 기타 대외거래를 합리적으로 조정 또는 관리함으로써 대외거래의 원활화를 기하고 국제수지의 균형과 통화가치의 안정을 도모하여 국민경제의 건전한 발전에 이바지하는 것을 목적으로 하고 있다. 무역거래대금은 대부분 외화로 결제되기 때문에 국민경제 및 국제수지에 미치는 영향이 크다. 이에 따라 무역과 관련된 국내외 사이의 지급 또는 영수는 외국환거래법의 적용을 받게 된다.

4) 기타의 무역 관련 법규

대외무역법에서 규정하고 있는 사항 등은 지식경제부의 단독적인 관리만으로 그 성과를 기대할 수는 없기 때문에 수출품 품질향상에 관한 법, 수출보험법, 중재법, 수출자유지역 설치법 등 50여개의 제반 법규가 대외무역법의 시행을 지원하게 된다.

(3) 무역관리 기구

1) 주무행정기관

산업통상자원부는 무역관리를 주요 업무로 하는 관청인데 산업통상자원부장관은 통상을 담당하는 주무행정기관의 장이 된다. 산업통상자원부장관은 모든 수출입에 관한 사항을 관장, 통괄하도록 하고 있다. 산업통상자원부장관은 무역관리에 관한 권한의 일부를 위임 또는 위탁하여 수출입을 관리한다.

2) 협조행정기관

산업통상자원부 이외의 중앙행정기관들도 법에 의하여 수출입관리를 협조하고 있다. 협조기관들은 독자적으로 무역을 수행하는 것이 아니라 각각의 소관업무와 관련한 특별법에 의하여 협조를 하고 있다.

3) 주무행정기관 권한의 위임 또는 위탁 대상

수출입 주무행정기관의 장은 대외무역의 신속하고 능률적인 운영을 도모하기 위하여 무역에 관한 권한의 일부를 위임 또는 위탁하고 있다. 무역관리에 관한 권한의 일부를 위임받는 기관들은 중앙행정기관의 장, 특별시장, 광역시장, 시장, 도지사, 기술표준원장 및 단체의 장, 관세청장, 세관장, 한국은행총재, 한국수출입은행장 등이다.

(4) 무역관리 내용

산업통상자원부장관은 수입에 의한 산업피해를 조사하고 수출입의 질서유지를 위하여 불공정한 수출입 행위의 금지, 수출입 물품가격의 조작금지, 무역분쟁의 신속해결, 선적 전 검사와 관련한 분쟁조정, 조정명령 등을 한다. 또한 산업통상자원부장관은 수출입의 진흥 및 지원을 위하여 전산관리 체제를 개발하고 운영하며 수출입조합을 설치하여 운영을 하고 있다.

제2절 글로벌 기업의 무역계약 체결과 계약조건

1. 글로벌 기업의 해외시장조사

(1) 해외시장조사의 의의

해외시장조사(foreign market research)는 무역시장을 물색하고 선정된 무역시장에서 물품에 대한 매매가능성을 소사하는 것을 의미한다. 즉 해외시장조사는 물품의 판로 유지나 확대 또는 신제품의 판로 개척 등을 위한 의사결정을 돕기 위하여 이루어지는 활동이다.

(2) 해외시장조사의 방법

해외시장조사의 방법으로는 직접조사방법, 간접조사방법, 위탁조사 등이 있다. 직접조사방법은 해외지점, 출장소, 주재소 등에 의한 조사, 직접출장에 의한 조사, 거래처를 통한 시장조사 등이다. 간접조사방법은 우리나라에 주재하는 외국의 대사관, 공사관 및 영사관 또는 외국에 주재하는 우리나라의 해외공관, 우리나라에 주재하는 외국의 상업회의소 또는 우리나라의 대한상공회의소나 한국무역협회 등을 통하여 목적시장에 대하여 정보를 조사하는 조사방법이다. 위탁조사는 국내외의 해외시장조사기관에 조사 의뢰내용을 제시하고 그 비용을 의뢰인이 부담하는 조건으로 하여 해외시장조사를 하는 방법이다.

(3) 해외시장조사의 단계

해외시장조사는 계획수립단계에서 무엇을 위하여, 어떻게, 언제 조사를 실행할 것인가를 결정하여야 한다. 해외시장조사를 할 때에는 무역환경에 대한 조사가 집중적으로 이루어지게 된다. 그러므로 해외시장조사에서는 정치적, 경제적, 사회적, 문화적인 측면 등을 다양하게 조사하여야 한다. 무역거래는 계속성이 있기 때문에 장기적인 관점에서 해외시장을 확보하거나 또는 확장하기를 원한다면 해외시장조사에 대한 분석결과를 계속 보완하여야 한다. 이렇게 관리한 해외시장조사 자료는 다른 목적으로 해외시장조사를 하는 경우에 유익한 자료로 활용할 수 있다.

2. 글로벌 기업의 거래처 선정과 신용조사

(1) 거래처의 선정

거래처를 선정하는 경우에는 직접선정을 하거나 간접선정을 하여야 한다. 직접선정은 무역업자가 직접 현지에서 조사를 하여 거래처를 선정하거나 국내외의 견본시장이나 상설전시장, 해외전시회 등에 참가하여 현지에서 거래처를 선정하는 방법인데 시간과 비용은 많이 소요되지만 직접 거래처를 확인할 수 있다는 장점이 있다. 간접선정은 소개, 무역알선기관, 상공인명록, 홍보매체 등을 이용하여 거래처를 선정하는 방법인데 정보가 부정확 할 수도 있지만 시간과 비용은 적게 소요된다는 장점이 있다.

(2) 신용조사

1) 신용조사의 필요성

신용조사(credit inquiry)라고 하는 것은 신용을 제공받는 자가 신용을 제공하는 자에 대하여 대가를 지급할 수 있는 능력을 사전에 알아보는 것이다. 무역에서 신용(credit)이라고 할 때는 유체적인 신용 및 무체적인 신용을 포함한다. 따라서 신용은 현재의 가치를 가지고 미래의 어떠한 가능성과 교환할 때 중간 매개체로 활용할 수 있는 수단으로서 중요한 의미를 갖는다.

2) 신용조사의 내용

무역에서 신용조사를 하는 경우에 그 조사내용은 거래처의 성격, 자본, 거래능력 등에 관한 것이다. 거래처의 성격(character)을 조사하는 것은 거래처의 성실성, 업무태도, 업계의 평판 등을 알아보는 것이다. 거래처의 자본(capital)을 조사하는 것은 거래처의 재정상태를 알아보는 것이다. 거래처의 능력(capacity)을 조사하는 것은 거래처의 영업상태를 파악하는 것이다. 거래실적, 취급 물품, 주요 거래처 등을 조사하여 거래처의 영업능력과 영업내용을 판단하는 것이다.

(3) 거래의 제의

무역거래를 제의하는 경우에는 명료성, 정확성, 간결성, 구체성, 완전성, 예의성 등과 같이 무역업계에서 전통적으로 사용하는 용어와 관습을 유의하여 거래제의장을 작성하여야 한다. 거래제의장의 내용은 상대방을 알게 된 경로 및 동기, 매매희망 물품과 자사의 취급 물품, 자사의 소개, 거래조건 및 거래형태의 개요, 자사의 영업상태를 알리고 자사의 신용조회처, 등을 제시한다. 필요한 경우에는 물품과 관련한 물품목록과 가격표, 회사에 관한 광고내용 등을 첨부하는 것도 바람직하다. 거래제의장은 단순히 거래를 제의하는 것에 그치는 것이 아니라 계약을 유도해내는 것이기 때문에 그 내용에 신중을 기해야 한다.

3. 글로벌 기업의 무역계약 권유와 승낙

(1) 청약

청약(offer)은 계약자가 계약을 요청받은 자와 일정한 조건하에서 계약을 체결하겠다는 뜻을 나타낸 의사표시이다. 청약의 내용은 일반적으로 물품명(commodity name), 원산지(origin), 규격(specification), 수량(quantity), 단가(unit price), 인도조건(trade term), 선적일(shipping date), 대금결제방법(payment condition) 등으로 구성된다. 청약의 종류로는

매도청약과 매수청약, 확정청약과 불확정청약, 원청약과 반대청약, 최종확인조건부 청약, 당사확인조건부 청약, 불확정매도청약, 선착순매도조건부 청약 등이 있다.

(2) 승낙

승낙(acceptance)은 피청약자가 청약에 응하여 계약을 성립시킬 목적으로 하는 의사표시이다. 승낙의 내용은 정확히 청약의 내용과 일치하여야 한다. 청약에 그 승낙방법이 지정되어 있는 경우에는 승낙도 그 방법을 따라야 한다. 청약에 승낙의 방법이 지정되어 있지 아니한 경우에는 합리적인 방법으로 승낙하면 된다.

4. 글로벌 기업의 무역계약 체결과 무역계약서

(1) 무역계약의 체결

무역계약은 수출업자인 매도인이 계약에서 약정한 무역매매물품을 제공하기로 약속하고 수입업자인 매수인이 그 무역매매물품을 받는 대가로 대금을 지불할 것을 약속함으로써 성립되는 국제적인 매매계약이다.

무역계약은 일방의 청약에 의하여 타방이 승낙을 하여 성립되는 낙성계약이다. 무역계약은 일방에게 대금지급의무가 있고 그에 대하여 무역매매물품을 제공하여야 하는 의무가 있는 쌍무계약이다. 무역계약은 당사자가 대가관계에 있는 급부, 즉 물품제공에 대하여 대금지급을, 대금지급에 대하여 물품제공을 목적으로 하는 유상계약이다. 무역계약은 계약내용을 기록하는 데에 있어서 일정한 형식이 결정되어 있지 않은 불요식계약이다.

무역계약은 개별계약, 포괄계약, 독점계약 등으로 구분된다. 개별계약은 거래를 할 때마다 매도인과 매수인이 어떤 품목에 대한 거래가 성립되면 품목별거래에 대하여 계약서를 작성하고 그 계약에 대한 거래가 종결되면 그것으로써 계약이 종료되는 방식이다. 포괄계약은 매매당사자 사이에 상호 장기간동안 거래를 하였거나 동일한 물품을 계속적으로 거래할 때, 매 거래마다 개별적으로 계약하는 것이 서로 불편하기 때문에 연간 또는 장기간 기준으로 계약을 체결하고 필요할 때마다 거래 물품을 선적하여 주는 경우의 방식을 의미하며 장기계약이라고도 한다. 독점계약은 특정 물품의 수출과 수입에 있어 수출업자는 수입국가의 지정업자 외에는 동일한 물품을 오퍼하지 않으며, 수입업자 역시 수출국의 다른 수출업자로부터는 동일품목을 취급하지 않겠다는 조건으로 체결하는 방식이다.

(2) 무역계약서

1) 무역계약서의 작성

무역계약서는 매매당사자 사이의 책임과 의무를 확인하고 무역거래를 원활하게 하는 데에 필요하다. 그리고 당사자 사이에 분쟁이 발생하였을 경우에도 판단의 기준자료가 되기 때문에 무역계약서를 작성하여 놓는 것이 중요하다.

무역계약서는 무역계약당사자중 어느 쪽이 작성하여도 무관하다. 이는 어느 한쪽이 작성하더라도 송부하여 상대방이 확인을 하는 절차가 있기 때문이다. 매도인이 작성할 때는 매도서(sales note; 賣渡書) 또는 주문확인서(conformation of order)가 작성된다. 매수인이 작성할 때는 매입서(purchase note; 買入書) 또는 주문서(order)가 사용된다. 매도인의 청약서에 매수인이 승낙하고 서명을 하거나 매수인이 발행한 주문서에 매도인이 서명을 하여도 된다.

무역계약을 확인하는 것은 무역계약의 성립 후 매도인이 매수인에게 계약의 내용에 따라 기재한 무역매매계약서를 송부하면 이루어진다. 일반적으로는 계약의 내용을 당사자 중에 일방이 정리하여 정부 2부를 작성하여 서명한 후 상대방에게 송부한다. 상대방은 이를 검토한 후 1통을 반송하고 1통을 보관하면 된다. 매수인이 매도인의 청약서에 승낙 서명을 하거나 매도인이 매수인이 발행한 주문서에 서명을 하더라도 서류는 2부를 작성하여 1부는 보관하고 1부는 송부하면 무역계약 확인절차는 종료된다.

무역계약이 체결되면 수출업자는 약성된 물품을 무역계약시에 명시한 인도방법에 따라 수입업자에게 인도하여야 한다. 따라서 무역계약물품을 수출시에서 인도하는 방법과 수입지에서 인도하는 방법 중 무역계약서에 명시된 방법에 의하여 인도하면 된다.

2) 일반거래조건의 협정

무역계약이 체결될 때마다. 무역계약서를 작성하는 경우는 시간이나 비용면에서 비효율적이다. 그러므로 사전에 일반적 무역거래계약 조건을 협약하여 놓고 필요한 사항만 수정 보완하는 것이 효율적이다. 이러한 방식을 채택하여 작성하여 놓은 것이 일반 거래조건 협정서이다. 일반 거래조건 협정서의 내용은 거래형태, 매매계약의 기본조건, 분쟁해결방법, 기타의 거래절차 등의 내용으로 구성된다.

5. 글로벌 기업의 무역계약 합의조건

(1) 품질에 관한 조건

무역계약 당사자는 무역계약을 체결할 때에 품질(quality)에 관한 조건을 결정하게 된다. 품질을 결정할 때에는 견본, 표준품, 명세서, 상표·통명, 규격 등을 기준으로 하여 결정을 하게 된다. 무역계약 당사자는 품질을 결정할 때에 선적을 할 때 또는 양륙을 할 때를 기준으로 결정하게 된다. 물품의 품질을 증명하는 방법에 대해서는 수출자와 수입자가 무역계약을 체결하면서 무역계약서에 명시하여야 한다.

(2) 수량에 관한 조건

무역계약 당사자는 무역계약을 체결할 때에 수량(quantity)에 관한 조건을 결정하게 된다. 각국의 도량단위가 상이하기 때문에 유의하여야 한다. 수량조건 단위는 중량(weight), 용적(measurement), 개수(the number of article), 포장(packing), 길이(length), 면적(square) 등과 같이 구분되어 있다. 수량조건에서는 물품의 특성에 따라서 선적할 대의 수량과 양륙할 때의 수량이 틀리는 경우에 과부족을 용인하는 과부족 용인조건(more or less terms)이 존재한다. 수량의 결정시기는 선적수량조건과 양륙수량조건 중 선택하게 된다. 무역계약 당사자는 수량을 결정할 때에 선적을 할 때 또는 양륙을 할 때를 기준으로 결정하게 된다. 물품의 수량을 증명하는 방법에 대해서는 수출자와 수입자가 무역계약을 체결하면서 무역계약서에 명시하여야 한다.

(3) 가격에 관한 조건

가격에 관한 조건은 물품의 단가를 결정하는 조건이다. 일반적으로 물품의 가격은 물품의 제조원가에 이윤을 합한 금액이다. 물품의 가격을 결정한다는 것은 물품의 단가를 조정하여 결정하는 일이다. 물품의 가격결정방식은 원가를 기준으로 결정하는 원가기준 가격결정방식과 수요에 따라 결정하는 수요기준 가격결정방식 그리고 경쟁업자를 기준으로 하는 경쟁기준 가격결정방식 등이 있다. 무역거래자가 물품의 가격을 산출하는 경우에는 단위당 원가, 수출포장비, 수출검사료, 화인비용, 국내운임 및 국외운임, 부선사용료, 선내인부임, 보험비용, 창고료, 금리, 외환비용, 수수료, 전신료, 수출통관비용, 수입통관비용, 양륙비용, 선적비용 등을 계산에 포함하게 된다.

(4) 무역거래규칙에 관한 조건

무역거래규칙은 무역거래에서 관습적으로 사용되는 규칙인데 매도인과 매수인의 위험의 분기점, 비용의 분기점과 소유권의 분기점 등을 가름하는 기준이 되고 있다. 이를 인코텀스(incoterms)라고 한다. 현재 무역업계에서 사용하고 있는 것은 인코텀스 2010이다. 인코텀스 2010은 전 운송방식 전용 거래규칙 작업장 거래규칙[Ex Works(insert named place of delivery): EXW], 운송인 거래규칙 [Free Carrier(insert named place of delivery): FCA], 수송비지급 거래규칙[Carriage Paid to(insert named place of destination): CPT], 수송비·보험료지급 거래규칙 [Carriage and Insurance Paid to(insert named place of destination): CIP], 터미널 인도 거래규칙[Delivered at Terminal(insert named terminal at port or place of destination): DAT], 목적지 인도 거래규칙 [Delivered at Place(insert named place of destination): DAP], 관세지급 반입 거래규칙[Delivered Duty Paid(insert named place of destination): DDP] 등이 있다. 그리고 해상 및 내수로 운송방식 전용 거래규칙으로는 선측 거래규칙[Free Alongside Ship(insert named port of shipment): FAS], 본선 거래규칙[Free on Board(insert named port of shipment): FOB], 운임포함 거래규칙[Cost and Freight(insert named port of destination): CFR], 운임·보험료포함 거래규칙[Cost, Insurance and Freight(insert named port of destination): CIF] 등이 있다.

(5) 선적에 관한 조건

무역계약 당사자는 무역계약을 체결할 때 선적(shipment)에 관한 조건을 결정하게 된다. 선적에 관한 조건은 운송수단을 고려하여 결정하여야 한다. 무역거래에서는 해상운송과 육상운송 그리고 항공운송도 이용하게 되고 경우에 따라서는 복합운송도 이용된다. 그러므로 물품의 특성과 거리, 기후, 수량, 시간적 여유, 시장환경 등을 고려하여 가장 적합한 운송방법을 선택한 후 선적조건을 결정하여야 한다.

(6) 해상보험에 관한 조건

보험(insurance)에 부보를 하는 것은 운송도중에 발생하는 위험을 대비하는 것이다. 그러므로 보험계약을 체결할 때의 보험조건은 운송물품과 운송방법에 따라 다르게 된다.

(7) 대금결제에 관한 조건

무역대금결제조건은 수출업자의 경우에는 물품의 생산과 직결되어 있고 수입업자의 경우에는 자금의 확보와 직결되어 있기 때문에 가장 첨예한 문제가 된다. 그래서 무역계약 당사자는 무역계약을 체결할 때 자금사정을 고려하여 무역대금 결제시기, 무역대금 결제방법, 무역대금 결제조건 등을 결정하여야 한다.

(8) 무역거래분쟁 해결에 관한 조건

무역계약을 체결할 때 무역거래분쟁 해결조건(settlement of dispute)을 결정하는 것은 무역거래에서 발생할 수 있는 거래분쟁을 신속하게 처리하려는 의도이다. 무역거래는 국가 사이의 거래이기 때문에 많은 무역거래 분쟁이 발생한다. 이러한 무역거래 분쟁이 발생했을 때 어떤 방법으로 해결할 것인가에 관한 조건을 결정하는 것이다.

글로벌 기업의 무역계약 이행

제1절 글로벌 기업의 신용장 발행

1. 글로벌 기업의 신용장거래

(1) 신용장의 의의

신용장(letter of Credit: L/C)은 무역거래의 대금결제를 원활하게 하기 위하여 수입업자의 거래은행이 수입업자의 요청에 따라 발행하는 것으로, 신용장에 명시된 조건과 일치하는 선적서류와 상환으로 수출업자 또는 그 지시인이 발행하는 환어음에 대하여 지급(payment), 인수(acceptance) 또는 매입(negotiation)할 것을 확약한 서신이다. 그래서 신용장거래는 무역거래와는 별개의 거래이기 때문에 신용장 거래에서는 대금결제를 하는 경우에 오직 서류만 가지고 판단을 하게 된다. 신용장이 무역업계에서 전통적으로 사용되고 있는 것은 신용장이 발행되면 수출거래가 확정되고 신용위험을 회피할 수 있고 환결제 위험을 회피할 수 있으며 금융상의 혜택을 받을 수 있기 때문이다.

(2) 신용장거래 당사자

신용장거래의 기본당사자는 발행은행, 수익자, 확인은행이다. 발행의뢰인은 수입업자가 되며, 수익자는 수출업자가 된다. 신용장을 발행하는 은행이 발행은행이며 신용장에 대한 신뢰도가 낮아 제3의 은행이 재보증을 하는 은행이 확인은행이다. 발행의뢰인이 제외되는 것은 신용장에 의한 대금결제에서 결제를 발행은행에 위임하였기 때문이다. 신용장의 기타 당사자는 선적서류를 첨부한 환어음의 지급, 인수, 매입 등을 비롯하여 어느 단계에서 어떠한 역할을 하였는가에 따라 통지은행, 매입은행, 지급은행, 인수은행, 상환은행, 양도은행, 지정은행 등으로 결정된다.

(3) 신용장의 종류

신용장에는 상업신용장(commercial Credit), 클린신용장(clean Credit), 보증신용장(stand-by Credit), 여행자신용장(traveller's Credit), 일반신용장(simple Credit), 상환신용장(reimbursement Credit), 은행신용장(banker's Credit), 개인신용장, 수출신용장(export's Credit), 수입신용장(import's Credit) 등이 있다. 신용장의 기본형태를 기준으로 하는 경우에는 취소불능신용장과 취소가능신용장, 화환신용장과 무화환신용장, 확인신용장과 미확인신용장, 상환청구가능신용장과 상환청구불능신용장, 매입신용장과 지급신용장, 보통신용장과 특정신용장, 일람출급신용장과 기한부신용장, 양도가능신용장과 양도불능신용장 등으로 구분된다. 신용장의 특수형태를 기준으로 하는 경우에는 회전신용장(revolving credit), 전대신용장 혹은 선대신용장(red clause credit, packing credit), 연장신용장(extended credit), 동시발행신용장(back to back credit), 기탁신용장(escrow credit), 백지신용장(blank credit), 내국신용장(local credit) 등으로 구분한다.

2. 글로벌 기업의 신용장 발행 · 조건변경 · 양도

(1) 신용장의 내용

신용장의 내용은 신용장 자체에 관한 사항, 환어음에 관한 사항, 서류에 관한 사항, 물품에 관한 사항, 선적에 관한 사항, 신용장 통일규칙 준거문언에 관한 사항 등으로 구성된다.

(2) 신용장의 발행과 조건변경

1) 신용장의 발행

신용장 발행은 발행의뢰인의 지시에 따라 발행은행이 발행하여 수익자에게 우편 또는 전신으로 통지하여 확인 또는 전달받은 상태라고 할 수 있다. 신용장을 발행하는 경우에는 신청서류를 작성해야 하며 담보를 제공하는 경우가 많다. 신용장을 발행할 때는 발행의뢰인이 무역계약서의 내용에 따라 지시를 완전 정확하게 하고 발행받아야 한다.

2) 신용장의 조건변경

수출업자는 신용장을 접수하면 신용장 조건을 점검하게 된다. 점검결과 무역계약 조건과 다른 내용이 있다거나 신용장 자체에 문제가 있어 그대로 두면 계약물품의 선적이나 환어음의 매입에 지장이 있다고 판단될 경우 신용장의 발행신청인이 조건변경을 요청한다. 수입업자로서도 신용장이 발행된 다음 수입허가 또는 승인사항이 변경되게 되면 신용장의 내용변경이 필요하게 된다. 신용장의 조건변경이나 취소는 신용장의 종류에 따라 다르게 이행된다. 취소불능신용장인 경우에는 신용장 당사자 사이에 전원 합의를 하여 은행에 조건변경을 요구하게 된다.

제2절 글로벌 기업과 수출입승인

1. 글로벌 기업과 수출입관리 대상

(1) 수출입제한

주무행정기관의 장은 헌법에 의하여 체결되고 공포된 조약과 일반적으로 승인된 국제법규에 의한 의무의 이행, 생물자원의 보호 등을 위하여 필요하다고 인정하는 경우에는 수출 또는 수입을 제한할 수 있다. 그리고 주무행정기관의 장은 수출입 승인 대상물품의 품목별 수량과 금액 그리고 규격, 수출 및 수입지역을 제한할 수 있다.

(2) 수출입 승인

수출입 승인기관은 주무행정기관의 장이 지정하여 고시하는 관계 행정기관 또는 단체의 장이다. 물품의 수출 또는 수입의 승인을 신청하려고 하는 자는 수출입 신청서에 주무행정기관의 장이 정하는 서류를 첨부하여 주무행정기관의 장에게 제출하여야 한다.

2. 글로벌 기업과 수출입공고 등

(1) 수출입공고

수출입공고는 주무행정기관의 장이 승인대상물품의 품목별 수량, 금액, 규격 및 수출 또는 수입지역 등의 한정 등 물품의 수출 또는 수입의 제한 및 절차 등을 정하여 공고하는 것인데, 수출입품목관리를 위한 기본공고이다. 수출입공고의 표시 형식에는 허가품목 표시방식(positive list system)과 금지품목 표시방식(negative list system)이 있는데 우리나라의 경우에는 후자의 방법을 사용한다.

무역이 발전하면서 시기적으로 수출입품목을 분류하는 방법으로는 표준국제무역분류(Standard International Trade Classification: SITC), 관세협력이사회 물품분류표(Customs Cooperation Council Nomenclature: CCCN), 조화제도(Harmonized System: HS) 등이 사용되어 왔다. 조화제도는 관세협력이사회 물품분류표를 근거로 하여 도입한 것이다. 우리나라가 사용하는 10단위는 HSK(Harmonized System Korea)라고 한다.

(2) 통합공고

통합공고는 주무행정기관의 장이 수출, 수입요령의 제정 또는 개정내용을 관계 행정기관의 장으로부터 제출받아 그 수출요령, 수입요령을 통합하여 공고하는 것이다. 통합공고의 목적은 대외무역법 이외의 다른 법령에 해당물품에 대한 수출입의 요건 및 절차 등을 정하고 있는 경우에 수출입요건 확인, 통관업무의 간소화, 무역질서유지를 위하여 타 법령이 정한 물품의 수출이나 수입의 요건 및 절차에 관한 사항을 조정하고 통합하기 위한 것이다.

(3) 전략물자 수출입고시

전략물자 수출입고시는 주무행정기관의 장이 국제평화 및 안전유지, 국가안보를 위하여 필요하다고 인정하는 때에 전략물자의 수출제한 및 수입증명서 발급에 관한 사항 등을 정하여 공고하는 것이다.

제3절 글로벌 기업의 화물 집화와 무역금융

1. 글로벌 기업의 화물 집화

(1) 완제품 및 원재료의 국내구매

내국신용장 또는 구매확인서 등을 활용하여 완제품 및 원재료 등을 구매할 수 있다. 내국신용장에 의한 구매는 수출용 완제품이나 수출용 원료를 가공한 제품을 국내에서 구매하는 방법이다. 구매확인서에 의한 구매는 물품 등을 외화획득용 원료, 외화획득용 용역, 외화획득용 전자적 형태의 무체물 또는 물품으로 사용하기 위하여 국내에서 구매하는 경우이다.

(2) 외화획득용 원료 · 기재의 수입과 구매 등

외화획득용 원료・기재를 수입하는 것은 국내에 해당되는 원료가 없기 때문이다. 외화획득용 원료의 수입은 수출입공고의 적용을 받지 않는다. 외화획득용 원료를 수입할 때에 부과된 관세는 해당 원료를 사용한 물품의 수출이 완료된 후 환급받을 수 있다. 또한 수출생산자금에 대한 부담을 줄여 주고자 무역금융을 지원하기도 한다.

외화획득용 원료・기재의 수입이나 구매를 하는 경우에는 소요량을 정하여 놓고 소요량증명서를 발행하고 있다. 소요량증명서는 소요량증명서 발급기관이 외화획득을 이행하는 데에 소요된 원자재의 양을 계산하고 그 내용을 확인하여 발급하는 증명서이다.

2. 글로벌 기업의 무역금융

(1) 무역금융의 의의

무역금융은 수출물품의 확보를 위하여 생산자금, 원자재 구매자금, 원자재 수입자금 등을 지원받는 행위를 의미한다. 무역금융의 대상자는 수출신용장, 선수출계약서, 외화표시 물품공급계약서, 내국신용장 등 융자대상 증빙서류를 보유한 자이다. 또한 법에 의한 과거의 수출실적이 있는 자도 무역금융의 대상자이다. 무역금융을 융자받는 경우에는 신용장 기준방식이나 실적 기준방식이 활용된다.

(2) 무역금융의 유형

무역금융에는 금융의 방향에 따라 수출금융, 수입금융, 현지금융으로 구분된다. 무역금융은 금융의 화폐종류에 따라 원화금융, 외화금융으로 구분된다. 무역금융은 선적시점을 기준으로 선적 전 금융, 선적 후 금융으로 구분한다. 무역금융은 기간에 따라 단기금융, 중장기금융, 장기금융으로 구분한다. 신용공여자의 소재지를 중심으로 국내금융과 국제금융으로 구분한다.

제4절 글로벌 기업의 수출검사와 수출포장

1. 글로벌 기업의 수출검사

(1) 수출검사의 의의

수출검사는 무역계약을 체결할 때 합의한 계약물품과 실제 무역계약을 이행할 때의 물품과 일치하는가를 검사하는 데에 의의가 있다. 수출검사는 수출업자의 신뢰를 구축하는 데에 효과가 있다. 수출검사는 수출국가의 이미지를 제고시키는 효과가 있다.

(2) 수출검사의 종류

수출검사는 검사주체에 따라 자체검사, 수입업자가 요구하는 검사 등이 있다. 자체검사는 계약물품에 대한 품질, 수량, 포장 등에 대하여 수출업자 자신이 검사를 하는 형태이다. 자체검사 방법에는 식별법, 시용법, 과학적 검사 등이 있다.

2. 글로벌 기업의 수출포장

(1) 수출포장의 의의

수출포장은 수출물품의 운송 보관에 이르는 과정에서 물품의 가치 및 상태를 보호하기 위하여 적합한 재료나 용기에 포장하는 방법을 의미한다. 수출포장은 운송, 하역, 보관 등과 같은 작업과정 중에 물품이 손상되지 않도록 보호하는 효과가 있다. 수출포장은 판매를 촉진하는 효과가 있다. 물품포장은 고객의 소비욕구를 충동하는 역할을 하기도 한다.

(2) 수출포장의 요건

수출포장 재료는 물품의 특성에 적합한 것이어야 한다. 수출포장 기술은 최소의 비용으로 포장의 기능을 최대한 살릴 수 있는 포장기술이 되어야 한다. 수출포장 단위는 물품을 포장하는 과정, 보관하는 과정, 선적이나 양륙작업 과정 등에서 취급하기가 용이한 적정단위의 포장이 되어야 한다.

(3) 수출포장의 구분

수출포장은 단위포장, 내부포장, 외부포장 등으로 구분한다. 단위포장은 1개의 운송용기에 넣은 물품을 각각 보호하기 위하여 포장하는 최소단위의 포장이기 때문에 개포장이라고도 한다. 내부포장은 단위포장이 이루어진 물품을 1개의 운송용기에 넣을 때 단위포장 사이에 충격완충 역할을 하는 재료를 넣는 것이다. 외부포장은 겉포장이기 때문에 화물의 운송, 하역, 보관 등에 편리하도록 이루어진다. 또한 외부포장은 물품이 외부로부터의 충격, 압력, 습도, 온도, 도난 등과 같은 것으로부터 보호받을 수 있도록 이루어진다.

3. 글로벌 기업의 수출화인

(1) 화인의 의의

화인(貨印, mark)은 포장화물의 외부포장에 기입하는 수입업자명 또는 주소, 대조번호, 목적지, 번호, 기타의 표지를 말한다. 화인을 표시하는 목적은 물품의 운송, 하역, 보관 등에 있어서 관계당사자인 운송업자나 하역업자 그리고 보관업자가 화물을 용이하게 구별하는 데에 도움을 주기 위한 것이다.

(2) 화인의 구성

1) 기본화인

기본화인(main marks)은 다른 화물과 식별하기 위한 표시로서 주표지 또는 주화인이라고도 한다. 기본화인은 수입업자의 지시가 있는 경우에는 그 지시에 따른다. 지시가 없는 경우에는 임의로 만들어도 된다. 기본화인은 수입업자의 이름 머리글자, 대조번호, 목적지, 포장번호, 총중량 등이 표시된다. 화인표지는 모두 대문자로 표시하는 것이 관습이다. 화인표지는 무역화물 1개 포장당, 두 곳 이상에 선명하게 그리고 약정이 있으면 약정한 크기로 지워지지 않게 방수잉크를 사용하여 표시하여야 한다.

2) 정보화인

정보화인(information marks)은 원산지 표지, 신용장 표지 등에 관한 사항을 표시한 것이다. 수입업자가 요구하는 경우에만 정보화인을 표시한다. 정보화인은 기본화인보다 작은 문자를 사용하여 기본화인과 구별한다.

3) 취급주의 화인

취급주의 화인(cargo handling marks, caution mark)은 화물의 특성에 따라 운송, 하역, 보관상의 주의사항을 표시한 것이다. 그래서 운송, 하역, 보관에 관계된 업자들이 판별하기 쉽도록 붉은 잉크나 페인트를 사용하기도 한다. 또한 주의를 환기시킬 목적으로 그림이나 문자로 표시하기도 한다. 문자로 표시하는 경우에는 수입국가의 언어로 표시하는 것이 좋다. 취급주의 화인은 그 종류가 다양하다. 물품의 특성에 따라서 취급상의 주의 사항을 표시하게 된다.

제5절 글로벌 기업의 국제운송

1. 글로벌 기업의 국제육상운송과 국제항공운송

(1) 국제육상운송

국제육상운송은 국제도로화물운송과 국제철도화물운송으로 구분한다. 국제도로화물운송은 자동차를 이용하여 도로로 화물을 운송하는 방법이다. 국제도로화물운송은 문전에서 문전까지의 일관운송 서비스 체제를 운영할 수 있는 수단이다. 국제도로화물운송에서는 국제도로화물운송조약(convention on the contract for international carriage of goods by road: CMR)을 적용한다. 국제도로화물운송조약은 주로 유럽에서의 도로운송의 경우에 적용을 한다. 국제도로화물운송조약에서는 운송경로 중에 해상운송이 포함되어 있을지라도 차량으로부터 물품이 하역되지 않는다면 전운송구간을 국제도로운송구간으로 인정하고 있다. 국제철도화물운송은 기차를 이용하여 철로로 화물을 운송하는 방법이다. 국제철도화물운송에서는 국제철도화물운송조약(international convention concerning carriage of goods by rail: CIM)을 적용한다. 국제철도화물운송조약은 유럽의 대부분과 중동의 일부에서 철도에 의하여 물품을 운송할 때에 적용된다.

(2) 국제항공운송

국제항공운송은 항공기를 이용하여 승객, 우편, 화물 등을 탑재하여 한 공항에서 항공로로 다른 공항까지 운송하는 것이다. 국제항공운송에서는 국제항공운송협약(protocol to amend the convention for the unification of certain rules relating international carriage by air signed at warsaw on oct. 1929: Warsaw Convention: W.A.), 즉 바르샤바조약이 적용되고 있다. 항공운송에서는 국제항공운송협회(international air transport association: IATA)가 제정한 IATA 표준운송약관이 활용되기도 한다.

2. 글로벌 기업의 국제해상운송과 국제택배운송

(1) 국제해상운송

1) 국제해상운송의 의의

국제해상운송은 해상에서 선박을 이용하여 사람 또는 화물을 운송하고 그 대가로서 운임을 받는 상행위이다. 국제해상운송은 무역이 발생한 초기부터 가장 많이 이용한 방법이다. 국제해상운송계약은 해상운송인이 화물 또는 여객의 해상운송을 인수하고 송화인 또는 용선자가 이에 대하여 보수를 지급할 것을 약정함으로써 성립하게 되는 낙성계약이다. 또한 해상운송인은 운임을 받으면 화물을 운송해야 하고, 화주는 화물의 운송을 의뢰하면 운임을 지급해야 하는 쌍무계약이다.

2) 국제해상운송의 구분

① 정기선운송

정기선운송은 정기항로에 취항하는 정기선으로 화물을 운송하는 것이다. 정기선으로 운송하는 계약을 체결하는 경우에 개품운송계약이라고 한다. 개품운송계약은 개개의 화물을 계약의 목적으로 하여 화주와 운송인이 개별적으로 체결하는 운송계약이다. 개품운송계약에서 물품의 운송에 따른 운임을 결정할 때 사용하는 방법은 중량계산법, 용적계산법, 선주의 중량 또는 용적 선택방법, 개수계산법, 종가계산법 등이 있다. 개품운송계약에서는 화물형태별 할증운임으로 중량할증운임, 용적할증운임, 장척할증운임 등이 있고 항해형태별 할증운임으로 양륙항선택 할증운임, 체선 할증운임, 환적화물 운송접속 할증운임, 양륙지변경 할증운임 등이 있다.

② 부정기선운송

㉠ 부정기선운송의 의의

부정기선운송은 물품의 특성에 맞는 시설을 설치하였거나 기능이나 성능을 보유한 부정기선으로 화물을 운송하는 것이다. 부정기선을 이용하여 운송계약을 체결하는 경우에 이를 용선운송계약이라고 한다. 용선운송계약의 대상 화물은 일반잡화 중에서 단위화되지 않은 곡물, 광석, 유류 등인데 포장하지 않고 그대로 선창에 선적하는 대량의 산화물이다.

㉡ 부정기선운송계약의 종류와 계약조건

용선운송계약에는 항해 용선운송계약, 기간 용선운송계약, 선체 용선운송계약, 재용선운송계약 등이 있다. 부정기선운송계약의 적재 및 하역비용 부담조건에는 적양비용 선박회사 부담조건(Berth Term), 적양비용 화주 부담조건(free in and out: F.I.O.), 선적비용 화주 부담조건(free in: F.I.), 양륙비용 화주 부담조건(free out: F.O., free discharge: F.D.) 등이 있다.

㉢ 부정기선운송계약의 정박기간조건

부정기선운송계약 정박기간조건에는 관습적 조속하역조건(custom ary quick des-patch: C.Q.D.), 작업량확정 하역조건, 호천후 작업일 24시간 하역조건(weather working days: W.W.D.) 등이 있다. 정박기간의 충족여부에 따라 체선료를 지불하는 경우도 있고 조출료를 환급받는 경우도 있다.

③ 컨테이너운송

컨테이너를 활용하는 운송을 컨테이너운송이라고 한다. 컨테이너운송은 경제성, 신속성, 안전성의 이점을 가지고 있다. 컨테이너화물의 운송형태에는 CY/CY(FCL/FCL, door to door), CFS/CFS(LCL/LCL, pier to pier), CY/CFS(FCL/ LCL, door to pier), CFS/CY(LCL/ FCL, pier to door) 등이 있다. CY(container yard)는 컨테이너 적치장, CFS(container freighter station)는 컨테이너화물집화소, FCL((full con-tainer load)은 1개의 컨테이너에 송화인 1인의 화물을 가득 채우는 컨테이너 만적화물, LCL(less than container load)은 1개의 컨테이너에 다수 송화인의 화물을 채우는 컨테이너 부분적화물을 의미한다. 이런 경우 1인의 송화인으로서는 1개의 컨테이너에 부분밖에 적입하지 못하기 때문에 부여된 명칭이다.

④ 복합운송

복합운송은 물품을 인수한 지점에서 인도가 예정된 지점까지 두 가지 이상의 운송수단으로 운송하는 것을 의미한다. 복합운송에는 통운송(通運送), 단일 통운송, 부분운송, 하청운송, 동일운송, 순차운송 등이 있다. 국제적인 복합운송경로에는 대륙횡단철도를 이용하여 대륙양안을 연결하는 해상-육상-해상의 복합운송 형태인 Land Bridge Service가 있는데 북미대륙을 횡단하는 경로인 ALB(american land bridge)와 시베리아대륙을 횡단하는 경로인 SLB(siberian land bridge)가 있다.

(2) 국제택배운송

국제택배운송서비스(international courier service)는 서류 및 소형 및 경량 물품을 항공기를 이용하여 문전에서 문전까지 수령, 배달하는 운송서비스이다. 국제택배운송서비스는 스피드를 기본으로 일정기간 내에 수탁 물품의 인도를 보장하며 일괄요금(package fee)으로 문전에서 문전까지 수령 및 배달하는 서비스 또는 사무실에서 사무실까지 수령, 배달하는 서비스(door to door or desk to desk)를 제공한다. 국제택배운송업자가 탁송 물품을 수령하고 탁송 물품을 인도할 때까지 총괄하여 책임을 지는 형태이기 때문에 이용이 증가하고 있다.

제6절 글로벌 기업의 해상보험과 무역보험

1. 글로벌 기업의 해상보험

(1) 해상보험

해상보험(marine insurance)은 해상위험, 즉 항해에 관한 사고에 의하여 발생하는 손해를 보상해주는 손해보험의 일종이다. 해상보험은 선박보험과 적하보험으로 구분한다. 선박보험은 선박을 부보대상으로 하는데 선박의 선체, 기관, 연료, 식료품 및 그 밖의 소모품 등이 포함된다. 적하보험은 적하를 부보대상으로 하는데 적하에 대하여 발생하는 손해를 보상하게 된다.

(2) 해상보험계약 당사자

해상보험계약 당사자는 보험자, 보험계약자, 피보험자이다. 보험자(insurer)는 보험계약자로부터 보험료를 받고 보험기간 내에 보험사고가 발생할 경우 보험금을 지급할 것을 약속한 자이다. 보험계약자(policy holder)는 보험자와 보험계약을 체결하고 보험료를 지급하기로 약속한 자이다. 피보험자(insured)는 피보험이익의 주체로서 보험계약에 의하여 보호되는 자이다.

(4) 보험담보조건

구협회적하약관상의 담보조건에는 전위험담보(all risks: A/R) 조건, 분손담보(with average: W.A.) 조건, 단독해손부담보(free particular average: F.P.A.) 조건 등이 있다. 구협회적하약관상의 담보조건에 명시된 용어의 불명확성을 바로 잡고, 현대적인 상황을 반영하여 개정한 것이 협회적하약관 1982와 협회적하약관 2009의 담보조건인 ICC(A), ICC(B), ICC(C) 등이다.

(5) 해상보험계약

1) 해상보험계약의 원칙

해상보험계약의 원칙에는 피보험이익이 존재하여야 보험이 성립한다는 피보험이익의 원칙, 보험은 손해액만큼만 보상한다는 손해보상의 원칙, 보험자가 손해를 입은 피보험자에게 손해를 보상한 후, 피보험자가 가해자에게 요구할 손해배상청구권을 비롯한 모든 권리를 피보험자로부터 인수한다는 대위의 원칙, 해상보험계약을 체결할 때에 당사자가 신의성실에 입각하여 고지의무를 이행하여야 한다는 신의성실의 원칙이 존재한다.

2) 담보위험과 면책위험

담보위험은 해상보험계약의 유효기간 중에 어떠한 손해가 발생하는 경우 그 손해를 야기한 위험에 대하여 보상을 약속한 위험이다. 이에 대하여 보험자가 담보대상에서 제외한 위험을 면책위험이라고 한다.

2. 글로벌 기업의 무역보험

(1) 무역보험 의의

무역보험은 통상의 무역거래와 관련한 해상보험 등에서 취급하지 않는 비상위험, 신용위험, 기업위험 등을 담보함으로써 무역업자의 불안을 제거하고 안전한 무역거래를 보상하여 무역진흥을 도모하는 비영리 정책보험이다. 무역보험의 담보위험은 비상위험, 신용위험, 기업위험, 환율 변동위험, 이자율 변동위험 등이다.

(2) 무역보험의 종목

무역보험은 수출보험과 수입보험으로 구분한다. 수출보험에는 단기 수출보험, 중소기업Plus+보험, 수출신용보증, 신뢰성보험, 수출보증보험, 중장기 수출보험, 해외마케팅보험, 해외사업금융보험, 해외공사보험, 해외투자보험, 해외자원개발펀드보험, 농수산물 수출보험, 수출 환변동보험, 이자율 변동보험 등이 있다. 수입보험에는 수입보험, 수입 환변동보험 등이 있다.

제7절 글로벌 기업의 수출입통관과 화물 적양

1. 글로벌 기업과 보세구역 및 타소장치

(1) 보세구역

보세구역은 보세상태로 외국 물품을 일정기간 장치하거나 또는 가공, 제조, 전시, 건설할 수 있는 일정한 구획을 갖춘 토지나 그 위의 건조물 또는 수면으로서 세관장이 지정하거나 특허한 장소이다. 지정보세구역은 외국 물품을 일정기간 장치, 가공, 제조, 전시, 건설할 수 있도록 세관장이 지정한 장소이다. 특허보세구역은 영리를 목적으로 세관장의 설영특허를 받아 설치한 장소이다. 자율관리보세구역은 세관이 보세구역을 감독 또는 감시하는 데에 지장이 없다고 인정된 보세구역에 대하여 화물관리를 보세구역의 운영인에게 위임하여 자율적으로 운영하도록 허가한 장소이다. 종합보세구역은 보세창고, 보세공장, 보세전시장, 보세건설장 또는 보세판매장의 기능 중 둘 이상의 기능을 수행할 수 있는 장소이다.

(2) 타소장치와 보세운송

타소장치는 화물의 특성이나 화주의 사정상 보세구역에 반입할 수 없는 경우에 보세구역 이외의 장소에 장치하는 것이다. 보세운송은 외국 물품을 개항, 보세구역, 타소장치의 허가를 받은 장소, 세관관서, 통관역, 통관장 등으로 운송하는 것이다.

2. 글로벌 기업과 통관 및 세관

통관(clearance)은 물품을 외국으로 수출하거나 외국에서 수입하는 경우 거치는 세관절차이다. 통관은 수출통관과 수입통관으로 구분된다. 통관은 수출통관과 수입통관으로 구분한다. 통관절차의 이행자는 화주, 통관업자인 관세사 또는 관세사법인 등이다. 세관(customs house)은 외국과의 통상무역과 관련하여 국경통과에 수반하여 발생하는 일체의 사무를 취급하는 관청이다.

3. 글로벌 기업의 화물 적재와 하역

(1) 화물의 적재 및 운송시작

통관이 종료된 물품은 송화인이 운송회사로부터 선적지시서를 받아 운송인에게 물품을 인도하여 운송수단에 따라 육상운송인 경우에는 상차, 항공운송인 경우에는 탑재, 해상운송인 경우에는 선적 등을 하여 작업을 종료한다. 이후 화물인수증을 받아 운송회사에 제출하고 해당하는 화물운송장 또는 선화증권 등을 수령한다. 화물운송장은 운송수단에 따라 도로화물운송장, 철도화물운송장, 항공화물운송장, 해상화물운송장 등이 있는데 화물을 화주로부터 인수하였다는 물품인수증이며 권리증권의 성질은 없다. 송화인은 화물운송장 또는 선화증권 등을 비롯한 선적서류를 준비하여 무역대금결제를 하게 된다.

(2) 운송종료 및 물품의 하역

수화인은 운송이 종료되면 운송수단의 도착사실 등을 확인하고 물품의 인수절차를 이행하게 된다. 수입업자는 물품의 수입대금을 은행에 지급하고 해당되는 화물운송장 또는 선적서류 등을 입수하여 해당 운송회사에 제출하고 물품을 하역하게 된다.

4. 글로벌 기업의 관세 납부와 반출

수화인이 하역된 물품을 인수하면 보세구역에 반입하고 수입신고를 하여 통관절차를 이행하면서 관세법 절차에 따라 관세를 납부한다. 수화인이 관세를 납부하면 물품을 반출하여 처리하게 된다.

제8절 글로벌 기업의 무역대금결제

1. 글로벌 기업의 무역대금결제와 선적서류

(1) 무역대금결제

무역대금결제는 수출업자와 수입업자 사이의 거래 물품에 대한 대금결제이다. 수출업자의 입장에서는 수출대금의 결제로서 선적서류를 준비하여 외국환은행에 환어음과 함께 매입을 의뢰하는 행위로 나타난다. 수입업자의 입장에서는 수입대금을 결제함으로써 선적서류를 입수하여 수입화물을 인수하는 행위로 나타난다.

(2) 선적서류

1) 기본서류

선적서류의 기본서류는 선화증권, 상업송장, 보험서류 등이다. 선화증권은 선박회사와 송화인과의 해상운송계약에 의하여 선박회사가 화물을 수령 또는 선적한 경우 송화인의 요청에 의하여 해상운송인이 작성하여 교부한 증권이다. 또한 선화증권은 운송인이 화물을 운송계약조건에 따라 목적항까지 운송하고 선화증권의 정당한 소지인에게 증권과 상환으로 당해 화물을 인도할 것을 약속한 유가증권인 동시에 권리증권이다. 상업송장은 수출업자가 작성하여 수입업자에게 발송하는 화물의 명세서이며 대금청구서 및 화물의 계산서이다. 보험서류는 보험계약을 체결하였을 때 보험자가 발행하는 서류이다. 보험서류에는 보험증권, 보험증명서, 보험각서 등이 있다.

2) 부속서류

부속서류는 기본서류 이외에 수입업자 또는 수출업자의 사정에 따라 요구하거나 각국의 관세법이나 기타의 법 규정에 따라 요구받아 준비하는 서류이다. 부속서류에는 포장명세서, 원산지증명서, 검사증명서, 용적증명서 및 중량증명서, 위생증명서 등이 있다.

2. 글로벌 기업의 환어음 발행

(1) 환어음의 의의

환어음(bill of exchange)은 채권자가 채무자에게 그 지급기일에 어음 면에 기재된 금액을 자기 또는 제3자에게 지급하도록 위탁한 일종의 지급지시서이다. 수출업자가 발행인이 되며 수입업자나 수입지의 발행은행이 환어음의 지급인이 된다.

(2) 환어음의 종류

수출업자가 발행하는 환어음에는 일람출급 환어음(sight bill), 기한부 환어음(time bill, usance bill), 화환어음(documentary bill), 무담보어음(clean bill), 인수인도조건(D/A) 환어음, 지급인도조건(D/P) 환어음 등이 있다.

3. 외국환은행의 글로벌 기업 환어음 매입

(1) 신용장 조건의 환어음 매입

수출업자가 신용장을 발행하여 무역거래를 한 경우에 무역대금을 결제받기 위해서는 환어음 및 관계 운송서류 등을 구비하여 외국환은행에 환어음의 매입을 신청한다. 신용장 발행은행에서는 제출된 선적서류와 환어음 및 기타 서류가 신용장 조건과 일치하는가를 확인하고 매입하게 된다. 일람출급 환어음인 경우는 발행은행에 제시하는 즉시 대금이 지급받을 수 있나. 기한부 환어음인 경우에는 발행은행이 인수를 하고 환어음의 만기일에 대금을 지급하게 된다.

(2) 인수인도조건 환어음과 지급인도조건 환어음의 매입

인수인도조건 환어음은 수입업자가 은행으로부터 화환어음의 제시를 받았을 때 어음대금을 지급하지 않고 만기일에 결제하는 조건으로 인수를 한 후, 선적서류를 인도받는 조건의 기한부 환어음이다. 지급인도조건 환어음은 수입업자가 은행으로부터 화환어음의 제시를 받았을 때 어음대금을 지급하고 서류를 인도받는 조건의 일람출급 환어음이다.

4. 글로벌 기업의 수입대금 결제

수입업자가 화물을 인수하기 위해서는 선적서류를 입수하여야 한다. 수입업자가 정상적인 절차에 따라 신용장에 의하여 추심되어 온 환어음 대금을 결제한 후 선적서류를 은행으로부터 인수하여야 한다.

무역거래에서 선적서류와 화물이 도착하였으나 수입업자가 결제자금이 부족하여 수입절차를 적기에 실행하지 못하는 경우에는 외국환은행이 수입업자에게 선적서류를 대여하여 수입어음대금 결제이전에 물품을 인수하는 방법인 수입화물대도(trust receipt: T/R)가 있다.

무역거래에서는 수입화물은 도착하였으나 선적서류가 도착하지 않아 물품을 인수하지 못하는 경우에 선적서류의 도착 전에 수입업자와 외국환은행이 연대 보증하여 해결하는 수입화물 선취보증서(letter of guarantee: L/G)가 있다.

글로벌 기업의 전자무역

제1절 글로벌 기업의 전자문서교환체제

1. 글로벌 기업의 전자문서교환체제와 표준

(1) 전자문서교환체제

전자문서교환체제(Electronic Data Interchange: EDI)는 표준화된 서식을 기업과 기업 또는 조직과 조직 사이에 합의된 통신표준을 이용하여 컴퓨터로 교환하는 교환방식이다. 전자문서교환체제에서는 일반서류작성에 소요되는 업무시간 단축, 중복업무를 제거에 따른 업무비용 절감, 고객의 욕구에 대하여 신속하게 대응할 수 있는 고객서비스 향상, 기업정보와 결재서류의 전송을 통한 업무 간소화, 공동의 정보통신망을 이용하거나 통신정보에 대한 중앙집중제도를 활용을 통한 글로벌 기업과 글로벌 기업 사이의 정보 공유, 글로벌 기업정보 제공의 신속성 및 정확성으로 시장변화에 신속하게 대응할 수 있는 여건 조성을 통한 경쟁력 강화 등과 같은 효과가 있기 때문에 기업이나 관공서에서 그 활용도가 높다.

(2) 전자문서교환체제 표준

전자문서교환체제 표준은 전자문서교환체제 사용자 사이에 교환되는 전자문서의 내용과 구조, 통신방법, 업무처리방식 등에 관련된 규칙 및 지침이다. 전자문서교환체제의 표준에는 전자문서표준, 통신표준, 전용표준, 산업표준, 국가표준, 국제표준 등이 있다.

전자문서표준은 전자로 전송할 수 있는 문서의 종류, 문서에 포함할 정보의 종류, 정보송달의 순서와 형태, 정보의 의미 등에 관하여 공동으로 사용할 수 있는 표준양식이다. 통신표준은 전자봉투의 형태, 전송속도, 전송방식, 서비스수준 등에 관한 사항을 규정한 표준양식이다. 전용표준은 특정기업에서 자체적으로 개발하여 사용하는 표준양식을 의미한다. 산업표준은 각 산업계에서 개발하여 사용하고 있는 표준양식이다. 국가표준은 한 국가 내에서 개발하여 사용하는 표준양식이다. 국제표준은 각 산업별로 국제적으로 사용할 수 있도록 개발한 표준양식이다.

2. 글로벌 기업의 전자문서교환체제 네트워크

(1) 직접 통신망

직접통신망은 거래상대자 사이에 직접적 컴퓨터 모뎀과 공중전화망 또는 전용회선을 이용하여 전자자료를 교환하는 방식의 통신망이다. 직접 통신망에서는 거래상대자 사이에 사용하는 전송속도, 회선규약, 통신규약 등이 일치하여야 한다. 즉 거래상대자 사이에 전산시스템이 동일한 프로그램에 의하여 운영되는 체제가 되어야 그 효율성을 높일 수 있다.

(2) 서비스 제공 통신망

서비스 제공 통신망은 거래당사자들 사이에 송수신하는 통신방법, 통신시간, 통신속도, 통신회선 등에 관한 이질성을 극복하기 위하여 EDI 서비스 제공업자가 구축한 통신망을 활용하는 방식이다. EDI 서비스 제공업자들은 전자자료의 전송 이외에 전자자료의 전송과 관련한 부가가치 데이터를 제공하여 준다. 그래서 서비스제공 통신망을 부가가치정보망(Value Added Network: VAN)이라고 한다.

제2절 글로벌 기업의 전자상거래

1. 글로벌 기업의 전자상거래 의의와 효과

(1) 전자상거래의 의의

전자상거래(electronic commerce)는 거래의 형태상으로 정보통신 네트워크를 이용한 재화나 용역의 매매를 의미한다. 그래서 전자상거래는 기업활동을 전자적으로 실행하는 전자자료교환체제, 인터넷(internet), 칼스(cals)와 가상경영활동(cyber business)을 포함하게 된다. 그리고 EDI의 제반기술 이외에 전자우편(e-mail), FAX, 파일전송(file transfer), 전자자금이체(EFT), Image 시스템, 음성사서함(voice mail), Bar Code, 전자정보 서비스(electronic information service), 비디오 메시지(video messaging) 등 제반 컴퓨터 과학과 통신기술의 결합을 복합적으로 통합하여 전략경영에 활용하는 새로운 경영기법이라는 의미를 포함하고 있다.

(2) 전자상거래의 효과

전자상거래는 물품의 제조, 운송, 보관, 배분 등과 같은 물류활동에서 발생하는 비용을 절약하는 효과가 있다. 무역거래자가 현장에서 업무를 진행시키는 비중을 감소시킴으로써 경영전략을 혁신시키는 계기를 제공하였다. 지역적으로 통합된 세계경제의 구조를 넘어서는 거래이기 때문에 그 거래 대상도 확산시키고 있다. 이외에도 전자결제수단의 다양화, 정보산업의 발전 등과 같은 긍정적 효과가 있다.

그렇지만 전자상거래 시스템의 문제로서 시스템 사고의 책임규명 불능 ,신분확인장치 불완전, 지적재산권의 침해, 정보의 유출 등이 발생하고 있다. 그리고 전자상거래 매매당사자의 문제로서 매도인의 책임전가 매수인의 선택범위 제한, 매매시점의 불명료, 거래내용의 서면 확인 불능 등과 같은 단점이 있다. 또한 전자상거래 시장의 문제로서 유통경로의 변화, 중소기업의 경쟁력 약화, 국가와 국가의 세원 적용법령 상이, 전자상거래 국가 사이의 정책 마찰 등이 발생하고 있다.

2. 글로벌 기업의 전자상거래 유형

(1) 거래주체 기준

전자상거래는 거래주체를 기준으로 소비자와 소비자(consumer to consumer: C to C, C2C) 거래, 소비자와 기업(consumer to business: C to B, C2B) 거래, 소비자와 정부(consumer to administration: C to A, C2A; consumer to government: C to G, C2G) 거래, 기업과 기업(business to business: B to B, B2B) 거래, 기업과 정부(business to admin istration: B to A, B2A; B to G, B2G) 거래, 정부와 정부(administration to administration: A to A, A2A; G to G, G2G) 거래 등으로 구분이 가능하다.

(2) 거래대상 기준

전자상거래는 거래대상을 기준으로 인터넷 전자거래업, 인터넷 컨텐츠 서비스업, 인터넷 중개 서비스업, 인터넷 포털 서비스업 등으로 구분할 수 있다. 인터넷 전자거래업은 인터넷을 통하여 상품 및 용역을 거래하는 유형이다. 인터넷 컨텐츠 서비스업은 인터넷을 통하여 오락에 관한 정보, 게임에 관한 정보, 음악에 관한 정보, 교육에 관한 정보 등 전문 정보를 제공하는 서비스업이다. 인터넷 중개 서비스업은 인터넷을 통하여 경매중개, 부동산 중개, 물품구매 중개, 물품판매 중개, 정보제공 중개 등을 주 업무로 하는 서비스업이다. 인터넷 포털 서비스업은 인터넷을 통하여 검색기반 위주로 하는 서비스와 인터넷 커뮤니티 기반위주로 하는 서비스업이다.

(3) 정보교환 기준

전자상거래는 정보교환을 기준으로 개방형 전자거래와 폐쇄형 전자거래로 구분할 수 있다. 개방형 전자거래는 인터넷을 통하여 이루어지는 대부분의 거래를 의미한다. 개방형 전자거래는 보안유지가 필요 없는 거래가 대부분이기 때문에 정보의 공유가 쉽게 이루어지고 거래 당사자 사이에 별도의 표준이 필요 없다. 폐쇄형 전자거래는 전자거래를 하는 당사자 사이에 표준을 정하여 놓고 거래를 하는 형태이기 때문에 구매자가 사이버 몰에 접속하려면 보안유지를 위하여 판매자가 요구하는 ID가 있어야 하는 정보의 공유가 어려운 전자거래 형태이다.

제3절 글로벌 기업의 전자무역

1. 글로벌 기업의 전자무역과 전자문서

(1) 전자무역

전자무역은 무역의 전부 또는 일부가 컴퓨터 등 정보처리능력을 가진 장치와 정보통신망을 이용하여 이루어지는 국제거래를 의미한다. 전자무역에서의 수출은 거주자가 비거주자에게 전자적 형태의 무체물을 정보통신망을 통한 기타 수출입 주무행정기관의 장이 정하여 고시하는 방법으로 인도하는 것을 의미한다. 그리고 전자무역에서의 수입은 거주자가 비거주자로부터 전자적 형태의 무체물을 정보통신망을 통한 기타 수출입 주무행정기관의 장이 정하여 고시하는 방법으로 인수하는 것을 의미한다. 전자적 형태의 무체물이란 소프트웨어, 디지털 콘텐츠(digital contents) 중 수출입 주무행정기관의 장이 지정하여 고시하는 것을 의미한다.

(2) 전자문서

무역자동화를 위하여 전자문서의 표준화가 이루어졌는데 수출입관리 전자문서 표준화, 외환거래 전자문서 표준화, 통관 전자문서 표준화, 운송계약 전자문서 표준화, 무역보험계약 전자문서 표준화 등을 통하여 전자무역을 활성화 하고 있다.

2. 글로벌 기업의 전자무역 관련 법규

전자무역과 관련한 국내 법규로는 대외무역법, 전자거래기본법, 전자서명법, 등이 있다. 전자무역과 관련한 국제 법규로는 국제무역법위원회(The United Nations Commission on International Trade Law: UNCITRAL) 모델법, 국제무역법위원회 전자서명 통일규칙, 국제무역법위원회의 국제자금에 관한 모델법 등이 있다.

Part 02

글로벌 지역의 무역문화

아시아지역의 무역문화

제1절 방글라데시

1. 일반 개요

(1) 국가의 특징

방글라데시(People's Republic of Bangladesh)는 1971년 3월 26일 파키스탄으로부터 독립한 내각책임제 국가이다. 서남아시아 동부, 인도 및 미얀마를 국경으로 위치하고 있으며 면적은 144천 ㎢로 한반도의 2/3이다. 수도는 다카(Dhaka)이다. 민족은 벵갈인(98%)이 핵심으로 구성되어 있다. 언어는 벵갈어, 영어 등을 사용한다. 종교는 이슬람교(90%), 힌두교(10%)의 비중이다. 화폐단위는 타카(Taka: Tk)를 사용하며 산업구조는 서비스업(54.1%)이 주를 이루고 제조업(28.6%)과 농업(17.3%)의 순이다. 주요 수출품은 섬유제품, 농산품, 어류 등이며 주요 수입품은 기계류, 식료품, 화학제품, 철강, 식료품 등이다. 주요자원으로는 천연가스, 석탄 등이 있다.[1)]

---

1) 한국수출입은행, 해외경제연구소, 2014 세계국가편람, 2013,12, p.22 참조.

(2) 국민성

방글라데시인은 경제적인 빈곤에도 불구하고 욕심이 없고 온순하며 순박하다. 방글라데시인은 이슬람교교리에 따른 삶을 통해 현실에 대한 욕구보다는 내세에 대한 믿음으로 영적인 삶에 충실하게 살고 있다. 방글라데시인은 담소하기 좋아하며 매사 서두르지 않는다. 방글라데시인은 외국인들의 사소한 문화적 실수에 관대하며, 방글라데시의 문화, 전통 그리고 예절에 대한 지식을 얻으려는 여행객들에 대해서는 친절을 아끼지 않는다.

(3) 사회관습

1) 인사

방글라데시에서는 사회적, 업무적인 관습이 서구사회보다 더 형식적이고, 철저하게 지켜진다. 방글라데시인은 오른손으로 거수경례를 하는 방식으로 인사를 한다. 남자들은 군대의 경례와 비슷한 방식으로 손바닥을 바깥쪽으로 향하게 하면서 엄지손가락을 아래로 향하고, 손가락 끝을 눈썹 위 이마부분에 닿게 한다. 여자들은 손에 약간 힘을 빼고 조금 안으로 말은 상태에서, 미간 얼굴 위 부분에 닿게 한다. 업무상의 만남에 있어서는 서양식 악수가 일반적이다.

2) 가정생활

방글라데시에서는 전기가 부족하여 정전이 자주 되는데, 특히 여름 저녁에는 매일 2~3회, 회당 1시간씩 정전이 된다. 그러므로 정전을 대비하여 충전용 손전등을 구비하고 있는 경우가 많다. 정전이 있을 때 형광등이나 선풍기 등을 사용하기 위한 대형 밧데리를 준비하거나 발전기 등과 같은 시설을 하는 경우도 있다. 도로는 잦은 홍수로 인하여 유실이 잦고 포장도로도 거의 없다.

3) 언행

방글라데시에서는 밥을 먹을 때, 음료를 마실 때, 물건을 전달할 때, 선물을 주거나 책을 만질 때에는 항상 오른손만을 사용한다. 방글라데시에서는 상대방에게 발바닥을 보이면 안 된다. 또한 발로 사물을 가리키는 행위도 금한다. 연장자 앞에서는 다리를 꼬아 앉거나 담배 피우는 것은 안 된다.

2. 무역상담 문화

(1) 시간관념

방글라데시인은 매사 서두르지 않지만 무역상담을 위한 시간 약속은 사전에 해두어야 한다. 그리고 무역상담 시간을 약속한 경우에는 약속시간에 정확하게 방문하여야 한다. 방글라데시인은 무역상담을 진행하는 중이라도 예배시간이 되면 이들은 하던 일을 중단하고 사무실내에서 예배를 본다. 이때에는 자리에 가만히 앉아 있거나 조용히 서서 예배가 끝날 때까지 기다려야 한다.

(2) 무역상담 전략

방글라데시는 낮은 국민소득으로 유효수요 및 구매력은 타국에 비해 상당히 낮다. 가격이 시장을 주도하고 유통구조도 판매대리점, 도매업자, 브로커, 배급업자 및 소매상 등 5단계로 도매업자 및 중개상이 중요한 역할을 수행하고 있다. 방글라데시인과거래를 할 때는 우선 인간관계에 초점을 두고 형제애와 같은 우정을 쌓은 후 이들의 관습에 적응토록 노력해야 한다. 방글라데시인은 계약내용을 다 합의한 후에도 한두 가지 추가적인 조건을 제시하는 경우가 많다. 이러한 경우에는 방문자도 이에 상응하는 조건을 제시하여 방글라데시인의 의도를 차단하여야 한다. 방글라데시인은 실현성이 없는 것도 쉽게 할 수 있다고 언급하는 경우가 있기 때문에 중요사항에 대해서는 확인하여야 한다. 방글라데시인은 가격흥정을 즐기는 편이라 시간이 많이 소요된다. 그래서 일정을 사전에 계획하고 정해진 시간 내에 무역상담을 마무리 지으려 하는 것은 어렵다.[2)]

(3) 무역상담 결정형식

방글라데시 사업체에서는 의사결정권이 사업주에 있고 대규모 회사의 경우는 최고경영층에 있다. 방글라데시 기업에서는 최고경영자가 업무담당 실무자나 중간관리자의 보고를 듣지만 자신의 권한을 독단적으로 행사하려는 경향이 있다. 그러므로 무역상담은 의사결정권이 있는 최고경영자와 사전에 시간약속을 하고 만나는 것이 유리하다.

---

2) http://terms.naver.com/entry.nhn?docId

(4) 무역상담 유의점

방글라데시에서는 정부가 국가경제에 큰 영향력을 끼치기 때문에 정부측 인사들을 대할 때에는 가능한 한 경의를 표시하여야 국제입찰에 등에 도움을 받을 수 있다. 즉 정부가 주도하는 구매가 많기 때문에 영향력이 있는 대리인을 확보하고 해당부서의 고위 공무원과의 관계도 밀접하게 하여야 한다. 무역거래는 문서로 처리하고 상대방의 신용도를 알기 위해서는 사무실이나 공장을 방문하여 확인하여야 한다.

3. 초대문화 · 식사문화 · 선물문화

(1) 초대문화

방글라데시에서 가정으로 초대를 받으면 승낙을 하여야 한다. 가정으로 방문할 때 부인을 소개받으면 머리를 약간 숙이고 평화의 인사말을 한다.

(2) 식사문화

방글라데시인은 주식으로 고기, 생선, 야채 등을 넣고 만든 음식인 똘까리를 먹고 산다. 똘까리는 방글라데시어로 반찬이라는 의미이다. 방글라데시어로 볶음이라는 의미를 가진 바지는 야채를 기름에 볶은 음식이다. 방글라데시어로 녹두를 의미하는 달은 녹두를 으깨 걸쭉한 국처럼 만든 음식이다.[3] 방글라데시에서는 이슬람에서 금하고 있는 돼지고기나 비늘이 없는 생선은 피하고 술도 되도록 권하지 않는다. 음식은 오른손으로 먹는다. 쌀을 주식으로 하고 있기 때문에 초대받은 손님에게도 빵 대신 밥을 권하는 경우가 많다. 음식점에서 손가락으로 음식을 먹는 경우도 있고, 남성과 여성이 서로 공간에서 식사를 하기도 한다.

(3) 선물문화

방글라데시인은 고급선물을 선호한다. 가정으로 초대를 받았을 경우는 고급 수입 사탕이나 과자류가 이상적인 선물이다. 종교에 역행되는 동물의 사진이 부착된 물건이나 사람의 얼굴이 들어있는 물건은 우상숭배로 간주하므로 이를 피해야 한다.

---

3) http://chunchu.yonsei.ac.kr/news/articleView.html?idxno=12758

제2절 캄보디아

1. 일반 개요

(1) 국가의 특징

캄보디아(Kingdom of Cambodia)는 1953년 11월 9일 프랑스로부터 독립한 입헌군주제 국가이다. 아시아의 인도차이나 반도 중앙에 위치하고 있으며 면적은 181 천㎢로 한반도의 4/5이다. 수도는 프놈펜(Phnom Penh)이다. 민족은 크메르인(90%), 베트남인(5%), 기타민족으로 구성되어 있다. 언어는 크메르어(95%), 불어, 영어 등을 사용한다. 종교는 불교(96.4%), 이슬람교(2.1%), 기타 종교의 비중이다. 화폐단위는 릴(Riel: CR)을 사용하며 산업구조는 서비스업(41.1%)이 주를 이루고 농업(34.7%)과 제조업(24.3%)의 비중이 크다. 주요 수출품은 의류, 목재, 천연고무, 쌀 등이며 주요 수입품은 석유제품, 담배, 금, 건설자재 등이다. 주요자원으로는 석유, 가스, 원목, 원석 등이 있다.[4)]

(2) 국민성

캄보디아인은 근면 성실하다. 역사적으로 풍요로운 평야에서 생활을 한 민족이기 성격도 포용력이 있다. 체면을 중시하기 때문에 감정을 잘 표출하지 않는다.

(3) 사회관습

1) 인사

캄보디아인의 전통적인 인사는 양손을 합장하여 허리를 굽혀 절을 하는 것이다. 캄보디아 여자들도 전통적인 방법을 그대로 사용한다. 합장할 때는 양손을 가슴 위에서 머리에 가깝도록 올리고 합장한 엄지가 코에 닿을 정도로 대고 허리를 굽힌다.

---

4) 한국수출입은행, 전게서, p.30 참조.

2) 호칭

캄보디아인은 사람을 부를 때 같은 또래나 나이가 어린 사람에게는 이름을 부른다.

3) 복장

캄보디아인은 남성과 여성 모두가 가정에서 면이나 실크로 만들어진 전통의상인 셈포(sampot)를 즐겨 입는다. 캄보디아 여성의 전통의상은 삼포와 그 위에 블라우스를 입고 크라마(Krama)라고 하는 바둑판무늬의 수건을 둘러쓴다. 종교적 행사나 가정의 기념일과 같은 공식석상에서 캄보디아 여성들은 낮에는 홀(hol)을, 밤에는 레이스 장식이 있고 단색의 실크 옷인 파무옹으로 갈아입는다. 도시인들은 서구식 옷을 입는 경향이 있다.[5)]

4) 가족제도

캄보디아인의 가족구조는 핵가족이 기본이지만 경제적 형편 또는 부모를 모시기 위해 대가족으로 사는 경우도 있다. 캄보디아인은 혈연관계에 거의 관심이 없으며 자녀들에게 유산을 물려줄 때에 아들에게는 부동산을, 딸에게는 이동이 물건을 물려준다.

5) 언행

캄보디아에서 사원이나 절 또는 종교적 성지 등을 방문할 경우에는 짧은 바지나 소매가 없는 셔츠를 입어서는 안 된다. 사원이나 절 안으로 들어갈 때에는 반드시 모자를 벗어야 하며, 법당 안으로 들어갈 때에는 신발도 벗어야 한다. 캄보디아에서는 사원이나 절 또는 종교적 성지 등을 방문할 때 경건한 자세를 취해야 한다.

캄보디아에서 사원을 방문하여 부처님 제단 앞에 앉을 때에는 정좌하지 말고 두 다리를 한쪽으로 모아 앉아야 한다. 그리고 손가락으로 부처님이나 승려를 가리켜서는 안 되며, 여자들은 승려와 신체적 접촉을 삼가야 한다. 캄보디아에서는 머리에 영혼이 들어있다는 믿음으로 신성시하기 때문에 어린이들의 머리를 만지거나 쓰다듬으면 안 된다. 캄보디아에서 사람을 부를 때에는 손바닥을 아래로 향한 채 상하로 흔들어야 한다. 손바닥을 하늘로 향하게 하고 손가락 중에서 검지로 상대방을 부른다면 그것은 성적 유혹의 표시로 해석하기 때문에 문제를 발생시킨다.

---

5) http://kin.naver.com/qna/detail.nhn?d1id

2. 무역상담 문화

(1) 시간관념

캄보디아인과 무역상담을 위해서는 시간 약속을 사전에 해두어야 한다. 그리고 약속시간에 정확하게 방문하여야 한다. 그런데 캄보디아인은 시간관념에 대하여 둔감하다. 기후의 영향으로 여름철에는 정오부터 약 2시간 정도는 일을 멈추고 더위를 피하는 직장이 많다.

(2) 무역상담 전략

캄보디아인은 품질보다는 가격에 비중을 두고 무역상담을 한다. 국가기강이나 공직자의 부패가 사회 전반에 걸쳐 있다. 캄보디아인은 중고 의류나 재고 직물을 거래하는 경우에는 가격인하를 위하여 고의적으로 무역분쟁을 유도하기도 한다.

(3) 무역상담 결정형식

캄보디아 기업에서는 기업의 경영과 관련한 정책적 사항을 최고경영자가 결정한다. 무역상담에 참여하는 실무자는 최고경영자에게 수시로 진행상황을 보고하고 그 지시에 따른다. 그러므로 최고상디지와 직접 무역상담을 하는 것이 유리하다.

(4) 무역상담 유의점

캄보디아인은 무역상담을 진행하는 중에 식섭의사결성을 내리시 못하는 경우가 많다. 일정한 마감시간을 두고 무역상담을 진행하는 경우에는 불리하다. 그러므로 다소 여유있는 자세로 무역상담을 진행하는 것이 좋다.

3. 초대문화 · 식사문화 · 선물문화

(1) 초대문화

컴보디아에서는 가정으로 초대하는 경우가 거의 없다. 무역상담을 하는 중에 초대를 받게 되면 일반적으로 음식점을 초대장소로 한다, 가정으로 초대를 받는 경우에는 인간적으로 가까워졌다는 의미이기 때문에 승낙을 하여야 한다.

(2) 식사문화

캄보디아의 전통음식은 뜩끄르응과 머쭈러헝이다. 뜩끄르응은 생선살을 잘게 갈아서 만든 것으로 독특한 향이 나는 채소인 찌가 들어간다. 머쭈러헝은 게와 생선 그리고 작은 새우를 넣어 만든 신맛이 나는 음식이다.[6] 머쭈러헝은 신맛(머쭈)과 파파야 과일(러헝)의 합성어이다. 캄보디아인의 주식은 쌀과 생선이다 특히 생선은 보편화되어 있고 풍부한데 말리거나 훈제해서 또는 생선소스를 만들어 양념으로 먹는다. 캄보디아에서는 식사 후 한 손으로 입을 막고 이쑤시개를 사용하는 것이 허용된다. 캄보디아 사람들은 가정으로서 보통 식사를 할 때, 바닥에 앉아서 하는데 남자는 정좌를 하고 밥을 먹지만, 여자는 양 다리를 한 쪽으로 모은 상태로 식사를 한다.

(3) 선물문화

캄보디아인은 선물받는 것을 선호한다. 캄보디아인의 생활이 농촌 중심의 생활이 대부분이고 생활수준이 높지 않은 이유로 의식주 생활이외에 여가를 즐길만한 여유가 없기 때문에 선물문화는 중류층 이상에서만 형성되고 있다.

제3절 중화인민공화국

1. 일반 개요

(1) 국가의 특징

중화인민공화국(People's Republic of China)은 1949년 10월 1일 독립한 사회주의 인민공화제 국가이다. 이후 1954년 헌법을 제정하여 지금까지 독자적인 사회주의의 길을 걷고 있다.[7] 중국은 사회주의 국가적 체제이기 때문에 집단적인 분위기가 우세하다. 사회문화구조상 공산당이 정부를 대신한다. 아시아대륙 동북에 위치하고 있고

6) http://cafe.daum.net/sounkji0168/OOGz/2?q

7) http : //drtravel.net/mailn/

기후는 온대 및 아열대성 기후이며 면적은 9651천 ㎢로 한반도의 43배이다. 수도는 북경(Beijing)이다. 민족은 한족(92%), 55개 소수민족(8%) 등으로 구성되어 있다. 언어는 중국어, 소수민족의 언어와 방언을 사용한다. 종교는 도교, 불교, 유교, 이슬람교 등이 존재한다. 화폐단위는 원(元, RMB)을 사용하며 산업구조는 제조업(45.3%), 서비스업(44.6%), 농업(10.1%)의 순이다. 주요 수출품은 전기기기 및 설비, 기계, 의류 및 섬유제품, 집적회로 등이며 주요 수입품은 전기기기 및 설비, 석유, 광물, 화학제품 등이다. 주요자원으로는 석탄, 석유, 천연가스, 철광석 등이 있다.[8)]

(2) 국민성

1) 기본적 품성

중국인들은 세계의 중심이 중국이며 중국을 중심으로 하여 전 세계로 퍼져 나간다는 중화사상을 중시하는 민족이다. 세계적인 변화 속에서 중국은 거듭 변모하고 있지만 중화사상 의식은 남아 있다. 중국인은 대륙적이며 여유만만하고 중국인은 어떤 일이든 항상 이면적으로 다루는 성질을 가지고 있어 원칙성을 무너뜨리지 않는 범위 내에서 대담하게 타협하는 일면도 가지고 있다.[9)]

중국인은 평화롭게 살기를 원하기 때문에 평화롭게 일하고 숭고하게 인내하며 행복하게 살아가고 있다. 중국인들은 타산적이고 이기적이지만 싸움은 회피한다.[10)] 중국인은 자존심과 자주심 그리고 자부심이 강한 민족이다. 중국인들은 외국어를 사용하더라도 자국의 발음에 맞게 변경하여 사용하며 외국인의 이름을 부를 때도 마찬가지이다. 중국인은 제도보다는 인간관계와 체면을 중요하게 여기기 때문에 상대방으로부터 속임이나 배반을 당하면 수치로 여기며 침묵을 지킨다. 그리고 중국인은 인간관계에 바탕을 둔 신뢰를 중요하게 여기기 때문에 사람을 쉽게 믿지 않지만 말보다 행동을 중시하고 일단 믿은 상대에게는 손해가 있더라도 우정을 갖고 계속 거래를 하는 민족이다. 그래서 중국인들은 신뢰를 쌓기 전에는 자신의 이익과 관계가 없거나 친구사이가 아니면 무관심하게 대하며 상대에 대하여 간접적인 화법을 구사하는 것이 대부분이다. 즉 상대방을 의심하고 간단하게 속마음을 보이지 않는다. 이것은 중국인들은 개인에 대한 제도적이고 법적인 보호가 없기 때문에 생긴 결과이다.[11)]

---

8) 한국수출입은행, 전게서, p.34 참조.

9) http : //mail.kebi.com/~james10/

10) http : //www.chinatrade.pe.kr

중국인들은 세상 모든 일을 인간 중심으로 생각하며 추상적인 개념까지도 인간과 관계가 있는 것으로서 이해하는 편의주의적이며 실용주의적 정신을 가지고 있다. 그래서 중국인들은 현실을 중요시 하는 실사구시의 정신으로 외적 환경이나 외모보다는 실력과 실용을 중시하며 결과를 보고 판단한다. 중국인들이 실천중심이라는 점은 고대 중국의 제자백가 및 공자, 맹자 사상에서 찾아 볼 수 있다.[12)]

2) 지역별 성격 특성

중국은 지역이 넓기 때문에 중국인의 품성을 간단하게 설명하기는 어렵다. 중국인의 성품은 종으로 구분하거나 횡으로 구분하는 방법이 있는데 후자에 따르면 중국인의 품성의 특징은 지역적으로 북방인과 남방인으로 구분이 가능하다. 북방인에 속하는 북경인들은 황하강 이북에 위치하는 한족을 이루는 중심으로 학벌이 높고 권력, 명예를 추구하며 예의를 존중하는 자부심이 강한 면모를 보인다. 그런가하면 북방에 위치하지만 지역적인 차별을 받는 랴오닝성, 헤이룽장성, 진린성이 위치한 동북3성 지역인들은 성격이 급하며 직선적이고 적극적인 면모를 보이고 있다.[13)] 북방인은 대체로 도량이 넓고 인내심이 강하며 의리를 중하게 여겨 비밀을 잘 지키는 대륙적 기질을 계승하고 있다. 남방인에 속하는 상해인, 산동인, 절강인, 사천인, 복건인 등은 전통적으로 상업에 능하고 이해에 밝다. 남방 상인은 일단 계약이 체결되었더라도 불이익이 예상되면 이를 잘 지키지 않는 경우가 많다. 상해인은 고대로부터 해외무역을 가장 빠르게 접하는 지역이라는 특성으로 인하여 국제적인 면모를 지니고 있다. 그래서 실용적이며 이해타산이 빠르다. 산동인은 넓은 평야와 해안을 접한 지역인 특성으로 인하여 성격이 온순하며 사람을 사귀는 속도는 느리지만 사귄 후에는 의리를 지키는 면모를 지니고 있다. 절강인은 상업 중심적 지역이라는 측면과 경제적으로 생존해야 한다는 측면에서 전통적으로 이재에 밝고 저축률이 높으며 무역과 관련한 사업에서는 추진력이 강한 면모를 보이고 있다. 사천인은 삼국시대부터의 접전지역인 특성으로 문화적인 자존심이 강하고, 예절을 중시하며 신중하게 업무를 처리하는 면모를 보이고 있다. 복건인은 체격이 왜소하지만 산악지역이라는 특성으로 개척적이고 근검절약하며 확실한 이재가 보장되어야 투자를 하는 면모를 보이고 있다.

---

11) http : //www.chinatrade.pe.kr

12) http : //chinainkorea.co.kr

13) http : //myhome.shinbiro.com/~james74/index.html/

(3) 사회관습

1) 인사

중국인들은 첫 인사 때 가벼운 목례를 하거나 허리를 약간 굽힌다. 중국인들은 고령이거나 고위층은 처음 만나는 사람과 악수 등과 같은 신체적 접촉을 싫어한다. 공공기관 등을 방문할 때에 직원들이 도열하여 환영의 의미로 박수를 치는 경우에는 같이 박수를 치면 된다.

2) 명함

명함은 직급이나 직책과 함께 영어와 중국어로 표기하는 것이 좋다. 중국에서 명함교환은 상대측의 결정적인 책임자가 누구인지, 최고나 최대의 기업인가의 여부를 밝히는 중요한 단서가 된다. 중국인이 좋아하는 금색 등으로 사용한 명함도 좋은 반응을 얻을 수 있다. 명함을 받은 경우에는 이름과 직급이나 직책 등을 살펴본 후에 명함 집에 넣거나 자리에 앉아 있다면 식탁 위에 놓는 것이 바른 방법이다.

3) 호칭

중국인들은 이름의 성에 직급이나 직책을 붙여 호칭하는 것이 보편적이며 특별한 직급이나 직책이 없는 경우에는 국제적인 무역거래에서 통용되는 씨(Mr.), 부인(Mrs.), 양(Miss)이라는 명칭을 이름에 붙이거나 성에 선생(先生)이라는 호칭을 붙여도 좋다. 중국인의 경우 선생이라는 호칭을 좋아한다.

4) 음주

중국인들은 모든 식사자리에서 독한 술을 마시지 못하거나 기피하는 경우 상대방을 경시하는 경향이 있다. 술을 마시고 싶지 않으면 주스나 광천수 등 무알코올 음료로 건배를 해도 무난하다. 중국인의 음주예절은 한국과는 상당히 다른 편이다. 중국에서는 술잔이 다 비기 전에 첨잔하므로 한국의 습관과 다르며 잔을 돌리는 습관도 없다. 중국인이 건배를 외치며 술을 권해 올 때는 다 들이키는 건배의 의미로 중간에 내려놓으면 실례가 되며 술이 약한 사람의 경우 음주 전 양해를 구해놓는 것이 좋다. 중국인들은 술에 취해 실수하는 것을 몹시 싫어한다.[14)]

14) http : //www.jinchon.co.kr

5) 흡연

중국인은 장소를 불문하고 흡연을 하기 때문에 처음 만나는 사람에게도 담배를 권한다. 다른 사람에게 담배를 권할 때에는 고급 담배를 권하는 것이 좋다.[15)]

6) 차

중국에서 차가 제공되는 것은 고유의 전통이다. 차가 제공되는 것은 물이 귀한 이유도 있지만 수질과 관련한 이유가 타당하다. 지역적으로 독특한 차가 많이 있기 때문에 차에 대한 칭찬도 곁들이며 마시는 것이 좋다. 중국은 어느 공공장소를 가더라도 차를 마실 수 있도록 끓는 물이 준비되어 있다. 차의 종류에는 녹차, 홍차, 오룡차, 백차, 화차 등과 같이 각 지방마다 고유한 차가 있다. 중국의 차는 식사나 회의할 때를 막론하고 계속 제공된다. 차는 상대방의 잔이 비면 계속 따라준다.

7) 화장실

중국의 화장실은 도시와 농촌간의 시설차이가 크다. 그리고 유료화장실과 무료화장실이 존재한다. 중국에서 대도시나 관광지의 화장실은 대부분 유료이고 호텔, 음식점, 편의상점 등에 부속된 화장실은 무료인 경우가 많다.

8) 가족제도

중국은 유교의 영향으로 남아선호사상이 강하다. 전통적으로 농촌의 대토지 소유자와 정부관리는 대가족을, 농부들은 소가족을 구성했다.[16)]중국인은 인간은 개인으로서가 아니라 오로지 조화된 사회관계에 의해서만 완전한 존재가 될 수 있다는 원칙하에서 남을 잘 이해하고 참는 것을 최고의 덕으로 간주하였다.

9) 언행

중국인은 질서를 지키는 경우가 드물다. 거리에 침을 뱉어도 별 문제가 되지 않으며 손수건으로 코를 푸는 것도 허용된다. 그렇지만 중국은 성매매, 외화 암거래, 술주정, 고성방가 등을 엄격하게 금지하고 있다. 따라서 중국인의 정서를 무시한 서구적인 행태 또는 표현은 별로 환영받지 못한다.[17)]

---

15) http : //mail.kebi.com/~james10/
16) http : //www.khan.co.kr

2. 무역상담 문화

(1) 시간관념

중국에서는 시간엄수가 중요하며 늦거나 약속의 취소는 매우 모욕적으로 생각한다. 처음 사업거래를 시작할 적에 소개를 받거나 사전에 충분한 연락을 취하는 것이 중요하다. 그렇지만 일부에서는 시간약속에 대하여 일반적으로 상황에 따라 신축적으로 대응할 수 있다고 판단한다. 그래서 중국인들은 예정된 만기일을 훨씬 넘겨가며 상담을 연기시키면서 추이를 살펴보는 경향이 있다. 중국인들과 무역상담을 하는 경우에는 시간약속에 대하여 인내심과 성실성이 필요하다.

(2) 무역상담 전략

1) 유연한 대응

중국은 지역마다 상거래 관행에 차이가 있는데 북방인들은 대담하고 남방인들은 세심한 편이다. 중국인은 특정사안이나 민감한 문제는 확실한 답변을 유보하거나 모호한 표현을 사용하기 때문에 신중하고 예의를 갖춘 겸손한 태도로 상대방의 모든 카드가 제시되도록 끈질기게 기다리며 상대방의 시간과 심리를 이용하여야 한다. 그런 후 일단 유리하다고 판단될 시에는 상대방을 재촉하여 무역상담의 성사를 적극 추진해야 한다.

2) 집중성 유지

중국인은 사소한 것이라도 흠을 잡아 가격을 할인하려는 습성이 있고 불리해 질 때 책략과 상대방 약점을 제시하여 상담을 주도하려는 속성이 있는데[18] 물품을 구매하는 경우에는 가격의 인하를 매도하는 경우에는 박리다매를 시도하며 중요한 내용이나 가격을 할인하려는 경우에 갑자기 제안을 하는 경우가 많다. 중국인들은 무역상담에서 주요 목표를 달성하기 위해 중요성이 낮은 문제를 제기하여 관심을 분산시킨 후, 이에 대비하는 사이에 중요한 문제를 제기하여 많은 양보를 얻어내는 전략을 구사한다. 중국인들은 상담일자의 변경, 통역에게 정보유출, 경쟁회사와의 경쟁 유도

17) http://mail.kebi.com/~james10/
18) 김성훈, 「국가별 유망아이템」, 도서출판 두남, 1999, p.222.

등을 시도하거나 자체적으로 무역상담 전에 획득할 목표를 정해 놓고 하급 실무자들은 강경파 역할을, 최고 결정권자는 온건파 역할을 담당하며 상담에 임한다. 즉 무역상담시에 하급자는 수락할 수 없을 정도의 조건을 내세우고, 상급자가 조건을 완화해주는 척 하면서 합의를 유도하는 전략이다. 결국 내부분열을 유도하면서 무역상담을 유리하게 진행하는 방법을 사용하는 것이다. 중국인은 본인이 무역상담 당사자이면서 대리인이라고 위장을 하며 책임을 회피하는 방법을 구사하는 경우도 있다.[19]

3) 사업준비의 철저

중국인은 상담에 임하기전 실용주의적인 논리에 근거하여 모든 거래를 위한 최종선을 마련하여 후일 상대방이 원칙을 준수하지 않는 경우를 대비한다.[20] 그래서 중국인들은 거래에는 냉정하게 임하며 이해득실의 계산이 빨라 친한 사람과도 손해 보는 장사는 하지 않는 특성이 있다.[21] 그러므로 냉정한 태도를 유지하고 철저한 사업준비와 계획서를 갖고 무역상담을 하여야 한다. 무역상담을 하는 경우에는 중국인의 무역관습에 대하여 분석을 하고 임하는 것도 좋은 방법이다.

4) 상호의 인정

중국인은 기업의 대소나 능력보다는 신의를 중시하며 현금을 선호한다. 그래서 현금이 필요하면 상품을 제공하여야 한다는 것을 일찍 배운다.[22] 중국인과 무역상담을 할 때는 자연스런 분위기 속에서 상대방의 의견을 존중하는 가운데 나의 주장을 논리적으로 전개하여 합일점을 찾아야 한다.[23] 즉 중국인과 무역거래를 하려면 상대방의 입장과 이익의 고려, 합리적 원칙의 견지, 객관적이고 엄정한 태도유지, 인간적인 감정의 교류가 가장 효과적이다. 중국인들은 형식적인 것은 회피하고 실질적이고도 현실적인 관점에서 무역상담을 진행한다. 중국인들은 무역상담에서 상대의 전략을 상세하게 이해하고 특징을 분석한 뒤에 각종 대비책을 마련하고 무역상담을 한다. 즉 중국인은 3개 이상의 공급자로부터 견적을 받아 품질, 가격 등을 비교한 후에야 하는 구매하는 등 치밀한 계획을 하고 무역상담에 돌입한다.

---

19) http://www.hanmichina.co.kr/trade5.htm
20) 원융희, 「글로벌 비즈니스에티켓」, 도서출판 두남, 2001, p.9.
21) http://www.hanmichina.net
22) http://www.chinatrade.pe.kr
23) http://user.chollian.net/~foe2026/

(3) 무역상담 결정형식

중국인들은 서열을 중시하기 때문에 가장 직급이 높은 사람이 대화를 이끌어 나간다. 중국인들은 사장의 직함을 자재구입에서부터 판매 및 접대에 이르기까지 모두 담당한다는 의미로 총경리라고 하는데 총경리와 무역상담을 하여야 타결이 쉽다. 중국인은 무역업무 담당자가 별개의 책임이 있다는 생각을 하기 때문에 상급자의 지시만으로는 무역상담이 타결되지 않는다. 왜냐하면 중국인들은 의사결정이나 문제해결에 있어 개인적인 느낌과 경험을 중요하게 여기고 외부로부터 들어온 정보에 대하여 경계하며 신중을 기하기 때문이다.

(4) 무역상담 유의점

중국에서 성공적으로 투자하려면 사업원칙을 충실히 이행하여야 한다. 중국인과 무역상담을 하는 경우에는 통역을 사용하고 직급에 따라 별도의 설명을 준비하는 것이 좋다. 중국에서는 관계가 있는 기업이나 사람으로부터 받은 소개장이 큰 효력을 발휘한다. 중국에서는 대리인을 통한 기업경영을 하지 않아야 한다.

중국기업은 중앙정부 또는 지방 각급 정부 산하, 대외경제무역부 또는 기타 경제부서 산하, 군 관계 산하, 중외합작, 각종 사회단체 산하 기업 등 그 설립 형태에 따라 상이하기 때문에 상대기업에 대한 성격을 파악하는 것이 중요하다.

중국인들은 언약을 중시하는 경향이 있기 때문에 언약에 대한 실행을 하도록 유념하여야 한다. 중국인들은 무역계약을 체결할 때에 문서를 작성하는 것보다 상호이해가 더 중요하다고 여기며 무역분쟁이 있는 경우에도 법보다는 상담으로 해결하여야 한다는 관념이 있다. 그러나 중국에서 보호받을 수 있는 것은 무역계약서 밖에 없다. 무역계약서를 작성하는 경우에는 세밀하게 검토하고 정부유관기관이나 전문가의 조언을 받은 후에 서명을 하는 것이 바람직하다. 중국인은 각 당사자가 그에게 돌아갈 혜택이 무엇인가를 파악한 시점에서 계약을 체결해야 한다고 생각한다. 즉 계약은 공동의 목표를 위하여 당사자들을 구속하는 것이기 때문에 필요한 경우 상호간에 계속적으로 요구를 할 수 있다고 보는 것이다. 중국인은 토의될 안건을 정하고는 상대방으로 하여금 먼저 이야기를 하게 한다. 중국인들은 무역상담을 할 때 상대방이 타협해 올 때를 이용하여 본인들의 요구를 관철하려고 한다. 무역상담 중에는 정보만 얻으려고 집중하고 상담내용에는 관심이 없는 것처럼 위장한다.

3. 초대문화 · 식사문화 · 선물문화

(1) 초대문화

1) 초대장소 도착

중국인들이 초대하는 만찬은 주로 오후 7시 무렵에 시작되어 약 2시간 동안 진행되는 만찬을 즐긴다. 업무상 점심초대는 최근의 일이고 조찬은 거의 없다. 중국인으로부터 초대를 받으면 비슷한 정도의 연회를 개최하여 답례를 하는 것도 예의의 방법이다. 중국인들은 일반적으로 자국 음식에 대한 자부심이 강하기 때문에 중국 음식으로 식사초대를 하는 것이 바람직하다.

식사초대를 받는 경우에는 식사시간을 맞추어 도착을 하면 되지만 초대를 하는 경우에는 약속시간보다 30분 정도 일찍 도착하여 초청객을 입구에서 맞이하는 것도 좋은 방법이다.

2) 좌석배치

연회는 대음식점(飯店, 大廈)에서 이루지는 것이 일반적이다. 중국 무역 문화에는 서열 순대로 자리를 잡기 때문에 지정된 자리로 안내될 때까지 잠시 기다려야 한다. 식사 초대를 받을 경우 중국인이 지정하는 자리에 앉아야 한다. 왜냐하면 음식값을 지불하는 호스트가 좌석으로 결정되기 때문이다.

통상적으로 문을 향한 식탁 중앙 좌석은 초청된 주빈의 자리이고 바로 왼쪽에 주최자가 앉는다. 나머지 사람들은 서열 순으로 앉되 주요 고위 관리자는 중앙 좌석에 앉는다. 중국식 식사에서 원형탁자가 놓인 자리에는 안쪽의 중앙이 상석이고, 입구 쪽이 말석이다. 중국식은 원탁에 주빈이나 주빈내외가 주인이나 주인내외가 마주 앉는다. 주빈의 왼쪽자리가 차석, 오른쪽이 3석이다.

(2) 식사문화

1) 식사순서

주빈이 착석 후 앉아야 하며 호스트가 건배를 청하기 이전에는 건배 제의를 삼가야 한다. 만찬연회는 12가지에서 20가지 이상의 음식이 제공된다. 수시로 녹차, 우롱차, 홍차 등의 향기로운 차가 제공된다. 한 가지 음식을 먹은 후에는 한 모금의 차로 남

아 있는 음식의 맛과 향을 제거하고 새로 나온 음식을 즐긴다. 음식이 제공되었을 때에 어느 정도는 접시에 남겨야 하며 전혀 손을 대지 않은 음식이 없도록 유의하여야 한다. 대연회장에서는 손을 대고 먹는 음식이 있을 때에 손을 씻을 수 있는 그릇이 나온다. 중국요리 순서에 마지막으로 생선요리가 오른다. 그런 후에 과일이 나오고 뜨거운 수건이 제공되면 연회가 거의 종료되는 것을 말한다. 이때를 즈음하여 참석자들이 떠날 준비를 하는데 주최자가 손님들에게 자리를 뜰 것을 요구하는 것은 실례가 되기 때문에 식사가 종료되었다는 인사말 또는 감사하다는 말을 주최자가 하면 이후에 자리를 떠나야 한다.

2) 식사방법

중국에서는 연회 주최자가 식사나 술을 먼저 시작한 후 나머지 참석자들이 진행 할 수 있다. 식사 도중 사업이야기는 하지 않는다. 식사 중 소리 내어 마시거나 트림을 하는 것은 괜찮다. 그것은 당신이 음식을 맛있게 먹고 있음을 의미한다. 중국에서는 하늘을 나는 것은 비행기 네 발 달린 것은 자동차 이외에는 모두 요리하여 먹을 수 있다고 할 정도로 요리가 다양하기 때문에 특식으로 생소한 것이 나오더라도 당황하지 말고 이를 약간씩이라도 먹어야 한다. 상을 찡그리거나 먹지 않겠다고 의사표시를 하게 되면 상대방이 결례로 간주하는 경우도 있다. 또한 음식을 맛있게 많이 먹어주며 음식이 맛있다는 칭찬을 하는 것이 좋다. 준비된 음식에는 적어도 한 번씩 손을 대는 것이 예의이며, 밥을 많이 먹는 것은 아직 양이 차지 않았다는 뜻이 될 수 있으므로 주의하여야 한다.[24)]

중국에서는 요리가 한국처럼 한꺼번에 나오는 것이 아니라 순서대로 하나씩 나온다. 이것을 탁자 가운데 올려놓으면 탁자의 중앙은 회전할 수 있게 되어 있어 자기 앞으로 돌려놓은 다음 적당한 양을 덜어 먹는다.[25)] 고급 음식점에서는 음식을 덜어주기도 하고, 새로운 요리가 나올 때마다 새 접시로 교체하여 준다. 젓가락으로 요리를 찔러 먹어서는 안 된다. 밥 위에 젓가락을 직각으로 꽂는 것은 제사를 지내는 향로에 향을 꽂는 모양을 연상시키게 되어 액운을 가져온다고 여긴다. 또한 젓가락을 밥공기 위에 나란히 놓는 것도 불운을 가져다준다고 생각하기 때문에 주의해야 한다. 또한 젓기락을 바닥에 떨어뜨리는 것은 불행이 닥칠 것을 암시한다고 여긴다. 식사 중에

24) http : //mail.kebi.com/~james10/
25) http : //mail.kebi.com/~james10/

젓가락을 사용하지 않을 때는 접시 끝에 걸쳐놓고, 식사가 끝나면 식탁 위보다는 수저받침대에 올려놓는 것이 좋다. 중국인은 밥을 먹을 때는 밥공기를 입가에 가까이 대고 젓가락으로 밥을 입으로 집어넣는 방식을 사용한다.

3) 음식종류

중국의 음식은 대표적인 것으로 북경요리, 사천요리, 광동요리, 상해요리 등 네 가지로 분류된다. 북경요리는 중국 북부지방의 요리로, 쌀 대신 국수를 주식으로 하여 강한 불로 짧은 시간에 만들어내는 여러 가지 끓이고, 볶고, 굽고, 튀긴 요리가 특징인데 생선보다 육류가 많은 편이다. 사천요리는 사천지방 중심으로 하는 운남, 귀주지역에서 향신료를 이용한 요리로 마늘, 파, 고추 등을 넣어 맵고 신 자극적인 요리가 많은 편이다. 광동요리는 광주지방 중심으로 하는 중국 남부지방의 요리인데 쌀을 주식으로 하고 어패류를 이용하여 아열대성 야채를 사용해 맛이 신선하고 담백한 특징이 있는데 광동식 탕수육, 상어지느러미 찜, 볶음밥, 농어요리 등이 있다. 상해요리는 중국의 중부지방을 대표하는 해산물이 주가 되는 요리로 새우와 게를 이용한 요리가 많고 간장과 설탕을 많이 사용하는 것이 특징이다.

(3) 선물문화

선물은 되도록 가벼운 것으로 오래 기억될 수 있는 실용적인 것을 주는 것이 좋다. 중국인들은 손님을 초대하는 경우는 아주 드물며 초대를 받은 경우는 고급 과일이나 초콜릿 또는 쿠키 등을 부인에게 선물하면 된다. 중국에서는 공식적으로 거래와 관련한 선물은 뇌물로 간주하여 거절한다. 선물은 사적인 자리에서 거래와는 무관한 우정의 표현으로 주어야 한다. 그러므로 중국에서 선물하는 경우에는 무역상담이 타결된 후에 기업에서 공식적으로 하는 것으로 하며 상대방의 대표자에게 전달하여야 한다.

중국에서는 선물을 준 사람 앞에서 선물을 풀지 않는 경우가 많다. 선물을 하는 숫자로는 8을 선호한다. 8의 숫자는 8과 발전의 발(發)과 중국의 발음이 유사하여 번영을 의미하는 것으로 간주하여 가장 선호하는 숫자이다. 중국인의 취향으로는 적색과 황색을, 팬더곰, 용, 거북, 학, 원앙, 기러기, 잉어 등을 선호한다. 중국인은 우정이나 유대를 단절한다는 의미하는 가위나 칼 등과 같은 절단 도구와 죽음을 의미하는 짚신, 시계, 손수건 등은 선물하면 안 된다. 숫자로는 4, 자색과 흰색, 까마귀와 자라는 기피한다. 벽시계나 탁상시계도 기피한다. 시계를 뜻하는 종(鍾)의 발음이 끝을 나

타내는 종(終)의 발음과 같아 죽음을 상징하기 때문이다. 선물은 고가를 피하고 포장은 붉은 계통이나 노랑계통을 선택하며 전문가에게 포장을 의뢰하는 것이 좋다.

제4절 중화인민공화국 홍콩특별행정구

1. 일반 개요

(1) 국가의 특징

중화인민공화국 홍콩특별행정구(Hong Kong)는 1997년 7월 1일 '1국가 2체제'라는 독특한 체제하에 중화 인민공화국의 특별 행정구로 귀속되었다. 홍콩은 중국의 특별 행정구체제이다. 중국의 남부해안에 위치하고 있고 기후는 아열대성 기후이며 면적은 1104 ㎢로 한반도의 1/200이다. 민족은 중국인(93.6%), 필리핀인(1.9%), 영국인, 미국인, 포르투갈인, 일본인 등으로 구성되어 있다. 언어는 중국어, 광둥어, 영어 등을 사용한다. 종교는 도교와 불교(90%)가 가장 많고, 기독교(10%), 이슬람교, 힌두교 등이 있지만 종교상의 갈등은 없다. 화폐단위는 홍콩달러(Hong Kong Dollars: HK$)를 사용하며 서비스업(92.8%)이 주를 이루고 제조업(7.1%)의 순이다. 주요 수출품은 전자기계 및 설비, 섬유 및 의류, 신발, 시계, 보식 등이며 주요 수입품은 원자재, 반도체, 자본재, 소비재 등이다. 주요자원으로는 장석 등이 있다. [26]

(2) 국민성

홍콩은 자유무역항으로 완전 자유경쟁가격이 형성되어 있는 시장으로 중국의 전통적 관습과 영국의 오랜 서구 풍습이 공존하는 지역이다. 홍콩인은 겉치장과 같은 데에 쓰는 돈을 아꼈다가 주말이나 휴일에 가족과 같이 유명한 호텔이나 음식점에 가서 외식하는 것을 선호한다. 홍콩인은 실용적이고 내실 있는 일에 돈을 많이 쓰고, 남에게 보여주기 위해 허세로 돈을 쓰지는 않는다.[27]

---

26) 한국수출입은행, 전게서, p.38 참조.

홍콩인은 상대방을 당혹하게 하는 행동을 하지 않으며 신체적 접촉을 기피하기 때문에 포옹하거나 어깨를 잡는 행위를 싫어한다. 여성을 보고 윙크를 하거나 검지 등을 사용하여 사람을 부르는 것은 금기시한다. 홍콩인은 체면과 인간관계 등을 중시한다. 홍콩인은 근면하고 결단력 있으며, 용기 있는 민족이다. 홍콩의 사업가 중의 대다수가 친인척을 고용하는 경우가 많고 대부분 중소 규모의 기업을 자녀들에게 세습한다.

(3) 사회관습

1) 인사

홍콩에서의 인사를 할 때 가볍게 목례를 하기도 하고 악수도 보편적인 인사 방법이다. 악수는 상대방이 먼저 건넸을 때 하는 것이 좋다. 홍콩의 전통적 인사 방법은 허리를 숙여 인사하는 것이다. 연장자에게 인사를 할 때에는 허리를 더 숙이고, 상대방이 먼저 고개를 들면 허리를 펴는 것이 예의이다.

2) 호칭

홍통인은 자신의 일이 어떠한 것인지 명시하기 때문에 직함이 중요하다. 개인의 직함은 그의 권위를 나타내며 그들이 어떠한 일을 하는지를 보기 때문에 자기과시적인 측면에서 선호한다.

3) 언행

홍콩에서 여성은 다리를 꼬고 앉을 수 있으며 앉아 있을 때 손은 무릎을 올려놓는 것이 좋다. 남자는 앉을 때에 다리를 꼬는 것은 금해야 한다. 홍콩에서는 호텔 지하 등이 아니면 맥주집이나 호프집을 찾기 어렵다. 술집 등이 있으나 관광객을 위한 장소에 불과하다. 홍콩인은 술을 자주 먹지 않고, 홍콩에서는 술이 취해서 거리를 돌아다니는 사람이 거의 없다. 홍콩에서는 검은 색 볼펜을 사용하지 않는다. 이는 검은 색은 죽음의 의미가 강해서 죽은 사람의 이름만 검은 색으로 쓴다. 오히려 빨간색으로 이름을 쓰는 것을 개의치 않는다. 따라서 공식적인 문서의 경우에는 파란색을 사용하고 있기 때문에 유의하여야 한다.

27) http : //www.tourpia.co.kr/outbound/country/asia/hongkong_n8.html

2. 무역상담 문화

(1) 시간관념

홍콩인과의 약속은 사전에 정하는 것이 좋다. 홍콩에 도착하기 전에 약속을 정해야 하는 경우도 있다. 홍콩에서는 시간 엄수가 대단히 중요하며 이것은 상대방에 대한 존중으로 간주된다.

(2) 무역상담 전략

홍콩인은 외국인들에 대해 편견을 갖고 있다. 남성이 사회적 영역에서는 지배권을 행사하기 때문에 홍콩을 방문하는 여성 사업가는 전문가적인 태도와 복장을 갖추어야 한다. 홍콩 무역문화에서 위계질서가 매우 중요하다. 업무에서의 위계질서는 지위에 따라 결정되지만 연령과 성별도 중요한 영향을 미친다. 홍콩의 고용인들은 사무실 내의 위계질서에 따라 자신의 지위에 맞는 임무를 수행하려고 한다.

(3) 무역상담 결정형식

홍콩인과 무역상담을 하는 도중에 구성원을 교체하지 않는 것이 좋다. 홍콩인들과 무역상담을 할 때에는 구성원 개개인의 지위를 파악하여야 한다. 하급 직원들이 상담내용을 상급자들에게 전달하여 타결여부를 결정하기 때문이다.

(4) 무역상담 유의점

홍콩은 중개시장이 발달하고 있으며 자유경쟁으로 가격이 형성되는 세계적인 덤핑시장이다.[28] 홍콩은 계절별로는 구정을 전후한 세일기간과 부활절, 가을 결혼시즌 및 크리스마스 연말연시의 상품수요가 절정에 달한다. 이 밖에도 백화점별 세일기간이 별도 설정되어 있어 일반적으로 세일기간을 이용, 구매행위가 집중되고 있다.

홍콩에서는 무역상담의 세세한 부분까지 신경을 쓰기 때문에 지연되는 경우가 많다. 게다가 상담의 마지막에 이르면 홍콩인들은 타협이라는 명목으로 양보를 요구하는 경우가 많다.

---

28) http://www.kotra.or.kr/ktc/china/state/hkg/index.php3

3. 초대문화 · 식사문화 · 선물문화

(1) 초대문화

1) 초대장소

홍콩의 무역 문화에서 연회는 새로운 동업을 시작한다는 의미에서 중요하다. 초대장소는 음식점, 연회장, 특급호텔, 음식점등이다. 음식점으로 초대를 받으면 초대받은 이 중의 대표자가 일어나서 감사의 건배를 들면서 식사를 마감하게 된다. 홍콩인이 점심이나 저녁식사를 초대하면 거절하지 않아야 한다. 저녁식사 초대를 받았을 경우에는 과일이나 캔디, 쿠키 등의 선물을 준비하고 선물을 건넬 때에는 양손으로 건네야 한다. 초대장소에 도착하면 연장자 순으로 모든 사람과 인사하는 것이 좋다.

2) 좌석 배치

초대장소에서는 좌석 배치도 중요하다. 주빈이 초대자 맞은편에 앉는 것이 일반적이며 주빈의 왼쪽에 두 번째로 중요한 사람이, 그리고 세 번째로 중요한 사람은 주빈의 오른편에 앉는다. 이러한 순서대로 그 다음 사람들이 식탁에 앉게 된다. 가장 서열이 낮은 사람이 초대자의 옆에 앉게 된다. 초대자는 출입구 가까이 앉아 접대 상황을 관망하고 종료 후에는 그들을 배웅하여야 한다.

(2) 식사문화

초대자리에서 식사는 코스에 걸쳐 제공되기 때문에 각 요리를 조금씩 맛보는 것이 좋다. 홍콩인 앞에서 음식을 소리 내어 먹거나 심지어 식탁에서 트림을 하는 것은 전혀 문제될 것이 없다. 이러한 행동은 오히려 음식을 맛있게 먹었다는 표현으로 받아들여진다. 홍콩음식에서 가장 많은 것은 중국음식으로 중국 북부지방을 대표하는 궁중요리인 북경요리, 건강장수를 위한 약재를 요리화한 사천요리, 수산물을 잘 이용한 상해요리, 상어 지느러미, 원숭이 골, 곰 발바닥 등 별난 재료를 사용하는 광둥요리 등이 있다.[29] 홍콩인은 가정으로서 식사하는 일이 거의 없다. 손님초대도 특별한 경우만 빼고 밖에서 한다. 홍콩인은 고기도 금방 잡아서 걸어놓은 싱싱한 것을 선호하므로 냉장고에 들어갔다 나온 음식을 싫어한다.

---

29) 원융희, 「글로벌 비즈니스에티켓」, 도서출판 두남, 2001, p.40.

(3) 선물문화

홍콩인에게 근사한 선물은 받았지만 미처 선물을 준비 못했다면 고맙다는 뜻을 전달하여야 한다. 벽시계의 종(鍾)의 발음이 인생을 마친다는 의미의 종(終)과 발음이 같아 죽음을 상징하기 때문에 선물을 하면 안 된다.[30] 홍콩에서는 첫 만남에서 선물을 주고받는데 무역상담이 타결되면서 마지막에 선물을 주는 것도 좋다. 선물을 준비 못했다면 받는 그 자리에서 저녁식사를 제안하는 것도 좋은 방법이다.[31] 홍콩에서 선물을 받으면 감사를 표하고 상대방과 헤어진 후에 열어보아야 한다. 선물로서 좋은 것들에는 수공예품, 그림책, 재즈 CD, 벨트 버클과 같은 서양식 선물 등이 있다. 선물로서 부적절한 것들에는 죽음을 암시하는 시계, 도박꾼들에게 도박에서 손해를 보는 것을 암시하는 책, 경제적 쇠락을 불러온다는 담요, 그리고 녹색 모자는 부정한 사람이거나 당신의 여동생이 창녀라는 것을 의미한다. 녹색으로 포장한 선물은 애도를 의미한다. 포장하지 않은 선물은 예의에 어긋난다.

제5절 인도

1. 일반 개요

(1) 국가의 특징

인도(Republic of India)는 1947년 8월 15일 영국으로부터 독립한 연방공화제 국가이다. 서남아시아, 아라비아해와 벵골만 사이에 위치하고 기후는 열대 몬순이며 면적은 3,287천 ㎢로 한반도의 15배이다. 수도는 뉴델리(Nèw Délhi)이다. 인도 아리안족(72%), 드라비다족(25%), 몽골족 및 기타(3%) 등으로 구성되어 있다. 언어는 힌디어, 벵골어, 영어 등을 사용한다. 종교는 힌두교(80.5%), 이슬람교(13.4%), 기독교, 시크교, 불교 등이다. 화폐단위는 루피(Rupee: Rs)를 사용하며 산업구조는 서비스업

30) http://119tour.co.kr/attent.htm

31) http://skyyoram.hihome.com/etiket.html

(65%)이 주를 이루고 제조업(18%), 농업(17%) 순이다. 주요 수출품은 석유제품, 보석류, 기계류, 철, 화학제품 등이며 주요 수입품은 원유, 보석류, 기계류, 비료, 철, 화학제품 등이다. 주요자원으로는 석탄, 철광석, 망간, 천연가스 등이 있다. [32)]

(2) 국민성

인도인은 비교적 온순하며 느슨한 성격을 갖고 있다. 인도인은 언변이 좋고 소심하지만 상대방을 높여주는 연기력이 풍부하다. 인도 정부의 고급관리들은 자존심이 강하다. 이들은 영국식 교육을 받아 자신들의 교육에 대한 긍지를 갖고 있으며, 그들의 오랜 역사와 문화에 대해 큰 자부심을 갖고 있다. 인도인의 하층계급에서는 신의가 없고 자기합리화에 능한 면을 보이고 있다. 인도인들은 공동체의식이 특히 자기집안에 관한 의식이 굉장히 강한 사람들이다. 인도인은 처음 만났을 때 가족사항 등에 관한 질문을 하는 것은 가족에게 관심을 표하는 것을 예의라고 생각하기 때문이다. 인도인들은 상술에 능하여 손익에 대한 감이 빠르며, 장사에 있어서는 손해를 보려고 하지 않는다. 인도인은 보통 자신의 경험담과 의견을 당신과 주고받는 것을 좋아한다. 인도인들은 항상 자신들을 세계적인 강대국으로 인식해 왔다.

(3) 사회관습

1) 인사

인도인과 인사할 때는 기도하는 사람처럼 손을 모으고 고개를 약간 숙이며 상대방에서 손을 내밀 때만 악수하도록 한다. 북부 인도에서는 인도인들은 만날 때나 헤어질 때 모두 두 손을 모으면서 고개를 숙인다. 인도에서 흔히 볼 수 있는 부모님이라든지 스승 또는 사제계급 등에게 하는 인사법은 오른손으로 상대 어른의 발등을 만진 후 그 손가락을 자신의 이마에 갖다 대는 것인데 이것은 자신은 당신의 발의 먼지도 감당하기 힘들다는 의미가 담긴 인사법으로 이 인사를 받으면 어른들은 축복해 주고 매우 흡족해 한다. 인도인은 남성 간에는 악수를 나눈다. 여성과는 악수 대신 두 손을 앞으로 모으고 약간 목례를 보낸다. 남성과 여성이 같이 있을 때에도 마찬가지이다. 여성과 단둘이서 이야기를 나눈다든지 여성을 건드리는 행동은 무례함으로 간주된다.

---

32) 한국수출입은행, 전게서, p.40 참조.

2) 호칭

인도인은 호칭을 중요시한다. 그래서 교수(Professor)나 의사(Doctor) 등과 같은 직함을 항상 사용한다. 힌두교도 인도 남성은 그의 아버지 이름의 첫 알파벳을 쓰고 자신의 이름을 적는다. 사업관계의 경우에는 씨(Mr.). 부인(Mr.s), 양(Miss.) 성을 붙여서 영어식으로 표현한다. 가정부, 경비원, 청소부 등 인도에서 우대받지 못하는 직업에 종사하는 사람은 필히 이름만 불러야 하고 존칭어를 사용하면 같은 부류의 사람으로 오해받을 수 있다.

3) 카스트제도

카스트제도는 현재 법적으로 폐지되었고 근대화 교육의 영향으로 점차 붕괴되고 있으나 아직도 많은 인도인의 생활 저변에 깔려있는 독특한 계급제도이다. 인도의 카스트제도는 인간의 신분을 결정짓는 독특한 풍습이다. 가장 높은 계급인 브라만은 승려 계급으로 신을 가장 가까이 모시는 자들이다. 그러므로 인도인의 숭배대상이 되는 계급이다. 두 번째로 높은 계급은 크샤트라아라는 군인통치 계급이며 요즘은 정부 공무원, 학교 선생님 또는 과학자인 경우가 많다. 하지만 크샤트리아는 결코 승려가 될 수 없다. 세 번째는 상업 계급인 바이샤로서 역사적으로 교역과 상업 이외에는 어떠한 활동도 할 수 없도록 되어있어 지난 수천 년 동안 오로지 상업에만 종사해 왔다. 가장 낮은 계급은 수드라 계급으로 전통적으로 문지기나 청소부 일을 하는 사람들이다.[33] 인도의 카스트제도는 인도인으로 태어난 순간 이미 직업이나 생활에 대한 차별성을 갖게 하는 것이므로 계급이 다른 경우에는 서로 어울리지도 않는 제도이다.

4) 언행

인도에서는 상대방의 발을 밟게 되면 즉시 사과하여야 한다. 꽃다발을 주는 것은 존경보다는 환영의 표시이다. 꽃다발을 던져 버리거나 다른 사람에게 주어서는 안 된다. 인도인이 상하로 머리를 한 번 흔드는 것은 예(yes)를 의미하고 빠르게 좌우로 흔드는 것은 아니오(no)를 의미한다. 사람의 발은 몸 전체에서 가장 더러운 부분으로 인식되고 있기 때문에 발바닥을 보이는 자세로 앉거나 발을 탁자 같은 사물에 올려놓으면 안 된다.

---

33) http://100.daum.net/encyclopedia/view.do?docid=v102ha130a5

2. 무역상담 문화

(1) 시간관념

인도인과 무역상담시에는 사전약속을 해야 하지만 인도인은 시간관념이 없어 약속이 잘 지켜지지 않는 경우가 많다. 인도인은 상대방이 약속을 정확히 지키는 것을 높게 평가하지만 스스로 약속시간을 지켜야 한다는 사실에 대해서는 관심이 희박하다. 시간을 약속한 경우에는 약속일 전에 다시 확인을 하여 무역상담 일정에 차질이 없도록 유의하여야 한다.

(2) 무역상담 전략

인도인과 무역상담은 인내심을 가지고 추진하여야 한다. 인도인과 무역성담이 성사되면 모든 거래조건은 계약서에 자세하게 명시하여야 한다. 인도인은 합의가 이루어졌다고 하더라도 계약서에 서명하는 순간에 추가적인 사항을 요구할 때가 있다. 무역상담이 중요한 경우에는 인도인이나 현지 직원을 동행하여 도움을 받아야 한다. 현지 직원은 업무를 위하여 여러 검인을 받거나 관공서를 출입할 때에 도움을 받을 수 있다. 인도에서 무역을 추진할 때에 신용이라는 것은 감정과 믿음으로 호소하는 것에 좌우될 수 있다.

(3) 무역상담 결정형식

인도 회사의 상당수가 가족 기업의 형태를 지니고 있다. 이러한 가족기업에서 최종결정을 내리는 자는 가족 중 가장 연장자이다. 더구나 인도에서는 카스트 제도와 같은 계층문화가 뿌리 깊게 자리 잡고 있기 때문에 회사 상사의 권위가 매우 크다. 특히 경영권을 가지고 있는 임원일 경우 더욱 그러하여 사무실에 들어올 때마다 사원들이 기립하여 존경을 표시하기는 경우도 있다. 경영자는 모든 결정의 권한과 책임의 의무가 있다. 반면 보통 실무자들은 결정권도 없지만 전혀 책임지지 않으려는 경향이 있다. 그러므로 무역상담은 주로 최상층에서 이루어진다. 인도에서는 실무자는 오직 동급의 상대방 회사의 실무자만 만날 수 있다. 따라서 무역상담을 신속하게 추진하고 싶다면 되도록 높은 지위에 있는 사람을 만나야 한다.

(4) 무역상담 유의점

인도인과 거래를 성공시키려면 능력 있는 대리인을 선정하여 인내심을 가지고 추진하여야 한다. 인도에서는 기업이 정부 통제 하에 움직여지고 있어 자의반 타의반으로 약속이 제대로 지켜지지 않는 일이 많다. 무역상담 전에 정부의 허가를 받았는지의 여부를 확인해야 한다. 상대방과 인간적인 관계를 돈독하게 맺은 후에 거래관계를 유지하는 것이 중요하다. 인도인은 장기적으로 거래를 통한 거래의 안정성 및 상호 신뢰성 구축 측면보다는 단기적 이익 확대를 추구하는 경향이 있다. 따라서 일시적으로 유리한 거래조건을 제시하는 신규 거래제의가 있는 경우에는 쉽게 바꾸는 경향이 있다.

인도인은 말이 많을 뿐 아니라 말의 속도가 매우 빠르므로 인도식 영어 발음이나 익숙하지 못한 현지어를 이해하기 위해서는 집중해서 들어야 한다. 인도인은 언어구사에 탁월한 재능이 있으므로 합리적인 설명, 문서화된 자료 등을 제시하여 설득하는 것이 효과적이다.

인도의 경제계를 지배하는 계층은 중서부 라자스탄(rajastan)주 출신의 마왈리(marwali) 상인과 북부 펀잡(punjab)주 출신의 시크리(sikhry) 등이다. 마왈리 상인은 강한 유대감과 상호연대를 바탕으로 유통계를 지배하고 있다. 시크 교도는 적은 인구에도 불구하고 시그교의 교리에 충실하게 따르며 근면성으로 인하여 인도 북부 지방인 델리위주의 상권을 지배하고 있다.

3. 초대문화 · 식사문화 · 선물문화

(1) 초대문화

인도인이 초대하는 경우는 대개 집이나 사교클럽하우스이며 가정으로 초대하는 경우 초청자와 최소 3~4시간 함께 이야기한다는 것을 의미한다. 그리고 가정으로 식사초대를 하는 경우에는 실제적인 저녁은 오후 11시경 식사를 하므로 인내심을 가지고 기다려야 한다. 가정으로 초대를 할 경우에는 손님들이 약 20분정도 늦게 도착할 것으로 예상하고 초청한다. 가정으로 초대 받으면 이를 기꺼이 받아들이며 부인을 소개받으면 손을 모으고 가볍게 인사하면 된다.

(2) 식사문화

인도에서는 모든 음식이 한꺼번에 개인별로 제공되고, 주식에서 간식에 이르기까지 인도의 모든 음식에는 향신료가 사용된다. 인도의 대표적인 음식 커리는 가열해서 만든 음식이고, 장시간 은근하게 찜을 하여 향신료가 잘 스며들어 깊은 맛이 나는 것이 특징이다.[34] 상대방을 초대하는 경우에는 채식주의자가 많으므로 이에 유의하고 음식이나 물건은 오른손만 사용한다. 음식도 많은 향료를 넣어 만든다. 인도인은 담소소하기를 좋아하기 때문에 상대방의 이야기를 열심히 들어주어야 한다. 오른손으로만 식사를 해야 한다. 만약에 당신의 오른손이 음식을 들고 있거나 반찬이 묻어 있는 경우에는 왼손으로 음식을 전달하거나 수저를 쓰는 것은 괜찮다. 힌두교도는 소고기를 이슬람교도는 돼지고기 및 갑각류 생선을 먹지 않는다. 대부분의 힌두교도 및 이슬람교도는 술을 마시지 않는다.

(3) 선물문화

인도에서는 방문할 때 선물을 준비해 가지고 가는 일은 거의 없다. 인도인의 전통의상을 함부로 입어 본다든지, 신발이 상대방의 몸에 닿는 일은 금해야 한다. 인도인들은 흡연을 많이 한다. 인도에서는 가죽제품 선물은 금해야 한다. 인도인들은 그 사람이 쓰고 있는 펜을 지위의 상징으로 간주한다.

제6절 인도네시아

1. 일반 개요

(1) 국가의 특징

인도네시아 공화국(Republic of Indonesia)은 1945년 8월 17일 네델란드 독립한 대통령중심제 국가이다. 인도네시아라는 명칭은, 19세기 중엽에 영국의 언어학자인

34) http://k.daum.net/qna/view.html?

J. R. 로건이 명명한 것으로 인도 도서(Indo Nesos)라는 뜻이다. 아시아 동남부 말레이군도에 위치하고 있으며 기후는 열대성 기후이며 면적은 1904 천㎢로 한반도의 8.5배이다. 수도는 쟈카르타(Jakarta)이다. 자바족(40.6%), 순다족(15%) 등으로 구성되어 있다. 언어는 인도네시아어, 영어 등을 사용한다. 종교는 이슬람교(86%), 기독교(6%), 카톨릭(3%), 힌두교(2%) 등이다. 화폐단위는 루피아(Rupiah: Rp)를 사용하며 산업구조는 제조업(46.5%)이 주를 이루고 서비스업(38.1%), 농업(15.4%) 순이다. 주요 수출품은 석유 및 가스, 가전제품, 합판, 섬유 등이며 주요 수입품은 석유 및 가스, 기계류, 화학제품, 식료품 등이다. 주요자원으로는 석탄, 석유, 니켈, 목재, 보크사이트, 주석, 천연가스 등이 있다.[35)]

(2) 국민성

인도네시아는 다인종, 다언어, 다문화의 사회이기 때문에 실제로 인종간의 보이지 않는 갈등과 차별이 있다. 인도네시아인은 서로 이질화시키는 것보다 동질화시키려는 노력을 하고 있다. 인도네시아인은 외국인을 싫어하는 경향이 있으며 서구적 행동은 전적으로 환영받지 못한다. 그렇지만 인도네시아인은 특유의 생활양식을 갖고 있으며, 대인관계에 있어서 직계 가족관계가 아니더라도 같은 고향 사람, 친지, 직장동료들 사이에 또는 외국인에게도 친근감을 주기 위하여 노력하고 있다.

인도네시아인은 종교적인 영향으로 가난한 사람에게 자선을 베푼다. 자선은 곧 이슬람교도의 5대 의무 중의 하나이므로 주위에 어려움이 있는 사람들을 잘 도와주며 가난한 친척이 월급날 찾아오면 이들을 도와준다. 이슬람에서 자선은 신앙의 절반이라고 가르치므로 이들은 이를 철저히 지키려 한다. 인도네시아 국민은 열대성 기후와 풍요한 식생활자원, 광활한 영토 등으로 인해 전반적으로 온순하고 여유가 있는 편이다.

(3) 사회관습

1) 인사

인도네시아에서 처음 소개되거나 오랫동안 작별한 때에는 고개를 약간 숙여 절해야 하며 악수는 예의에서 벗어난다. 자카르타 등 대도시에서는 악수가 보통의 인사방법이지만 이들 대도시를 제외한 지역에서는 아직도 머리를 숙이는 인사 방법이 보편

35) 한국수출입은행, 전게서, p.44 참조.

적이며 예의를 차린 인사방법으로 간주된다. 여성과 악수를 하는 것은 대개의 경우 괜찮다. 때론 두 손을 모아 고개 숙여 인사해야 하지만 자카르타에서 여성은 남성과 똑같이 악수를 한다. 중국계 남성은 다른 토속 인도네시아인에 비해서 여성과 악수하는 것을 편안하게 받아들인다.

2) 명함

인도네시아에서 명함은 필수적이고 어른에게 정중하게 대한다. 이때 명함은 두 손으로 정중하게 내밀고, 이름을 발음할 때에는 특히 주의할 필요가 있다.

3) 호칭

인도네시아의 다양한 인종구성으로 인해 사람의 이름을 짓는데도 여러 가지 형태가 존재한다. 한 개의 이름 내지 두 개의 짧은 이름이 있기도 하며, 성이 먼저 나오거나 이름이 먼저 나오기도 한다. 일반적으로 토속 인도네시아인 사이에서, 서민들은 단지 1개의 이름을, 중산계층은 2개의 이름을 가지는 경향이 있다. 2개의 이름을 가지고 있는 사람들은 하나의 이름에 다른 이름의 이니셜로 쓴다. 또한 사회적 지위가 높으면 높을수록 이름이 긴 경향이 있다. 하지만 일상생활에서는 긴 이름은 짧게 축약해서 쓴다.

4) 가족제도

인도네시아 가정에서의 의사결정권은 중·하류층의 경우에는 남성이 가지지만 상류층으로 갈수록 대개 여성들이 주도권을 행사하고 있다. 인도네시아의 가족제도는 일반적으로 부계제와 모계제가 존재하는 양계제의 특성을 지니고 있다.

5) 종교

인도네시아에서는 종교의 자유가 있다. 국가의 고위직 공무원이 되기 위해서는 이슬람교이어야 하는 비공식적 조건이 있을 정도이다. 이슬람교도의 라마단의 금식과 금주를 존중하여야 하고 낮 시간 동안에는 이슬람교도 앞에서는 음식을 먹지 않아야 한다. 회교사원이나 다른 성스러운 장소에 들어갈 때 또는 주인이 신을 신고 있지 않은 가정에서는 신을 벗어야 한다.

6) 언행

인도네시아에서 사람을 부를 때는 손바닥을 아래로 향하게 하고 상하로 흔들어야 한다. 사물을 가리킬 때는 손가락 전체로 가리키는 것이 좋다. 또 주먹을 쥐고 오른손 엄지로 내보이는 경우에는 먼저 하라는 의미이다.

인도네시아인은 머리에 영혼이 담겨있다고 생각하기 때문에 어린아이의 경우라도 머리를 만지는 것은 절대적인 금기사항이다. 오른손으로 수저 없이 밥을 집어먹는 습관이 있다. 인도네시아는 열대지방인데도 긴 바지와 하얀 셔츠에 구두 등을 신고 다니는 경우가 많다.

인도네시아에서 악수를 제외하고 남녀 사이의 공식적인 접촉은 없다. 심지어 부부사이에도 공식석상에서 껴안거나 입맞춤을 하는 것은 금지되어 있다. 동성 사이의 신체적 접촉은 문제가 되지 않는다.

2. 무역상담 문화

(1) 시간관념

인도네시아인과 무역상담시에는 사전에 시간을 약속받고 시간은 엄격히 지키는 것이 좋다. 인도네시아인과 시간약속을 하는 경우에 낭사사에세 직집 이아기하는 깃은 결례로 간주되기 때문에 사전에 비서를 통하여 예약하는 것이 일반적이다. 인도네시아인은 약속시간을 잘 지키지 않는 경우기 많기 때문에 인내가 필요하다.

(2) 무역상담 전략

중국계 인도네시아인은 상도덕이 부족한 면이 있다. 그들의 사회적 신분이 불안정하기 때문에 외상거래를 요구할 경우가 많다. 인도네시아 시장은 유명상표나 가격 등의 영향을 쉽게 받는다. 인도네시아인은 자신들이 원하는 최선의 거래를 하려고 노력하기 때문에 끈질긴 면이 있다. 인도네시아인은 생활 속에서 일어나는 대부분의 구매와 교환에서 흥정을 하며 이에 뛰어나다. 인도네시아인은 당신의 사회적 신분을 파악하기 전에는 대화를 계속해 나가는 것을 불편하게 여기기 때문에 기업에서의 직책 등을 사전에 알려주는 것이 좋다.

(3) 무역상담 결정형식

인도네시아에서는 연령, 연공서열이나 군 조직 내 서열이 곧 그 사람의 신분을 나타내는데 연장자 또는 능력 있는 사람들이 지도자 역할을 맡는다. 하급자들은 상급자를 존경을 가지고 대하며 상급자의 행동에 어떤 문제가 있다 할지라도 문제 삼지 않는다. 인도네시아 기업과의 무역상담은 최고경영층에서부터 관리자, 실무담당자와 같이 여러 단계에서 각기 이루어지며 상담의 진전은 느리다. 인도네시아에서 의사결정은 고위 경영진에 의해 이루어진다. 따라서 고위관계자, 특히 상담의 최종단계에서 고위당국자를 만나야 한다. 인도네시아에서는 서류에 서명을 하기 전까지는 상담이 끝났다고 말할 수 없다. 중국계 인도네시아인은 역술인을 찾아가 좋은 날을 받는 경우가 많아 서명이 그날까지 미뤄지는 경우도 있다.

(4) 무역상담 유의점

인도네시아인과의 상거래시에는 서면에 의한 계약이 필요하다. 무역상담시에 상대방과 의견차이가 있다고 하더라도 공감대가 형성될 때까지 상위한 점을 간접적으로 표현하는 성향이 있고 계약이 체결되어도 이행여부는 장담하기 어렵다.[36)]

인도네시아에서 무역상담은 존경과 신의를 기반으로 이루어지기 때문에 인내하며 협조적인 태도를 유지하는 것이 중요하다. 인도네시아에서 체면유지는 개인의 명성과 사회적 위상과 관련이 있는 것이다. 인도네시아인은 무역상담 팀의 의견이 일치될 때까지 자신의 의견을 내세우지 않는다. 인도네시아는 국제입찰에 의한 구매가 많은 나라이기 때문에 해당관청의 고위 관리와의 유대관계를 맺도록 사전에 충분한 대비가 있어야 한다.

3. 초대문화 · 식사문화 · 선물문화

(1) 초대문화

인도네시아인이 식사를 초대하였을 경우에는 반드시 응하는 것이 예의이며 이러한 초대에 대한 거절은 상대방을 모욕하는 것으로 간주한다. 외국인이 인도네시아인 부부를 초대할 경우 남성만을 초대하면 초대를 거절하는 경우도 많다. 인도네시아인은

36) 김희준, "전게논문", pp.49~51.

모임에 초대되었을 때 파티의 주빈을 파악하고 초대받은 사람 중에서 아랫사람보다는 늦게, 윗사람보다는 빨리 도착하려 한다.

식사를 초대받았을 때 약속시간은 정확하게 하는 것이 좋고 참석인원을 사전에 통보하여 예약할 수 있도록 하며 상대방을 위해 조그마한 선물을 준비하는 것이 좋다. 반대로 이들을 식사에 초대할 경우에는 미리 상대방이 좋아하는 음식점을 파악하여 정하는 것이 좋다. 가정에 초대받으면 신발을 벗고 들어가며 정상적인 가정은 대개 7시나 7시 30분에 저녁식사를 한다. 손님은 대개 남의 가정으로 들어가기 전에 들어가도 좋겠느냐고 물어보는 것이 관행이다. 손님은 먹거나, 마시거나, 문을 통과하거나 할 경우에 주인이 권할 때까지 기다려야 한다. 감사하다는 표시는 초대일정이 끝난 후 각자 돌아갈 때에 문 앞에서 작별인사를 이야기하면 된다.[37)]

(2) 식사문화

인도네시아인은 음식을 먹을 때 숟가락, 젓가락, 포크 등의 도구를 사용하지 않고 오른손을 사용한다. 이슬람교를 믿는 인도네시아인일 경우 돼지고기는 먹지 않으므로 주의하고 사전에 좋아하는 음식 등을 알아보고 예약하여 통보하는 것이 관례이다.

인도네시아에서는 날씨가 덥기 때문에 음주문화는 크게 발전되지 않았다고 볼 수 있기 때문에 주로 음료수를 준비하는 것이 좋으나 화교들의 경우에는 약간의 술은 즐기는 편이기 때문에 맥주나 약한 칵테일 정도를 사전에 준비하는 것이 유리하다. 이슬람 풍습에 따라서 식사 중 남녀가 따로 앉는 경우가 있다. 접시 한 귀퉁이에 음식의 일부를 남겨 당신이 식사에 만족했음을 알리는 것을 잊지 마라. 인도네시아에서는 밥(나시)이 주식이며 그 밖의 다른 요리는 밥 주위에 차려져서 밥맛을 향상시키는 부식의 역할을 한다. 인도네시아에서 많이 먹는 밥 요리로는 나시고렝이 있는데, 이 요리는 고기·야채·고명을 볶음밥 옆에 놓고 식사 중에 그것들을 섞어 먹는 것이다.[38)]

(3) 선물문화

인도네시아인은 선물에 대해 큰 의미를 부여치 않지만 받으면 감사하게 생각한다. 인도네시아에서 선물은 사적인 장소에서 주어야 하고 상대방이 부담을 가지지 않는

---

37) 이승영. 「국제상담의 ABC」 일신사. 1992. p.265.

38) http://100.daum.net/encyclopedia/view.do?docid=b16a2649b008#ID65

물건이면서 정성을 나타낼 수 있는 것이 좋다. 인도네시아에서는 한국산 인삼, 외국과자 등을 선물하는 것이 좋고 시계, 지갑, 인삼차 등도 무난하다고 할 수 있으나 여성용 선물은 종교적 이유로 삼가야 한다. 인도네시아에서 우는 새는 좋은 선물이다. 중국계 인도네시아인에게는 칼, 가위, 짚신, 시계, 손수건 등은 장례식과 관련된 것들이므로 선물로는 금해야 한다. 이슬람교도에게는 주류, 알코올을 포함한 향수, 돼지고기, 칼, 강아지 인형이나 그림 등은 선물로 부적절하다.

제7절 일본

1. 일반 개요

(1) 국가의 특징

일본(Japan)은 1952년 4월 28일 미군정으로부터 독립하였으며 입헌군주제 국가이다. 일본은 동북아시아에 위치하고 있고 기후는 해양성 기후이며 면적은 378천 ㎢로 한반도의 1.7배이다. 일본의 수도는 동경(Tokyo)이다. 민족은 일본인(98.5%)이고 일본어를 사용한다. 종교는 신도(神道; 83.9%)가 불교, 기독교 등이 있다. 화폐단위는 엔(Yen: ¥)을 사용하며 서비스업971.4%)이 주를 이루고 제조업(27.5%), 농업(1.1%) 순이다. 주요 수출품은 운송장비, 반도체, 자동차 부품, 플라스틱 등이며 주요 수입품은 석유, 천연가스, 의류, 반도체, 석탄 등이다. 주요자원으로는 구리, 아연 등이 있다.[39]

(2) 국민성

1) 위계질서 존중

일본인은 서열을 중시하기 때문에 연령, 사회적 지위 등을 가름한다. 일본 기업 경영의 특징인 종신고용제나 연공서열제 혹은 복리후생정책을 보면 파악이 쉽다. 일본

39) 한국수출입은행, 전게서, p.48 참조.

인은 준법정신과 공중도덕심이 높아 질서의식이 강하고 예의바르다.[40] 일본인들은 인간관계를 중시하여 남에게 피해를 주지 말라는 교육을 바탕으로 인간관계를 중시하기 때문에 약속과 신용을 절대적으로 여긴다.

2) 공동생활 존중

일본인은 개인보다는 집단, 개인정신보다는 단결정신을 우선적으로 여기는 인식을 가지고 있다. 일본인은 단체를 중시하기 때문에 자신의 입장과 타인의 입장 등을 고려하여 행동과 언행을 한다. 상대방도 동일한 행동을 할 것으로 기대한다. 그래서 자기 자신을 극복하여야 다른 사람을 이길 수 있다는 정신이 강하다.[41] 일본인이 지역공동체를 형성하는 집단성에 영향을 주어 외부와 내부에 대한 구별이 뚜렷하여 그 대응에 있어서 폐쇄적인 성향을 가지기 때문에 외국인에 대한 배타성이 강하여 다른 민족보다 우월한 민족으로 간주한다. 배타적인 정책과 심리는 집단화에 영향을 주었다.

3) 신중한 행동

일본인은 승낙과 거절을 확실히 표명하지 않는 경향이 있다. 일본인은 대화를 하는 중에 직설화법을 피하고 인내심을 가지고 남의 의견을 끝까지 들으며 의견이 다소 다르다고 자신의 감정을 밖으로 직접 드러내어 의견에 반박하거나 틀린 곳을 지적하지 않고 이미 아는 것이라도 처음 들은 것처럼 남의 기분이 상하지 않도록 주의하면서 듣기 좋은 말만을 골라서 하는 경향이 있다.

(3) 사회관습

1) 인사

일본에서의 소개는 소개한 사람에게도 소개받은 사람에게도 상당한 책임감을 수반하는 행위라고 할 수 있다. 일본인의 문화는 형식을 중요시하기 때문에 인사는 매우 중요하고 격식도 차린다. 악수를 하는 일은 드물다. 남을 소개할 때는 자기와 친한 사람을 먼저 소개하며, 둘 다 자기와 친하지 않을 경우에는 아랫사람을 먼저 소개한다. 일본에서의 인사는 아첨의 표시가 아니라 존경과 겸손의 표시이다.

---

40) 김성훈, 「국가별 유망아이템」, 도서출판 두남, 1999, pp.148~149.

41) http : //www.taishin.co.kr/menu/menu07b3_6.htm

일본인과 맞절을 하는 경우에는 그 절의 각도, 깊이가 바로 서로의 관계 정도를 나타내는 것이기 때문에 상대방과 비슷하게 하는 것이 좋으며 상대방보다 먼저 허리를 펴면 실례가 된다.[42] 정식으로 맞절을 할 때에 허리를 먼저 숙이며 남성은 손을 허리 옆에 두고, 여성은 허벅지 위에 올리고 한다.[43]

2) 명함

일본인은 절을 하거나 악수를 하기 전에 명함을 교환하기 때문에 명함을 준비하는 것이 좋다. 일본인들은 명함을 인격 차원 정도로 여기기 때문에 상대방이 보는 앞에서 직함을 읽어보고 명함지갑에 넣거나 대화가 끝날 때까지 식탁 위에 놓고 상대방의 이름을 기억하도록 하는 것이 예의이다.[44]

3) 호칭

일본인은 타인을 부를 때 상대방을 호칭할 때에 씨(Mr.), 부인(Mrs.)을 의미하는 상을 보통 성(姓) 뒤에 붙이되 친한 사이가 아니면 이름을 부르지 않는다. 자기를 소개할 때는 공손한 말씨와 태도로 성(姓)만을 말하는 것이 일반적이다.

4) 음주

일본에서는 첨잔습관이 있어서 잔이 조금만 비어도 계속 따라 주며 마시라고 권한다. 높은 사람에게라도 꼭 한 손을 사용하여 술을 따를 때 손위 사람이 손아래 사람에게 먼저 권한다. 상대방의 잔에 술이 줄었는데도 권하지 않으면 술을 그만하자는 의미로 해석하기 때문에 유의하여야 한다. 술을 하지 않는 경우에는 받은 후 입만 대어도 예의를 표시한 것으로 한다. 한 손으로 술을 따르고 받을 때도 동일하다. 잔을 돌리지 않으며 잔에 술이 있는 채로 있으면 더 이상 마실 수 없다는 의미이다.

5) 흡연

재떨이가 있을 때 상대에게 양해를 구하고 담배를 피우는 것은 가능하지만 껌을 씹거나 길거리에서 음식을 먹는 것은 금해야 한다. 성냥을 켤 때는 바깥쪽에서 자신을 향해 불을 당겨야 한다.

---

42) http://www.edpia.com
43) 이상영옮김, 「PASSPORT 일본」, 경성라인, 1998, pp.81~82.
44) http://www.edpia.com

6) 목욕

일본에는 화산지대가 많기 때문에 지역마다 온천이 많이 개발되어 있다. 오랜 전통을 자랑하는 유명한 여관(りょかん)에는 직접 운영하는 온천이 있어 일본의 온천문화를 형성하고 있다. 이러한 이유로 일본인들은 목욕하기를 좋아하는데 따뜻한 물에 몸을 담근다는 의미가 있다. 일본의 대중목욕탕에 가보면 남탕에 여성 종업원들이 들어와서 돌아다니는 것도 보통이다. 일본에서는 보통 남탕과 여탕 분리 벽에 접수대가 있고 한 사람이 앉아서 남탕과 여탕을 청소하고 관리한다. 일본인들은 목욕이 끝날 때면 꼭 탕 속으로 들어갔다가 나오는 것이 풍습으로 되어 있다.

7) 타인의 물건

일본인은 구체적이고 현실적인 면을 강조한다.[45] 지하철에서 자리의 양보는 없다. 남에게 피해를 주지마라는 교육의 산물이다. 또한 자기의 소지품에 남의 손이 닿는 것을 싫어하기 때문에 지하철이나 버스에서 앉아 있을 때 앞의 사람이 무거운 짐을 들고 서 있어도 앉아 있는 사람이 그 짐을 받아주는 일은 없다.

8) 언행

일본인은 타인과의 신체적 접촉이 실례라고 생각하기 때문에 상대방과 포옹을 하거나 얼싸안고 상대방의 어깨를 두드리는 행동은 삼가하여야 한다. 남성간의 어깨동무 혹은 여성간의 팔짱은 특별한 경우가 아니면 일본인은 절대로 하지 않는다. 남녀 사이의 악수도 연애관계에서만 할 정도로 신체가 서로 접촉되는 것을 싫어하기 때문에 지하철을 타는 경우에도 승차한 그 자리에서 다른 곳으로 장소를 옮기는 일이 거의 없다.

일본에서는 상대자의 직위나 연령에 따라 존칭어를 사용해야 한다. 일본인은 자기 쪽의 사람을 낮추어 표현하는 상대 경어를 사용하며 우리보다 맞장구 표현을 자주 사용한다. 그래서 일본인은 대화를 나눌 때에 습관적으로 그렇지요, 예 등과 같은 말을 사용하면서 맞장구를 쳐 준다. 이것은 상대방의 말을 인정하거나 옳다는 표시가 아니라 습관적인 행위에 불과하다. 일본인들은 말할 때 시선을 고정하여 주시하는 것보다는 시선을 피하는 경향이 있다.[46]

---

45) http : //my.netian.com/~japan73/j3.htm

46) 김미란, 「일본문화」, 형설출판사, 2000, pp.257~266.(http : //www.seoul-gchs.seoul.kr/~jeonghee

2. 무역상담 문화

(1) 시간관념

일본인은 시간관념이 대단히 투철하여 약속을 철저하게 지켜야 한다. 일본인은 약속한 시간이 되면 회사입구에서 전화를 한다.

(2) 무역상담 전략

1) 소개자 활용

일본인과 무역상담을 하는 경우에는 의사결정권자임을 밝히는 것이 중요하다. 일본인은 소개자의 뜻을 따라야 한다는 의무감 같은 것을 갖고 있기 때문에 양측을 잘 아는 사람의 소개가 필요하다. 일본기업과 처음 개척하고자 하는 경우는 정부기관이나 공공기관 등과 같은 권위 있는 신용정보기관을 통해 일본기업을 소개받는 것이 효과적이다.

2) 유연한 대처

일본인은 대면상담을 선호하지만 무역상담에 임할 때 신중하기 때문에 외형적인 변화를 거의 보이지 않는 특징이 있다. 무역상담시에 즉답을 회피하는 방식을 사용하여 진정성을 알기가 어려운 경우가 발생한다. 상대방의 말은 경청하지만 반응이 없는 경우 상대방을 편안하고 우호적인 예절로 대하고 진실하게 일을 추진하여야 한다. 일본인은 문제점이나 의문을 제기한 후 상대방이 당황할 정도로 오랜 침묵을 갖는다. 무역상담시에는 처음부터 끝까지 타협적인 태도를 견지하는 것이 중요하며 정확하고 간결한 표현을 사용하도록 한다. 무역상담시에 겸손은 일본인의 미덕이므로 상대방의 의견에 대하여 관심이 없는 경우 말로 표현하지 않으므로 질문이 없거나 간단한 답변을 하는 경우 관심이 없다는 의사표시로 생각하면 된다.[47] 일본인이 예(yes)라고 하는 경우에는 이해한다는 의미이다. 그렇지만 일본인들은 아니오(no)라는 말은 거의 하지 않고 생각해보거나 고려하겠다는 말로 대신하기 때문에 이에 대한 오해가 없어야 한다.

/frame1.htm)

47) www.kotra.or.kr/main/info/country/countrydetail.php3.

3) 철저한 준비

일본인은 업무처리에 있어서 성실함을 높게 평가하기 때문에 무역상담자는 조심성 있게 사안에 대해 단계별로 설명해 주고 상대가 질문할 수 있는 충분한 기회도 주며 양당사자가 사실을 입증하기 위해 함께 일하는 것같이 느끼게 해야 한다. 일본인과 무역상담시에는 시간적 여유를 갖고 처음부터 일방적인 조건 제시는 삼가하며 약점을 노출시켜서도 안 된다. 우리가 제공할 수 있는 것이 무엇이며, 상대방으로부터 무엇을 얻을 것인가를 생각하고 충분한 시간적 여유를 가지고 상담할 수 있도록 배려하는 것이 좋다.

4) 인간관계를 중시한 계약

일본인과의 무역거래시에는 계약의 이행은 당연하지만 무역상담시에는 세부적인 명시보다 개괄적인 타결을 하여 이후에 처리하는 것이 좋다. 일본인이 합의하였다라고 하는 것은 상대를 신용했다고 하는 것이고 문제가 일어나면 상호간에 협의하여 해결하도록 협조하자라는 의미이다.[48] 그래서 일본기업은 무역상담시에 의견교환이나 타협 등의 과정을 중시하기 때문에 전형적인 무역거래에 있어서는 계약서를 작성하지 않고 전표로 대신하는 경우도 종종 있으며, 구두상의 계약도 많이 이루어진다.

이러한 이유는 무역계약에 있어 탄력적인 사고방식과 행동을 취하는 것은 거래당사자가 서로 신뢰하고 있기 때문에 계약 체결의 필요성이 절실하지 않다는 마음가짐이 있다. 그리고 무역계약서에 세부적으로 기재해야 한다는 것은 상대방의 신용이 결여되어 있기 때문에 기재한다는 전통적인 의식이 깔려 있기 때문이다. 일본인들은 사업상의 거래에 있어 개인적인 관계를 중시한다.

일본인들은 아니오(no)라는 말은 하지 않지만 진정한 합의가 이루어지지 않았다고 생각하면 무역상담을 더 이상 진행하지 않는다.[49] 일본인이 계약사항을 검토하였다라는 것은 단지 계약서에 명시된 내용에 대하여 검토하였다라는 것이 아니라 인간관계를 바탕으로 하여 계약상대와 장기적으로 거래할 수 있는가의 여부를 판단하는 자료라는 의미가 강하다. 그러므로 일본인과 무역상담을 하는 경우에는 한 번의 무역거래를 위한 면담이 아니라 장기적이고 안정적인 무역거래 관계를 유지하고 더 발전시키려 한다는 의지를 보여 주어야 한다.

---

48) http : //korea.dreamwater.com/japan.htm
49) 이상영옮김, 「PASSPORT 일본」, 경성라인, 1998, p.48.

(3) 무역상담 결정형식

일본인들은 무역상담에 임할 때에 최고 결정권자의 의사를 반영하기 때문에 즉답을 하지 않는 동안 기다려야 한다. 무역상담의 주제에 대해서 관련자 전원이 합의하지 않은 상태에서는 일을 추진하려 하지 않기 때문에 이들과의 무역상담시 의문점이나 질문상황에 대해서 성실하게 답변해 주는 것이 바람직하다. 아무리 무역상담을 진행하는 대표라 할지라도 모든 일의 결정에 있어 실무자의 의견을 존중하고 사전에 충분한 검토와 의견 교환을 거쳐 결론을 내린다. 그러므로 일본인과 무역상담을 하는 경우에는 여러 객관적인 자료 등을 활용하여 설명을 하고 충분한 질문시간과 입증할 시간을 주어야 한다. 무역상담에 참여하였던 실무자와 중간관리자 또는 최고경영자 사이에 내부적인 동의를 얻어내고 상호간에 무역상담 내용에 대한 의견이 일치되면 그 이후부터는 일을 아주 신속히 실행에 옮긴다.

(4) 무역상담 유의점

일본인들은 성격이 급해 신속한 상담이 필요하지만 상대방과의 약속은 철저히 지키기 때문에 납기기간의 단축, 납기의 정확성에 관심이 크다. 왜냐하면 일본인은 소비자들의 기호에 맞추기 위해 품질, 규격에 대하여 높은 수준을 요구하기 때문이다. 상품의 품질 그 자체만이 아니라 디자인, 색상, 포장, 세부적인 부품 변경까지 문제시하며 규격에도 엄격한 표준을 요구하고 견본과 계약상의 품질, 규격과 다른 상품을 보내오거나 그 중에 불량상품이 조금이라도 섞여 있는 경우 반드시 무역분쟁을 야기시킨다.

일본기업은 사회적 책임감이 매우 투철하며 기업과 근로자 사이에는 고용보장과 충성맹세라는 상호 묵시적인 약속이 존재한다. 그래서 일본인은 한 회사에 입사를 하는 경우 평생직장으로 여기고 이직을 거의 하지 않는다. 일본의 기업이나 사업체에서 가업을 이어가는 전통도 이러한 데에서 원인을 찾을 수 있다. 일본인은 무역상담시에 메모를 하는데 그 자리에서 메모를 못했다면 상담 후 회사로 돌아와서 반드시 그날의 상담내용을 기록해 둔다. 일본 거래처와 상담할 때는 반드시 일본어를 사용해야 한다. 영어를 사용하면 일본 거래처는 내용을 파악하기보다는 빨리 상담을 끝내려 한다. 일본인은 남을 비방하는 사람을 경시하기 때문에 무역상담시에 경쟁상대 회사에 대해 언급하는 경우 장점을 이야기하면 좋은 인상을 받는다.

3. 초대문화 · 식사문화 · 선물문화

(1) 초대문화

일본인이 가정으로 초대하는 것은 드믄 일로 자기의 마음을 연다는 의미가 있다. 즉 가정으로 초대를 받았을 경우에는 아주 가까운 사이라는 것을 의미한다. 가정방문을 할 때, 신발을 벗고 들어가야 하는 경우에는 벗은 신발의 앞이 바깥쪽을 향하게 하여 가지런히 놓는 것이 기본예의이며 남의 아이에겐 꼭 경어를 쓰는 습관이 있다. 일본가정을 방문했을 때 부엌을 보는 것은 금기시한다. 일본에서는 욕조에 물을 받아 온 가족이 사용한다. 일본인들은 손님이 와서 자기 가정으로 묵을 경우 손님에게 먼저 욕조에 들어가도록 배려해 준다. 이 때 욕조 밖에서 몸을 깨끗이 씻은 다음 욕조에 들어가 몸을 담그고, 사용한 욕조의 물은 버리지 말고 그대로 두고 나와야 한다.

(2) 식사문화

일본인은 식사초대를 받아서 음식을 먹을 경우 상대방이 만들어준 음식 맛은 함부로 평가하지 않는다. 일본인은 숟가락은 사용하지 않고, 젓가락만으로 식사를 하고, 또 먹기 전에는 항상 잘 먹겠다는 인사를 해야 한다. 식사시간 전반에 걸쳐 자세를 바르게 해야 하는 것은 물론, 음식 먹는 소리도 내지 않아야 하고, 음식은 그릇을 들어서 입 가까이 대고 먹어야 한다.[50] 밥그릇, 국그릇, 조림그릇의 순서로 뚜껑을 벗기고, 작은 뚜껑은 큰 뚜껑 위에 겹쳐 내려놓는다.

일본인은 식탁에서 젓가락을 놓을 때 자기 몸과 같은 방향으로 놓는다. 일본인은 밥공기를 손에 들고 젓가락 끝을 국에 넣어 축인 후 밥을 먹는다. 국을 먹을 때도 일본인은 수저를 사용하지 않고 국그릇을 들고 젓가락으로 건더기를 누르고 마신다. 젓가락으로 음식물을 찔러서 먹는 것, 젓가락으로 공용의 음식을 휘저어서 안쪽에 있는 음식을 골라먹는 것, 젓가락을 빠는 것, 젓가락과 젓가락을 사용해서 음식을 주고받고 하는 것 등과 같은 행동은 조심하여야 한다. 생선조림 등은 그릇을 들고 먹어도 되고, 국물이 없을 때에는 뚜껑에 덜어 먹는다. 생선은 머리 쪽 등살부터 꼬리 쪽으로 먹는다. 차를 마실 때에는 찻잔을 두 손으로 들어 왼손을 찻잔 밑에 받치고 오른손으로는 찻잔을 쥔다. 차를 마신 후에는 다시 뚜껑을 덮어놓는다.

---

50) http : //my.dreamwiz.com/japan815/siksayejeol.htm

(3) 선물문화

일본인들은 선물을 주고받는 것을 자연스럽게 생각하는 국민이다. 선물을 받은 경우 답례품은 상대가 준 것보다 비싼 가격의 제품을 선물하여야 한다. 일본에서 선물을 줄 경우에는 직위, 위신 등을 고려하여야 한다. 직급 등에 대하여 모르면 은쟁반, 조각품 등과 같은 공용의 선물이 무난하다. 선물을 하는 경우 하얀색의 꽃, 백합, 연꽃, 동백 등은 죽음과 연관 짓기 때문에 금해야 한다. 화분을 선물하는 경우에는 병이 깊어진다는 미신이 있다. 일본인은 4는 죽음(死)과 동일한 발음으로 9는 고난의 고(苦)와 동일한 발음이 되어 기피한다.

제8절 말레이시아

1. 일반 개요

(1) 국가의 특징

말레이시아(Federation of Malaysia)는 1957년 8월 31일 영국으로부터 독립한 연방형 입헌군주제 국가이다. 아시아 말레이반도 및 보르네오섬 북부에 위치하고 기후는 고온다습한 열대성 기후이며 면적은 330천 ㎢로 한반도의 1.5배이다. 수도는 쿠알라룸푸르(Kuala Lumpur)이다. 민족은 말레이족(50.4%), 중국계(23.7%), 인도계(7.1%) 등의 주 인종그룹과 사바와 사라왁주의 다양한 토착민들로 구성되어 있다. 민족구성도 복잡하여 말레인으로서도 스마트라의 마튜인, 미난카바인, 수라웨시의 부크스인, 자바인 등이 포함되어 있으며, 중국인도 광동, 복건, 객가, 조주라 불리는 갖가지 방언을 쓰는 집단으로 나누어져 있다. 인도인도 타밀, 펀잡, 뱅갈이라는 각기 다른 민족으로 구성되어 있다. 언어는 말레이어, 중국어, 영어 등을 사용한다. 종교는 이슬람교(60.4%), 불교(19.2%), 기독교(9.1%), 힌두교(6.3%) 등이다. 화폐단위는 링기트(Ringgit) 또는 말레이시안 달러(Malaysian Dollars: M$)를 사용하며 산업구조는 서비스업(46.8%)이 주를 이루고 제조업(41.2%), 농업(12.0%) 순이다. 주요 수

출품은 전기전자제품, 천연가스, 팜오일, 천연고무 등이며 주요 수입품은 전기전자제품, 기계장비 및 부품, 섬유제품, 자동차 등이다. 주요자원으로는 구리, 천연가스, 석유, 목재 등이 있다. 51)

(2) 국민성

말레이시아인은 일반적으로 느리고 수동적이며 구성하는 여러 민족의 영향을 받아 매우 독특하고 다양한 국민성을 가진다. 상대 민족의 신념, 믿음, 전통 등에 대한 조화와 협력 그리고 인내심이 말레이시아 문화의 독특한 융화를 이끌어 냈다. 말레이시아인의 성품은 공손. 예의 등으로 특징지어진다. 가족간의 화목, 연장자에 대한 존경, 부모에 대한 사랑은 기본덕목이며 부의 축적 그 자체를 인생목표로 하지 않는다. 무엇보다도 가족 . 친구가 중요하며 어린이를 아주 귀중하게 여긴다.

말레이시아인은 이슬람 신앙과 융합된, 주관적인 정서가 바탕을 이루고 있다. 말레이시아인은 이슬람 신앙과 융합된, 주관적인 정서가 말레이인들의 현실의식에 바탕을 이루고 있기 때문에 이슬람교와 배치되지 않을 때만 외래 사상들을 수용하는 자의식과 결속력이 강한 민족이다. 말레이시아인은 구체적인 법률이나 규칙에 의존하기보다는 경험적인 증거와 기타 사실에 입각하여, 자신들의 주장을 논증하거나 의사결정을 하면서 스스로 뮤제 해결책을 찾고자 한다.

(3) 사회관습

1) 인사

말레이시아에서 전통적인 인사방법은 두 손을 내밀어 상대방이 내민 손을 가볍게 잡고 자기 가슴에 가져오는 것이다. 말레이시아인은 악수를 청할 때에 말레이 인사법으로 인사를 하며 가슴 높이에서 양 손바닥을 대고 가볍게 고개를 숙이기도 한다. 악수도 오른손으로 하나 윗사람과 악수를 할 때에는 양손으로 상대방의 손을 잡으며 그 후에 자신의 손을 가슴에 얹어서 존경의 뜻을 표한다. 말레이시아에서는 이성간에는 드러내놓고 손을 잡을 수 없지만 동성인 사람끼리의 신체접촉은 용인된다. 남자끼리 손을 잡은 모습, 심지어는 서로 팔짱을 끼고 걷는 모습을 볼 수도 있다. 말레이시아 여성을 소개받을 때는 상대방이 손을 내밀었을 때만 악수할 수 있다.

51) 한국수출입은행, 전게서, p.56 참조.

2) 호칭

말레이시아에서 소개를 받으면 상대방의 사람의 이름과 직함을 정확하게 발음하여 확인할 필요가 있다. 이슬람교도 남자인 경우 엔시크(Encik)를 이름 앞에 붙이는데 자신의 이름 다음에 누구의 아들(bin)을 붙인 자신의 아버지의 이름을 쓴다. 메카로 성지순례를 했던 이슬람교도 남성은 하지(Haji)라고 부른다. 여자인 경우 시크(Cik)를 이름 앞에 붙이는데 자신의 이름 다음에 누구의 딸(binti)을 붙인 자기 아버지의 이름을 쓴다. 일부 말레이 여성들은 사업 목적상 자신의 남편 이름들을 붙인다. 메카로 성지순례를 했던 이슬람교도 여성은 하자(Hajjah)라고 부른다. 말레이시아인은 족장(Dato), 박사(Datuk), 선생(Sri) 등과 같은 여러 가지 칭호를 이름 앞에 붙이는 것을 좋아한다. 가장 선호하는 것이 작위이다.

3) 언행

말레이시아에서 상대방을 부를 때에는 손바닥을 아래로 한 채 손가락을 굽히는 동작을 반복하면 된다, 말레이시아인은 동물을 가리킬 때만 검지를 사용한다. 발이나 신발의 바닥을 상대방에게 보이면 안 되기 때문에 다리를 꼬고 앉을 수는 있지만 발목을 무릎 위에 올리는 행동은 금해야 한다. 일상생활에 있어서 악수를 하던지 물건을 주고받을 때 등 정중함을 표시할 때에는 오른손을 사용한다. 음주행위는 경원시한다.

2. 무역상담 문화

(1) 시간관념

말레이시아인과 무역상담시에는 사전에 전화로 상담장소 및 시간을 약속해야 하며 일방적인 방문은 실례가 된다. 말레이시아인은 외국인에 대한 배타심이 강하므로 상담 때에는 상대방 입장을 존중해 주는 자세를 취해야 성공적인 상담을 진행시킬 수 있다.

말레이시아인은 대부분 이슬람교도이기 때문에, 기도시간을 전후해서 모임약속을 정하는 것은 피하는 것이 좋다. 관공서의 시간은 통상적으로 오전 8시 30분에서 오후 4시 45분까지다. 또한, 토요일에는 오전 8시 30분에서 오후 12시까지 관공서들이 문을 연다.

(2) 무역상담 전략

말레이시아 시장은 중국계 말레이시아인이 무역 및 유통부문을, 인도계 말레이시아인은 섬유류나 잡화부문을 장악하고 있다. 소비자의 구매관습은 영국의 영향을 많이 받았으나 복합민족사회이기 때문에 종족 간에 구매관습의 차이가 있다. 말레이시아에는 수표제도가 없기 때문에 구두약속에 의한 신용판매가 일반적이다. 말레이시아인과 무역상담을 할 때는 무역상담 전에 시내상가, 백화점 등을 답사하고 현지인들의 기호, 유행상품을 파악한 후에 무역상담을 하면 유리하다. 말레이시아는 소비층이 빈약하여 소량주문에 의존하고 있다. 무역상담을 위한 충분한 자료를 준비해야 하며, 귀국 후에도 각종 자료의 제공을 약속하여 이행해야 한다.

(3) 무역상담 결정형식

말레이시아인이 무역상담에 관한 의사결정을 하는 데에는 최고경영자의 결단이 필요하기 때문에 상당한 시일이 걸리나 일단 거래관계가 성사되면 업무의 이행과정은 신속하게 진행된다.

(4) 무역상담 유의점

말레이시아인과 무역상담에서 명함에 기재된 지위는 의사결정력, 비즈니스 경험 등에 대한 지표가 된다. 말레이시아인은 무역거래를 위한 신뢰도를 측정하는 자료로 활용하기 때문에 고위 지위가 새겨진 명함을 준비하는 것도 좋다.

말레이시아인과 무역상담시에 적극적인 자세를 유지하여야 한다. 말레이시아인은 무역상담에 임할 때, 자신들이 요구하는 조건에 대해 즉석에서 답변을 듣기를 원하고 있고, 즉석에서 답변 불가능한 사항에 대해서는 약속한 기일 내에 후속조치가 이어지기를 기대한다. 따라서 상담 시 약속한 사항에 대해서는 사소한 내용이라도 기록을 통해 답신을 해주어야 한다.

말레이시아 비즈니스에서는 거래나 서신왕래는 통상 영어로 한다. 대부분의 공무원들이 영어를 구사할 줄 알지만, 사적인 모임에서는 자신들의 공식 언어인 말레이어를 선호한다. 말레이시아인은 무역상담시에 질문에 대답하기 전에 잠시 생각할 틈을 갖기 위하여 잠시 말을 멈추는 행태를 보인다. 말레이시아인과 계약에 서명하였다고 하더라도 이후에도 상담이 진행되는 경우가 많다.

3. 초대문화 · 식사문화 · 선물문화

(1) 초대문화

말레이시아에서는 서면으로 초대를 받으면 답장을 보내야만 한다. 중국계 말레이시아인들에게 답장을 보낼 때는 붉은색이나 분홍색 편지지가 무난하다. 말레이시아에서는 초대가 사업의 연장으로 여기고 있기 때문에 초대장소에서 상대방을 살펴보고 자신들과 인간적으로 유대관계 맺기를 원한다는 확신이 설 때에만 사업관계를 설정한다. 초대는 대부분 음식점에서 이루어지지만 친한 경우에는 가정으로 초대를 한다. 말레이시아에서 저녁식사에는 부부동반으로 초대되지만 점심에는 그렇지 않다. 배우자가 동반된 자리에서는 사업상의 이야기를 하지 않는다. 주인은 전통적으로 연장자에게는 식탁의 상석을 내준다. 점심 또는 저녁 식사에 초대하는 경우도 사전에 종교가 무엇인지를 확인하고, 결례를 범하는 일이 없도록 해야 한다. 초대가 끝나면 손님에게 물을 담은 그릇을 주며 손을 씻게 한 후에 손등에 향수를 발라 주면 초대의 절차가 모두 종료되었음을 의미하는 것이다.

(2) 식사문화

말레이시아에 전통음식으로는 쇠고기, 양고기, 닭 등을 꼬치에 꿰어 숯불에 구운 꼬치구이인 사테(satay), 코코넛 밀크와 향신료를 써서 삶은 고기인 렌당(rendang), 생선 수프에 쌀국수를 삶아 야채를 끼얹은 요리인 락사(laksa) 등이 있다.[52] 말레이시아에서 식사는 오른 손 손가락을 사용하며 식사 전 물을 담은 그릇에서 오른손을 씻으며 식사 후에 다시 씻는다. 이슬람교도는 종교상으로 돼지고기, 개구리, 양서류 및 파충류, 곰 등을 먹지 않는다. 종교의식에 의하여 도살된 쇠고기를 비롯한 육류는 먹는다.

그리고 주류도 종교상 금지되어 있으며 개도 불결한 것이기 때문에 이슬람교도는 개의 코나 털에 접촉해서는 안 된다. 인도계 말레이시아인은 대부분 힌두교이므로 쇠고기를 먹지 않는다. 중국계 말레이시아인에 대해서는 특별한 금기사항은 없으나 일부는 쇠고기를 먹지 않는 사람도 있으며 면을 먹을 때에는 소리를 내어 먹어도 무방하다. 사용하지 않은 젓가락은 반드시 세로로 놓아서 사용한다.[53]

---

52) http://search.daum.net/search?nil

(3) 선물문화

말레이시아에서 선물을 주려면 상대방의 종교가 무엇인지를 알아야 실수를 하지 않는다. 선물은 개인적으로 친숙한 관계에서만 이루어진다. 선물은 준 사람 앞에서 열어 보아서는 안 된다. 선물은 손바닥을 위로 향하게 하고, 양손으로 받아야만 한다.

제9절 몽골

1. 일반 개요

(1) 국가의 특징

몽골(Mongolia)은 1921년 7월 11일 중국으로부터 독립한 이원집정부제 국가이다. 아시아 중북부 내륙에 위치하고 있으며 기후는 대륙성 기후이며 면적은 1564 천㎢로 한반도의 7배이다. 수도는 울란바토르(Ulaanbaatar)이다. 민족은 몽골족(94.9%), 카자흐족(5%) 러시아인, 중국인 등으로 구성되어 있다. 언어는 몽골어, 카자흐어 등을 사용한다. 종교는 라마교(50%), 회교(4%) 등이다. 화폐단위는 투그릭(Tugrik: Tug)을 사용하며 산업구조는 서비스업(56.1)이 주를 이루고 농업(14%)과 제조업(9.9%) 순이다. 주요 수출품은 동, 몰리브덴, 가축, 캐시미어, 의류, 석탄 등이며 주요 수입품은 기계류, 연료, 식료품, 산업소비재, 화학제품 등이다. 주요자원으로는 석탄, 구리, 몰리브덴, 금, 은, 텡스텐 등이 있다.[54]

(2) 국민성

몽골인은 자연과 가축을 사랑하며 강인하고 삶의 자립능력이 뛰어나다. 몽골인은 전통과 관습을 중요하게 여기며 직업의 귀천을 따지지 않는 낙천적인 성격을 가지고 있다. 몽골인들에게 직업의 귀천은 의미가 없는 것이며 어떤 직업이 돈을 더 많이 버는가를 중요하게 여긴다.[55]

53) http://www.malay.co.kr
54) 한국수출입은행, 전게서, p.62 참조.

(3) 사회관습

1) 인사

몽골인은 가정으로 들어 갈 때 그 집 식구들에게 인사를 하는데 가장 연장자 순서로 고개를 숙이며 인사를 하면 된다. 몽골에서는 인사말을 길게 하여야 상대방에게 존경심이 있는 것으로 간주된다. 몽고인과 모자를 쓰고 인사하는 경우에는 쓴채로 인사한다. 만일 모자를 벗을 일이 있으면 벗어서 높은 곳에 얹어 놓아야 하며 땅에 내려 놓거나 뒤집어 놓으면 안 된다. 몽골인은 도시에서는 남녀 구별 없이 악수하기도 하고 포옹하며 양쪽 뺨을 번갈아 맞대어 친근한 우정을 표하기도 한다. 지방에서는 먼저 가축의 안녕을 묻고 그 다음에 사람에 대한 문안인사를 한다. 긴 문안인사를 하면서 서로 양팔을 포개어 상대방이 포갠 양팔 위에 올려놓고 허리를 굽혀 인사한다. 이때에 상대방의 나이에 따라서 팔을 포개는 상하의 위치가 정해진다. 즉 상대방이 연장자이면 그의 팔이 위에 오게 하고 손아랫사람이면 그 반대이다. 몽고 전통 인사법에 노인들은 어린아이들에게 극진한 애정을 표시하는 뜻으로 아이들의 이마에 코를 대고 냄새 맡듯 몇 번 킁킁거린다. 가장 친한 친구끼리 헤어질 때는 서로의 혁대를 교환하여 몸에 지닌 후 다시 돌아와 만나면 본래대로 다시 바꾼다.

2) 호칭

몽골인은 상대방이 친근한 경우에는 부를 때 너(치) 또는 당신(타)이라고 하는데 상대방과 친해지기 전까지는 절대로 너 또는 당신이라고 부르지 말아야 한다. 몽골사람들은 6~7년 정도의 차이는 대개 서로가 너라고 반말을 하는데 친숙하다는 의미로 사용한다.[56]

3) 음주

몽골인은 손님이 방문하면 보드카 또는 마유주, 아르히 등을 권하는데 술을 받을 때 3잔까지 받는 것을 예의로 간주한다.[57] 몽골에서는 술을 마시는 중에 술잔이 조금이라도 비기만 하면 술을 계속적으로 따라 준다. 술을 주고받을 때는 왼손바닥으로 오른손 팔꿈치를 받쳐 잡으며 오른손 손가락을 모아 술잔을 받고, 동일한 방법으로

55) http://www.mongolia.pe.kr/
56) http : //www.mongolia.pe.kr/
57) http://www.mongolia.pe.kr/

전하면 된다. 마유주는 대접에 담아 주기 때문에 두 손으로 받아 마시면 된다. 술을 마시지 못하는 경우에는 술잔을 입에 대어 기본적인 예의를 표하고 술을 못한다고 정중하게 얘기를 하는 것이 좋다. 아르히를 마실 때에는 왼손으로 술잔을 잡고 오른손의 약지를 술에 대어 술을 묻힌 다음 얼굴 앞으로 갖다 대고 엄지를 이용하여 하늘, 앞, 땅의 순서로 튀긴 후에 입에다 갖다 대는 풍습이 있다. 하늘과 땅에 감사하고 또 인류의 평화를 위해 기도한다는 의미이다.

4) 주거

몽골인은 아파트로서 도시나 아이막의 터우에서 흔히 볼 수 있는 어런소츠, 도시외곽이나 아이막의 솜에서 흔히 볼 수 있는 나무판자를 울타리로 하고 그 안에 나무로 지은 집을 짓거나 마당에 게르(ger)를 설치해 놓은 게링아일, 몽골전통 이동식 천막집인 게르 등에서 거주를 한다.[58] 방에는 항상 침대가 있으며 응접실에는 소파가 있고 추위를 대비하여 항상 커다란 카페트가 깔려있다. 응접실과 모든 방에는 파르라고 하는 보일러가 있는데 이는 겨울에 정부에서 공급해준다.

5) 여성의 날

몽고에는 여성의 날이라는 풍습이 있다. 몽고인이 유목생활을 하는 과정 중에 여성들이 고생을 하기 때문에 하루를 쉬면서 대접을 받을 수 있도록 배려한 데에서 전해 내려 온 풍습이다. 남성이 사랑하는 여성을 위해, 혹은 아내를 위해 선물을 주고 하루를 여성들을 위해 봉사한다. 관공서나 그 밖의 사업을 하는 사람들은 아내뿐만이 아니라 그들과 관계있는 여직원이나 여성들에게 선물을 주기도 한다.

6) 언행

몽골인은 지역 모임이나 명절의 경우에는 예의와 격식을 갖추어 입고 상대방을 대한다.[59] 몽골에서는 검지를 사용하여 무엇을 가리키는 것은 상대방을 죽이겠다는 의미이기 때문에 주의해야 한다. 몽골인의 게르에 들어갈 때 절대로 문지방을 밟아서는 안 되고 여성은 왼쪽으로 들어가야만 한다. 게르는 방이 하나인데 오른쪽에는 남자주인 침대가 있기 때문이다.

---

58) http : //www.mongolia.pe.kr/

59) http : //user.chollian.net/~pecreple

2. 무역상담 문화

(1) 시간관념

네팔인의 시간관념은 비교적 느슨한 편이다. 네팔의 1년은 4월 중순에 시작하여 6월 16일에 회계연도가 시작된다. 네팔 사람과 무역상담을 하는 경우에 시간약속을 정하는 가장 좋은 방법은 우편을 통하는 것이다. 네팔에서 팩스는 꺼져 있는 경우가 많으며, 설사 작동하고 있더라고 팩스가 분실되는 경우가 많기 때문에 제대로 답신을 받지 못하는 경우가 많다. 그렇지만 오늘날에는 전화통신 수단이 발달하고 있어서 네팔에서도 전화를 사용하여 시간 약속을 하여도 된다.

(2) 상담 전략

몽골에서는 서비스 정신을 찾기 어렵다. 몽골인은 권위주의적이고 비합리적이지만 그들은 본인의 일에 대한 자부심이 강하다. 개인적으로는 쉽게 친근해질 수 있어 업무관계로 다시 만나면 업무를 신속하게 처리해준다. 몽골인과 무역상담을 하는 경우에는 무역거래에 관한 사전 정보와 기술적 사항을 첨부하여 실질적인 자료와 인쇄물 등을 사용하는 것이 좋다. 몽골인은 공격적인 상담을 시도하는 경우가 많기 때문에 무역상담의 최종단계에서 양보할 수 있는 방안을 마련하는 것이 좋다. 고객은 본인이 시간을 내서 일을 해줄 때까지 기다리는 것이 당연하다는 생각을 가지고 자기 본위로 일을 한다. 고객의 입장에서는 서비스의 질이 낮고, 경영자의 입장에서는 지속적인 감독이 필요하다는 면이 있다.[60)]

(3) 무역상담 결정형식

몽골에서는 기업에서 상하의 위계질서가 뚜렷하게 존재한다. 몽골에서 무역상담과 관련한 중요한 결정은 최고 경영자가 내린다. 무역상담에 참석하고 있는 실무자 또는 중간관리자는 상담을 진행하고 그 내용을 보고받은 최고경영자가 의사결정을 한다. 최고경영자는 학력이 대부분 높기 때문에 무역상담과 관련된 무역서신은 영어로 작성하는 것이 유리하다.

---

60) http;//www.mongolia.pe.kr/

(4) 무역상담 유의점

몽골에서는 첫 대면시에 업무에 관한 이야기를 곧바로 시작하는 것이 예의에 어긋나는 것으로 간주되기 때문에 무역상담의 본론을 논하기 전에 상대방과 친밀감 있는 대화를 나누는 것이 좋다.61) 몽골에서는 여성 사업가가 부족하기 때문에 몽골을 방문하는 경우에는 남성 임원으로부터 정중한 대우를 받을 수 있다.

3. 초대문화 · 식사문화 · 선물문화

(1) 초대문화

몽골인은 일반적으로 오전 7시 전후에 아침식사를 하며 점심은 정오에, 그리고 저녁식사는 오후 7시나 7시 30분쯤 한다. 몽골인의 건배 방식은 컵을 마주치며 고개를 끄덕이고 난 후 당신의 건강을 위해 또는 행운을 바란다고 말한다. 몽골인이 가정으로 초대하는 경우에는 저녁초대가 대부분이다. 몽고인의 가정에 들어갔을 때는 주인이 권하는 자리에 앉으면 된다. 윗사람 앞에 앉게 될 때에도 남녀 불문하고 오른쪽 무릎을 세우고 두 손을 모아 약간 왼쪽으로 틀고 앉아야 한다. 실내에서는 항상 신발을 벗고 슬리퍼를 착용한다. 외국인에게는 신발을 신고 들어오라고 하는 경우가 있지만 벗고 들어가는 것이 좋다.

(2) 식사문화

몽골인은 손님이 오면 수태차를 권하는데 수태차는 한 번에 다 마실 필요는 없지만 남겨서는 안 된다.62) 몽골인은 주식을 육식으로 하기 때문에 음식을 먹기 전에 수태차로 목을 축이고 고기와 야채를 섞어 만든 수프 혹은 밀가루를 얇게 빚어 고기와 야채를 함께 삶아 만든 고기만두인 보즈(buja)나 기름에 튀겨 만든 튀김만두인 호쇼르(khuusuur)를 즐겨 먹는다.63) 식사를 할 때는 응접실에 있는 탁자에 음식을 올려놓고 둥글게 앉아 고기는 손으로 뜯어 먹고 숟가락과 젓가락 등을 사용하여 만두나 칼국수 등을 먹는다.

61) http;//www.mongolia.pe.kr/
62) http://www.mongolia.pe.kr/
63) http://www.mongolia.pe.kr/

(3) 선물문화

몽골에서 초대를 받아 가정으로 방문하는 경우에는 꽃다발을 포장하여 선물하면 좋다. 상대방의 부인에게 무언가를 주고 싶을 때는 화장품도 좋다. 무역계약이 체결되고 나면 축하의 의미로 펜이나 라이터 같은 선물을 전하면 환영을 받는다.

제10절 미얀마

1. 일반 개요

(1) 국가의 특징

미얀마(Union of Myanmar)는 1948년 1월 4일 영국으로부터 독립한 공화제 국가이다. 서남아시아, 인도차이나반도 서북부 사이에 위치하고 기후는 열대 몬순이며 면적은 677천 ㎢로 한반도의 3배이다. 수도는 네이피이도우(Naypyidaw)이다. 민족은 버마인(68%), 샨인(9%), 키렌인(7%) 등으로 구성되어 있다. 언어는 미얀마어를 사용한다. 종교는 불교(89%), 이슬람교(4%), 기독교(4%) 등이다. 화폐단위는 키야트(Kyat: kt)를 사용하며 산업구조는 서비스업(41.8%)이 주를 이루고 농업(38.8%), 제조업(19.3%) 순이다. 주요 수출품은 천연가스, 목재류, 콩류, 의류 등이며 주요 수입품은 의류, 석유제품, 비료, 기계류 등이다. 주요자원으로는 석유, 납, 아연, 천연가스 등이 있다.[64] 미얀마는 세계적으로 널리 알려진 비취, 루비, 사파이어, 제이드, 천연진주 등의 산지이다. 반투명의 임페리얼 제이드는 미얀마가 유일한 산지다.

(2) 국민성

미얀마는 경제적으로 낙후한 지역이지만 국민들은 근면 성실하고 온화한 성품을 지니고 있다. 미얀마인은 자존심이 강하고 외향적인 성격을 지닌 국민이다.[65]

64) 한국수출입은행, 전게서, p.66 참조.

65) http://100.daum.net/encyclopedia/view.do?docid=b08m1733b002

(3) 사회관습

1) 인사

미얀마에서는 인사를 할 때에 손으로 악수하는 풍습이 없었다. 승려에게 인사할 때에는 불교적 인사로서 반드시 두 손을 합장하고서 인사를 해야 한다.

2) 호칭

미얀마인에게는 성이 존재하지 않는다. 그래서 사람의 이름 앞에 성을 사용하지 않는다. 성을 사용하지 않는 대신에 그 사람의 연령이나 사회적 지위, 신분 등에 따라서 경칭을 사용한다.

2. 무역상담 문화

미얀마는 사회주의 국가이기 때문에 무역과 관련한 관계 공무원을 만나기가 상당히 어렵다. 반드시 7~10일 전 서면으로 면담신청을 해야 한다. 미얀마인은 일단 약속된 시간은 반드시 지키려고 노력한다. 미얀마에서는 공식적인 무역상담의 경우에 관계자와 정부 요원도 참석하기 때문에 공식적인 대화만 나누게 된다. 관계 공무원과의 연락을 위해서는 대리인이 필요하다.

3. 초대 및 선물 문화

(1) 초대문화

미얀마에서는 국가의 체제상 초대문화가 발달하지는 않았다. 미얀마인이 가정으로 초대하는 경우는 매우 의미가 있는 일이기 때문에 반드시 초대를 승낙하고 방문하여야 한다.

(2) 음식문화

미얀마의 전통음식은 카욱세 뾰웃(khuakswae pyuat)이다. 카욱세(khuakswae)는 달걀을 넣은 국수(noodle)이며 카욱세 뾰웃은 삶은 국수, 카욱세 쪼(khuakswae kyw)는 기름에 튀긴 국수이다.[66] 미얀마의 카레와 수프도 대표적인 음식이다.[67]

제11절 네팔

1. 일반 개요

(1) 국가의 특징

네팔(State of Nepal)은 1945년 2월 18일 영국으로부터 독립한 공화제 국가이다. 서남아시아 북부, 인도 및 중국과 인접한 내륙국 사이에 위치하고 기후는 아열대 몬순이며 면적은 147천 ㎢로 한반도의 2/3이다. 수도는 카트만두(Kathmandu)이다. 민족은 네팔인, 몽골족, 기타소수민족 등으로 구성되어 있다. 언어는 네팔어, 마이탈리어를 사용한다. 종교는 힌두교(80.6%), 불교(10.7%), 이슬람(3.6%) 등이다. 화폐단위는 네팔 루피(Nepalese Rupee: NR)를 사용하며 산업구조는 서비스업(46.6%)이 주를 이루고 농업(38.1%), 제조업(15.3%) 순이다. 주요 수출품은 의류, 콩, 카페트, 직물 등이며 주요 수입품은 섬유제품, 기계류 및 장비, 금, 전자기기, 의약품 등이다. 주요자원으로는 석영, 목재, 구리 등이 있다.[68] 네팔은 대히말라야에서 가장 높은 부분들이 영토 내에 솟아 있는데 세계 최고봉에 속하는 14개 봉우리 가운데 9개가 여기에 분포한다. 즉 에베레스트 산(8,848m)을 비롯하여 안나푸르나 제1봉(8,078m), 마나슬루 제1봉(8,156m), 초오유 산(8,153m), 기아충캉 제1봉(7,922m), 로체 산(8,511m) 등이 있어 네팔의 주요 관광자원이 되고 있다.

(2) 국민성

네팔인은 매우 공손하며 예의를 갖추어 행동한다. 그런데 일부 네팔의 공무원이나 일부 부유층 무역업자들은 매우 거만하며 약속 시간에 늦게 나타나는 경우가 많다. 네팔에는 힌두교의 영향으로 신분 계급이 존재하여 개인의 지위와 집안 배경을 중요하게 여긴다.

---

66) http://cafe.daum.net/myanmar12/FMpZ/3?q

67) http://k.daum.net/qna/view.html?category_id

68) 한국수출입은행, 전게서, p.70 참조.

2. 무역상담 문화

(1) 시간관념

네팔인의 시간관념은 비교적 느슨한 편이다. 네팔의 1년은 4월 중순에 시작하여 6월 16일에 회계연도가 시작된다. 네팔 사람과 무역상담을 하는 경우에 시간약속을 정하는 가장 좋은 방법은 우편을 통하는 것이다. 네팔에서 팩스는 꺼져 있는 경우가 많으며, 설사 작동하고 있더라고 팩스가 분실되는 경우가 많기 때문에 제대로 답신을 받지 못하는 경우가 많다. 그렇지만 오늘날에는 전화통신 수단이 발달하고 있어서 네팔에서도 전화를 사용하여 시간 약속을 하여도 된다.

(2) 무역상담 전략

네팔에서 사업을 순조롭게 하려면 적합한 지위와 재산, 그리고 적합한 계급에 속하는 동업자를 선택하는 것이 좋다. 무역상담에 관한 이야기는 첫 번째 대면에서는 논의되지 않는 것이 일반적이다. 첫 번째 대면에서는 당신의 회사와 제품, 국제적 전략, 그리고 본인의 회사가 네팔에서 무엇을 성취하려는가 등에 대하여 설명하는 것이 좋다.

(3) 무역상담 결정형식

네팔의 기업에는 위계질서가 존재한다. 최고 지위에 있는 사람에게 모든 권한과 결정권이 집중되어 있다. 상남을 서쳐야 하는 문제라면 비록 시소한 것일지라도 상부의 허락을 받아야 한다. 네팔의 기업이나 정부 기관의 고위층은 개인의 왕국에서 일한다는 자부심이 강하다. 따라서 그들이 사무실에 부재할 때에는 다른 누구도 무역상담에 관한 결정을 할 수 없으며 관공서도 마찬가지이다.

(4) 무역상담 유의점

네팔에서 무역상담은 영어로 진행된다. 네팔에서는 초등학교에서 영어를 교육하고 있고 국가의 주수입원이 관광수입이기 때문에 정책적으로 관광객을 상대할 수 있는 영어를 가르치고 있다. 그렇지만 네팔인의 지존심을 고려하여 중요한 업무의 경우에 필요한 기술적 혹은 마케팅 자료는 네팔어로 번역하는 것도 좋은 방법이다. 영어에 익숙하지 못한 네팔의 공무원들과 상대하는 경우에는 더욱 그렇다.

3. 초대문화 · 식사문화 · 선물문화

(1) 초대문화

네팔에서 저녁 회식은 흔하지만 점심식사나 아침식사에 초대를 하는 경우는 드물다. 네팔인은 한두 번 정도 대면을 한 후에 저녁식사에 초대하는 일이 많다. 네팔인은 가정으로 초대하는 법이 거의 없고 일반적으로 호텔을 선호한다. 네팔인이 가정으로 초대하였다면 호감을 갖고 있다는 증거이다. 절대로 초대자의 부인을 위한 선물을 별도로 준비하지 말고 부부에게 하나의 선물을 하는 것이 좋다. 네팔인은 초대비용을 지불하지 않기 때문에 초대받은 측이 지불해야 한다.[69]

(2) 식사문화

네팔의 주식은 달밧(dalbat)인데 달(dal)이라는 것은 마로 만든 걸쭉한 스프식의 음식이고, 밧(bat)은 쌀밥이다. 딸까리(thakali)는 커리(curry)와 향신료로 요리한 감자와 브로콜리 등과 같은 반찬이다 아짜르(acar)는 오이, 홍당무, 빨간 쪽파 등의 야채를 설탕과 식초로 절임한 반찬이다. 음식은 쟁반이나 둥근 식판에 놓고 달과 밧을 섞어 손으로 먹는다.[70] 네팔의 상류층 중 많은 사람들은 채식주의자이며 술을 마시지 않는다. 그러한 사람들 사이에서 포도주나 맥주는 일반화되어 있지 않으며, 도수가 높은 술이 더 선호된다. 네팔 사람들은 소고기는 먹지 않는다. 음식을 먹거나 다른 사람에게 건네줄 때에는 오른손을 사용해야 한다.

(3) 선물문화

네팔에서는 선물을 받은 사람이 한 일에 대한 보상으로 제공된다. 네팔의 공장 등을 방문하는 경우에 화환을 선물로 받으면 겸손한 태도로 받아야 한다. 선물은 간소하고 받는 사람의 취향에 따라 부담을 느끼지 않는 정도이어야 한다. 뇌물이라는 인상을 주지 않으려면 무역상담 중간이나 마지막 사교 모임에서 주는 것이 좋다. 첫 번째 대면에서는 펜이나 달력과 같은 간소한 선물이 좋고 상대방과 친해진 후에는 더 좋은 것으로 하면 된다. 네팔에서는 선물을 포장해서 주어야 하는데 흰색포장은 금한다.

---

69) http://kin.naver.com/qna/detail.nhn?d1id

70) http://kin.naver.com/qna/detail.nhn?d1id; http://blog.naver.com/workersj?Redirect

제12절 파키스탄

1. 일반 개요

(1) 국가의 특징

파키스탄(Islam Republic of Pakistan)은 1947년 8월 17일 영국으로부터 독립한 연방공화제국가이다. 서남아시아 서부에 위치하고 기후는 열대 및 아열대 건조 기후이며 면적은 796천 ㎢로 한반도의 3.6배이다. 수도는 이슬람바드(Islambad)이다. 펀잡인(44.7%), 파스툰인(15.4%), 신디인(14.1%) 등으로 구성되어 있다. 언어는 우르드어, 펀잡어, 신디어, 영어 등을 사용한다. 종교는 이슬람교(96.4%), 힌두교, 기독교 등이다. 화폐단위는 파키스타니 루피(Pakistani Rupee: PR)를 사용하며 산업구조는 서비스업(54.4%)이 주를 이루고 제조업(25.5%), 농업(20.1%) 순이다. 주요 수출품은 살, 가죽제품, 스포츠용품, 화학제품 등이며 주요 수입품은 석유제품, 기계류, 플라스틱, 운송장비 등이다. 주요자원으로는 천연가스, 석유 등이 있다.[71]

(2) 국민성

파키스탄은 다민족으로 구성되고 있기 때문에 국민성을 일관성 있게 요약하기기 어려운 국가이다. 그래서 파키스탄의 각 지역을 중심으로 생활하고 있는 부족을 중심으로 설명하여야 한다. 북서지방의 파탄인이나 북부지방의 바루치인은 용감하고 무뚝뚝한 성격을 갖고 있으며 중부의 펀잡인은 자존심이 강하고 이 나라의 정치나 군부를 장악하고 있다. 그리고 남부의 신디인은 비교적 온순하고 정이 많은 편이다. 파키스탄인은 일반적으로 게으르지만 원만한 국민성을 갖고 있다. 자신들의 문화유적이나 이슬람의 교리를 이해해 주는 사람에게는 감사한 생각을 갖는다. 파키스탄은 상당히 폐쇄적인 사회이나 사람들은 순박하며 정에 약한 면이 있다. 그러나 펀잡인이나 상층계급은 대단한 자존심을 갖고 있다.

71) 한국수출입은행, 전게서, p.74 참조.

(3) 사회관습

1) 인사

파키스탄에서 남성들은 주로 서로 악수를 하면서 인사를 한다. 여성들은 서로 악수나 포옹을 한다. 외국인 남성은 상대방이 먼저 악수를 건네는 경우를 제외하고 파키스탄 여성과 악수를 할 수 없다. 악수는 가볍게 해야 한다. 이성과 악수를 할 때에는 상대의 팔을 건드리지 않도록 하해야 한다.

2) 호칭

파키스탄인의 가정에 초대를 받으면 집주인은 당신을 참석한 사람 모두에게 소개할 것이다. 파키스탄인의 이름은 이름, 아버지의 이름에 접사를 붙인 이름, 카스트 계급 명, 경어 등으로 이루어져 있다. 경어를 사용하는 사람은 그것으로 카스트 명을 대신할 수 있다. 상대방의 허락 없이 이름만 부를 수는 없다. 파키스탄인은 자신을 소개할 때 이름의 전체를 말한다. 하위 계급의 사람들은 그들의 상관을 직함에 사히브를 붙여서 부른다.

3) 명함

파키스탄은 민족의 구성이나 사회적제도가 복잡하여 명함을 주고받을 때에는 명시된 이름과 직함을 주의 깊게 보고 발음도 재차 확인하여 실수가 없도록 해야 한다. 파키스탄인은 직위나 직함 등을 사람을 판단하는 잣대로 사용하기 때문에 본인을 소개하기 위하여 전달하는 명함에도 회사에서의 직급이나 직책을 명확하게 명시하여야 한다.[72)]

4) 가족제도

파키스탄인에게 개인의 위엄과 명성은 매우 종요하며 무슨 일이 있어도 반드시 지켜져야 한다. 가족에 대한 충성은 가장 중요한 덕목이다. 그들은 가족의 욕구를 개인의 욕구보다 우선시하곤 한다. 파키스탄인은 가문을 중시하고 대부분의 가정에서는 대대로 이어받은 가업에 종사한다. 파키스탄인은 상류층은 영원히 상류층이고 하류층은 영원히 하류층 생활을 한다. 학교에서도 상류가문 출신은 그들끼리 어울리고 중류가문 출신은 그들대로 우의를 갖는다.

72) http://search.daum.net/search?nil

5) 종교

파키스탄인은 이슬람교교리에 따라 생활하고 있다. 하루의 시작은 이슬람사원에서 울려 퍼지는 아잔소리로 하루의 일과가 시작된다. 하루 5번, 정해진 시간에 메카를 향하여 유일신 알라에 예배를 올리고 예배 시간 내에 사원을 못 가는 사람들은 길가든 공원이든 어디서고 경건하게 예배를 올린다. 파키스탄에서 버스는 남녀석이 철창으로 구분되어 있는데 거리는 무질서하다. 파키스탄은 대가족제이며 서로 돕는 사회풍조로 인하여 굶는 자는 거의 없다. 이것은 파키스탄의 자선이 이슬람교리의 5대 의무중 하나에 해당하여 그 율법을 지키는 결과이다.

6) 언행

파키스탄은 이스람교의 영향을 받은 보수적이고 전통적인 사회이다. 파키스탄인은 감정을 쉽게 드러내며 과장을 섞어 말하는 경향이 있다. 파키스탄인은 상담에서 상대방과 충돌하는 것을 좋아하지 않기 때문에 그들은 좀처럼 상대방에게 직접 아니오라고 말하지 않는다. 식사를 하거나 다른 사람에게 무엇을 건네줄 때에는 오른손만 사용한다. 파키스탄에서 앉을 때에 상대방에게 발바닥을 보이는 것은 결례이다.

2. 무역상담 문화

(1) 시간관념

파키스탄에서는 무역상담 일자를 약속하는 경우에 몇 달 전에 정하는 것이 좋다. 약속한 시간에 상대방이 늦더라도 인내심을 가지고 상대하여야 한다. 파키스탄인은 특이한 시간관념을 갖고 있다. 파키스탄인은 인간관계를 약속보다 중요하게 여긴다. 파키스탄인은 다른 사람의 예기치 않은 방문이나 위급한 가족문제를 해결하기 위해 약속 시간에 늦을 수도 있다. 그래서 업무 지연이 심각한 문제를 야기하지 않도록 사전에 업무일정을 융통성 있게 조절하는 것이 좋다.

(2) 무역상담 전략

파키스탄인은 타협을 하는 것을 매우 좋아하기 때문에 무역상담시에 상대방이 양보할 것을 기대한다. 파키스탄 무역상담에 참가한 파키스탄인은 타협을 좋아하기 때문에 상담 중에 상대방이 양보할 것을 기대한다. 파키스탄인은 상대방으로부터 양보를 얼마나 얻어내었는가에 따라 무역상담의 성공 여부를 판단하기도 한다. 무역상담 시에 이들의 자존심을 상하게 하는 언사나 행동은 금하며 파키스탄인의 말이 너무 빠르지만 잘 듣고 여유를 보이며 자신이 없는 약속은 금해야 한다.

(3) 무역상담 결정형식

파키스탄에서 무역상담은 되도록 그 회사의 사장이나 중역과 한다. 상급자는 매우 중요한 역할을 하는데 명령을 하는 경우가 거의 없는 대신 제안자의 역할을 한다. 상급자들은 출퇴근 시간이 일정치 않다. 파키스탄에서는 윗사람이 회사에 남아 있으면 아랫사람 역시 퇴근을 하지 않는 것이 일반적이다. 그래서 거래가 성사되기까지에는 상당한 시간이 소요되는 편이다. 따라서 파키스탄인에게 결정을 빨리 내릴 것을 재촉하는 것은 소용없다. 파키스탄 기업의 의사결정구조를 이해하고 적응해야 한다.

(4) 무역상담 유의점

파키스탄인은 상술에 탁월한 소질을 갖고 있으며 매우 영리하다. 파키스탄에서는 계약서를 작성했다 하더라도 조심하여야 한다. 파키스탄에서는 진실성을 보여주고 상대방의 자존심을 크게 채워주는 것이 최선의 방법이다.

3. 초대문화 · 식사문화 · 선물문화

(1) 초대문화

파키스탄에서 초대는 상대방과 친밀한 관계를 형성하는 지름길이다. 파키스탄에서 가정으로 초대하면 남자들만이 즐길 수 있는 별실로 안내된다. 파키스탄 사람의 가정에 식사 초대를 받았다면 감사의 표현으로 먹을 수 있는 한 많이 먹는 것이 좋다.

(2) 식사문화

파키스탄인의 전통음식은 화덕(tandoor)에서 구운 빵인 로티(roti)와 난(nan)이다. 로티는 물과 밀가루로 반죽한 것이고 난은 우유와 밀가루로 반죽한 것이다.[73] 파키스탄에서 식사초대를 받으면 대부분 양고기로 볶은 밥이 나온다. 이때 사전에 손을 씻

고 가급적 상대방의 관습대로 오른손으로 스푼 없이 집어먹는 것이 상호 일체감 조성에 좋을 듯하며 매사 음식은 오른손만 사용한다. 파키스탄에서 야외나 정원에서 식사를 할 때엔 접시에 하인이 가져다준 물로 손을 씻을 경우 오른손만 씻고 하인이 건네주는 수건으로 손을 씻는다. 음식은 손님이 주인과 함께한 후 남은 것은 가족이 먹는 경우가 많으며 가족이 먹고 남은 음식은 하인들이 먹는다. 파키스탄에서 초대자는 아무리 많이 먹을지라도 끊임없이 하기 때문에. 더 이상 먹지 못할 때에는 적어도 세 번 정도는 사양해야 한다.

(3) 선물문화

파키스탄인은 선물을 고맙게 받지만 반드시 받을 것을 기대하지 않는다. 파키스탄인의 소지품에 대한 과찬은 그 물건을 탐내는 것으로 오인할 수 있다. 그런 경우 파키스탄인은 칭찬에 대한 감사의 표시로 그것을 주려고 하는데, 이때에 거절하면 불쾌하게 여긴다.

제13절 필리핀

1. 일반 개요

(1) 국가의 특징

필리핀(Philippine)은 1946년 7월 4일 미국으로부터 독립한 대통령중심제 국가이다. 아시아 남중국해 해상에 위치한 도서국으로 기후는 고온다습한 아열대성 기후이며 면적은 300천 ㎢로 한반도의 1.3배이다. 수도는 마닐라(Manila)이다. 자바족(40.6%), 순다족(15%) 등으로 구성되어 있다. 언어는 타갈로그어(공용어), 영어(상용어) 등을 사용한다. 종교는 카톨릭(82.9%), 이슬람교(5%) 등이다. 화폐단위는 페소(Peso)를 사용하며 산업구조는 서비스업(57.0%)이 주를 이루고 제조업(31.1%), 농업

73) http://blog.naver.com/PostView.nhn?blogId

(11.9%) 순이다. 주요 수출품은 반도체 및 전자제품, 수송장비, 의류, 구리제품 등이며 주요 수입품은 전자제품, 연료, 기계 및 운송제품, 철강제품 등이다. 주요자원으로는 금, 구리, 니켈, 석유, 목재 등이 있다.[74)]

(2) 국민성

1) 포용성

필리핀인은 타인에 대하여 마음이 넓게 열려 있으며 친절하다. 필리핀인들은 가족 구성원의 연합이 잘되어 있고 외국인에 대해서는 그들 가정으로 초대하기를 좋아하며 따뜻하게 대우한다. 필리핀인은 다른 사람들의 존엄성을 늘 인정하며 같은 인간 동료로서 따스한 감정을 가지고 있다. 필리핀인은 타인을 쉽게 신뢰하여 한번 신세를 지면 그것을 결코 잊지 않고 마음속에 간직한다.[75)] 필리핀인은 자유로운 환담을 즐긴다. 필리핀인은 직접적인 표현에 익숙하지 않다. 필리핀인은 정해진 시간 내에 일을 끝내지 않는 것이 보통이다. 필리핀인은 적응력이 뛰어나며 외부환경을 순응하고 있다. 필리핀인은 두뇌가 우수하며 빠른 인지력과 좋은 기억력을 가지고 있다. 그러나 사치성이 있으며 도박에 심취하는 경향이 있다.

2) 친화성

필리핀인은 중대사를 운명에 맡기는 경향이 있다. 필리핀인들은 자존심이 강하고 인간관계를 중시한다. 필리핀인은 자제력과 인내심이 부족하고 다혈질이기 때문에 열정으로 모든 일을 시작하지만 곧 흥미를 잃는다.[76)] 필리핀은 역사를 통해 다양한 방법으로 유입되어 동서양의 혼합된 문화를 수용하였다. 필리핀인은 친화적인 가치관과 생활습관이 있어 상대방을 칭찬하며 교제한다. 필리핀인은 체면을 손상당하는 것을 수치로 여겨 변명하거나 용서받는 것을 패배 로 생각한다.[77)] 필리핀은 개방적이고 사교성이 강하며 여성우대정신이 깊이 박혀 있다. 필리핀인은 사교를 극히 중시하는 국민이며 생일, 결혼기념일, 세례기념일, 환송 및 환영회 등의 기회가 있으면 자주 파티를 연다.

---

74) 한국수출입은행, 전게서, p.78 참조.
75) http : //home.dreamx.net/bong622/
76) http : //www.soholink.co.kr/trade/phi/phi_1.htm#2)
77) http : //www.yoohantravel.co.kr/pimages/p-js.htm

3) 가정주의

필리핀인은 가정을 중시하며 부나 권력을 추구하는 것도 자신을 위해서가 아니라 가족 전체의 사회적 지위를 높이기 위한 목적에서이다. 필리핀인에서는 의형제나 자매 등도 모두 가족이라고 생각하며 이들이 직업이 없는 경우 직업을 갖고 있는 친족 가정으로 들어가 산다. 이들은 부모형제가 없으면 조카, 숙부 등 친척에게 들어가 가족의 구성원이 되며 누군가 직업을 얻으면 모두 그 사람의 신세를 진다.

(3) 사회관습

1) 인사

필리핀에서 인사를 할 때는 악수를 하는 것이 일반적이다. 필리핀인과 악수를 할 때 손에 힘을 주어 악수하는 것이 좋다. 필리핀에서는 친한 여자 친구들끼리 포옹을 하거나 볼에 입맞춤을 하면서 인사한다. 이와 유사하게 남성들 역시 친구들끼리 손을 잡거나 팔짱을 끼고 다니는 경우가 많다. 필리핀인은 종종 상대방과 눈을 마주친 후 눈썹을 위에서 아래로 한번 올렸다가 내림으로써 인사를 주고받기도 한다.

2) 호칭

필리핀에서 만나는 사람들에게는 모두 직함에 성을 붙여서 부르는 것이 좋다. 필리핀에서는 특이한 직함을 종종 발견할 수 있는데 이것은 필리핀 기업들은 대체로 보수나 권한보다는 직함으로 보상을 하기 때문이다. 특별한 식함이 없는 사람들은 싱에 씨(Mr.), 부인(Mrs.), 양(Miss.)을 붙여 호칭하는 것이 좋다. 중요한 직책을 맡고 있는 남편을 둔 기혼 여성들은 때때로 그들의 남편의 직함 앞에 부인(Mrs.)을 붙여서 호칭하기도 한다. 필리핀의 상류층은 아버지의 성을 먼저 쓰고, 그 다음에 어머니의 성을 쓰는 스페인계 관습을 따른다. 하지만 호명을 할 때에는 아버지의 성을 부른다.

3) 복장

필리핀인은 개인의 복장이 자신의 사회적 지위와 성공을 나타낸다고 믿는다. 필리핀 남성은 일반적으로 목이 트인 흰 셔츠를 입고 타이를 맨다. 여성은 흰색의 긴 팔 블라우스와 어두운 정장이나 스커트를 즐겨 입는다.

4) 음주

필리핀인은 공적인 장소에서 취한 모습을 보이는 것을 수치스러운 것으로 여긴다. 술을 마시는 동안에도 절제된 모습을 보이는 것은 중요하다. 필리핀 여성들은 사회적 모임에서 거의 술을 마시지 않는다.

5) 언행

필리핀인은 대화과정에서 눈이나 입술, 손짓을 자주 사용한다. 눈썹을 올리거나 미소를 짓는 것은 가벼운 인사나 질문에 있어서 긍정적인 답변을 의미하지만 오랫동안 눈을 마주 하는 것은 상당히 무례한 것을 받아들여진다. 마주보고 있는 두 사람 사이를 지나가야 하는 경우에는 두 손을 앞으로 모으고 고개를 숙이고 지나가는 것이 좋다. 이것은 상대방에 대한 배려를 나타낸다. 손가락으로 누군가를 가리키는 것은 무례한 행동으로 간주되기 때문에 필리핀 사람들은 손가락으로 사물이나 방향을 가리키지 않고 시선이나 입술을 오므려서 지시를 한다. 누군가를 부를 때에는 손바닥을 아래로 향한 채 상하로 흔든다. 필리핀인이 음식점에서 쉿! 소리를 내는 것은 종업원을 부를 때이다. 손가락으로 두개를 의미할 때에는 검지와 중지가 아니라 약지 외 계지를 사용한다. 필리핀에서 엄지손가락은 숫자를 세는 데 사용되지 않는다. 다른 사람과 이야기할 때 양손을 뒤로 하여 엉덩이에 올려놓으면 안 된다.

2. 무역상담 문화

(1) 시간관념

필리핀인과 무역상담을 위해서는 시간약속을 해야 하는데 비서가 맡아서 관리한다. 필리핀인은 무역상담시에는 동양인이라는 생각으로 대하지 않으며 무역상담시간은 시간관념이 없다 하더라도 정시에 방문해야 한다. 사업이나 경제활동에서는 영어가 사용되며 약속시간은 정확히 지켜야 한다. 필리핀인은 오래 기다리지 않는다. 약속시간으로는 오전 중이나 정오부터 늦은 오후까지가 가장 적당하다. 필리핀의 업무시간은 고위 공무원들은 늦게까지 일하며, 사무실에서는 업무시간 외에 통화가 가능하지만 가정으로서는 불가능하다. 그러나 사업가인 경우에는 그들의 가정으로서도 통화가 가능하다.

(2) 무역상담 전략

필리핀인과의 거래추진은 단기간에 결과를 얻기 어려우며 장기적, 단계적으로 시장진출 기반을 닦는 노력이 필요하다. 거래 상대방과의 계약 등에는 일괄 상담보다는 개별적인 조건을 일일이 확인하고 하나하나 점검하는 세심함이 필요하다.

상대방의 무리한 요구에 대해서는 모호한 대답을 하지 않아야 한다. 필리핀은 아시아에서 가장 남녀평등이 잘 지켜지는 나라로 경제분야에도 다수의 여성이 진출하여 있다. 따라서 사업의 상대가 여성일 가능성이 많은 나라이므로 유연한 자세를 지키는 것이 좋다.[78)]

(3) 무역상담 결정형식

필리핀에서는 소개자를 통하여 결정권을 갖고 있는 사람에게 접근하여야 한다. 주요 결정권을 갖고 있는 사람에게 접근하려면 숙련된 중개자가 필요하거나 그의 부하직원을 먼저 여러 번 만나야 한다. 필리핀인은 개인에게는 최종적인 결정을 내릴 권한이 없다고 생각한다.

(4) 무역상담 유의점

필리핀에서는 사람들과 가족적인 유대관계를 유지하는 것이 매우 중요하다. 필리핀인은 사업을 시작하기 전에 상대방에 대해 아는 것이 중요하다고 생각하여 가족이나 개인적인 배경에 대해 질문을 통해 상대방을 파악하려고 한다. 단체, 특히 가족은 필리핀 문화에 지대한 영향을 미친다. 단 한사람의 행동이 전 가족의 평판을 손상시킬 수도 있다고 생각하여 행동을 조심한다. 이와 마찬가지로 필리핀인은 행동을 개시하기 전에 자신의 행동이 자신이 속한 단체에 미칠 영향 등을 고려한다. 그리고 그 행동이 자기가 속한 단체에 피해를 준다고 판단을 하면 과감하게 행동을 포기한다. 필리핀 기업인은 직설적인 표현은 자제하고 완곡한 표현을 사용한다. 필리핀인이 예라고 한 것을 확실하게 하려면 서면기록으로 남기는 것이 좋다. 더욱이 필리핀인은 서면기록을 중요하게 생각하는 경향이 있다. 그러므로 무역상담에 참여하는 쌍방간에 합의하여 무역상담의 결과를 문서화하는 데에는 무리가 없다.

---

78) http：//www.toursale.net/aboutphil.htm

3. 초대문화 · 식사문화 · 선물문화

(1) 초대문화

필리핀인을 모임에 초대하는 경우 확실하게 초대 의사를 표현하여야 하며 며칠 전에 참석여부를 확인하는 것은 필수적이다. 사회적 모임에 초대받았다면 가능한 모두 참석하는 것이 좋다. 결혼식이나, 생일잔치, 세례식, 그 밖의 가족 행사에 초대받는 것은 어려운 일이다.

필리핀 사람들은 서면으로 한 약속은 반드시 지켜야 한다는 의무감을 갖고 있다. 다른 사람을 가정에 초대하는 것은 초대자가 그 사람을 정말로 신뢰한다는 것을 의미한다. 필리핀인으로부터 초대를 받으면 미국식 시간인지 필리핀식 시간인지를 확인하고 필리핀식 시간이면 1~2 시간 늦어도 실례가 안 된다. 사회 모임에서는 중요한 손님일수록 늦게 도착한다. 외국의 기업 임원들의 경우에는 15~30분 정도가 적당하다. 제 시간보다 일찍 도착하면 당신은 식욕이 많은 사람으로 간주되기 쉽다.

(2) 식사문화

1) 좌석 배치

필리핀에서 회식에서나 사교 모임에서 좌석 배치는 위계 서열을 바탕으로 이루어진다. 따라서 좌석을 안내받은 후에 앉는 것이 좋다. 음식이 제공되는 어떠한 모임에서든지 주인이 여러 번 앉으라고 권한 후에야 자리에 앉는 것이 좋다.

2) 식사순서

필리핀인은 자국의 음식 문화에 대해 자부심을 갖고 있다. 필리핀 문화에서는 주인이 권하기 전에 식사를 시작하는 것은 실례이다. 필리핀에서는 초대자가 손님에게 음식을 충분히 대접했다는 인상을 주기 위해 접시에 음식을 조금 남기는 것이 좋다. 식사가 끝나면 필리핀 사람들은 종종 남은 음식을 손님들에게 가정으로 가져가라고 포장해 주는 경우가 있다. 필리핀 요리는 필리핀 전통 요리에 중국, 인도네시아, 스페인 등 여러 나라의 특성이 뒤섞여 다채롭고 복합적이다. 주로 쌀과 생선 요리를 중심으로 한 해산물과 닭고기 요리가 필리핀 사람들의 일상적인 음식이다.[79]

79) http://k.daum.net/qna/openknowledge/view.html?

(3) 선물문화

필리핀에서는 무역 계약이 체결된 후에는 새로운 동업자에게 더 값진 선물을 하는 것이 좋다. 필리핀에서는 선물로 꽃과 음식이 좋은데 경우에 따라서는 고급 음식점에서의 저녁식사를 들 수 있으며, 남성에게는 포도주, 여성에게는 향수도 좋은 선물이다. 그러나 어떤 선물을 하더라도 적당한 가격선의 물건으로 하여야 한다. 선물을 포장할 때에는 다른 아시아 국가들과는 달리 필리핀에서는 어떠한 색상의 포장지를 선택해도 상관없다. 필리핀에서는 선물을 받으면 주는 사람 앞에서 풀어본다.

제14절 싱가포르

1. 일반 개요

(1) 국가

싱가포르(Singapore)는 1965년 8월 9일 말레이시아로부터 독립한 내각책임제 국가이다. 아시아 말레이반도 남단에 위치하고 있으며 기후는 고온다습한 열대성 기후이며 면적은 697 ㎢로 한반도의 1/330이다. 수도는 싱가포르(Singaporc)이다. 민족은 중국계(76.8%), 말레이시아계(13.9%), 인도계(7.9%) 등으로 구성되어 있다. 언어는 영어, 중국어, 말레이어 등을 사용한다. 종교는 불교(42.5%), 이슬람교(14.9%) 힌두교(4%) 등이다. 화폐단위는 싱가포르 달러(Singapore Dollar: S$)를 사용하며 산업구조는 서비스업(73.2%) 주를 이루고 제조업(26.8%) 이다. 주요 수출품은 기계류 및 장비, 제약품, 화학제품 등이며 주요 수입품은 기계류 및 장비, 연료, 식료품, 화학제품, 소비재 등이다. 주요 부존자원이 없기 때문에 관광자원의 개발에 힘쓰고 있다. 국제무역과 해외투자에 크게 의존하는 개방경제체제를 운용하고 있으며, 아시아에서 일본 다음가는 경제부국으로 성장하였다.[80]

80) 한국수출입은행, 전게서, p.82 참조.

(2) 국민성

싱가포르인은 친절하고 예의바르며 개인보다 우선하여 공동체와 사회가 있고, 그 위에 국가가 있는 가부장적 통치방식을 잘 수용하고 있다. 그래서 공동체를 위한 협력과 인권을 존중하여 모든 일을 합의하여 인종과 종교의 조화를 찾아낸다. 싱가포르인은 인간관계를 중시한다. 싱가포르인은 싱가포르가 아시아 국가 중 가장 부패가 없는 나라라는 사실에 대해 자부심을 갖고 있다.

(3) 사회관습

1) 인사

중국계 싱가포르인끼리 인사를 할 때는 전통적으로 고개를 숙여 인사를 하는 관행이 있다. 전통적인 말레이시아계 싱가포르인끼리 인사를 할 때는 전통적으로 힘을 주어 잡지않고 가볍게 손만 대는 식의 악수를 한다. 일반적으로는 한쪽 손이나 양손을 펴서 서로의 손에 가볍게 댄 후 그 손을 가슴 위에 올려놓는 방식의 인사를 한다.

2) 호칭

말레이시아계 싱가포르인은 전통적으로 성을 갖지 않는다. 말레이시아계 싱가포르인 이스람교교도 남성은 아버지의 아들(bin)이라는 명칭을 붙여 이름을 부른다. 말레이시아계 싱가포르인 이슬람교교도 여성은 아버지의 딸(binti)이라는 명칭을 붙여 이름을 부른다. 사업을 하는 여성들은 그들의 남편의 이름을 자신의 이름에 붙이기도 한다.

3) 흡연

호텔, 관청 등 공공건물, 학교와 버스정류장 등 사람들이 줄을 서서 있는 곳에서의 흡연은 법으로 금지되어 있다. 이와 같이 싱가포르에서는 대부분이 벌금제도이며 경찰에 의해 직접 적발되지 않았어도 목격한 다른 사람의 신고에 의해서도 벌금이 부과될 수가 있음을 알고 주의하여야 한다.[81] 흡연은 공공장소 및 정부기관 사무실에서는 담배를 피울 수 없다. 싱가포르에서 경찰, 세관 등 정부부서와 접촉시 사례금 등 반대급부 제공은 절대 금하도록 하여야 한다.

81) http : //www.mofat.go.kr/main/top.html

4) 신체접촉

싱가포르인을 만날 때는 직접적인 시선 접촉은 피하는 것이 좋다. 싱가포르에서는 공식적으로 악수를 제외하고 이성간의 신체적 접촉이 일어나지 않는다. 심지어 부부간에도 공식적인 자리에서 포옹을 하거나 입맞춤을 하는 행위는 금지되어 있다. 그와 반대로 동성간의 신체적 접촉은 허용되기 때문에 남성들이 손을 잡거나 심지어 서로의 어깨에 팔을 두르고 걸어가는 것을 쉽게 볼 수 있다. 이러한 행동은 우정의 표시이다.

5) 공중질서

싱가포르에서는 사회 공중질서가 엄격히 지켜지고 있다. 음주운전은 생각도 못하며 기물파손 및 파괴, 장물보관, 강간 등 파렴치행위 등에 대해서는 강제적 태형제도를 엄격히 집행한다. 거리에서 담배꽁초나 쓰레기를 버리면 벌금을 내게 된다. 껌의 수입, 제조판매, 사용 및 소지가 금지되어 있다. 마약거래자에게는 강제적 사형을 선고하며 마약 복용자에게는 의무감호조치를 취한다. 횡단보도로부터 50m 이내의 장소에서 무단 횡단할 경우는 벌금이 부과된다. 화장실에서 용변 후 물을 내리지 않는 것도 불법으로 벌금이 부과된다. 팁은 대부분이 요금에서 10%의 서비스요금이 부과되기 때문에 싱가포르에서는 별도의 팁을 주는 것은 금지되어 있다.[82] 따라서 싱가포르에는 엄격한 뇌물금지법이 있으며 공무원들은 어떠한 종류의 선물도 받을 수 없도록 규정되어 있다. 세관, 경찰, 기타 정부 민원부서와의 접촉 시 사례금, 뇌물 등 반대급부 제공은 절대 금기사항이다.

6) 언행

인도계 싱가포르인에게는 두 손가락으로 다른 사람을 가리키는 것이 예의에 어긋나는 행동으로 간주된다. 다른 사람을 부를 때에는 손바닥을 아래로 향한 채 손을 내밀고 상하로 흔들어야 한다. 다른 사람을 가리킬 때에는 손 전체로 가르켜야 한다. 주먹으로 나머지 손의 손바닥을 치는 행위는 외설적인 것으로 간주한다. 인도계 말레이시아인은 머리에 영혼이 있다고 믿기 때문에 다른 사람의 머리를 절대로 만지거나 아이들의 머리를 쓰다듬는 것은 안 된다. 양손을 허리에 대고 팔꿈치를 양옆으로 뻗친 채 서 있는 행동은 화가 났거나 공격적인 자세로 해석된다.

---

82) http://www.seaairtour.co.kr/singapore-info.htm

2. 무역상담 문화

(1) 시간관념

싱가포르인은 무역상담시에는 사전에 약속시간을 정하여야 하며, 시간관념이 철저하기 때문에 약속시간에 늦는 것을 모욕적이고 무례한 것으로 간주한다.

(2) 무역상담 전략

싱가포르 기업들의 가격상담 태도는 집요하다. 제품의 가격결정 구조에 대해 잘 인식하고 있으며 비정상적인 가격을 제시하기도 한다. 상대방 제품에 대해서는 시장동향을 상당히 파악하고 있기 때문에 유의하여야 한다. 싱가포르 거래 문화는 경쟁적이며 강한 업무윤리를 갖고 있다. 싱가포르에서는 기업이든 정부기관에서든 오랜 근속경력과 근면성을 높게 평가하여 연장자나 가장 유능한 사람이 지도자 역할을 맡는다. 그래서 본인보다 연장자나 직급이 높은 사람이 실내에 들어올 때는 자리에서 일어나는 일도 있다. 싱가포르인은 자신과 같은 민족에 속한 사람들을 기본적으로 신뢰하는 경향이 있다.

(3) 무역상담 결정형식

싱가포르인은 연장자나 직급이 높은 사람이 무역상담에 대하여 결정을 내리거나 문제 해결을 하는 경향이 있다. 싱가포르에서는 대인관계를 회사의 업무보다 더 중요하게 여긴다. 만약 무역상담에 참여하던 실무자가 다른 사람으로 교체된다면 그때까지 형성된 대인관계는 무시하고 새로운 상대방과 신뢰관계를 구축해야 한다.

(4) 무역상담 유의점

싱가포르인은 거래하는 상대기업에 대해서 계약준수 등 신뢰성을 요구하고 있다. 무역상담 시 싱가포르 기업들은 제품품질이 우수하고 경쟁력이 있다고 판단되면, 독점 대리권을 요구하는 경우가 많다. 싱가포르인은 어떠한 질문에 대해 아니오라고 대답하는 경우가 극히 드물다. 그들이 망설이거나 확신 없이 대답하는 예는 아니오를 의미한다. 만약 상대방이 고의적으로 질문을 무시했다면 그것은 거절을 의미한다. 만약 상대방이 당신의 제안에 동의한다면 그러한 대답은 긍정으로 해석될 수 있다.

3. 초대문화 · 식사문화 · 선물문화

(1) 초대문화

싱가포르인은 식사모임에 정시 또는 약간 늦게 도착한다. 식사모임에 정시에 도착하는 사람은 탐욕스럽고 참을성이 없다는 인상을 준다고 생각한다. 손님은 친밀한 관계가 형성되었을 경우에만 약속시간보다 일찍 도착할 수 있다. 싱가포르에서는 사교모임이 거래의 중요한 일부이기 때문에 참석하는 것이 좋다. 초대를 서면으로 받은 경우에는 항상 답신을 보내야 한다. 일반적으로 배우자를 저녁식사에 동반할 수는 있지만 점심식사에 동반하는 경우는 없다. 싱가포르의 부패방지법은 매우 엄격하여 공무원들은 사교 모임에 참석하는 것이 금지되어 있다. 중국계 싱가포르인은 접대시 주로 호텔이나 음식점을 이용하나 인도계 싱가포르인이나 말레이시아계 싱가포르인은 가정으로 초대하는 경우가 많다.

(2) 식사문화

싱가포르에서는 식사 중에 물이나 차를 마시지 않는다. 차는 식사 전후에, 술이나 맥주는 식사와 함께 흔히 제공된다. 싱가포르에서는 맥주가 주로 얼음과 함께 제공되며 음료를 주문할 수도 있다. 초대자가 당신에게 술이나 음료수를 권하면 건배를 하고 한 모금 마신 후에, 자신의 젓가락을 수직으로 들고 드세요라고 말하면서 음식을 권하게 된다. 생선을 먹을 때에는 접시를 돌리지 말고 생선을 뒤집어가며 먹는다. 싱가포르에서 최상의 대접은 닭이나 생선 한 마리를 통째로 대접받는 것이다. 싱가포르인은 채소를 주로 익혀서 먹는다. 싱가포르인은 주인이 몇 번이고 권하기 전까지는 음식을 사양한다. 트림을 하는 것은 음식을 잘 먹었다는 만족의 표시로 간주한다.

말레이시아계 싱가포르인 또는 인도계 싱가포르인과 식사할 때에 스푼은 음식을 입으로 가져갈 때에 사용하고 포크는 음식을 스푼에 옮겨 담을 때 사용한다. 음식을 먹거나 옮길 때에는 오른손만 사용한다. 말레이시아계 싱가포르인 가정에서는 술이나 돼지고기 요리가 종교적 이유로 나오지 않는다. 식사 전에는 손을 씻는데, 식사가 끝나면 물을 담은 그릇과 수건이 손님에게 제공된다. 이때에 오른손을 씻고 수건으로 손을 닦으면 주인이나 하인이 향수를 손등에 발라준다. 이는 초내가 끝났음을 알리는 것으로 초대에 감사를 표시하고 나와야 한다.

(3) 선물문화

1) 중국계 싱가포르인

싱가포르에서 선물을 주고받는 행위는 친밀감을 형성하고 유지하는 과정으로 인식한다. 중국계 싱가포르인은 짝수가 행운을 부른다고 믿기 때문에 선물을 할 때에는 짝수로 하는 것이 좋다. 중국계 싱가포르인에게 선물할 때 포장지는 빨간색, 분홍색, 황금색 중 하나를 선택하여야 한다. 싱가포르에서는 선물을 받으면 고맙다고 말한 후 선물을 옆에 두었다가 상대방과 헤어진 후에 개봉하는 것이 좋다. 저녁식사에 초대받았을 경우에는 음식선물은 피하는 것이 좋다. 식사를 대접받은 후에 보답으로 음식을 선물하는 것은 무방한데 캔디나 과일 바구니가 적당하다. 중국계 싱가포르인에게 칼, 가위, 짚신, 시계, 손수건, 흰색, 검정색, 청색으로 포장된 선물 등은 금해야 한다.

2) 말레이시아계 싱가포르인

말레이시아계 싱가포르인은 선물을 주고받는 것을 좋아한다. 말레이시아계 싱가포르인에게 선물을 하는 경우 포장지로 적당한 색상은 빨간색이나 녹색이다. 선물은 오른손으로만 건네고 선물을 받으면 고맙다고 말한 후 선물을 옆에 두었다가 상대방과 헤어진 후에 개봉하는 것이 좋다. 말레이시아계 싱가포르인의 가정에 초대를 받았을 때에는 그의 가족을 위해 작은 선물을 준비하는데 가정에 도착했을 때보다 떠날 때 하는 것이 좋다. 말레이시아계 싱가포르인 이스람교교도에게 피해야 할 선물로는 술, 알코올을 함유한 향수, 돼지고기, 돼지가죽제품, 속옷, 칼, 누드화 등이다.

3) 인도계 싱가포르인

인도계 싱가포르인은 빨간색, 노란색, 녹색을 비롯한 모든 밝은 색은 행복을 부른다고 믿기 때문에 포장지의 색으로 적당하다. 인도계 싱가포르인에게 어울리는 선물은 과일 바구니, 캔디를 담은 식기, 인도 여성용 겉옷 등이다. 인도계 싱가포르인에게 술이나 담배를 선물로 하는 것은 피하는 것이 좋다. 인도계 싱가포르인이 독실한 힌두교교도인 경우에는 가죽 제품을 선물하지 않는다. 인도계 싱가포르인에게 돈을 주는 경우에는 홀수가 행운을 가져온다고 믿기 때문에 홀수로 주어야 한다. 인도계 싱가포르인으로부터 선물을 받으면 고맙다고 말한 후 선물을 옆에 두었다가 상대방과 헤어진 후에 개봉하는 것이 좋다.

제15절 스리랑카

1. 일반 개요

(1) 국가의 특징

스리랑카(Democratic Socialist Republic of Sri Lanka)는 1948년 2월 4일 영국으로부터 독립한 대통령중심제 국가이다. 인도 남부, 인도양 해상에 위치하고 도서국이고 기후는 열대성 몬순이며 면적은 66천 ㎢로 한반도의 2/7이다. 수도는 콜롬보(Colombo)이다. 싱힐리인, 무어인, 타밀인 등으로 구성되어 있다. 언어는 싱힐리어, 타밀어, 영어를 사용한다. 종교는 불교(69.1%), 이슬람교(7.6%), 힌두교(7.1%), 기독교(6.2%) 등이다. 화폐단위는 스리랑카 루피(Sri Lanka Rupee: SLRs)를 사용하며 산업구조는 서비스업(57.6%)이 주를 이루고 제조업(30.3%), 농업(12%) 순이다. 주요 수출품은 섬유류, 차, 고무제품, 보석류, 코코넛 등이며 주요 수입품은 석유, 섬유원단, 기계・운송장비, 광물, 식료품 등이다. 주요자원으로는 천연고무, 코코넛, 차 등이 있다. 스리랑카를 세계적으로 유명하게 만든 것은 보석이다.[83)]

(2) 국민성

스리랑카인은 자존심이 강하고 배타성이 강하다. 스리랑카인은 천혜의 자연환경으로 인하여 풍요로운 마음씨를 가지고 있다.

(3) 사회관습

1) 인사

스리랑카에서 인사를 할 때는 아는 사람을 만났을 때는 손을 모으고 안녕하세요(ayobowan), 어떤 물건을 반았을 때는 고맙습니다(isthuthiyi), 기쁜 소식을 들었을 때는 참 잘 됐습니다(ahanna sathutuyi) 라는 말을 한다.

83) 한국수출입은행, 전게서, p.84 참조.

2) 호칭

스리랑카에서는 상대방을 부를 때에 이름을 사용하지 않고 형, 누나 등으로 부른다.[84]

3) 가족제도

스리랑카에서는 잠자리에 들 때나, 직장 또는 학교에 가기 전에 아이들은 부모 앞에서 무릎을 꿇고 부모에게 인사하는 관습이 있다. 스리랑카인의 가족 간에는 강한 유대관계가 맺어져 있으며 가족들은 서로 존중한다. 그래서 스리랑카인은 아기가 태어나면 스님에게 부탁하여 별자리 점을 치고 이름을 짓는 행사, 아기가 태어난 지 120일 째 되는 날에 아기에게 처음으로 밥을 먹이며 축하해 주는 식초(食初)행사, 여자아이의 경우 귀에 구멍을 뚫어주는 행사, 태어난 아이가 처음 문자를 가리키는 길일을 받아 행하는 행사 등과 같이 아이와 관계된 의례는 가족들이 모여 반드시 지킨다. 스리랑카에서는 여성이 남성을 존중하는 전통이 남아 있다. 그래서 가정에서는 식사 등 무엇이든 연장자인 남성에게 우선권이 있다. 여성은 빨래, 설거지 등과 같은 모든 집안일을 한다.

4) 언행

스리랑카에서는 특별행사가 열릴 때, 젊은이들이 보리수(beatle) 나뭇잎을 행사에 참석한 연장자들에게 주면서 존경심을 표시한다. 스리랑카인은 어떤 행사나 프로그램을 시작할 때, 성공적인 행사를 위해 행사 시작 전 전통적인 기름 램프(oil lamp)를 켜는 관습이 있다.

2. 무역상담 문화

(1) 시간관념

스리랑카에서 무역상담 시에는 사전약속이 필수적이며 보통 전화를 이용하여 직접 하는 것이 예의이다. 무역상담을 위한 시간을 약속한 경우에도 사전에 확인을 하고 방문을 하는 것이 좋다.

---

84) http://lka.mofa.go.kr/korean/as/lka/information/culture/index.jsp

(2) 무역상담 전략

스리랑카에서 무역거래자를 접촉하는 경우에는 통상 상대방이 원하는 장소로 직접 방문하는 것이 일반적이다. 스리랑카에서 대형구매는 거의 정부구매 방식을 취하고, 대부분 입찰방식을 취하고 있기 때문에 현지에 주재하는 입찰정보 수집원을 활용하는 것이 좋다. 스리랑카에서 일반구매의 경우에는 수요자가 원하는 실수요에 의하여 결정된다. 무역상담시에 모든 견본을 제시하는 것이 좋으며, 수입통관과 관련한 상담 지식을 갖추어야 한다.

(3) 무역상담의 결정형식

스리랑카에서는 연장자를 우대하는 관습이 남아있어 기업에도 상당한 영향을 주고 있다. 스리랑카 기업에서는 무역상담에 관한 의사결정권이 최고 경영자에게 있다.

(4) 무역상담 유의점

스리랑카 정부는 매월 보름을 공식휴일로 선언하여 불교도들이은 이날 종교행사를 갖도록 하고 있다. 다른 종교의 특별한 기념일도 휴일로 선언된다. 4월 14일은 싱할라 및 타밀 민족의 설날인데 가족들의 대부분이 한자리에 모여 손님들을 접대하고, 전통적인 놀이들을 즐긴다. 그러므로 무역상담을 하는 경우에는 이날 들을 고려하여 일정에 차질이 없도록 하여야 한다.

3. 초대문화 · 식사문화 · 선물문화

(1) 초대문화

스리랑카에서 결혼식 초대는 결혼 초대장을 전달하는 대신, 보리수(beatle; bulath) 나뭇잎을 접시에 담아 초청하려는 사람의 집을 방문한다. 상대방이 접시에 담긴 나뭇잎을 집으면 초청을 받아들인 것이며, 결혼식 행사 참석자 수를 이를 통해 확인한다. 결혼식은 별로 성대하게 치러지지 않으나 결혼식에서 중요한 것은 유반을 서로 먹여주는 것과 양 친족 간의 회식이다. 스리랑카에도 카스트제도가 남아있는데 양가집이 모여서 식사를 했다는 것은 두 집안이 카스트상의 문제가 없음을 의미하는 것이다.

스리랑카인의 가정에 소규모 인원으로 한정하여 초대받은 경우 위스키, 와인, 케이크 등을 갖고 가는 것이 초대에 대한 감사표시로 바람직하다.[85] 스리랑카에서 가정으로 초대를 받아 방문한 경우 주인은 손님이 식사를 많이 해 주기를 원한다.

(2) 식사문화

스리랑카의 전통음식 코키스(kokis)는 쌀가루와 코코넛 밀크로 만든 바삭하고 달콤한 튀김으로 새해를 축하하는 중요한 음식이다.[86] 스리랑카에서는 특별한 행사시 저녁에는 크웜(kewum)이나 키리베스(kiribath; milk rice)가 나온다. 크웜은 쌀가루, 꿀 등을 양념으로 한 음식이고, 키리베스는 우유에 밥을 말아 만든 음식이다. 스리랑카인을 식사에 초대할 경우, 메뉴 선정에 신경을 써야 한다. 대부분의 스리랑카 불교인들은 종교 및 관습의 영향으로 쇠고기를 먹지 않으며, 이슬람교도들은 돼지고기를 먹지 않는다. 현지인들은 외국인들과의 식사 시에는 스푼 및 포크를 사용하나 자신들만의 식사시나 비공식 식사 시에는 손으로 먹는다. 이때 오른손만을 사용하며 왼손은 사용치 않는다. 본인의 식사가 끝나도 상대 혹은 일행들이 아직 식사 중이면 일어서거나 손을 씻지 않는다. 부득이 먼저 일어서거나 손을 씻어야 할 경우에는 정중히 양해를 구해야 한다. 스리랑카인 집으로 저녁 초대를 받는 경우, 비록 초대 시간이 이른 저녁 시간이라도 대부분 식사는 늦게 제공된다. 식사 전에 위스키, 맥주, 와인 등 주류나 음료를 마시며 가볍게 담소를 하는 것이 관례이다.[87]

스리랑카에서 사교행사에 초대를 받아 방문한 경우 주최자는 손님에게 물컵을 들어서 식사할 것을 권한다. 오른손으로 식사를 하며, 손 씻는 그릇의 물로 손을 닦는다. 식탁 위의 음식은 하얀 천으로 덮어 두며, 주빈이 덮여 있던 천을 제거한다.

(3) 선물문화

스리랑카에서 개인 가정으로 초청받았을 경우에는 반드시 선물을 준비하는 것이 스리랑카 관습이다. 스리랑카인은 소박한 선물을 선호하기 때문에 부담을 주지 않는 것을 선택하여야 한다. 가족과 관계된 행사를 중요하게 여기기 때문에 사전에 파악하여 행사의 목적에 맞는 선물을 준비하는 것도 좋다.

---

85) http://cafe.naver.com/kopiasrilanka/376
86) http://cafe.naver.com/kopiasrilanka/274
87) http://cafe.naver.com/kopiasrilanka/376

제16절 대만

1. 일반사항

(1) 국가

대만(Taiwan)은 1911년 10월 10일 중화민국으로 건국하였다. 대만은 입헌민주공화제 국가이다. 대만은 중국 동남부 해상에 위치하고 있고 기후는 아열대성 해양 기후이며 면적은 36천 ㎢로 한반도의 1/6이다. 수도는 타이베이(Taipei)이다. 민족은 대만인(84%), 중국 본토인(14%), 원주민(2%) 등으로 구성되어 있다. 언어는 중국어를 사용한다. 종교는 도교, 불교, 기독교, 유교 등이 있다. 화폐단위는 타이완 달러(New Taiwan Dollars: NT$)를 사용하며 서비스업(58.85)이 주를 이루고 제조업(36.2), 농업(5%) 순이다. 주요 수출품은 전자제품, 기계, 플라스틱, 화학제품 등이며 주요 수입품은 전자제품, 기계, 원유, 금속 등이다. 주요자원으로는 석탄, 천연가스, 석회암, 대리석 등이 있다.[88]

(2) 국민성

대만인은 매사 신중하고 현실을 직시하며 상대방의 말을 경청한다. 말이 많은 사람을 소인취급을 하며 상대를 높여주는 기질이 있다. 대만인은 처음 상대하는 사람은 의심하지만 믿을 수 있다고 판단하면 손해가 있더라도 신뢰를 한다. 대만인은 친절함, 친근함, 원만함을 가지고 있다. 대만인은 우호적인 처신을 하는 경우 도움을 준다.[89] 대만인은 체면을 중시한다. 그래서 받는 것보다는 베푸는 것을 선호한다. 대만인들이 술과 식사를 대접하겠다고 하거나 선물을 주겠다고 하는 것은 체면과 관련이 있는 것이다. 대만인은 인간관계를 중시하여 사람 사이의 사회적 유대감을 갖는 것은 서로 돕기 위해 비공식적으로 협력하는 것이라고 생각한다. 인간의 관계를 통해 사업 기회의 발전, 정보의 발굴 및 공유, 상호협조 등을 모색하는 것이다.

88) 한국수출입은행, 전게서, p.88 참조.

89) www.roc-taiwan.or.kr/travel/travel-2.html

(3) 사회관습

1) 인사

대만인은 가깝게 지내는 경우는 악수를 하고, 처음 대면을 하는 경우에는 고개를 약간 숙이며 인사를 나눈다. 공식적인 경우를 제외하고는 고개를 숙여 인사를 하지 않으며 악수를 하고 명함을 주고받는 것이 일반적이다.

2) 호칭

대만인은 직함을 매우 중요시한다. 심지어 공무원들은 은퇴한 후에도 그들의 직함을 사용한다. 대만에서도 중국처럼 사장을 사장이 자재구입에서부터 판매 및 거래처 접대에 이르기까지 모든 일을 처리하는 총경리라고 부른다.

3) 언행

대만에서는 술을 즐긴다. 발로 의자나 문과 같은 사물을 움직이는 것은 불결하게 여긴다. 소란스럽게 떠들거나 행동하면 싫어한다. 사적인 자리에서 사업 얘기는 꺼내지 않는다. 복장은 여성은 드레스와 스커트, 바지차림의 정장을 입고 남자들 역시 넥타이를 매고 가죽구두를 신는다. 가정에 들어갈 때는 신발을 항상 벗어야 하며 이러한 관습은 대만에서 아주 보편적이다. 초대한 주인이 실내에서 사용할 수 있는 슬리퍼를 제공해준다.

대만문화는 노인공경에 특별한 가치를 부여하는 문화이다. 여러 사람을 한꺼번에 만날 때는 가장 연장자에게 먼저 인사하는 것이 좋다.[90] 대만 사회는 성역할이 엄격이 구분된 가부장제 사회이다. 대만인들은 대만 원주민들에 대해 편견을 갖고 있다. 대만에서는 지나가는 사람과 눈이 마주쳐도 미소 짓지 않는 것이 일반적이다. 대만인들은 노골적으로 말하지 않기 때문에 상대방의 말을 주의 깊게 경청하여 그 말이 진의를 확인할 필요가 있다. 중국인들은 누군가를 가리킬 때에는 손가락이 아니라 손바닥으로 한다. 대만인은 자신을 가리킬 때 가슴이 아닌 코를 가리킨다. 다른 사람의 어깨에 팔을 얹으면 안 된다. 어린 아이의 머리는 쓰다듬으면 안 된다. 중국인들은 대화할 때에 손을 거의 사용하지 않으며 상대방이 그렇게 할 경우 불쾌하게 여기기 때문에 조심하여야 한다.

90) www.roc-taiwan.or.kr/travel/travel-2.html

2. 무역상담 문화

(1) 시간관념

대만에서는 무역상담 시간을 사전에 약속하더라도 약속시간보다 다소 먼저 또는 후에 방문해도 관계없다. 대만인은 무역상담을 할 때에 시간을 정하고 진행하는 것을 매우 싫어한다. 아침시간으로 약속을 정할 때에는 조금 늦은 시각으로 정하는 것이 좋다. 대만인들은 외국인들이 시간을 엄수할 것을 기대하지만 그들은 시간에 대해 그리 철저하지 않은 편이다. 대만에서는 약속 장소가 걸어서 도달할 수 있는 거리가 아니라면 이동하는 데에 많은 시간이 소요되리라고 예상해야 한다.

(2) 무역상담 전략

1) 독점대리인 설정

대만의 기업인은 생존방법에 대한 탁월한 감각과 국제경제 감각이 있다. 대만인은 중소기업이 주류를 이루는 대만시장의 특성을 고려하여 소량주문 후 시장반응을 보면서 거래를 확대시킨다. 이후 한번 거래를 맺으면 관계가 오래 지속되는 경우가 많다. 대만의 사업체들은 상품이 시장성이 있다고 판단하여 독점권을 원하면 복수의 대리점을 선정하여 상호 경쟁시키거나 판매망을 상호 보완하는 전략이 필요하다.

2) 인간관계 수립

대만인들은 매우 강한 직업의식을 가지고 있기 때문에 그들의 하루 업무 시간은 대략 12~15시간 정도이다. 대만인은 상담에 능하며 타협이 일반적인 해결방법이다. 대만의 무역문화에서, 인간관계는 상호에 대한 존경과 신뢰에 바탕을 두고 있다. 대만인은 초면에 상대방에게 신뢰를 주지 않기 때문에 가급적 무역상담 일행에 연령이 높고 회사에 대해 많은 지식을 갖고 있는 사람을 포함시켜 신뢰를 주는 것이 좋다. 대만에서는 연령과 지위를 중시하기 때문에 임원 등을 무역상담 일행에 포함시키는 경우 무역관계를 중요하게 여긴다는 신뢰를 줄 수 있다. 대만인은 무역상담을 하는 중에 원하는 조건을 관철시키기 위하여 종종 상대방을 지치게 하는 전략으로써 무역상담을 지연시키기도 한다. 이러한 경우에는 인내심을 가지고 무역상담을 계속 진행하여야 한다.

대만을 방문하기 전에 대만 상대방이 미리 검토해 볼 수 있도록 방문 제안서를 미리 제출하는 것도 좋은 전략이다. 이때 제안서를 세부 항목으로 나누고, 질문과 답변 시간을 갖는 것이 좋다. 대만 무역 문화에서 개개인은 자신의 가족이나 자신이 속한 단체 또는 회사의 이미지를 손상시키지 않는 것이 중요하다. 공개제안을 할 때에는 상대방이 내용을 이해하고 있는지 확인하여야 한다. 자신이 답변하기 힘든 질문을 받았을 때에는 솔직히 모르겠다고 시인하여 분위기를 전환시키는 것도 좋은 방법이다.

(3) 무역상담 결정형식

대만의 업체들은 아이디어나 관념이 확실한 이익을 창출할 수 있다는 확신이 서기 전에는 외부의 정보에 대해 의심을 한다. 대만에서는 어떠한 기준이 되는 규칙보다는 주로 개인의 경험적 증거나 그 밖의 사실들에 의존하는 경향이 있다. 대만에서 무역상담을 타결하였거나 무역계약을 체결하여 계약서에 사인을 하는 경우에는 관인 도장을 찍어야 한다.

(4) 무역상담 유의점

무역상담을 하는 중에 상대방을 보면서 눈을 깜빡이면 안 된다. 중국인은과 무역상담을 하는 경우에는 책임소재를 분명하게 하여야 한다. 한편 중국인들은 상술에 뛰어나고 영리하며 내심을 잘 내보이지 않고 의심이 많기 때문에 원칙을 지키는 것이 좋다. 구두약속을 중시하지만 문서상의 계약은 신중히 해야 한다. 실질적인 것을 존중하는 경향이 있으므로 형식적인 방문 응대만으로는 상대방을 끌기 어렵다. 무역상담에서 금전문제와 감정은 드러내지 않되 상호간에 공감대와 개인적인 친밀성, 동업하고자 하는 의지를 밝히는 것이 좋다. 상대방을 억지로 설득하거나 강요하면 안된다.

3. 초대문화 · 식사문화 · 선물문화

(1) 초대문화

1) 초대장소 도착

대만인 가정으로 초대하는 경우는 극히 드문 일이나 가정에 초대받으면 과일, 캔디 또는 쿠키 등을 선물로 보내면 감사하게 생각한다. 처음 또는 한두 번 친구의 가정으

로 초대받았을 때는 선물을 준비하여야 한다. 초대에서는 초대자가 다른 사람들에게 당신을 소개할 때까지 기다려야 한다. 당신이 특별히 만나고 싶은 사람이 있다고 하더라도 그 사람에게 직접 접근하여 직접 당신을 소개하는 것은 금물이니까 제삼자에게 부탁하여 소개를 받아야 한다. 대만의 무역 관례상 과도한 인사와 신체적 접촉은 피하여야 한다. 대만에서는 아침식사를 하면서 상담을 하는 일은 거의 없다. 초대를 받는다면 적극적으로 참석하여야 한다.

2) 좌석배치

대만에서 초대를 받은 경우 좌석 배열은 위계질서에 따라 이루어지기 때문에 지정받을 때까지 기다리는 것이 좋다. 대만인들은 서로 마주 보고 앉기보다는 상대방 무역상담 일행과 마주보고 앉는 것을 선호한다. 주빈은 출입문의 맞은편에 벽을 등지고 앉으면 된다. 초대자는 그와 동급에 해당하는 상대방 상담자를 마주보고 앉는 것이 일반적이다. 이것은 같은 서열에 해당하는 사람들끼리 건배할 수 있도록 하기 위함이다.

(2) 식사문화

대만에서는 제공되는 음식을 모두 먹어보고 음식이 맛있다고 칭찬하여야 한다. 음식을 알맞게 먹어야 하는데 제공된 음식을 전혀 손대지 않은 채로 남기면 안 된다. 생선가시 등과 같은 음식쓰레기 등을 밥공기에 담으면 불운을 가져온다고 믿는다. 중국인들은 제사를 지낼 때 밥공기에 젓가락을 수직으로 꽂는 관습이 있기 때문에 유의하여야 한다.

(3) 선물문화

대만에서 상대방에게 선물이나 포장짐 또는 문서 등을 전달할 때는 인격을 존중한다는 의미로 두 손으로 주어야 한다.[91] 대만에서는 선물을 주는 경우 몇 번이고 사양을 하고 받으며 상대방 앞에서 개봉하지 않는다. 꽃 선물은 짝수로 하여야 하는데 4는 죽음의 사(死과)와 발음이 같아 기피하고, 6은 바람, 강, 빛, 산, 태양, 달의 여섯 가지를 뜻하는 행운이며, 8은 발전의 발(發)과 발음이 같아 선호하는 숫자로 여긴다. 선물의 유형으로는 개인의 취향을 고려하는 것이 좋은데 일반적으로는 회사마크가 새겨진 물건, 양주, 금장이 된 만년필, 향수 등이 좋다.

91) www.taiwanoco.pe.kr/tw06.ntm

인간관계를 끊거나 불행이나 슬픔 등을 상징하는 칼, 가위, 선물, 시계, 수건, 짚신 등은 금해야 한다. 포장을 하는 경우에는 적색이나 황색으로 된 포장지를 사용하고 흰색이나 검정색 또는 청색으로 된 포장지는 사용하지 않아야 한다.

제17절 태국

1. 일반 개요

(1) 국가의 특징

태국(Kingdom of Thailand)은 입헌군주제 국가이다. 중국 남쪽, 말레이반도에 위치하고 기후는 고온다습한 아열대성이며 면적은 513천 ㎢로 한반도의 2.3배이다. 수도는 방콕(Bangkok)이다. 민족은 타이인(75%), 중국인(14%) 등으로 구성되어 있다. 언어는 타이어(공용어), 영어를 사용한다. 종교는 불교(94.6%), 이슬람교(4.6%) 등이다. 화폐단위는 바트(Baht: Bt)를 사용하며 산업구조는 서비스업(52.7%)이 주를 이루고 제조업(38.73%), 농업(8.6%) 순이다. 주요 수출품은 컴퓨터 및 전자기기, 섬유, 신발, 자동차 등이며 주요 수입품은 자본재, 중간재, 원재료, 소비재, 연료 등이다. 주요자원으로는 천연고무, 주석, 천연가스, 텅스텐 등이 있다.[92]

(2) 국민성

1) 다양한 가치관

태국인은 독립과 전통문화에 대한 자존심을 갖고 있다. 태국사회는 느슨한 사회, 변화가 적은 사회, 농촌사회, 예절과 풍습을 기초로 한 사회, 교육 수준이 낮은 사회, 고향에 집착하는 사회, 계층사회 등으로 집약할 수 있다.[93] 태국인의 가치관은 개인숭배, 어른 공경, 주인 공경, 부모나 은혜를 베푼 사람들 높임, 쾌락주의, 편의와 편

92) 한국수출입은행, 전게서, p.90 참조.
93) http://teerak.tripod.com

안주의, 물질주의, 자유주의, 예식주의, 중용주의, 무욕주의 로 집약할 수 있다.94) 태국인은 예절 있는 사람에게는 감사하고 공손한 사람에는 호의적이다. 태국인은 온순하고 자유로운 마음으로 생활하나 자존심이 상하면 다혈질의 성격을 보이며 매우 거칠어진다. 태국인은 정직하고 낙천적으로 무슨 일이나 적극성을 띠거나 서두르지 않는다. 태국에서 가장 높은 가치관 중에 하나는 차분한 마음이기 때문에 웃음과 미소로 위기를 넘긴다.

2) 낙천주의

태국인은 상호흥정을 즐기며 정직하고 낙천적이어서 일을 추진하다가 잘 되지 않으면 운명으로 돌린다. 저소득 노동자들이라도 부유층을 부러워하거나 자신을 비관하지 않는다. 불교의 나라답게 이는 현세일 뿐 내세에서의 보다 나은 기대와 희망으로 계층별로 인생을 즐겁게 지낸다.

(3) 사회관습

1) 인사

태국인은 인사를 할 때 악수를 하는 것이 아니라, 기도하는 자세와 같이 양 손바닥을 합장한 자세로 코밑에 대고 고개를 약간 앞으로 굽히며 인사말을 한다. 아랫사람이 윗사람에게 먼저하고 윗사람은 같은 자세로 이에 응답한다. 태국인은 사람을 만날 때나 헤어질 때, 동성 또는 이성간에 합장을 하고 인사를 한다. 상류층은 외국인과 접촉시 서양식 악수를 하는데 익숙해 있다.95)

2) 호칭

태국인은 상대를 부를 때에 성 대신 씨, 부인, 양의 뜻으로 쿤(khun)이라는 명칭을 앞에 넣어 이름을 부르는 관행이 있다.96) 태국인이 이름을 부를 때에 붙이는 명칭인 쿤(khun)은 남자의 경우나 여자의 경우나 동일하게 붙이기 때문에 호칭에는 커다란 문제가 거의 없다.

94) http : //teerak.tripod.com
95) http://blog.honeymoonairtel.com/123
96) http://terms.naver.com/entry.nhn?

3) 가족제도

태국은 전통적으로 모계중심의 가족제도가 확립되어 있다. 태국 농촌사회의 가족 형태는 핵가족 형태가 가장 보편적이나 부나 모의 부모가 함께 살고 있는 경우도 적지 않다. 가족의 구성원은 부모 자식, 형제자매 사이에 비교적 평등한 관계를 유지하고 있다. 아버지는 한 가정의 중심이 되고 있으나 권위가 약하고 자식들의 부모에 대한 복종은 일방적으로 강요되지 않는다. 부모가 사망했을 때 형제자매의 가족이 모여서 공동으로 장례를 거행하는 형태의 가족 연합과 같은 친족들이 존재한다.[97]

4) 태국의 국왕

태국에서 국왕의 권위는 절대적이며 상징적 범위를 넘어 현실정치에도 중요한 비중을 차지하고 있다. 국태국인들의 국왕에 대한 존경심은 경이적인데 왕의 얼굴이 있는 물건도 마치 진짜 왕처럼 생각하는 데 사진을 향하여 손가락질을 한다거나 왕의 얼굴이 있는 동전이나 지폐도 함부로 다루지 않는다.

5) 태국의 불교

태국에서 수도승의 과정을 거치지 않고서는 고급관리나 사회적으로 존경받는 지위에 오를 수가 없다. 사원에 들어갈 때에는 스님이나 불상에 대해 먼저 경배하고 정중한 복장을 하여야 하며 불당에 들어갈 때는 신을 벗어야 한다. 불상은 신성시하기 때문에 함부로 다루거나 땅에 내려놓으면 안 된다. 남성은 20세가 되면 우기 3개월 동안인 농한기에 사원으로 일시 출가하여 환속하는 것이 관습화되어 있는데 출가한 경험이 있는 남성을 성숙한 인간이라는 의미로 콘쑥(khonsuk)이라고 부른다.

6) 언행

태국인은 다리를 꼬고 앉는 행위, 상대방에게 발바닥을 보이는 행위, 발로 사람이나 물건을 가리키는 행위, 상대방을 오래 쳐다보는 행위 등은 무례한 행동으로 여긴다. 태국인은 머릿속에 부처님의 영혼이 있다고 믿기 때문에 자녀나 가까운 사이의 머리를 쓰다듬거나 툭툭 치는 행위는 금해야 한다. 여성은 승려를 대할 때 몸이나 손이 닿지 않도록 주의해야 하며, 노상에서 마주 칠 때는 길을 피해야 한다.

---

97) 김홍구, 「전게서」, pp.102~104.

2. 무역상담 문화

(1) 시간관념

태국인은 서두르는 일이 없으며 오늘 못다 한 일은 내일로 미루고 일과시간이 끝나면 즉시 일손을 멈춘다. 태국인과 무역상담시에 사전약속을 하고 정시에 방문하면 예의의 표시로 받아들인다. 거래처와의 약속이 오래 전에 이루어졌으면 방문 전 반드시 다시 확인하여야 한다. 태국인과의 상담시간은 철저히 지켜야 한다. 상담시간은 최소 1주일 전에 서면으로 요청하는 것이 일반화되어 있다. 태국인은 정확한 업무처리를 중요시하고 있다.

(2) 무역상담 전략

태국인은 제품의 브랜드를 중시하여 브랜드의 명성이 확보되면 무조건 신뢰하는 경향이 높고 품질보다는 가격 및 외견을 중시하고 있다. 상품은 새로운 디자인과 산뜻한 제품을 선호하고 색상도 밝고 화려한 것을 좋아한다. 태국 사업체와의 상담에 있어서 곧바로 물량 및 가격상담에 들어가는 경향이 있다. 태국 사업체와의 가격상담은 상담현장에서 가격협의를 하고도 추가상담을 요구하는 것이 많다. 태국 수입상들은 품목별로 자기 영역을 구축하여 상호 이익을 보호하는 체제도 갖추고 있다.

(3) 무역상담 결정형식

태국인은 의사결정을 할 때에 오랜 시간을 고려한 후 결정한다. 태국 기업들은 서류보다는 대화로 거래하려는 경향이 있다. 무역회사와 거래를 하는 경우에는 실무자와는 즉시 결정이 이루어지지 않는 경우가 많기 때문에 의사결정권자인 사장과 직접 상담하는 것이 유리하다.

(4) 무역상담 유의점

태국인은 자기들의 이해관계에 상당히 민감하며 어떠한 손해가 돌아올 경우에는 필사적으로 자기방어를 하는 경우가 많다. 거래처를 방문할 때에는 반드시 사전에 약속을 하고 적절한 선물을 준비한다. 상담준비를 사전에 철저히 하며 명함을 준비하고 상담용건을 미리 통보한다.

3. 초대문화 · 식사문화 · 선물문화

(1) 초대문화

태국에서 가정으로 초대를 받는 경우에는 상대방이 호의를 가졌다는 의미이다. 그러므로 가정으로 초대를 받은 경우에는 승낙하는 것이 예의이다. 태국인이 가정으로 초대하는 경우에는 경제적으로 많은 부담을 감수하고 초대를 하는 것이기 때문에 감사한 마음으로 선물을 준비하여 방문하는 것이 예의이다.

(2) 식사문화

태국인 가정에서는 음식을 거의 해먹지 않고 외식을 하거나 또는 길에서 싸이퉁에 담은 음식을 사서 먹는 것이 일반적이다. 싸이는 태국어로 싸다는 의미를, 퉁은 봉지라는 의미를 가지고 있다. 태국은 궁중요리를 포함하여 음식문화가 상당히 발달한 나라이다. 똠얌꿍(tom yam kung)은 세계 3대 요리로 선정될 만큼 태국을 대표하는 음식이다. 태국 식 새우 수프로 매콤하면서 시큼한 맛을 낸다. 쑤끼(suki)는 맑은 육수에 고기, 해산물, 어묵, 야채 등을 넣어 끓인 후 소스에 찍어 먹는다. 쏨땀 탈레(spicy papaya salad with seafood)는 해물이 들어간 매운 파파야 샐러드이다.[98] 이와 같이 태국음식은 향료를 많이 넣고 재료를 자유롭게 사용하여 독특한 맛을 지니고 있다. 매운맛은 생후추나 고추를 사용하는데 고추는 적색, 녹색, 황색, 오렌지색 등 색깔과 크기가 다양하다. 단맛은 설탕, 야자 등으로 만든 팜 슈가(palm sugar)나 그래뉴당(granulated sugar)을 많이 사용한다. 신맛은 라임, 마캄, 마단과 같은 과일이나 토마토 등을 활용하여 신맛을 내게 된다.[99] 고소한 맛은 야자를 사용하여 만든다.

(3) 선물문화

태국인은 선물 주고받기를 매우 좋아하는 경향이 있어 사업관계이건 개인적인 사교이건 간단한 선물증정이 필요하다. 선물은 받을 사람의 신분 또는 개인의 기호나 취미에 따라서 세심하게 고려되어야 한다. 태국에서 보기 힘든 선물을 준비하는 것이 좋다. 태국인은 가정으로 초대받으면 가벼운 장식품 등을 정성스럽게 포장한 후 선물하거나 꽃을 선물한다.

98) http://kin.naver.com/qna/detail.nhn?

99) 김홍구, 「태국학 입문」, PUFS, 1998, pp.213~216;http://k.daum.net/qna/view.html?

제18절 베트남

1. 일반 개요

(1) 국가의 특징

베트남(Socialist Republic of Vietnam)은 1945년 9월 2일 프랑스로부터 독립한 사회주의 공화제 국가이다. 아시아 인도차이나 반도에 위치하고 기후는 북부는 아열대성, 남부는 열대성 기후이며 면적은 331천 ㎢로 한반도의 1.5배이다. 수도는 하노이(Ha · noi)이다. 베트남인(85.7%), 기타 소수민족 등으로 구성되어 있다. 언어는 베트남어 등을 사용한다. 종교는 불교, 카톨릭 등이다. 화폐단위는 동(Dong)을 사용하며 산업구조는 제조업(40.7%)이 주를 이루고 서비스업(37.7%), 농업(21.5%) 순이다. 주요 수출품은 의류, 신발, 수산물, 원유, 전자제품 등이며 주요 수입품은 기계류 및 장비, 석유제품, 철강제품 등이다. 주요자원으로는 석탄, 석유, 철광석 등이 있다.[100] 베트남은 수산 자원의 보고이며 새우, 오징어 등은 주요 수출 상품이 되고 있다. 또한 북부는 양질의 무연탄을 비롯, 인광석, 크롬, 주석 등 광물자원이 있으나 자본 및 기술의 부족과 사회기반시설이 취약하여 잠재력을 충분히 활용하지 못하고 있다

(2) 국민성

베트남인은 자존심이 강하기 때문에 베트남 전통역사를 긍정적으로 이야기 하여야 한다. 베트남인은 체면을 중시하기 때문에 직접 비판을 하는 것보다는 간접적인 충고나 해결책을 제안하여야 한다. 그래서 베트남인은 상대방의 말을 이해하지 못하였을 때에 사실을 직접 밝히지 않고 미소를 짓는다. 이러한 경우에는 분명하게 설명하지 못한 점을 사과하고 다른 방식으로 다시 설명하는 것이 좋다. 특히 상대방의 관리나 사업가일 때는 간접적인 방식으로 의사를 전달하여야 한다.

---

100) 한국수출입은행, 전게서, p.98 참조.

(3) 사회관습

1) 인사

베트남에서는 인사를 할 때 악수를 하는 것이 일반적이다. 장유유서가 존재하는 국가이기 때문에 아랫사람이 먼저 웃사람에게 인사하여야 한다. 베트남인은 인사를 할 때에 눈을 마주보는 것을 피하지만 호치민인은 상대의 눈을 쳐다보며 인사를 하는 방법에 익숙하다.

2) 호칭

베트남에서는 성이 앞에 오고, 그 다음에 이름이 오는데, 상대방을 호칭할 때는 성이 아니라 뒤에 오는 이름을 사용한다.

3) 가족제도

베트남인은 전통적으로 가족 및 촌락간의 강한 결속력을 중시해 왔다. 연장자나 관직에 있는 사람들은 대단한 존경을 받으며 예우되고 있다. 화목하고 지속적인 인간관계를 높이 평가하는 베트남인들은 무례하거나 상대방의 기분을 상하게 하는 것을 꺼려하며 개인적인 의견을 적극적으로 밝히거나 부정적인 대답을 하지 않는다.

4) 언행

베트남인은 유교의 근검절약과 예의범절을 중요한 덕목으로 삼고 있다. 베트남인은 대화를 할 때에 겸양의 표시로 손이나 책, 손수건으로 자주 입을 가린다. 또한 자기 과시를 피하고 항상 겸손하게 자신을 표현한다. 베트남인들은 민감한 문제에 대해 이야기 때는 직설적인 표현보다는 뜻만 암시하는 간접화법을 선호한다. 베트남에서는 말보다 행동을 통해서 상대방의 의중을 파악하는 경우가 많다. 베트남에서는 발끝이 상대방을 향하도록 다리를 꼬고 앉으면 안 된다. 첫 대면에서 평상복 차림은 결례이다. 대화중에 팔짱을 끼거나 뒷짐을 지어 손을 뒷주머니에 집어넣는 것은 언짢다는 표현이다. 상대의 머리를 만지거나 손바닥을 위로 한 채 손가락으로 오라고 손짓하는 것은 그 사람을 자기보다 낮추어 보는 것으로 행동이다.

2. 무역상담 문화

(1) 시간관념

베트남에서는 시간약속에 늦는 것을 큰 실례로 여긴다. 따라서 약속시간에 조금 일찍 도착하는 것이 좋다. 베트남에서는 거래를 성사시키는 데 다른 나라보다 더 많은 시간이 필요한 경우가 있다. 베트남에서는 만장일치가 되어야 최종결정이 내려지기 때문에 마감시한을 지키기 어려운 때가 있기 때문에 인내심을 가져야 한다.

(2) 무역상담 전략

베트남은 사회주의적 속성이 남아 생산성은 낮은 편이다. 무역상담과 조사에 상당 시간이 소요되기 때문에 인내가 필요하다. 무역상담 전에 자료를 충분히 준비하여야 한다. 베트남에서는 친분관계를 중요하게 여기기 때문에 일이 성사되려면 e-메일, 서신, 전화보다는 직접 만나서 대화를 나누는 것이 좋다. 베트남에서는 전통적인 상업서신을 사용하는 것이 무난하다. 회사 소개서라든가 그 밖의 다른 사적인 내용에 대해서는 타이프한 것보다 손으로 직접 쓴 것을 더 중요하게 생각한다.

베트남 기업이 계약서의 내용을 완전히 이해하고, 그 내용을 숙지할 수 있는 시간을 갖지 못했다면 문서로 남긴 계약서는 의미가 축소된다. 베트남인은 상담 과정에서 동의한 것만을 인정한다. 그래서 무역상담시에 예상되는 문제들을 추출하고 이에 대한 해결책을 동시에 제시하는 것이 좋다. 이미 무역상담에서 타결한 내용을 확정지으려면 상세한 계약내용을 문서로 작성하기 전에 베트남 측이 일치된 결론을 얻어 내도록 시간을 주는 것이 좋다.

(3) 무역상담 결정형식

베트남의 기업은 국영기업이기 때문에 개인기업과는 달리 의사결정에 상당한 기간이 소요된다. 그래서 베트남 기업들과 계약을 하더라도 그 계약내용이 완전히 이행되기 전까지는 확신할 수 없다. 더구나 베트남인은 예의범절을 사회생활의 근간으로 삼는 국민이기 때문에 연장자나 관직에 있는 사람들에 대해서는 특별하게 여기며 산다. 이러한 이유로 베트남 기업에서도 무역상담에 대한 의사결정권은 기업의 최고경영자가, 공공기관과 관련한 업무에서는 최고층이 갖고 있다.

(4) 무역상담 유의점

베트남인은 인간적인 접촉이 있어야 사업적인 관계에서도 성공할 수 있다고 믿는다. 베트남인은 첫 대면에서 자사의 연혁, 사업부문, 생산능력, 수출실적, 주요 시장 등을 소개한다. 이러한 경우 메모 등을 하면서 경청하는 자세를 보여야 하며, 회사 소개가 끝난 후에는 간단한 질문을 하는 것이 좋다. 베트남인은 상대방을 어느 정도 알기 전까지는 어떤 일을 진행시키려고 하지 않는 경향이 있기 때문에 본인과 소속 회사에 대해 설명을 하고 방문 목적을 밝히는 것이 좋다.

3. 초대문화 · 식사문화 · 선물문화

(1) 초대문화

베트남인은 서구의 사업방식에 익숙한 사람들이 많아 가정으로 초대하는 경우도 많다. 베트남인이 가정으로 초대하는 호의적인 자세나 태도는 손님에 대한 예의를 표하는 것이므로 사업에 대한 관심과 직결시켜서는 안 된다.

(2) 식사문화

베트남인의 주식은 껌(com, 밥)이고 때때로 포우(pho, 쌀국수)를 즐긴다. 반찬은 주로 고기(생선), 생채, 국으로 이루어진다. 식사할 때 마시는 물은 베트남 차를 끓인 물에 얼음을 넣은 짜다(tra da)라는 것인데 기름기 많은 음식을 먹을 때 아주 좋다. 베트남인은 쩬(chen)이라는 작은 간장 종지 같은 밥그릇을 들고 젓가락만 이용하여 밥을 먹는다.[101] 베트남인은 대부분 불교신자들이지만 모든 종류의 육식을 즐긴다. 다만 개고기를 선호하지 않으며 고기나 생선을 날 것으로는 먹지 않는다.

(3) 선물문화

베트남에서는 무역상담과 관련한 선물은 제3자의 입장에서는 뇌물로 보일 수 있다. 베트남인의 생활을 고려하여 성의를 담은 작은 기념품 등은 정을 표현할 수 있는 방법이다. 베트남인은 3과 5라는 숫자를 싫어하고 9라는 숫자를 선호한다.

---

101) http://k.daum.net/qna/view.html?

오세아니아지역의 무역문화

제1절 오스트레일리아

1. 일반 개요

(1) 국가의 특징

오스트레일리아(Commonwealth of Australia)는 1901년 1월 1일 영국으로부터 독립한 연방공화제 국가이다. 남태평양에 위치하고 기후는 열대(서부, 북부), 온대성 기후이며 면적은 7,741천 ㎢로 한반도의 35배이다. 수도는 캔버러(Canberra)이다. 민족은 유럽계 (92%), 아시아계(7%), 기타민족 등으로 구성되어 있다. 언어는 영어를 사용한다. 종교는 기독교(63.8%), 불교(2.1%) 등이다. 화폐단위는 오스트레일리아 달러(Australia Dollar : A$)를 사용하며 산업구조는 서비스업(68.8%)이 주를 이루고 제조업(27.3%), 농업(3.9%) 순이다. 주요 수출품은 석탄, 철광석, 금, 육류, 양모, 기계류 및 운송장비 등이며 주요 수입품은 기계류 및 운송장비, 컴퓨터, 통신장비, 원유 및 석유제품 등이다. 주요자원으로는 석탄, 보크사이트, 철광석, 금, 우라늄 등이 있다.[1)]

(2) 국민성

오스트레일리아인은 자국의 특성과 경제적 풍요로움에 대한 높은 자부심이 있는데 합리적이고 효율적이며, 이윤추구 성향이 강하다. 오스트레일리아인은 새로운 아이디어에 개방적이고 압박받는 것을 싫어하며 분석적이고 관념적인 사고를 한다. 오스트레일리아인은 지나치게 칭찬을 많이 하는 사람을 좋아하거나 신뢰하지 않는다. 그리고 동료를 험담하는 것을 혐오한다. 오스트레일리아인은 아시아권 문화에도 상당히 개방적이다. 영국계 국민이 주류를 이루고 있어 아주 친절하며 합리적이고 보수적이며 낙천적이기 때문에 쉽게 친해 질 수 있다.

오스트레일리아인은 세부적인 한계 안에서 그들의 언어와 종교를 포함한 개인적인 유산을 표현하고 공유한다. 오스트레일리아는 평등한 기회와 대우를 존중하며 인종, 종족, 문화, 종교, 언어, 성, 출생지를 근거로 하는 장애요소를 제거하려고 노력하고 있다. 오스트레일리아는 어떤 배경에서든 개인이 기술과 능력을 가지고 개발하여 효율적으로 사용하여 얻는 경제적인 이익을 인정한다. 오스트레일리아는 모든 사람들이 그들의 국가의 이익과 미래를 위하고 자신들의 사회의 구조와 원칙에 충실하며 다른 관점과 가치를 표현할 권리를 존중한다.[2)]

(3) 사회관습

1) 호칭

오스트레일리아인은 처음 대면을 할 때 전체이름(full name)을 사용하며 씨(Sir)를 존경의 표시로 붙여 상대의 이름을 부른다. 소개할 때 명함을 주는 것이 무난하지만 오스트레일리아인은 명함을 가지고 다니지 않는다.

2) 언행

오스트레일리아에서는 남성이 여성에게 윙크하는 것은 금한다. 오스트레일리아인은 주위 사람이 재채기를 하면 꼭 옆에 있는 사람이 신의 가호가 있기를 바랍니다(bless you)라고 말을 해준다. 오스트레일리아에서는 공공장소에서 코를 푸는 것을 당연하게 여긴다.[3)]

---

1) 한국수출입은행 해외경제연구소, 2014 세계무역편람, 2013. 12, p.104 참조.

2) http : //www.aph.gov.au

3) 사회규범

오스트레일리아에서는 평화주의 정신과 약자를 지키는 정신이 사회규범으로 되어 있다. 오스트레일리아의 다문화정책은 문화적인 정체성을 지킬 권리, 사회정의의 가치존중 그리고 경제적인 효율성이 라는 원칙을 기준으로 실행된다. 오스트레일리아에서는 술집이나 공원 등 정해진 장소가 아닌 곳에서 술병을 들고 술을 마시면 현장에서 즉시 체포되며 음주운전은 더욱 규제가 심하다. 담배꽁초나 쓰레기를 노상에 버리면 그 자리에서 벌금을 내야 하는 등 법규가 엄격하다. 공항이나 대부분의 공공시설에서는 금연이다.

2. 무역상담 문화

(1) 시간관념

오스트레일리아인과의 약속시간은 엄격히 지켜야 하며 필히 사전약속을 해야 한다. 오스트레일리아인과 무역상담 약속시간은 한 달 정도 전에 하는 것이 좋다. 약속시간에는 전화로 사전에 연락을 하고 방문하여야 한다. 오스트레일리아인은 약속시간에 몇 분 늦으면 중요하게 생각하지 않겠지만, 담당자가 조심성이 없고 신뢰할 수 없는 사람이라는 인상을 준다. 만약 상대방인 오스트레일리아인이 늦는 경우에는 인내심을 가지고 기다려야 한다. 오스트레일리아의 영업시간은 오전 9시에서 오후 5시까지이다. 토요일의 경우 일반상가는 물론 음식점도 정오가 넘으면 문을 닫는다. 일과 중에는 모든 주택가도 일하러 나가기 때문에 사람이 없다. 오스트레일리아인과의 무역상담은 사전에 약속하고 상담은 한 시간 내에 끝맺도록 만반의 준비를 해야 한다.

(2) 무역상담 전략

오스트레일리아의 상권은 크게 시드니와 멜버른시로 양분되고 있다. 대부분의 품목수입은 시드니에서 이루어지고 있으나 섬유제품의 경우는 멜버른이 중심이 되고 있다. 그러므로 양시장은 별개로 취급하며 제품의 수입선 관리도 별도로 한다. 독점수입계약도 어느 한 지역의 거래처와 체결하면 다른 한쪽 시장은 잃게 된다. 보수성이 강한 영국계 오스트레일리아인과 무역상담을 하는 경우에는 한번 면담으로 거래

3) http : //my.dreamwiz.com/thaijin/ozframe.htm

를 맺겠다는 생각은 버리고 처음에는 신뢰를 심어 준다는 각오로 임하는 것이 좋다. 영국계 오스트레일리아인은 상대방을 충분히 알 때까지는 주문을 하지 않는다. 한편 유태계 오스트레일리아 상인들도 첫 거래 할 때에는 소량주문을 하다가 일정한 수준에 달하면 대량주문을 한다.

오스트레일리아 소량·다품종 거래를 하며 수입상이 판매된 제품에 하자가 있으면 이를 변상해 준다. 오스트레일리아에서는 큰 회사의 경우 중견 내지 군소업체 수출상과 상담을 하려 하지 않으며 전문 중개상을 내세워 수입한다. 이는 수입업자가 중개상에게 일정액의 수입알선 수수료를 지불하여 제품에 하자가 있으면 바로 그 중개상이 변상해주고, 중개상은 수출상으로부터 변상을 받기 때문이다.

오스트레일리아에서 거래관계를 계속 유지하려면 신용상태를 유지하여야 하고, 내구소비재인 경우는 부품공급을 계속하여 애프터서비스를 보장하여야 한다. 무역상담은 방문상담이 효율적이며 문제가 될 만한 점들은 현지에서 해결하는 방법이 좋다. 무역상담은 스포츠나 관광명소 혹은 문화행사에 관한 짧은 언급으로 시작하고 바로 본론으로 들어간다. 대화는 직설적으로 하여 신뢰감을 심어주어야 한다.

(3) 무역상담 결정형식

오스트레일리아에서는 대기업을 제외하고는 모든 의사결정을 사장(Managing Director)이 하며 심지어는 거래처 초대까지도 사장이 한다. 무역상담을 위하여 사전에 시간약속을 하는 것은 비교적 쉽다. 대부분의 상급자들은 친절하고 접근하기 수월하며 만나서 사업에 대해 얘기하는 것을 좋아한다. 무역상담을 하는 경우에는 신속성을 요구하며 경영주가 대부분 서한문을 작성하므로 모든 서한문은 정중한 표현을 쓰도록 해야 할 것이다. 그리고 매사 적당히 넘어가는 부분이 없기 때문에 논리적으로 설득해야 한다.

(4) 무역상담 유의점

오스트레일리아에서는 직함이 널리 쓰이지 않기 때문에 회의석상에서 직함을 말하는 것은 자랑하는 것으로 인식된다. 직함을 사용할 때는 다른 사람들이 하는 방식을 보고 따라 하면 된다. 오스트레일리아 에서 직업적, 학문적 직함은 존경을 의미하지는 않는다. 오스트레일리아의 대기업은 영국계 오스트레일리아인이 주를 이루고 섬

유류, 여성용 상품, 소비재 취급품목은 유태계 오스트레일리아인이 상권을 잡고 있다. 영국계 오스트레일리아인 경영자와 무역상담시에는 영국식 상관습에 따르고 유태계 오스트레일리아인과 무역상담 시에는 이들의 관습에 따른다.

3. 초대문화 · 식사문화 · 선물문화

(1) 초대문화

오스트레일리아에서 초대시에는 적극적으로 응해야 하고 가정으로 초대를 받으면 부인을 위한 꽃이나 고급포도주를 선사하면 된다. 오스트레일리아인은 자기가 식사초대를 했더라도 각자 식사비를 분담한다. 안지 얼마 지나지 않았더라도 가정으로 초대될 수 있다. 오스트레일리아인의 대접은 격식이 없고, 가정으로 초대되면 더욱 그렇다. 음식과 음료가 있는 곳을 알려 주고, 셀프서비스로 하는 경우도 많다. 오스트레일리아인은 당신이 집처럼 행동해주기를 바란다. 손님은 맥주나 포도주, 디저트나 초콜릿을 가져가는 것이 관습이다. 가정에 초대했을 때 많이 내놓는 음식은 바비큐가 일반적이다.

친밀한 관계를 확립하기 위한 술자리에 초대되었을 때 사업에 관한 이야기는 하지 않아야 한다. 오스트레일리아인은 여가를 중요하게 여긴다. 오스트레일리아인은 간결을 미덕으로 여긴다.

(2) 식사문화

오스트레일리아의 전통음식은 소다를 이용해서 만드는 댐퍼빵이라 할 수 있다. 소다를 반죽해서 은근한 온기로 부풀려 먹는 빵인데 장거리를 이동하는 일이 많았던 유목민들이 간단한 재료를 가지고 음식을 만들어먹던 것에서 탄생한 것으로 아려지고 있다.[4] 오스트레일리아 주점에서는 각자가 순서대로 술을 사는데 순서를 반드시 지켜야 한다. 간혹 주류취급허가를 받지 못한 음식점으로 초대받은 경우에는 직접 술을 가져가야 한다. 오스트레일리아인은 식사 시에 맥주 등을 반주로 하여 곁들인다. 오스트레일리아에서는 식사 전후에 형식적인 식사 절차를 거치지 않는다. 음식점에서도 식사만 하는 것이 보통이고 식사하는 동안에도 계속 얘기를 나눈다. 다른 사람들

4) http://blog.naver.com/PostView.nhn?blogId

의 식사가 모두 차려질 때까지 식사를 하지 않고 기다려 주는 것이 예의다. 식사 중에 다른 음식이 제공되었을 때에 배가 불러서 거절하는 경우에도 형식적인 절차는 없다. 만약 술을 마시지 못하는 사람의 경우에 식사자리에서 주인이 술을 권하면 정중히 거절하면 된다.[5)]

(3) 선물문화

오스트레일리아에서 일반적으로 비즈니스 상황에서 선물을 주지 않는다. 저녁식사에 초대를 받은 경우, 꽃이나 초콜릿, 수공예품, 포도주 등을 성의 표시로 가져가는 것은 좋다.

제2절 뉴질랜드

1. 일반 개요

(1) 국가의 특징

뉴질랜드(New Zealand)는 1907년 9월 26일 영국으로부터 독립한 영국식 의원내각제 국가이다. 남서 태평양에 위치하고 기후는 온대 해양성 기후이며 면적은 2,680천 ㎢로 한반도의 1.2배이다. 수도는 웰링톤(Wellington)이다. 민족은 유럽계 (57%), 아시아계(8%), 마오리족 (7%) 등으로 구성되어 있다. 언어는 영어, 마오리어를 사용한다. 종교는 영국성공회(14%), 가톨릭(13%), 기독교(10%) 등이다. 화폐단위는 뉴질랜드 달러(New Zealand Dollar: NZ$)를 사용하며 산업구조는 서비스업(70.6%)이 주를 이루고 제조업(24.6%), 농업(4.8%) 순이다. 주요 수출품은 낙농제품, 육류, 임산물 등이며, 주요 수입품은 기계장비, 차량, 항공기, 석유, 전자기기 등이다. 주요자원으로는 천연가스, 철광석, 석탄, 금, 목재 등이 있다.[6)]

뉴질랜드는 100년 전 세계 최초로 여성에게 투표권을 부여한 나라이고, 세계 최초로 하루 8시간 근무제도를 도입했으며, 또 세계 최초로 사회복지제도를 실시함으로써

5) http://www.sydney2000.co.kr/trip/info1.htm
6) 한국수출입은행 전게서, p.108 참조.

세계의 주목을 받은 바 있다. 뉴질랜드는 흰 구름의 나라라는 뜻의 아오테아로아(aotearoa)라고 불리는 섬인데 쿡 해협(cook strait)을 사이에 두고 북섬과 남섬으로 나뉘어져 있다.[7)]

(2) 국민성

뉴질랜드인은 온건하고 친절하며 강인하다. 또한 독립적이며, 활달하고, 너그러운 성격을 가지고 있다. 영국의 영향을 받아 대체로 보수적이고 합리적이다. 국민 개개인의 물질적 생활 보장과 복리를 소중히 여기는 것과 동시에 개인의 인격, 자유를 존중하는 정신이 높다. 뉴질랜드인은 친절하게 맞아 주는 따뜻한 마음, 누구에게나 공정한 정신으로 대한다. 뉴질랜드는 가장 먼저 인종문제 중재 사무실을 개설한 나라 중의 하나이다. 뉴질랜드인은 이상적인 인간성으로서 자립심을 중요하게 여긴다. 뉴질랜드인은 자신이 속한 사회적 배경인 가족이나 지역사회의 일원으로써 보다는 개체로서의 자신을 더 강조한다.

뉴질랜드인은 모든 사람은 평등하다는 이념을 중요하게 생각하여 공공장소에서 특정인이 특별대우를 받는 일이 없도록 한다. 뉴질랜드인은 남을 대할 때 나이나 사회적 지위에 차이가 많이 있는 경우에도 형식에 구애받지 않는다.

뉴질랜드인은 자국이 세상에서 최고로 멋지고 다양하고 또 기억에 남을 만한 풍경을 가지고 있다는 자부심을 가지고 있다. 뉴질랜드인은 대수롭지 않은 일에 흥분을 하기도 한다. 뉴질랜드인은 지도력이 있고 아이들을 잘 돌보며 다재다능함과 더불어 강한 체력과 활달한 성격이 필요한 직종에서 호평을 받는다.

(3) 사회관습

1) 인사

뉴질랜드인은 처음 사람을 소개받을 때 남자나 여자에 상관없이 손을 내밀어 악수를 청하는데 주로 여자나 연장자, 상급자가 먼저 손을 내밀어 악수를 하게 된다. 어떤 사람들은 잘 아는 사이에 만나면 반갑게 가벼운 포옹으로 인사하기도 한다. 만일 이러한 인사 방식이 싫으면 손을 내밀어 악수를 청하면 포옹대신 악수로 인사를 대신할 수 있다.[8)]

---

7) http : //www.travelok.okcashbag.com

2) 음주

뉴질랜드에서는 18세 이하의 경우 어떤 종류의 주류도 구입할 수 없도록 법으로 금지하고 있다. 노상에서 맥주 캔을 딴 채로 들고 다니거나 공원과 같은 공공장소에서의 음주를 금하는 곳도 있다. 주류는 주에서 특별히 허가를 받은 상점에서만 판매하는 곳도 있다. 뉴질랜드 대부분의 공공건물 내에서는 흡연을 금지하고 있다. 그러므로 뉴질랜드에서는 음주와 흡연에 관련된 공공질서를 반드시 지켜야 한다.

3) 언행

뉴질랜드인은 큰소리로 말하는 것을 싫어하며 무례한 행동으로 생각한다. 목소리를 낮춰야 한다. 대중교통 수단을 이용할 때 남성들은 나이가 든 여성들에게 자리를 양보한다.

뉴질랜드에서는 엄지손가락을 세우는 것은 음란한 신호로 생각한다. 또한 손바닥을 안쪽으로 향하게 한 채 검지와 중지를 세우거나 검지로 누군가를 가리키지 않는다. 뉴질랜드인과의 대화 주제로는 수상 스포츠, 럭비, 골프와 테니스 등에 관한 것이 좋다. 뉴질랜드에서는 누군가가 열심히 일한다는 것은 동정의 대상이 된다. 뉴질랜드에서는 남녀의 관계가 대체로 형식에 구애받지 않고 자유스러우며 개방적이다. 뉴질랜드인에게 아주 친한 친구사이가 아닌 이상 나이, 수입, 교육 정도, 소유물의 가격, 개인의 사생활에 관한 것을 직접적으로 묻는 것은 실례가 된다.[9)]

2. 무역상담 문화

(1) 시간관념

뉴질랜드인과 무역상담을 할 때는 약속시간을 지켜야 한다. 뉴질랜인은 초대를 하거나 다른 사람의 가정을 방문하는 경우에는 사전에 시간약속을 하고 이행을 한다. 더군다나 뉴질랜드의 가족제도는 핵가족주의를 준수하기기 때문에 개인생활을 존중하는 관습이 존재한다.[10)] 즉 뉴질랜드인은 대부분 본인의 일정을 사전에 세워놓고 그 일정에 맞추어 진행하고 그 이후에 새로운 계획을 수립하여 이행하는 습관을 가지고 있기 때문에 시간을 지키지 않는 것을 무례한 행동으로 간주한다.

---

8) http : //www.uhaknews.com
9) http : //www.uhaknews.com
10) http : //www.isepyuhak.com/nz/nz09.htm

(2) 무역상담 전략

뉴질랜드에서 기존의 거래처가 있는 상태에서의 대면을 하는 경우에는 샘플(Sample), 가격, 품질 보증 등 상당히 까다로운 사항들을 요구하기도 한다. 그래서 본인의 권한을 넘어서는 사항에 대해서는 답변을 회피하는 경우가 많다.[11)]

(3) 무역상담 결정형식

뉴질랜드인은 무역상담을 하는 경우에 최종결정을 본인이 할 수 있는 것과 할 수 없는 것을 구분하여 진행을 하고 그 결과도 본인에 해당하는 것은 책임을 진다.

(4) 무역상담 유의점

뉴질랜드와의 교역은 다품종 소량 소액주문이 주종을 이루고 있으며 1회당 주문량은 적은 반면 주문회수가 비교적 많고 꾸준한 것이 특색이다. 뉴질랜드인은 거래처를 잘 바꾸지 않는 보수적 상관습을 갖고 있으며 브랜드 제품이나 고급 품질의 제품을 찾거나 저가형의 제품을 선호하며 최근 중가격 제품의 수요가 서서히 확산되고 있는 추세이다.[12)]

3. 초대문화 · 식사문화 · 선물문화

(1) 초대문화

뉴질랜드에서 초대라는 것은 말이나 글로써 초대하는 날짜와 시간, 장소를 밝힌 경우이다. 모임이나 파티에 초대를 받아서 응한 후 연락이 가지 않는 것은 무례하게 여긴다. 초대받은 가정으로 갈 때 선물을 꼭 가져가야 할 필요는 없다. 가정으로 돌아올 때 초대해 주어서 고맙다는 인사를 하고 며칠 안에 초대해 주어서 감사하다는 간단한 편지나 카드를 보내는 것도 좋다. 식사 초대 시에는 먹지 않는 음식이 있을 경우 미리 알려 주는 것도 좋다. 뉴질랜드에서 남의 집을 방문할 때는 대부분 평상복을 착용해도 좋다. 크리스마스나 연주회 등과 같은 특별한 경우에는 파티복이나 정장과 같은 그 상황에 맞는 옷이 좋다. 어떤 종류의 옷을 입어야 하는지 잘 모를 경우에는

11) http : //www.kotra.or.kr
12) http : //www.mofat.go.kr/missions/Newzealand.nsf?opendatabase

초대하는 사람에게 물어 볼 수도 있다.[13] 생일파티에 초대되었을 때에는 선물을 준비해 가는 것이 좋다. 크리스마스 파티와 같은 경우에도 서로 선물을 교환하는가를 알아보고 준비해 가는 것도 좋다.

(2) 식사문화

뉴질랜드의 전통음식은 항이(hangi)라고 할 수 있다. 항이는 뉴질랜드 원주민인 마오리의 전통 음식으로, 땅을 파서 그 속에 불을 지피고, 거기에 돌을 올려서 온돌을 만들고 나뭇잎이나 천으로 소고기, 돼지고기, 닭고기, 감자, 고구마, 호박 등을 고기와 야채를 잘 싸서 올려놓고, 잘 덮은 다음 다시 묻어 3시간 이상 푹 익힌 후, 꺼내서 여러 사람이 다함께 나누어 먹는다. 항이는 땅 속에서 조리가 되면서 특유의 맛이 생겨나, 따로 양념을 하지 않고 먹는다.[14] 뉴질랜드에서 식사가 끝났음을 알리려면 포크와 나이프를 접시 위에 나란히 3시 방향으로 놓으면 된다. 소금이나 양념 통 등 손에 닿지 않는 곳에 있을 때에는 전달해 달라고 가까이 있는 사람에게 말하여야 한다.[15]

(3) 선물문화

뉴질랜드인은 선물을 받는 사람의 독특한 성품에 어울리는 개인적인 선물, 물건들을 좋아한다. 선물을 주는 것은 친분관계와 연관성이 있지만, 비즈니스 모임에서 선물을 주는 것은 무난하다. 선물은 포장해야만 하지만, 포장에 너무 신경을 쓰거나 값을 들이는 것은 바람직하지 않다. 뉴질랜드인은 선물에 대한 답례를 준비하지 못한 경우 선술가정으로 초대하는 등과 같은 방법들을 찾아 제안을 하는데 이때는 응하는 것이 좋다.

---

13) http : //www.uhaknews.com
14) http://www.whedu.co.kr/bbs/index3-00.asp?gotopage
15) http : //www.uhaknews.com

중동지역의 무역문화

제1절 이스라엘

1. 일반 개요

(1) 국가의 특징

이스라엘(State of Israel)은 1948년 5월 14일 독립한 공화제(내각책임제) 국가이다. 이스라엘은 서쪽은 지중해를 끼고 남쪽에 이집트 시나이 반도와 약 4㎞ 정도를 홍해 아카바 만에 접하여 있고, 동쪽에는 시리아의 골란고원과 요르단의 고원지대, 북쪽으로는 레바논의 산지와 국경에 맞대어 고대부터 비옥하다는 초승달 지역의 중간에 위치하고 있고[1) 기후는 지중해성 기후이며 면적은 21천 ㎢로 한반도의 1/11이다. 수도는 예루살렘(Jerusalem)이다. 민족은 이스라엘인(76.4%), 아랍인 등으로 구성되어 있다. 언어는 히브리어가 공용어이고 아랍어, 영어 등을 사용한다. 종교는 유대교(75.6%), 이슬람교(16.9%), 기독교(2%), 기타 종교 등이다. 화폐단위는 뉴 이스라엘 쉐켈(New Israeli Shekel: NIS)을 사용하며 산업구조는 서비스업(66.1%)이 주

1) http://myhome.naver.com/lsch34/lsch34-2/frame2.htm

를 이루고 제조업(31.4%), 농업(2.5%) 순이다. 주요 수출품은 기계류 및 장비, 소프트웨어, 세공다이아몬드 등이며 주요 수입품은 원자재, 군수장비, 투자재, 천연다이아몬드 등이다. 주요자원으로는 목재, 칼륨, 구리 등이 있다.2)

(2) 국민성

이스라엘인은 원천적으로 현실적인 것을 추종하며 형식적인 절차를 무시하는 편이다. 인사를 하는 경우에도 특별한 신사방법은 없으며 만날 때와 헤어질 때 악수를 하는 것이 일반적이다. 이스라엘인은 사회생활의 가장 중심적인 규범인 성경에 따라 행동하며 태어나면서 죽을 때까지 모든 의식이 성경에 따라 이루어진다. 이스라엘인의 기본적인 행동규범은 네 자신이 원하지 않는 것을 남에게 시키지 말라는 것이다. 이스라엘인은 상냥하고 계산능력이 뛰어나 장사를 잘하지만 지위나 신분에 구애받지 않는다. 이스라엘인은 전반적으로 참을성이 부족하고 성급한 편이며 상대방과 대적하는 것을 기피하지 않기 때문에 자신이 원하는 방향으로 일이 진행되지 않는 경우에는 즉흥적인 행태를 보이기도 한다.

(3) 사회 관습

1) 인사

이스라엘에서는 인사를 할 때에 인사말은 평화를 의미하는 샬롬(shalom)이라고 하며 일반적으로 악수를 한다. 친한 친구와 인사할 때는 서로 상대방의 어깨와 등을 가볍게 두드린다. 이스라엘 사람은 시간관념이 아주 뚜렷해 시간을 엄수한다.3)

2) 호칭

이스라엘에서는 여성의 비즈니스 활동이 왕성하기 때문에 이스라엘인들에게 명함을 건네 줄 때도 남성과 동일하게 인식한다. 이스라엘인에 대한 호칭은 그들의 직함 또는 씨(Mr), 부인(Mrs), 양(Miss)을 붙여서 부르거나 성을 부르는 것이 좋다. 이스라엘 사람들은 그다지 권위주의적이지 않아서 상하관계는 존재하지만 친해지면 미국식으로 서로의 이름을 부르는 것이 흔하고, 직함을 그리 중요하게 여기지 않는다.

---

2) 한국수출입은행 해외경제연구소, 2014 세계무역편람, 2013. 12, p.150 참조.
3) http : //www.chosun.ac.kr/~oasis/life/a8.html

3) 가족제도

이스라엘인들은 자녀를 굳건한 신앙과 신념의 소유자로 키우는 것을 중요하게 생각한다. 이스라엘인 사회는 엄연히 부계사회이다. 이스라엘인은 조부모나 삼촌, 숙모, 사촌형제까지 한 가족으로 보는 대가족 제도를 고수하고 있다.[4] 이스라엘인은 자녀의 장래를 위해 모든 것을 생각하며 자녀의 결혼에 관한 모든 것들을 준비하고 자녀의 결혼계획을 세운다.[5]

4) 언행

이스라엘인들은 돈의 가치에 대하여 현실적으로 생각하며, 돈의 사용 방법에 신경을 많이 쓴다. 집안에서도 네 것, 내 것, 우리 것을 구별시키고, 자기 물건 외에는 손대지 못하도록 가르친다. 형제간이라도 다른 사람의 물건을 쓰려면 허락을 받고 빌리도록 한다. 이렇게 가족 전체의 물건이나 형제의 물건을 소중히 하도록 배운 아이들은 도덕교육을 따로 하지 않아도, 밖에서 남의 물건이나 공공물을 소중히 다루며 남에게 폐를 끼치는 행동을 하지 않는 것이다. 이스라엘인은 상대방과 가까운 거리에서 대화하는 경향이 있다. 또한 이스라엘인 신체적인 접촉에 익숙하여 대화중에 신체 접촉이 잦은 편이지만 여성 사업가와는 어떠한 종류의 신체적 접촉도 피하는 것이 좋다.

2. 무역상담 문화

(1) 시간관념

이스라엘인 시간에 대해서도 합리적이다. 이스라엘인들은 매일, 매 순간에 최선을 다하며 주어진 현재의 인생을 효율적으로 살고자 애쓴다. 이스라엘인 기업을 방문할 때는 시간약속을 사전에 해야 하고 불시에 방문상담은 거절 된다. 약속시간을 정하면 면 약속시간은 엄격히 지켜야 한다. 이스라엘인들은 출근하면 1시간 정도는 전날에 도착된 각종 서한에 대한 회신을 한다. 이 시간에는 아무도 만나지 않으며 밀린 일을 처리한다. 그러므로 상대방과의 상담약속은 이 시간을 피해야 한다. 대부분의 비즈니스 업무는 금요일 오후에 종료되고 토요일이 안식일이다. 비즈니스 파트너의 종교의식을 존중해 줄 필요성도 있다.

4) http://100.naver.com/search.naver?
5) http://www.chosun.ac.kr/~oasis/life/a8.html

(2) 무역상담 전략

이스라엘인은 계약은 신과의 약속이라고 믿고 있기 때문에 계약한 것은 어떠한 일이 있더라도 이행한다. 그래서 타인에게도 동일한 계약이행을 강요하기 때문에 합의된 사항은 변경 내지 취소할 수 없다. 이스라엘인은 무역상담시에 정확도를 위해 메모하여 계약을 체결한다. 이스라엘인은 이스라엘의 상거래문화는 형식보다는 실질을 중시하며 모든 사업은 본론부터 시작하여 본론으로 끝난다. 따라서 질문과 답변이 명확한 사람이 존중을 받고 상거래에서 성공할 확률이 높다. 이스라엘인은 계약내용을 문서화하는 것이 보편화되어 있으므로 문서로 명기되지 않은 구두 약속은 언제든지 변경 가능하다.

(3) 무역상담 결정형식

이스라엘에서 무역상담에 관한 결정권은 해당 실무자에 우선권이 있다. 그리고 세부적으로 계약을 이행하는 단계에서는 최고 경영자가 개입을 한다.

(4) 무역상담 유의점

이스라엘에서는 현지인을 통해 사업, 법률 및 회계상의 자문을 받도록 해야 한다. 무역상담을 하는 과정에서는 직접화법을 구사하여 공격적인 상담이 되도록 하여야 한다. 일반적으로 이스라엘 국민의 교육수준이 높고 다양한 문화와 언어에 익숙한 세계 각국으로부터의 이민으로 사회가 구성되어 있어 국제정치, 경제동향을 잘 파악하고 있다. 해외 거주이스라엘인 사회와 잘 연결되어 있고 서로 정보를 공유하고 있기 때문에 추진하고 있는 계약이 성사되지 않더라도 차후 거래를 위하여 좋은 인상을 남겨줄 필요가 있다.

3. 초대문화 · 식사문화 · 선물문화

(1) 초대문화

이스라엘인의 저녁식사는 가볍게 하고 점심식사의 초대가 보다 일상적이다. 전형적으로 1시 약속의 점심식사라면 12시 30분경에 도착한다.

(2) 식사문화

이스라엘인은 아침식사로 샤슈카(shakshuka)를 먹는다.[6] 이스라엘에서 육류는 유대교 교리에 따라 피를 완전히 빼서 요리하는데 돼지고기나 조개류 등은 음식점에서 금지되고 있고, 육류와 유제품을 함께 먹거나 같은 그릇에 담지 못한다.[7] 이스라엘은 바다와 접한 나라이기 때문에 생선의 종류가 아주 다양하며 신선한 것들이 많다.[8] 이스라엘에는 대표음식으로 팔라펠(falafel)이 있는데 모든 거리에서 판매된다. 팔라펠은 저민 작은 이집트 콩과 양념을 둥글게 빚어 튀긴 음식이다. 일반적으로 신선한 야채, 테히나, 허머스(hummus ; hommos: 소스양념), 가끔은 감자칩과 함께 동글고 평평한 주머니 빵인 피타빵에 넣기도 하고, 절인 야채와 핫소스가 피타빵과 팔라펠에 가미될 수도 있다. 그리고 허머스도 이스라엘인이 좋아하는 대표음식이다. 작은 이집트 콩을 으깨어 참깨와 반죽하여 만드는데 올리브유, 양념, 파슬리, 삶은 계란 등을 피타빵과 함께 먹는다.

이스라엘에서는 무역상담을 하면서 식사를 하는 경우도 있다. 이스라엘에서는 연장자나 집주인이 먼저 식사를 시작한다. 식사 후에는 잘 먹었다는 표시로 접시에 음식을 약간 남기는 것이 바람직하다. 식사가 종료되고 떠날 때에 주인에게 감사하다는 말을 하고 후에 다시 감사카드나 꽃을 보내야 한다. 이스라엘인들이 생각하는 훌륭한 사람이란 만찬을 밤새나 즐길 수 있는 사람이라고 알려져 있다. 이스라엘인의 특성을 잘 나타내는 것으로 학문이나 지식이 아무리 뛰어났다 해도 물질적으로 부유하여야 대접을 받을 수 있다는 풍조를 나타내는 것이다. 즉 재산이 많은 경우에는 그것을 풍족하게 쓸 수 있는 용도가 많기 때문에 인간으로서의 자존심과 체면을 지키는 수단으로 가장 좋다는 가치관을 나타내는 일면이다.

(3) 선물문화

이스라엘에서 선물은 상대방과 충분히 친해진 후에 하는 것이 좋다. 이스라엘인은 선물을 받기를 좋아하므로 조그만 선물을 준비할 경우 효과가 있다. 이스라엘에서는 책, 캔디 또는 꽃이 좋은 선물이 될 것이다. 정통파 이스라엘인 또는 아랍인을 위한 선물을 고를 경우에는 선물이 그들의 종교에 적당한가를 확인하여야 한다.

---

6) http://blog.naver.com/PostView.nhn?blogId=qqaz1005&logNo=50157101413
7) 이승영. 「국제상담의 ABC」 일신사. 1992. pp.312~313.
8) http : //www.chosun.ac.kr/~oasis/life/a8.html

제2절 카자흐스탄

1. 일반 개요

(1) 국가의 특징

카자흐스탄(Republic of Kazakhstan)은 1991년 12월 16일 구소련연방에서 독립한 대통령중심제 국가이다. 중앙아시아에 위치하고 기후는 대륙성 기후이며 면적은 2,724.9천 ㎢로 한반도의 12.2배이다. 수도는 아스타나(Astana)이다. 민족은 카자흐인(63.1%), 러시아인(23.7%), 우크라이나인(2.1%) 등으로 구성되어 있다. 언어는 카자흐어가 공용어이며, 러시아어 등을 사용한다. 종교는 이슬람교, 러시아정교 등이다. 화폐단위는 텐게(Tenge: KZT)를 사용하며 산업구조는 서비스업(56.9%)이 주를 이루고 제조업(광공업)37.9%, 농업(5.2%) 순이다. 주요 수출품은 석유 및 관련제품, 금속류, 식료품, 화학제품, 기계류 등이며 주요 수입품은 기계, 설비, 금속류, 식료품 등이다. 주요자원으로는 석유, 천연가스, 석탄, 철광석, 망간, 구리, 주석, 우라늄 등이 있다.[9)]

(2) 국민성

카자흐스탄인은 일반적으로 완곡한 어법을 선호하고 생활을 할 때에 형식을 중요하게 여긴다. 카자흐스탄인이 생활을 할 때에 사회적 질서나 형식을 중요하게 여긴다는 것은 단체적인 모임이나 명절모임 또는 종교적 의식을 행할 그들이 갖추는 음식이나 복장에서 알 수 있다. 카자흐스탄인은 전통적인 유목민 기질이 있기 때문에 외지인에 대하여 개방적이고 친절하게 대한다. 그래서 카자흐스탄을 이루고 있는 130여개 민족간에 분쟁이 없는 것이 특징이다. 전통적으로 어른을 공경하는 사회이기 때문에 카자흐스탄의 기업에서는 뚜렷한 위계질서가 존재한다.[10)]

9) 한국수출입은행, 전게서, p.404 참조.
10) http://terms.naver.com/entry.nhn?docId=1177930&cid=40942&categoryId=31643

2. 무역상담 문화

(1) 시간관념

카자흐스탄에서 무역상담을 위한 시간약속은 원하는 날짜보다 2~3주 전에 서신을 작성하여 팩스로 보낸 뒤, 전화나 e-메일로 확인을 하는 것이 좋다.

(2) 무역상담 전략

카자흐스탄에서 무역거래 업무는 연방 또는 무역담당 관공서 등과 같은 정부기관이나 지방사무소와 접촉을 하고 무역계약을 체결하는 것이 좋다. 그래서 카자흐스탄에 도착하기 전에 중요한 연락망을 확보하는 것이 좋다. 정부기관 담당자들은 무역상담시에 서두르지 않지만 일반 기업과 무역상담을 하는 경우에는 서두른다.

(3) 무역상담 결정형식

카자흐스탄에서 무역거래 업무는 연방 또는 무역담당 관공서 등과 같은 정부기관이나 지방사무소의 최상급자가 의사결정권자이다. 기업에서는 최고경영자가 되지만 정부기관의 협조를 필요로 한다.

(4) 무역상담 유의점

카자흐스탄인은 중요한 업무는 러시아어로 진행된다. 카자흐스탄에서 개인적인 또는 회사의 입장에서 추진하는 무역상담의 경우에는 러시아를 사용하는 것이 유리하다. 만약 공기업이나 국가기관을 상대로 하는 정부입찰 등과 같은 경우에는 공무원들과 무역상담을 할 때에 카자흐스탄어를 구사하는 것이 매우 유리하다. 카자흐스탄인에게 설명을 하는 경우에는 많은 시각적 자료와 인쇄물을 준비하고 관계된 정보와 사진, 기술적 사항 등을 첨부하면 좋다. 카자흐스탄인은 적극적인 상담자이기 때문에 상담의 마지막 전에 양보할 여지를 두는 것이 좋다. 무역상담은 양측이 사무실의 T자 모양의 식탁에 마주 앉아 진행된다. 무역상담에는 일반적으로 접대가 포함되는데 양쪽의 관계가 어느 정도 밀접하게 진전되었는가에 따라 유형이 다르게 된다.

3. 초대문화 · 식사문화 · 선물문화

(1) 초대문화

카자흐스탄에서는 무역상담시에 상호간에 좋은 관계를 형성하였다면 가정으로 초대를 받게 될 것이다. 그러나 상호간의 무역상담이 원활히 이루어지고 있지 않다면 음식점으로 초대된다.

(2) 식사문화

카자흐스탄에서 베스빠르막은 카자흐어로 다섯 손가락이라는 뜻으로 가장 전통적인 음식이다. 양고기와 밀가루가 주재료로 사용된다. 베스빠르막은 가정에 손님이 방문했을 때, 반드시 준비하는 전통음식이다. 밀가루 반죽을 얇게 밀어 사각이나 칼국수 모양으로 썰어 양고기나 말고기 또는 쇠고기를 삶아 건져 낸 국물에 끓여낸 후, 큰 쟁반에 담아내고 그 위에 삶아 놓은 고기를 썰어 놓고 위에 소스를 끼얹어 낸다. 이때 귀한 손님에게는 양의 머리 가운데 귀중한 부위를 집주인이 손수 잘라 손님에 대접한다. 이것은 과거 유목생활에서 전해 내려온 음식이다. 수저를 사용하지 않고 손으로 먹는 음식이라 해서 이 이름이 붙여졌다. 카자흐스탄인은 다양한 종류의 고기와 치즈, 양젖, 발효성 유제품 같은 낙농제품을 즐겨 먹는다. 고기는 특히 말고기를 최고의 요리로 치며, 주식은 쌀과 빵이다. 카자흐 남부지역에서는 과일과 야채 농사가 잘 되는 기후조건으로 인해 일반 가정에서도 포도, 메론, 가지, 토마토 등 많은 과일과 야채들을 즐긴다. 이슬람교를 믿는 카자흐스탄인에게 돼지고기와 술은 금기로 되어 있지만, 이러한 금기 사항이 엄격하게 지켜지는 것은 아니다.[11] 카자흐스탄인은 식사초대에서 과도한 음주를 유도한다. 카자흐스탄인이 말고기를 준비하는 경우에는 주빈을 특별히 접대하고 있다는 표시이다.

(3) 선물문화

카자흐스탄에서 초대를 하는 경우 선물을 주고받는 것이 일반적이다. 카자흐스탄인은 특별한 사람에게 모자를 선물하는 풍습이 있는데 이것은 상대방에 대한 존경의 표시인 동시에 사업이 성사된다는 표시이기도 하다.

11) http://kin.naver.com/open100/detail.nhn?d1id

제3절 쿠웨이트

1. 일반 개요

(1) 국가의 특징

쿠웨이트(State of Kuwait)는 1961년 6월 19일 영국으로부터 독립한 입헌군주제 왕정 국가이다. 아라비아반도 동북단, 페르시아만 서북단에 위치하고 기후는 열대성 사막기후이며 면적은 18천 ㎢로 한반도의 1/12이다. 수도는 쿠웨이트 시티(Kuwait City)이다. 민족은 쿠웨이트인(45%), 아랍인(35%), 남아시아인(9%) 등으로 구성되어 있다. 언어는 아랍어가 공용어이고, 영어를 사용한다. 종교는 이슬람교(77.5%), 기독교(8.5%), 기타 종교 등이다. 화폐단위는 쿠웨이트 디나르(Kuwait Dinar: KR)을 사용하며 산업구조는 서비스업(57.5%)이 주를 이루고 제조업(42.3%), 농업(0.2%) 순이다. 주요 수출품은 원유, 정제품, 화학비료 등이며 주요 수입품은 식료품, 건축자재, 자동차 및 부품, 의류 등이다. 주요자원으로는 석유, 천연가스, 수산물 등이 있다.[12)]

(2) 국민성

쿠웨이트의 문화는 호의, 관대함, 개인과 가족의 명예, 남성 지배적 사회 등과 같은 특성이 있다. 쿠웨이트는 이슬람교도의 성도인 메카 순례에 참가하는 순례자들의 일부가 거쳐 가는 경유지이다. 쿠웨이트는 전통적으로 해외교역을 통하여 다른 문화와 접촉하고 여러 민족, 종교와 융합하면서 독특한 문화를 창조하였다. 쿠웨이트인은 지리적인 조건 및 오랫동안 주변국의 침범과 간섭 등으로 배타적인 동시에 자존심이 강하고 성미가 급한 편이며 감수성이 예민하다. 그래서 어떠한 오명이나 치욕을 받을 때 곧장 자제심을 잃거나 흥분하는 경우가 많다. 쿠웨이트인은 책임의식이나 약속개념이 희박하지만 종교 및 문화에 대한 긍지, 최근의 급격한 소득향상 등으로 모든 일을 자기들 편의위주로 생각하는 자만심이 높아 외국인에 대한 우월 의식이 있다.

12) 한국수출입은행, 전게서, p.156 참조.

(3) 사회관습

1) 복장

쿠웨이트에서 남성들은 간편하지만 검소한 복장을 하고 있다. 여성들은 검정색이나 흰색의 도포를 얼굴까지 뒤집어쓰고 있다. 쿠웨이트에서는 신체적 노출을 금하고 있기 때문에 신체가 노출되는 옷을 입지 않는 것이다. 얼굴의 노출부분을 막기 위하여 스카프 등으로 최대한 가리는 것이 예의이다.

2) 가족제도

쿠웨이트에서는 대가족 중심의 가정이 점차 핵가족화 되어가고 있는 추세에 있다. 쿠웨이트에서는 일부일처제가 정착되어 50대 이하 세대는 대부분 일부일처제를 유지하고 있다. 쿠웨이트에서 여성들의 인권이 신장되고 정부에서도 여성들에게 운전을 허용하는 등 많은 개역을 하고 있다. 가정에서도 본인 의사에 반하는 결혼으로 인하여 점점 이혼율이 증가하는 추세에 있다.

3) 종교

쿠웨이트에서는 종교행사로서는 라마단이 있다. 원칙적으로 종교의 자유가 허용되고 있어 외국인의 경우 각자의 신앙생활 영위가 가능하나 일정한 장소에서의 예배만이 허용되며 일체의 개인적인 전도 행위는 불가능하다.[13] 이슬람교도가 아닌 경우 이슬람 사원에 들어가기도 하고 있는 사람의 앞을 지나거나 말을 걸지 말고 기도할 때는 담요를 밟지 말아야 한다. 쿠웨이트인은 사원의 실내에서 절대 남녀가 함께 예배를 보지 않는다.

3) 언행

쿠웨이트인은 코란을 펴기 전에 손을 씻는 의식이 있을 정도로 정결히 다룬다.[14] 이슬람의 생활화로 도박, 이자놀이, 간음, 매춘, 음주나 돼지고기를 먹는 것은 금한다. 친한 경우가 아니면 상대방의 종교나 가족에 관한 이야기를 하지 않는 것이 좋다.[15]

13) 손효원, 「홀로 떠나는 세계여행-아시아편」, 햇빛, 1990, p.171~187.
14) http : //www.topas.net
15) http : //www.hanatour.co.kr

2. 무역상담 문화

(1) 시간관념

쿠웨이트인은 모든 일을 자기들 편의위주로 생각하는 경향이 있지만 무역상담을 위한 시간은 사전에 약속해두어야 한다. 쿠웨이트 관공서는 여름에 오전 7시~오후 1시까지, 겨울에 오전 7시30분~오후 1시30분까지 근무한다. 일반회사에서는 오전 8시30분~낮 12시30분까지 오전 근무를 하고 오후 4시30분까지는 낮잠을 자며 오후 4시30분에 다시 출근하여 저녁 8시까지 근무하는 유형이 많다. 일부 쿠웨이트의 국영 기업체에선 오전 7시~오후 3시까지 점심시간도 없이 근무를 하는 곳이 많다. 쿠웨이트는 다른 아랍국가에서 시간관념이 희박하다는 통상적인 관념과는 다소 차이가 있는 국가이다.

(2) 무역상담 전략

쿠웨이트인은 책임의식, 약속개념이 희박하며 불리한 경우 언제든지 약속을 파기하는 경향이 있기 때문에 중요한 약속이나 약정은 문서 등 근거를 남겨 놓는 것이 안전하다. 쿠웨이트는 대리인의 역할이 중요하기 때문에 회사의 능력이나 자본 등을 면밀히 파악하여 대리인을 신정하여야 한다.

(3) 무역상담 결정형식

쿠웨이트에서는 최고경영자가 의사결정권을 가진다. 실무자들은 일반적으로 여나의 중동지역인이 대부분을 차지하여 무역상담의 내용을 최고경영자에게 전달하고 의견을 받아내기 때문이다.

(4) 무역상담 유의점

쿠웨이트인과 무역상담시에 과실이 분명한데도 이를 인정하지 않고 변명을 늘어놓더라도 자존심을 존중하여야 한다. 여자가족에 대한 안부보다는 기후, 덕담 등을 주제로 대화를 하는 것이 좋다.

3. 초대문화 · 식사문화 · 선물문화

(1) 초대문화

쿠웨이트에서 가정으로 초대받았을 경우에는 바로 수락을 하는 것이 좋다. 인간관계의 정표로 생각하면 된다.

(2) 식사문화

쿠웨이트의 전통 음식으로는 마츠부라고 하는 것이 있는데 생선이나 닭고기 혹은 양고기와 쌀을 섞은 요리이다. 조리할 때는 커리 소스나 기타 재료를 첨가해서 먹기도 한다.[16] 쿠웨이트에서는 음식을 먹을 때 오른손만을 사용하며 식생활에 있어서는 이슬람교교리에 따라 주류, 돼지고기, 맹수, 파충류는 금한다.

(3) 선물문화

쿠웨이트에서는 선물문화가 발달해 있기에 선물을 주는 것이 상대방에 대한 관심을 표명하는 것으로 여기기도 한다. 술이 금기 사항이기도 하지만 때로는 술이 가장 좋은 선물이 될 수 있다. 그러나 뇌물로 비칠 수 있는 선물은 삼가는 것이 좋다. 그렇지만 여자 식구를 위해 선물을 가지고 가거나 안부를 물어서도 안 된다.[17]

제4절 오만

1. 일반 개요

(1) 국가의 특징

오만(Sultanate of Oman)은 1650년에 독립한 세습군주제 국가이다. 중동지역의

16) http://ko.wikipedia.org/wiki/
17) http : //kotra.or.kr/

아라비아반도 동남단에 위치하고 기후는 고온 건조한 사막기후이며 면적은 310천 ㎢로 한반도의 1.4배이다. 수도는 무스카트(Muscat)이다. 민족은 아랍인, 발루치족, 남아시아계, 아프리카계 등으로 구성되어 있다. 언어는 아랍어(공용어), 영어를 사용한다. 종교는 이슬람교의 이바디파(75%), 힌두교(25%) 등이다. 화폐단위는 오마니 리얄(Omani Riyal: OR)을 사용하며 산업구조는 제조업(50.4%)이 주를 이루고 서비스업(48.1%), 농업(1.5%) 순이다. 주요 수출품은 석유, 재수출, 어류, 금속, 직물 등이며 주요 수입품은 기계류 및 운송장비, 식료품 등이다. 주요자원으로는 석유, 구리, 크롬, 대리석 등이 있다.[18)]

(2) 국민성

오만인은 순수한 자연과 같이 맑은 마음과 친절함을 갖고 있으며 누구에게나 호의적인 태도를 갖고 있다.[19)] 오만은 이슬람교 문화와 전통을 기반으로 한 부족중심, 대가족 중심, 가부장적 권위가 유지되는 보수적인 사회이다. 오만은 전통적으로 예술과 춤, 음악 등을 애호한다.

(3) 사회 관습

1) 인사

오만인은 처음 대면하는 자리에서부터 수차례에 걸쳐 아주 열렬하고 적극적인 환영인사를 한다. 오만인은 악수를 하면서 상대방 시선을 주시하는 습관이 있다.

2) 호칭

오만에서는 상대의 직급이나 직위를 사전에 파악하는 것이 좋다. 오만인은 직함을 상당히 중요하게 생각하기 때문에 상대방을 부를 때에는 상대방의 정확한 직함을 붙여 호칭을 하여야 한다. 그래서 본인의 명함도 앞면은 영어, 그리고 뒷면은 아랍어로 인쇄하여 상대방이 즉시 파악하는 데에 도움을 주도록 하여야 한다. 명함을 주고받을 때에는 양손을 사용하여 공손하게 받거나 한손으로 받을 경우에는 오른손만을 사용한다.

18) 한국수출입은행, 전게서, p.164 참조.
19) http : //www.tourcs.co.kr/world/asia/oman.htm

3) 복장

오만에서는 영국이나 기타 유럽국가 들과 오랜 접촉 관계를 가지고 있기 때문에 정장을 입어야한다. 오만인은 복장차림을 통해 상대방을 판단하는 경향이 있기 때문에 양복이나 넥타이, 손목시계, 볼펜, 서류가방과 같은 것은 고급품이어야 한다. 복장에 관해 자국인과 외국인을 불문하고 엄격하게 통제한다. 오만에서는 남자와 여자 모두 면 소재 섬유계통의 옷을 입는다. 남자는 파란색의 헐겁고 마루까지 끌리는 셔츠를 입으며, 허리에 구부러진 칸자르 칼을 차고 다닌다. 여자는 소매가 없거나 기장이 짧은 상의, 미니스커트, 지나치게 팔이나 다리를 드러낸 옷을 입을 수 없다. 여자는 밝게 염색된 옷을 입고 화려한 숄과 베일로 감싸는 것이 일반적이다.

4) 언행

오만에서 음식을 먹거나 물건을 건네 줄 때에는 반드시 오른손만을 사용해야 한다. 발로 사물을 가르키거나 앉을 때에 상대방에게 발바닥을 노출시키지 않아야 한다. 오만인은 동성끼리 밀착해 서거나 앉는 경우가 많다. 오만인은 서로 부탁을 들어주는 것을 친분의 표시라고 여긴다. 오만인이 무엇인가를 부탁해오면 긍정적으로 대답해야 한다. 이후에 그 요청을 수행하지 못한 경우라도, 부탁을 거절하지 않고 도우려고 했다는 사실로 만족해하기 때문이다. 여성들의 사회활동이 어느 정도 개방되어 있으나 기본적으로는 남성중심 사회이다. 여성들은 극히 일부를 제외하고는 얼굴을 가리지도 않고, 차를 직접 운전하고 다니기도 한다. 그렇지만 여자에게 말을 걸거나 쳐다보는 행동은 하지 않아야 한다.[20]

2. 무역상담 문화

(1) 시간관념

오만인 기업을 방문할 때 반드시 사전 시간약속을 하고 방문해야 한다. 오만인은 약속시간에 늦는 경우가 흔하지만, 외국인들이 늦는 것은 용납하려 하지 않는 경향이 있다.

---

20) http : //www.kotra.or.kr/main/info/country

(2) 무역상담 전략

오만인은 무역상담을 통하여 가격과 계약조건에 대한 양보를 얻어내는 것에 대하여 성공여부를 판단한다. 무역상담시에는 이러한 점을 감안하여 가격과 계약조건을 제시하여야 한다. 또한 양보를 하는 경우에는 그에 상응하는 보상을 요구해야 한다.

오만인과는 납기 및 제품사양 절대 준수와 안정적인 제품 공급을 통해 신용이 쌓인 뒤에 외상거래를 수용하여야 한다.

(3) 무역상담 결정형식

오만에서는 최고경영자가 의사결정권을 가진다. 실무자들은 일반적으로 여타의 중동지역인이 대부분을 차지하여 무역상담의 내용을 최고 경영자에게 전달하고 의견을 받아내기 때문이다.

(4) 무역상담 유의점

오만인의 업무처리방식이나 행동양식이 비효율적이라 하더라도 체면과 수치심을 유발하면 안 된다.

3. 초대문화 · 식사문화 · 선물문화

(1) 초대문화

오만인이 식사초대를 하면 감사의 표시로 꽃이나 초콜릿 정도의 작은 선물을 하는 것이 좋다. 오른손으로만 식사해야 하며, 음식을 어느 정도 남기는 것이 예의이다. 홍차나 커피를 자주 권하면 아랍식의 손님 접대이기 때문에 흔쾌하게 응하면 된다.

(2) 식사문화

오만에서 대표적인 음식은 쌀에 오만 전통 향신료를 비롯해 닭고기와 야채를 넣고 볶은 음식인 브리야니(briyani)이다. 브리야니는 밋밋하면서 부드러운 맛을 내틑 특징이 있다.[21] 오만에서 이슬람교도들에게 음주는 불법이기 때문에 음료를 준비하여

21) http://cafe.daum.net/tklovefood/1Osd/9312?

야 한다. 술은 오직 커다란 호텔과 비싼 음식점에서만 찾아볼 수 있다.[22] 라마단 중에는 공공장소 및 실외에서의 음료, 음식물 섭취나 흡연은 조심하여야 한다.[23] 음식 중에 이슬람교교리에서 금하는 것은 제외하여야 한다.

(3) 선물문화

오만에서 선물을 면전에서 개봉하는 것은 예의가 아니다. 감사하다는 인사를 하고 보관을 하였다가 후에 개봉하여야 한다. 오만에서 피해야 할 선물은 술, 돼지고기돼지가죽 가공 제품, 장난감 개 또는 개를 이용한 물건, 누드화 등이다.

제5절 카타르

1. 일반 개요

(1) 국가의 특징

카타르(State of Qatar)는 1971년 9월 3일 영국으로부터 독립한 세습군주제 국가이다. 아라비아반도 동쪽, 걸프만 인접국에 위치하고 기후는 사막기후이며 면적은 11천 ㎢로 한반도의 1/20이다. 수도는 도하(Doha)이다. 민족은 아랍인(40%), 인도인(18%), 파키스탄인(18%), 이란인(10%) 등으로 구성되어 있다. 언어는 아랍어(공용어), 영어를 사용한다. 종교는 이슬람교(77.5%), 기독교(8.5%), 기타 종교 등이다. 화폐단위는 카타르 리얄(Qatar Riyal: QR)을 사용하며 산업구조는 제조업(77.8%)이 주를 이루고 서비스업(22.1%), 농업(0.1%) 순이다. 주요 수출품은 LNG, 석유제품, 화학비료 등이며 주요수입품은 기계류 및 운송장비, 식료품, 화학제품 등이다. 주요 자원으로는 석유, 천연가스 등이 있다.[24]

---

22) http://www.mofat.go.kr/missions/oman.nsf
23) http://www.kotra.or.kr/main/info/country
24) 한국수출입은행, 전게서, p.166 참조.

(2) 국민성

카타르인은 순박하고 인정이 많으며 친화력이 있지만 자존심이 강하여 배타적인 면을 나타내는 경향이 있다. 개인적인 이해관계에 있어서는 타인에게 양보를 하지 않는 성격을 가지고 있다.

(3) 사회관습

1) 인사

카타르에서 남성 혹은 여성과 악수를 할 때는 오른손을 사용한다. 직장에서 여성과 인사를 할 때 남성은 악수를 청해서는 안 된다. 여성이 악수를 청할 때까지 기다려야 하는데 악수를 청하지 않으면 말만으로도 인사를 하여야 한다.

2) 복장

카타르인은 복장을 보수적으로 입는다. 외국인은 가벼운 직물의 어두운 정장을 입는 것이 좋다. 남성은 직장, 공공장소. 해변가를 제외하고는 반바지를 입을 수 있다. 여성은 노출이 심하거나 화려한 복장, 바지나 무릎이 드러나는 옷은 피해야 한다. 반소매 상의는 입을 수 있지만, 어깨가 드러나서는 안 된다.

3) 가족제도

카타르인은 가부장적인 가족생활을 하고 있다. 카타르 농촌의 사회관계는 전통에 바탕을 두고 있다. 농민과 유목민은 대부분 전통적인 대가족제도에 따라 조부모와 부모, 미혼 자녀들, 결혼한 아들의 식구가 모두 한데 모여 산다. 가장 나이가 많은 남자가 가장으로 다른 가족 구성원들에게 절대적인 권위를 갖는다. 가정 밖의 사회생활에서 농민은 자기가 살고 있는 마을과, 유목민은 자기가 속해 있는 부족과 가장 깊은 유대를 맺고 살아간다. 카타르 농촌은 거의 모두 촌장과 장로회의에서 다스린다. 이들의 일은 주로 집안 사이에 일어나는 분쟁을 해결하는 것이다. 유목민 부족은 대부분 부계로 혈연을 맺은 여러 집안으로 이루어져 있다. 아랍 국가에서 세이크라고 부르는 족장은 대개 그 집단에서 가장 부유한 사람이다. 족장은 여러 집안 사이에 일어나는 분쟁을 조정하고, 가난한 부족원을 도와주는 역할을 한다.[25)]

25) http://kin.naver.com/

4) 언행

카타르에서 음식을 먹거나 물건을 건네 줄 때에는 반드시 오른손만을 사용해야 한다. 발로 사물을 가리키거나 앉을 때에 상대방에게 발바닥을 노출시키지 않아야 한다. 카타르인은 시리아·이란·아라비아·아프리카 북부의 건조지대에서 유목생활을 하는 바다위야의 주민이라는 의미를 가진 베두인족의 전통을 지키고 있다.[26]

2. 무역상담 문화

(1) 시간관념

카타르인은 서두르는 것을 믿음이 없으며 경박한 사람으로 간주한다. 카다르에서는 공식적으로 이슬람력을 사용한다. 그래서 매년 종교 명절의 일자가 다르다. 카타르인과 사업을 하는 경우에는 시간과 인내심이 필요하다.

(2) 무역상담 전략

카타르인과 무역상담을 하는 경우에는 유연함과 포용력을 갖추고 진행을 하여야 좋은 결과를 기대할 수 있다. 카타르인에게 진실함과 성실함을 보여 주었을 때에 인간관계를 맺을 수 있다.

(3) 무역상담 결정형식

카타르에서는 최고경영자가 의사결정권을 가진다. 실무자들은 일반적으로 여타의 중동지역인이 대부분을 차지하여 무역상담의 내용을 최고 경영자에게 전달하고 의견을 받아내기 때문이다.

(4) 무역상담 유의점

카타르인은 체면과 명예를 중시하기 때문에 무역상담을 유연하게 진행하여야 한다. 무역상담시에 카타르인의 체면과 명예를 존중하고 정직하게 상대하여야 한다.

---

26) http://100.daum.net/encyclopedia/view.do?docid=b21k1355b004

3. 초대문화 · 식사문화 · 선물문화

(1) 초대문화

카타르인이 초대를 하는 경우에는 가정이나 공공모임장소(Majlis)로 초대한다. 가정으로 초대하는 일반적으로 배우자를 동반하지 않는다. 공공모임장소(Majilis)는 일반적으로 하루의 마지막 기도가 끝난 밤에 개시한다. 라마단 기간인 경우에는 더욱 그러하다. 초대가 종료되면 손님이 돌아 갈 때 문까지 배웅해야 한다. 기념파티나 공식적인 행사에 초대를 받으면 특별한 음식 혹은 사탕 같은 작은 선물을 주인에게 선물한다.

(2) 식사문화

카타르에서 푸알라(Fuala)는 과일, 달콤한 케이크 · 견과류 · 퍼키 등의 간단한 먹거리를 의미한다. 아침과 점심 사이나 점심과 저녁 사이에 먹으며, 집에 손님이 방문했을 때도 의례적으로 대접한다. 음식은 신이 내린 가장 귀중한 선물로 식사하는 동안에는 거의 말을 하지 않지만 각 식사 단계마다 축복하는 말을 서로 교환한다. 음식을 먹기 전에는 신의 이름으로(bismillah), 식사 중간에는 신께서 더 먹으라고 하십니다(billah aleik tihbshi)', 충분히 먹었을 경우 신의 영예로움이 함께 하길(akram allah), 식사 후 커피를 마신 후 신 덕분에(alhamdulillah)'라는 말로 만족감을 표시하는 것이 관례이다. 음식에 대한 존중을 표시하기 위해 오지 오른손으로만 먹을 수 있고 음식을 집어 올릴 때는 엄시, 검시, 중지를 사용한다. 가디르에서는 차, 커피, 과일주스 혹은 소다수와 같은 음료수를 제공한다.[27] 식생활에 있어서는 이슬람교교리에 따라 주류, 돼지고기, 맹수, 파충류는 금한다.

(3) 선물문화

카타르에서 선물을 면전에서 개봉하는 것은 예의가 아니다. 감사하다는 인사를 하고 보관을 하였다가 후에 개봉하여야 한다. 카타르에서 피해야 할 선물은 술, 돼지고기돼지가죽 가공 제품, 장난감 개 또는 개를 이용한 물건, 누드화 등이다.

---

27) http://terms.naver.com/entry.nhn?docId=957070&cid=48195&categoryId

제6절 사우디아라비아

1. 일반 개요

(1) 국가의 특징

사우디아라비아(Kingdom of Saudi Arabia)는 1932년 9월 23일 영국으로부터 독립한 세습군주제(정교일치의 국왕중심제) 국가이다. 아라비아반도에 위치하고 기후는 고온 건조한 대륙성 기후이며 면적은 2,150천 ㎢로 한반도의 10배이다. 수도는 리야드(Riyadh)이다. 민족은 아랍인(90%), 아프리카 아시아 혼혈(10%) 등으로 구성되어 있다. 언어는 아랍어(공용어)를 사용한다. 종교는 이슬람교(100%)이다. 화폐단위는 사우디 리얄(Saudi Riyal: SR)을 사용하며 산업구조는 제조업(66.9%)이 주를 이루고 서비스업(31.1%), 농업(2%) 순이다. 주요 수출품은 석유, 석유화학제품(비중이 90%로 절대적) 등이며 주요 수입품은 기계 및 장비류, 식료품, 화학제품, 자동차, 섬유제품 등이다. 주요자원으로는 석유, 천연가스, 철광석 등이 있다.[28)]

(2) 국민성

사우디아라비아인은 대륙적 기질로 내성적이며 좀처럼 자신의 속마음을 드러내지 않는다. 만사를 서두르지 않고 여유가 있으며 성격이 호탕하고 자존심이 강하다. 이슬람교가 아닌 이방인을 경계하여 인간으로서의 정을 주지 않고 의심이 많은 편이다. 사우디아라비아인은 중동지역의 유목민들이 보유하고 있는 신의와 위신을 중시하는 기질을 가지고 있다. 또한 종족별로 분리되는 부족 내에서 부족으로부터 존경과 덕망을 받는 생활을 추구한다. 일반적으로 인관관계가 이루어지면 친절하면서 선행을 중시하는 기질을 나타낸다. 이들은 이슬람교의 영향을 받아 가족과 사회에 대한 의무감이 강하고, 남자는 위엄과 강인한 것을 중히 여겨 어려서부터 낙타경주, 승마 등을 가르치고 특히 가부장제로 남아선호 경향이 있다.

---

28) 한국수출입은행, 전게서, p.168 참조.

(3) 사회 관습

1) 인사

사우디아라비아인은 인사를 할 때에 인사말을 매우 오래한다. 오래하면 할수록 존경의 의미로 받아들인다. 인사는 악수를 하는데 악수를 한 후에 오른손을 왼쪽 가슴에 대고 쓸어내리면 친밀감을 나타내는 것이 된다.

2) 호칭

사우디아라비아인의 이름은 발음하거나 외우기가 어렵다. 무역상담을 하는 경우에는 사전에 중개인 또는 대리인에게 만날 사람의 이름을 영문자로 알려주도록 요청하여 어떻게 부르면 되는지 물어보는 것이 가장 좋은 방법이다.

3) 복장

사우디아라비아에서는 공공장소에서 아랍 여성들은 얼굴이 보이지 않게 베일을 써야 한다. 여성 사업가는 베일을 쓰지 않아도 되지만 보수적으로 입어야 한다. 여성은 네크라인으로 셔츠, 블라우스, 드레스를 덮어서 최소한 팔꿈치를 가려야 하고, 발목 또는 무릎 아래까지 가려야 하며 바지와 바지정장은 안 된다. 외국 여성은 쇼핑이나 여행을 해도 되지만 남성선용 카페는 피해야 하며 운전은 할 수 없다. 사우디아라비아에서는 외국인도 보수적이고 온화한 서구풍의 옷을 입어야 한다. 아주 더워도 남성과 여성 모두 신체를 가려야 한다. 종교 경찰이 복장을 단속하고, 위빈자를 체포할 수 있는 권한을 가지고 있다. 남자는 재킷과 타이를 입도록 하고, 바지와 셔츠는 소매가 긴 것으로 단추를 모두 채워야 한다. 사우디의 법은 남성의 목걸이 등을 금지한다.

4) 종교

사우디아라비아인은 태어나면서부터 모든 이슬람교도에게 의무로 되어 있는 5가지 의무를 지켜야 한다. 알라 이외에는 신이 없고 모하메드는 시의 사도임을 선언해야 한다. 하루 5차례(새벽, 정오경, 오후, 일몰시, 저녁)성지 메카의 카바신전을 향하여 기도를 하며, 금요일은 사원에 나가 합동예배를 보는 것이 모든 무슬림들에게 의무로 되어 있다. 그리고 일생에 한번 성지인 메카와 메디나(Medina) 등을 순례하는 성지순례가 5대 의무중의 하나이다. 사우디아라비아에서는 사도 무하마드가 알라로부터 지브리일 천사를 통하여 쿠란을 최초로 계시 받았다고 하는 이슬람력 라마단 달인 9월을 성월로 지키고 있다. 라마단 중에 외국인은 사우디아라비아인 앞에서 음식을 먹거나, 마시거나, 담배를 피우지 않는 것이 좋으며, 특히 거리에서의 흡연을 삼가고 기타 아랍인들의 종교생활에 거슬리는 행동을 하지 않는 것이 좋다.

5) 언행

사우디아라비아에서는 남성과 여성이 자유롭게 대화하지 않는다. 사우디아라비아인은 불쾌한 사실을 말하거나 진실을 미화할 때에 완곡한 표현을 쓴다. 사우디아라비아에서는 간음과 매춘행위, 음주, 돼지고기 판매, 이자놀이 등이 생활의 금기로 되어 있으며, 신앙생활을 해치는 가무나 요란한 음악, 영화 등은 허락하지 않고 있다. 그래서 학교에도 음악, 무용 등의 교육과목이 없다. 악수를 한다거나 물건을 주고받거나 음식을 먹을 때에는 반드시 오른손을 사용하여야 한다.

사우디아라비아에서는 국민들이 내는 세금이 별도로 없는 대신 스스로 납부하는 희사금에 의하여 재정을 책정하고 있어, 모든 이슬람교도들은 매년 자기 수입의 1/40에 해당하는 희사금을 쟈카트청이라는 담당관서에 자진 납부하게 된다.

2. 무역상담 문화

(1) 시간관념

사우디아라비아인은 시간관념이 없이 매사에 느긋하게 일을 처리한다. 그래서 무역상담을 위한 약속시간은 아침으로 하는 것이 좋다. 영업시간은 차이가 있지만 대부분은 오후 이른 시간에 폐점했다가 늦은 시간에 다시 문을 연다.

(2) 무역상담 전략

사우디아라비아인과 무역상담을 하는 경우 개인적인 주장이나 동정을 유발하는 경우 체면을 세워주고 모욕감을 주지 않도록 하는 것이 무엇보다도 중요하다. 사우디아라비아인은 좋은 일을 할 때 일상적인 칭찬을 기대하기 때문에 칭찬할만한 점을 발견하면 즉시 칭찬하는 것이 좋다. 사우디아라비아인은 물품을 구매할 때 반드시 가격을 깎는 것이 관례화되어 있기 때문에 처음부터 최저가격을 제시해서는 안 되며 어느 정도 여유 있는 가격을 제시해서 목표가격에 접근하는 전략을 써야 한다.

(3) 무역상담 결정형식

사우디아라비아에서 무역상담에 대한 최종결정은 최고경영자가 결정하는 경우가 많고 중간 간부들은 대부분 이집트, 시리아 등 인근 중동국가 사람들이기 때문에 의사전달만 할 뿐 실제권한은 없다. 그러므로 가능한 한 사장과 직접 상담을 시도하고 실무서류도 일단 사장에게 전달하도록 하는 것이 바람직하다.

(4) 무역상담 유의점

사우디아라비아에서 무역상담은 건강이나 여행에 관한 주제로부터 시작하는데 대화를 할 때는 반드시 눈을 맞춰야 한다. 당신이 말이 없거나 적게 하게 되면 상대방은 뭔가 잘못됐다고 생각하고 문제가 무엇이냐고 계속 묻는다. 사우디아라비아인은 논지를 주장하기 위해 장황한 설명과 공격적인 태도로 말하기 때문에 요점만 설명하거나 짧게 말하는 것은 바람직하지 못하다. 사우디아라비아인과의 대화시에는 목소리가 크면 진심을 가졌다고 생각하기 때문에 말을 많이 하고 목소리를 높여야 한다.

3. 초대문화 · 식사문화 · 선물문화

(1) 초대문화

사우디아라비아에서는 손님을 초대하는 것이 미덕으로 되어 있다. 사우디아라비아의 사업가는 외국인을 대하는데 익숙하고 외국인의 실수에 대해 관대한 편이다. 무역상담시에는 모욕적이거나 경멸적인 언행을 삼가하고, 술에 취하거나 복장을 부적절하게 입으면 안 된다.

(2) 식사문화

사우디아라비아의 전통음식은 캅사(kabsa)이다. 캅사는 쌀과 고기로 만드는데 고기는 염소고기, 양고기, 닭고기, 소고기, 생선과 새우, 낙타고기 등 다양하다.[29] 사우디아라비아에서 식사용 도구는 서구화된 가정으로서만 사용한다. 식사는 오른손만 사용하고 주는 음식만 먹어야 한다. 사우디아라비아인은 샤이 라고 부르는 홍차와 노

29) http://search.daum.net/search?nil

란색 박하 향기의 차를 즐겨 마시며 손님 접대시 아랍커피 까후아와 함께 차를 권유하는 것이 일반적이다.[30)]

(3) 선물문화

사우디아라비아에서는 대접을 받더라도 선물을 할 필요는 없다. 피해야 할 선물은 술, 돼지고기돼지가죽 가공 제품, 장난감 개 또는 개를 이용한 물건, 누드화 등이다. 집안에 있는 장식품에 관한 이야기는 자제해야 한다. 당신이 지나치게 칭찬하면 사우디아라비아인은 당신에게 그 물건을 선물해야 한다는 의무감을 갖게 된다.

제7절 터키

1. 일반 개요

(1) 국가의 특징

터키(Republic of Turkey)는 1923년 10월 29일 공화국을 선포한 내각책임제(대통령제 가미) 국가이다. 흑해 및 지중해 연안에 위치하고 기후는 지중해성 및 해양성(해안지방), 대륙성(내륙지방) 기후이며 면적은 780천 ㎢로 한반도의 3.5배이다. 수도는 앙카라(Ankara)이다. 민족은 터키인(75%), 쿠르드족(18%), 기타 민족 등으로 구성되어 있다. 언어는 터키어(공식어), 쿠르드어를 사용한다. 종교는 이슬람교이다. 화폐단위는 터키 리라(Turkish Lira: YLT)를 사용하며 산업구조는 서비스업(63.9%)이 주를 이루고 제조업(27%), 농업(9.1%) 순이다. 주요 수출품은 의류, 섬유, 식료품, 금속제품 등이며, 주요 수입품은 기계, 화학제품, 연료, 운송장비 등이다. 주요자원은 석탄, 철광석, 구리, 안티몬, 크롬 등이 있다.[31)]

---

30) http://cafe.daum.net/_c21_/filefilter_viewer_hdn?grpid

31) 한국수출입은행, 전게서, p.382 참조.

(2) 국민성

터키인은 오스만 제국의 영광에 대해 자부심이 대단히 크다. 터키인은 전통적으로 체면과 무예를 존중하며, 매우 정열적이고 다혈질이나 서두르지 않으며, 신앙의 전사라고 불리는 가지(gazi)의 정신을 윤리의 주요 덕목으로 생각하고 있다. 터키인은 민족의식이 매우 강하며, 지정학적인 특성으로 동서양의 사고방식이나 생활양식을 갖고 있다.

(3) 사회 관습

1) 가족제도

터키인은 집단과 공동체에 책임을 가지기 때문에 공동체 내에서는 유대관계를 중요하게 여긴다. 터키인은 또한 가정이든지 직장이든지 혹은 사회적인 모임이든지 동시에 여러 곳에 집중할 수 있는 능력들을 가지고 있다.[32)]

2) 종교

터키는 종교적인 성향이 강하지 않은 민주국가이다. 터키는 다른 이슬람 국가들과는 달리, 정부, 교육제도 그리고 사업분야는 이슬람과 다른 종교들의 간섭을 받지 않고 별개로 운영된다.

3) 언행

주머니에 손을 넣거나 팔짱을 끼고 이야기를 들으면 안 된다. 발바닥을 상대방에게 보이거나 다리를 꼬고 앉으면 무례한 행동으로 여긴다. 터키에서는 공식적으로 소개받지 않았다면 터키 여성에게 말을 걸으면 안 된다. 머리를 좌우로 흔들면 알 수 없다는 의미이다. 터키인들은 턱을 들어 올리고, 그때 머리가 약간 뒤로 젖혀질 정도로 눈을 감으면서, 눈썹을 아치 모양이 되도록 만들면 아니오라는 의미이다. 눈썹만을 들어 올리는 것은 무역상담의 여지가 있다는 의미이다. 사람을 부를 때는 손바닥을 밖으로 하고 위 아래로 흔든다. 손가락으로 누군가를 직접 가리키면 안 된다.

---

32) http://100.daum.net/encyclopedia/view.do?docid=b22t2452b002

2. 무역상담 문화

(1) 시간관념

터키에서 초대자는 시간약속에 늦을지라도 시간을 엄수하여야 한다. 무역상담을 하기 전에 사교활동을 갖는 것이 일반적인 규범이며 첫 대면에서는 사업에 관한 문제를 논의하지 않는다. 터키에서 가장 휴가를 많이 떠나는 여름에는 경영자들과 중요한 모임약속을 잡지 않아야 한다.

(2) 무역상담 전략

터키에서는 상대방과 직접 대면하기 이전에 서신이나 대리인을 활용하여 사업에 관한 개요를 알려주는 것이 좋다. 터키에서는 무역상담과 관련한 사업상의 예절을 지키는 것이 중요하기 때문에 중요한 인물이 누구인가를 조사해야 하며 예상되는 상대편의 위계질서를 파악하여 상대방의 정확한 직함과 이름 등을 인지해 두어야 한다.

(3) 무역상담 결정형식

터키인과의 무역상담에서는 최고 선임자가 결정권을 가지고 있다. 그러므로 최고 결정권자의 신상에 대한 정보를 사전에 파악하여 대처하여야 한다. 즉 무역상담에 참여하는 중간관리자는 무역상담의 내용을 파악하고 이를 상급자에게 전달하는 역할만 하기 때문에 실질적인 의사결정권은 최고경영자에게 있다. 그러므로 무역상담을 효율적으로 진행학 위해서는 최고경영자와 실질적인 무역상담을 하는 것이 바람직하다.

(4) 무역상담 유의점

터키에서는 무역상담을 위하여 상대방을 방문하는 경우에 초청자에게 소홀하거나 무례하다는 인상을 주지 않아야 한다. 즉 터키인의 외모를 보고 판단하는 결례가 엇어야 한다. 터키인에 맞는 직함이나 전문직 명칭을 사용하면서 대면을 하면 효과가 크다. 터키에서는 전통적인 호칭과 현대적인 호칭이 혼용되고 있기 때문에 비전문직 종사자와 인사를 나눌 때는 유의하여야 한다.

3. 초대문화 · 식사문화 · 선물문화

(1) 초대문화

터키에서는 사업과 관련한 사업상의 초대가 음식점에서 이루어지면 초대자가 일정을 잡고 음식 값을 지불한다. 터키에서는 초대문화가 상당하게 발전되어 있다. 한두번 만난 경우에도 친숙함을 표시하기 위하여 초대를 하는 경우가 많다. 초대를 하는 경우에는 방문자가 간단한 타드르((tatli: 디저트) 재료 등을 준비하여 가면 상당하게 유용한 선물이 될 수도 있고 같이 초대 측과 인간적으로 동참한다는 인식도 심어 줄 수 있어 좋은 면이 있다.

(2) 식사문화

터키의 전통음식은 케밥(kebap)이다. 케밥은 터키어로 구이라는 의미이다. 즉 고기를 구워서 만든 요리이다. 고기의 종류에 따라 양고기 구이(kuzu kebap), 닭고기 구이(kavuk kebap), 쇠고기 구이(kana kebap) 등으로 구분하기도 하며, 굽는 방식에 따라 바베큐식으로 돌려 구운 요리(d ner kebap), 꼬치에 끼워 구운 요리(Şiş kebap) 등으로 구분한다.[33] 터키에서는 주로 식사 후에 진한 커피를 한 잔 마시는데, 아주 자그마한 블랙커피 잔에다 마신다. 밑바닥에서 쓴맛이 날 때까지 잔을 완전히 비우지 않는다. 설탕은 대부분 넣지만 우유를 넣는 경우는 흔치 않다. 터키의 식사문화의 특징은 식사 후 타트르를 즐긴다는 것이다. 타드르를 먹는 것은 오스만 트르그 시절부터 전해 내려 온 전통이다. 터키인은 오스만 트르크 시절부터 아기가 태어나거나 먼 지방을 가거나 특별한 날에 타트르를 먹는 풍습이 있었다. 타트르에서 대표적인 것은 밀가루, 우유, 기름 설탕으로 만든 헬바(helva)이다.

(3) 선물문화

터키에서는 상대방이 술을 마실 줄 안다면 비즈니스 동업자에게는 품질이 좋은 주류가가 좋은 선물이다. 초대행사에 참석하기 전에 정보를 입수하여 선물을 준비하는 것이 좋다.

---

33) http://ask.nate.com/qna/view.html?n=9290702

제8절 아랍에미리트

1. 일반 개요

(1) 국가의 특징

아랍에미리트(Unites Arab Emirates: UAE)는 1971년 12월 2일 영국으로부터 독립한 7개 토후국(Emirates) 연방 절대군주제(대통령 중심제) 국가이다. 걸프만 연안, 사우디·카타르·오만과 접경에 위치하고 기후는 고온다습, 아열대 및 사막성 기후이며 면적은 84천 ㎢로 한반도의 1/3이다. 수도는 아브다비(Abu Dhabi)이다. 민족은 남아시아계(50%), 아랍 및 이란계(23%), 토후국인(19%) 등으로 구성되어 있다. 언어는 아랍어(공용어), 영어, 페르시아어를 사용한다. 종교는 이슬람교(96%)인데 그중 시아파(16%)가 포함되어 있고, 기독교, 힌두교이다. 화폐단위는 아랍에미리트 디람(UAE Dirham: Dh)을 사용하며 산업구조는 제조업(56.1%)이 주를 이루고 서비스업(43.1%), 농업(0.8%) 순이다. 주요 수출품은 원유, 천연가스, 재수출 등이며 주요수입품은 기계 및 운송장비, 화학제품, 식료품 등이다. 주요자원으로는 석유, 천연가스 등이 있다.[34)]

(2) 국민성

아랍에미리트인은 상대방에게 자신의 솔직한 얘기를 쉽게 하는 편이다. 그들은 대화할 때에 상대방의 눈을 응시하기 때문에 같이 시선을 맞추어야 한다. 눈길을 피하면 거짓이 있다고 판단한다.

(3) 사회 관습

1) 인사

아랍에미리트인은 부드럽게 악수를 하는 편이나 상대방에게 강하게 시선을 고정시

34) 한국수출입은행, 전게서, p.178 참조.

킨다. 그러나 여성이 남성에게 악수를 청하거나 남성이 여성에게 악수를 청하는 일은 매우 드물다.

2) 언행

아랍에미리트인은 동성끼리 밀착해 서 있거나 앉아 있는 것을 좋아한다. 이러한 경우 당황하지 말고 관조하는 것이 좋다. 친숙해지면 동일한 행동을 해주는 것도 좋다. 음식을 먹거나 물건을 건네 줄 때에는 반드시 오른손만을 사용해야 한다. 발로 사물을 가리키거나 앉을 때에 상대방에게 발바닥을 노출시키지 않아야 한다.[35)]

2. 무역상담 문화

(1) 시간관념

아랍에미리트인은 서구 사회와는 다른 시간관념을 가지고 있다. 아랍에미리트인에게 가족과 인간관계는 시간보다 더욱 중요하기 때문에 이를 이유로 약속시간에 늦는 경우도 무역상담시에 전화나 서류 결재, 친지의 방문 등으로 중단되는 경우가 많다. 그래서 아랍에미리트인에게 어떤 특정한 날짜를 지켜줄 것을 약속하기가 어렵다. 이러한 점을 감안하여 일정을 정하여야 한다.

(2) 무역상담 전략

아랍에미리트인은 무역상담을 통하여 가격과 계약조건에 대한 양보를 얻어내는 것에 대하여 성공여부를 판단한다. 무역상담시에는 이러한 점을 감안하여 가격과 계약조건을 제시하여야 한다. 또한 양보를 하는 경우에는 그에 상응하는 보상을 요구해야 한다.

(3) 무역상담 결정형식

아랍에미리트에서는 최고경영자가 의사결정권을 가진다. 실무자들은 일반적으로 여타의 중동지역인이 대부분을 차지하여 무역상담의 내용을 최고 경영자에게 전달하고 의견을 받아내기 때문이다.

---

35) http://100.daum.net/encyclopedia/view.do?docid=b11s0520b

(4) 무역상담 유의점

아랍에미리트에서는 인간관계를 설정하는 것이 필요하다. 계속적인 거래를 통한 친분관계 및 사적인 분야에서 공통적인 여가생활을 즐기며 쌓는 관계가 중요한 역할을 한다.

3. 초대문화 · 식사문화 · 선물문화

(1) 초대문화

아랍에미리트에서는 상대방과 친분을 쌓는 데 있어서 초대가 아주 중요한 요소이다. 아랍에미리트인의 가정에 식사 초대를 받은 경우에는 친분관계가 좋아졌다는 것을 의미하기 때문에 상대의 호의에 대한 감사 표시로써 음식을 많이 먹어야만 한다.

(2) 식사문화

아랍에미리트의 음식은 향신료가 가미된 요리가 많다. 고기요리의 경우 주로 꼬챙이에 끼워 불에 굽는 케밥(kebap) 형태의 고기 요리가 많다. 아랍에미리트에서는 고기로 양고기와 닭고기를 먹고, 유제품과 허브 등을 자주 먹는데 양념을 중요시한다. 모든 음식에는 아랍식의 빵이 나오는데, 빵을 찍어 먹을 수 있도록 으깬 콩에 올리브기름을 섞어 만든 아랍 전통의 허머스(hummus ; hommos: 소스양념)가 나온다.[36] 아랍에미리트에서 라마단 기간 중에는 호텔을 포함한 모든 음식점이 일몰 이전까지는 문을 닫는다. 라마단 기간 중에 외국인은 공공장소에서 흡연이나 음식을 먹을 때 조심하여야 한다.[37] 아랍에미리트인은 홍차나 커피를 자주 권하는데 이것은 아랍방식의 손님에 대한 접대이기 때문에 흔쾌하게 받아 들여야 한다.

(3) 선물문화

아랍에미리트에서 피해야 할 선물은 술, 돼지고기돼지가죽 가공 제품, 장난감 개 또는 개를 이용한 물건, 누드화 등이다.

36) http://cafe.daum.net/cyhdscom/3E3J/147?q
37) http : //shoestring.co.kr/destinations/middle.htm

북미지역의 무역문화

제1절 캐나다

1. 일반 개요

(1) 국가의 특징

캐나다(Canada)는 1867년 7월 1일 영국으로부터 독립한 내각책임제인 입헌군수제 국가이다. 미주대륙 북부에 위치하고 기후는 대륙성 기후이며 면적은 9,094천 ㎢로 한반도의 41배이다. 수도는 오타와(Ottawa)이다. 민족은 유럽계 백인(66%), 혼혈(26%), 기타(6%) 등으로 구성되어 있다. 언어는 영어(공용어), 프랑스어를 사용한다. 종교는 기독교(70.3%), 이슬람교(1.9%), 기타 종교 등이다. 화폐단위는 캐나다 달러(Canadian Dollar: C$)를 사용하며 산업구조는 서비스업(69.8%)이 주를 이루고 제조업(28.5%), 농・광업(1.7%) 순이다. 주요 수출품은 산업재, 기계설비, 석유제품, 자동차관련, 목재, 펄프, 항공기 등이며 주요 수입품은 산업재, 기계설비, 자동차관련, 소비재, 원유, 화학제품 등이다. 주요자원으로는 석유, 천연자원, 철광석, 석탄 등이 있다.[1)]

(2) 국민성

캐나다인은 선하고 착하며 자유롭게 생활한다. 캐나다인은 윤리를 지키고 타인에게 피해를 주지 않고 능률을 중시하는 국민이다. 캐나다인은 시간을 중요하게 여기기 때문에 대화시에는 결론적인 이야기하여 상대방이 시간을 낭비하지 않도록 배려한다.[2] 그래서 무리하다고 판단하면 분명하게 대답을 해야 한다. 일반적으로 이 나라 사람들은 매사 정해진 시간 내에 움직이며 업무와 가정을 엄격하게 분리하여 생활한다. 문화적으로 유럽, 특히 영국과 프랑스의 영향을 많이 받아 해양 기질과 대륙 기질이 혼합되어 있기 때문에 퀘백주에는 영국계와 프랑스계의 마찰이 있다.

(3) 사회관습

1) 인사

캐나다에서 명함의 무역상담 중에 언제라도 가능하지만 다른 나라처럼 공식화된 것은 아니다. 만약 방문하는 회사에 비서가 있을 경우 명함을 남기는 것이 좋다. 무역상담시에는 홍보물의 교환이 자주 일어난다. 캐나다인은 처음 사람을 소개받을 때 남자나 여자에 상관없이 손을 내밀어 악수를 청하는데 주로 여자나 연장자, 상급자가 먼저 손을 내밀어 악수를 하게 된다. 캐나다인 중에는 반갑게 가벼운 포옹으로 인사하기도 한다.[3]

2) 음주

캐나다는 또한 술에 대한 규제가 아주 엄격하다. 술은 지정된 상점에서만 판매하고, 슈퍼마켓 등에서는 맥주 외에는 구입 할 수 없다. 캐나다에서는 특정 음식점에서는 위스키나 코냑 등과 같은 술만 판다. 그러나 공원 등에서는 술을 마시지 않는다.

3) 흡연

캐나다에서는 사무실과 회의장과 같은 공공장소에서는 금연이다. 음식점에서의 흡연은 특별히 지정된 좌석에서만 가능하다. 일부 호텔은 특별히 지정된 층에서 흡연을

---

1) 한국수출입은행 해외경제연구소, 2014 세계국가편람, 2013.12, p.432 참조.
2) http : //www.uhaknews.com/stepby/prestuff/distri.asp?var=oksk&kind=b11
3) http : //www.uhaknews.com/stepby/prestuff/distri.asp?var=oksk&kind=b11

금하는 경우가 있다. 특별히 지정된 항공기, 기차, 버스 등과 같은 운송수단 내에서는 금연이다. 캐나다인은 자신의 앞에서 흡연하는 것을 불쾌하게 생각하기 때문에 담배를 피우기 전에 묻는 것이 좋다. 대부분의 회사에는 흡연석이 따로 지정되어 있기 때문에 담배를 피우기 위해 잠시 자리를 비우는 것은 괜찮다.

4) 가족제도

캐나다에서는 다양한 민족이 살기 때문에 이민족간에 결혼이 이루어지고 부부가 가족을 부양하기 위해서건 아니면 인생의 목표를 달성하기 위해서건 간에 모두 직장을 가지고 있는 경우가 많다. 아버지와 어머니만 있는 편부모 가정이 점점 더 보편화되는 추세이다. 그러한 경우 어머니가 대부분 아이를 양육한다. 교육을 마친 성인 자녀는 스스로 생활하는 것이 중요하다고 생각하여 대개 부모와 함께 살지 않는다. 그래서 새로 결혼한 부부는 대부분 부모와 떨어져 산다.[4]

2. 무역상담 문화

(1) 시간관념

캐나다인은 서로의 시간을 존중해주며 약속시간을 엄수한다. 만약 20분 이상 늦을 것 같다면 전화로 상황을 설명하고 무역상담 시간을 재조정하여야 한다. 캐나다인은 일정을 정리해 놓고 일정에 맞추어 생활을 한다. 그러므로 약속된 또는 정해진 시간을 지키는 것을 중요하게 생각한다. 무역상담 시간을 약속했으면 그 시간에서 적어도 5분 안에는 도착해야 한다. 정부기관들은 안전을 위하여 로비에서 신분 및 소지품 검사를 하기 때문에 이를 감안하여야 한다.

(2) 무역상담 전략

캐나다에서 무역상담은 각 지역별 특성 및 인종별 국민성을 숙지하고 이에 맞는 대화를 이어가야 한다. 캐나다는 보수성이 강한 시장이기 때문에 장기적인 안목을 가지고 접근해야 한다. 캐나다에서는 미국에 대한 열등감이 있어 미국기업의 상품과 비교하는 말이나 주제는 피하는 것이 좋다.

---

4) http : //www.canadanet.co.kr/VerMenu/CulSys/LifeStandard/Family.htm

(3) 무역상담 결정형식

캐나다는 1인 구매 체제가 대부분이기 때문에 담당책임자 부재 시에는 상담이 이루어지지 않는다. 캐나다인은 상담 시 매사 행동이나 목표를 예정하고 정해진 시간 내에 끝내려고 한다. 이들은 상담의 주제에 대해 명시적인 동의를 요구하며 일을 신속히 매듭지으려고 한다. 그래서 이들은 절박한 의사결정에 익숙해져 있고 최종적 의사결정권을 갖고 있어 상담자는 사전에 세밀한 준비를 해야 하고 의사결정권이 없으면 거래는 이루어지지 않는다.

(4) 무역상담 유의점

캐나다는 유통구조 및 판촉매체도 미국과 같으나 더 보수적이다. 캐나다는 소량다품종 수입을 하고 있으며 가격에 민감한 시장이다. 캐나다는 신용도가 이 시장 공략의 관건이므로 계약이행을 철저히 하고 신뢰성을 높여야 한다.

3. 초대문화 · 식사문화 · 선물문화

(1) 초대문화

캐나다에서 가정으로 초대하는 경우는 큰 예우이며 개인적인 친분을 나타내는 것이기 때문에 정중하게 승낙하여야 한다. 초대에 응한다고 대답을 주었는데 피치 못할 사정이 생겨서 참석하지 못하는 경우에는 반드시 사전에 전화로 참석하지 못하는 사실을 알려야 한다. 모임이나 파티에 초대를 받아서 응해놓고서 연락 없이 가지 않는 것은 무례하게 여긴다. 초대를 받고 방문할 때는 꽃이나 포도주, 자국에서 가지고 온 물건 등과 같은 선물을 하는 것이 좋다. 가정에 초대를 받으면 일반적으로 꽃을 선물로 하지만 관습적으로 흰 백합꽃은 선물에서 제외한다.

(2) 식사문화

캐나다 전통음식 푸틴(poutine)은 감자튀김과 치즈 위에 뜨거운 그레이비소스를 부어 만든 음식이다.[5] 캐나다에서 무역상담을 겸한 조찬회의가 많다. 점심식사는 가

5) http://blog.naver.com/hihiment?Redirect=Log&logNo=90182568707

볍게 하고, 식사시간도 한 시간에서 한 시간 반 정도로 짧은 편이다. 식사 중에 포크는 오른손으로 사용하며 나이프는 음식을 자르거나 소스를 바를 때 사용한다. 나이프를 사용할 때는 포크를 왼손에 들거나 내려놓고, 다시 오른손으로 들고 먹는다. 만찬에 초대될 때는 초대자가 사업이야기를 하면 대화주제로 하고 그렇지 않으면 꺼내지 말아야 한다. 식사를 마치고 트림을 하는 것은 결례이다. 칵테일이나 술 종류가 나올 때 마시고 싶지 않을 경우는 사양하고 대신 과일주스 등을 요청해도 된다.[6] 식사 초대 시 만약 먹지 않는 음식이 있을 경우 미리 알려주는 것도 예의 중의 하나이다.

(3) 선물문화

캐나다에서는 사업상의 선물은 큰 거래가 성사되었을 경우를 제외하면 별로 흔하지 않다. 정부의 관리에게 하는 선물은 핀이나 펜과 같은 외국인 회사나 자국의 기념품을 제외하고는 절대로 안 하는 것이 좋다. 사업상 관련된 사람이라면 사무용품이나 위스키, 브랜디, 포도주 등 주류가 좋다. 외식이나 놀이시설에의 초대 등도 인기 있는 선물이 될 수 있다.

제2절 멕시코

1. 일반 개요

(1) 국가의 특징

멕시코(United Mexican States)는 1810년 9월 16일 스페인으로부터 독립한 연방공화국 국가이다. 북으로는 미국, 남으로는 과테말라, 벨리즈와 접경을 하고 위치하고 기후는 남부는 열대성, 고지대는 온대성 기후이며 면적은 1,943천 ㎢로 한반도의 9배이다. 수도는 멕시코시티(Mexico City)이다. 민족은 메스티조(60%), 인디언 등(30%), 백인(9%) 등으로 구성되어 있다. 언어는 스페인어, 마야어를 사용한다. 종교는 가톨릭(82.7%), 기독교(1.6%), 기타 종교 등이다. 화폐단위는 페소(Peso: Ps)를

6) http://www.uhaknews.com/stepby/prestuff/distri.asp?var=oksk&kind=b11

사용하며 산업구조는 서비스업(62.1%)이 주를 이루고 제조업(34.2%), 농업(3.7%) 순이다. 주요 수출품은 공산품, 원유, 농산물, 은, 커피 등이며 주요 수입품은 금속가공기기, 농기계, 전자제품, 운송기기 조립부품 등이다. 주요자원으로는 석유, 은, 동, 금, 구리, 천연가스 등이 있다.[7)]

(2) 국민성

멕시코인은 친절하고 긍정적이며 일하기를 싫어하고 노는 것을 좋아하는 낙천적인 태도를 가지고 있다.[8)] 멕시코인은 언변이 좋고 감정 변화가 심하며 배타적인 성격을 지니고 있다. 안일 무사한 생활관습에 젖어 있어 매사 성급함이 없는 국민이며 어떤 일이고 무책임하게 행동하는 경우도 있다.

(3) 사회관습

1) 인사

멕시코인은 방문객이 스페인어를 배우려고 애쓰는 사람에게는 감사한 마음을 갖는다. 처음 대면 시 인사말이나 감사한 단어정도는 알고 있는 것이 상호 일체감 조성에 도움이 된다. 처음 대면하는 사람과는 악수를 하나 친분이 있는 경우 얼싸 안는다. 여성들 사이에는 뺨에 입맞춤을 한다.

2) 호칭

멕시코인은 신분을 의식하고 명예를 추구하기 때문에 입는 옷과 타는 승용차에 대단히 신경을 쓴다. 그리고 전문적인 직급이나 직함도 중요하게 생각하여 학사(licenciado), 기술자(ingeniero), 박사(doctor) 등과 같은 호칭을 좋아한다.

3) 음주

멕시코의 술은 테킬라가 유명하지만 실제로는 할리스꼬 주(州) 이외에는 별로 마시지 않는다. 테킬라는 용설란의 일종인 마게이라는 식물을 가지고 잎은 모두 잘라내고 구형의 포기만을 찐 다음 발효시켜 증류한 독특한 술이다.

---

7) 한국수출입은행, 전게서, p.498 참조.

8) http : //www.kbsword.net

4) 가족제도

멕시코에서는 가족의 역할이 개인의 움직임에 절대적인 영향력을 가진다. 따라서 많은 멕시코 기업들이 가족 중심으로 운영되고 있다.

2. 무역상담 문화

(1) 시간관념

멕시코인은 시간관념이 없는데다 수도인 멕시코시티는 교통체증이 극심해서 약속시간보다 한두 시간 늦는 것은 일반적이다. 또한 상대방이 초대한 후 몇 시간 후에 와도 태연함을 보인다.

(2) 무역상담 전략

멕시코는 빈부의 격차도 심해 주로 저가품 제품에 대한 수요가 대종을 이루고 있다. 멕시코인은 약속이행에 대한 책임감도 없기 때문에 거래를 할 때에는 인내심을 가지고 상대해야 한다. 멕시코인은 무역상담시에 가격인하에 관심이 높기 때문에 대응책이 필요하다. 무역상담시에는 견본을 지참하고 무역분쟁에 대비하여야 한다. 멕시코인은 무역상담시 정확한 의사표현을 하지 않는다.

(3) 무역상담 결정형식

멕시코인이 경영하는 기업에서는 최고경영자가 의사결정권을 갖기 때문에 이들과 직접 무역상담을 하는 것이 유리하다.

(4) 무역상담 유의점

멕시코인과 무역상담시에는 깨끗한 용모와 정중한 복장을 유지하며 비서에게도 정중해야 한다. 무역상담시 팀내의 협의가 필요한 경우에는 상대방에게 양해를 구해야 한다. 멕시코인에게 업무처리나 기타 일을 부탁할 때는 정중하게 부탁하여야 한다. 그리고 멕시코인은 잘못을 인정하면 수치로 여기며, 신상에 피해가 올 수 있다고 생각하기 때문에 이에 대한 배려가 필요하다.

3. 초대문화 · 식사문화 · 선물문화

(1) 초대문화

멕시코에서 가정으로 초대받으면 최소한 30분 정도 늦게 방문하도록 하고, 친교를 위한 방문이라고 생각하고 사업에 대한 이야기는 하지 않는 편이 좋다. 초대받은 장소에 도착하면 주인을 포함하여 먼저 온 손님들과 악수로 인사를 나누어야 한다. 초대장소에서는 주변사람과 격의 없는 환담을 유도하는 것이 유리하다.

(2) 식사문화

멕시코의 전통요리는 따꼬(taco)라는 음식이다. 물에 불린 옥수수를 으깬 옥수수가루로 원형의 만두피 모양을 만들어 구운 또르띠야(tortilla)에다 어떤 음식이든지 다 싸서 먹는다. 또르띠야는 독자적인 주요 메뉴가 되지는 못하고 같이 먹을 수 있는 소스나 좋아하는 재료를 싸서 먹는 것인데 속에 들어가는 것은 소고기, 닭고기, 내장 등 다양하다.[9] 멕시코에서 식사를 할 경우는 식사 전에 동석자에게 간단한 인사말을 건네며 소리 내어 음식을 먹으면 안 된다. 멕시코에서는 조찬과 점심이 저녁보다 무역상담에 적합하다. 조찬은 오전 7~8시 정도로 스테이크나 계란요리 등 아주 푸짐한 편이다. 점심은 3시경에 이루어지는데 거의 만찬에 가깝다. 식사자리에서는 최고 연장자가 식사비용을 지불하는데, 초대를 하는 경우에는 사전에 식사비를 부담한다고 알리는 것이 좋다. 식사를 할 경우는 식사 전에 동석자에게 간단한 인사말을 건네야 하며 식사 중에 음식 소리를 내서는 안 된다.

(3) 선물문화

멕시코에서는 초대받았다고 반드시 선물을 준비할 필요는 없고 답례로 초대자를 식사에 초대하는 것이 좋다. 꼭 선물을 한다면 무역상담 상대자의 부인에게는 향수나 스카프 등을, 아이가 있다면 장난감이나 컴퓨터 관련 소프트웨어 등을 포장하여 주는 것이 예의이다. 멕시코에서는 노란색의 포장지는 사용치 않는다.

---

9) http : ///www.kbsword.net; 유승삼, 「세계를 간다(멕시코·중미)」, 중앙M&B.; 매일경제, 「세계요리특선」, 멕시코 타코.

제3절 미국

1. 일반 개요

(1) 국가의 특징

미국(United States of America)은 1776년 7월 4일 영국으로부터 독립한 대통령 중심제인 연방공화제 국가이다. 북미대륙에 위치하고 기후는 온대, 아열대성 기후이며 면적은 9,162천 ㎢로 한반도의 41배이다. 수도는 워싱턴 디시(Washington D.C.)이다. 민족은 백인(80%), 흑인(13%), 아시아계(4%), 기타(3%) 등으로 구성되어 있다. 언어는 영어를 사용한다. 종교는 기독교(51.3%), 가톨릭(23.9%), 기타 종교 등이다. 화폐단위는 미국 달러(US Dollar: US$)를 사용하며 산업구조는 서비스업(79.7%)이 주를 이루고 제조업(19.2%), 농업(1.1%) 순이다. 주요 수출품은 자본재, 공업부품, 소비재, 농산품 등이며 주요 수입품은 자본재, 공업부품, 소비재, 농산품 등이다. 주요 자원으로는 석탄, 석유, 천연가스, 동, 철강, 목재 등이 있다.[10]

(2) 국민성

미국인은 감각이 진취적이고, 또 새로운 것과 어려움에 대한 도적의욕이 왕성했기 때문에 자연스럽게 새로운 것을 존중한다. 미국인은 순박하면서 솔직하기 때문에 생각해 보겠다거나 혹은 불가능하다면 불가능하다고 분명하게 답변한다. 미국인은 가족 간의 유대와 그룹의 관계도 중요시하지만 이 모든 것의 근본은 개인이 누릴 수 있는 권리와 의무를 존중해 주는 데 있다고 믿기 때문에 개인을 매우 중요시한다. 미국인은 매우 직선적이고 인간관계에 있어서 격식이나 가식을 싫어한다.[11] 미국인은 서로 알지 못하는 사람에게도 눈이 마주치면 인사를 나누며 구면인 것처럼 자연스럽게 행동한다.

---

10) 한국수출입은행, 전게서, p.434 참조.
11) AT&T, 「미국 생활 안내서」, 2000, p.59.

(3) 사회관습

1) 인사

미국인은 사적 공간을 중요하게 여긴다, 악수는 짧고 강하게 하며 상대의 눈을 쳐다보되 노려보지는 말아야 한다. 미국인은 명함을 교환하는 목적을 상대방에게 추후 연락하기 위한 것으로 여기기 때문에 명함을 받아 바지 뒷주머니에 넣어둔 지갑을 꺼내 넣더라도 관심을 두지 않는다.

2) 호칭

미국에서는 자신을 소개할 때 직책이 아닌 본인의 이름전체(full name)과 소속회사를 분명히 말한다. 거래처에 전화할 때는 씨(Mr)나 양(Miss) 등과 같은 존칭을 붙여 이름을 부른다. 미국에서는 업무상 관계로 만나지 않을 경우는 명함을 주고받지 않는다. 개인적으로 성이나 이름만 부를 정도면 상당히 친숙해진 것이다.

3) 음주

미국에서 음주는 완전히 합법적이다. 지방 주류 규제법이 약화되면서 음식점에서 직접 술을 만들어 팔 수 있게 되었다. 음주와 관련하여 공공장소나 자동차 안에서는 절대 금물이다. 음주운전은 각 주마다 그 기준이 다르므로 이를 준수하여야 한다.

4) 흡연

미국에서 흡연은 최근 한국과 마찬가지로 대부분의 건물에서는 지정된 장소에서만 허용되고 있으며, 탁자에 재떨이가 있더라도 옆 사람에게 양해를 구하고 연기가 상대의 얼굴에 가지 않도록 세심한 주의를 기울여 담배를 피워야 한다.

5) 언행

미국인은 간편한 옷차림을 좋아하고 연령 등 격식에 얽매이지 않고 사람을 대한다. 대화 시 인종차별, 음주, 흡연 등에 있어서는 특별히 주의하여야 하며 특히 특정종교, 소수민족, 인종, 여성 등에 대한 차별적 발언은 절대 금하여야 하며 많은 민족이 모여 사는 나라이므로 인종문제에 관한 화제는 피하도록 한다.[12)] 또한 여성의 외모에 대

12) (사)한국라보·서울특별시, 「민박안내서」, 2000, p.17.

해서는 절대로 언급하지 말아야 한다. 미국인은 가족끼리 조차도 행여 상처를 줄 만한 말은 안한다. 개인적으로 친해지는 방법은 자주 만나고 통화하는 것이 최상이고 상대방의 생일이나 결혼기념일을 기억해 축하해 주거나 사소한 일에 대한 배려를 표시하는 것이 좋다.

2. 무역상담 문화

(1) 시간관념

미국인은 일등국민의 자부심과 물질적 세계관을 가지고 있으며 시간관념이 철저하다. 미국인은 약속과 회의는 반드시 정한 시간에 시작될 것으로 기대하며, 시간에 늦는 것은 관심부족, 거만함 혹은 서툰 시간 관리로 해석한다.[13] 미국인은 현재와 단기적 미래를 중시하며 결과를 철저하게 측정하며 신속한 결과를 낳을 수 있는 투자를 좋아한다. 미국은 사업을 시간과 날짜 개념으로 생각하여 바로 상담에 돌입하며, 의사표현도 감정적이며 솔직하다. 미국에서는 약속사회라고 모든 약속은 적어도 1주일 전에는 해야 하며, 시간엄수 또한 필수로 사업상 대면할 경우에는 교통정체를 감안하여야 한다. 주말은 완전한 개인시간으로 여기기 때문에 가족과 함께 보내거나 개인적으로 관계가 있는 사람들과 보낸다.

(2) 무역상담 전략

미국인과 무역상담을 하려면 영업사원은 상담에 필요한 제반사항을 사전에 충분히 준비하여야 한다. 그리고 무역상담에 관한 의사결정권을 갖고 제한된 시간 내에 타결할 수 있는 능력을 갖추어야 한다. 미국에서 무역상담은 정확성과 빠른 결과를 얻어내는 것이 주목적이기 때문에 비형식적이고 직접적이며 도구적이다. 무역상담을 위한 대면시에는 요점위주로 화제를 선정하여야 하고 상대로부터 정보를 얻으려면 한번에 1, 2건 이상의 업무상 화제를 꺼내지 않는 것이 좋다. 미국인은 의견이 다르면 직접적으로 표현하도록 권장한다. 그러므로 미국인과는 개방적, 직접적, 비형식적인 태도로 감정을 자체하고 갈등과 논쟁을 논리적으로 해결하여 설득하여야 한다.

---

13) 김종숙, 「PASSPORT 미국」, 경성라인, 1998, p.75.

무역상담시 영업사원은 우선 판매하고자 하는 제품이 타경쟁사 제품과 비교하여 어떤 특성이나 장점을 갖고 있다는 점을 강조하고 되도록 결론부터 언급하며 매사 논리적이고 수치적으로 이를 입증해야 한다. 미국인은 개방적이면서도 신중하기 때문에 완벽하게 업무를 처리하며 상대방과 상담이 끝나면 계약서를 작성한다. 이들은 계약은 각 당사자의 상호책임을 세부적으로 명시하도록 요구하며 이는 법적으로 효력이 있어야 한다고 믿고 있다. 그래서 계약서는 철저히 작성토록 하고 애매모호한 단어는 분명한 단어로 바꾸어야 한다. 포괄계약서가 작성되었다 하더라도 매번 거래 시 사소한 상담 내용도 분명히 작성해 둠으로써 후일의 분쟁을 예방할 수 있다.

(3) 무역상담 결정형식

미국의 수입상은 1인 구매 체제가 대부분이기 때문에 담당책임자 부재 시에는 상담이 이루어지지 않는다. 미국인은 상담 시 매사 행동이나 목표를 예정하고 정해진 시간 내에 끝내려고 한다. 이들은 상담의 주제에 대해 명시적인 동의를 요구하며 일을 신속히 매듭지으려고 한다. 그래서 이들은 절박한 의사결정에 익숙해져 있고 최종적 의사결정권을 갖고 있어 상담자는 사전에 세밀한 준비를 해야 하고 의사결정권이 없으면 거래는 이루어지지 않는다. 미국인은 시간이 돈이라는 개념이 확고해 일반적으로 승산 있는 사안은 지체 없이 다수결원칙을 적용시키며 완전한 합의를 도출하기 위해 시간을 허비하지 않는다. 그래서 미국의 영업사원들은 잠재고객과 사업상 첫 만남에서도 최종계약서를 제시하기도 한다.

(4) 무역상담 유의점

미국인은 외견상으로 상하구분이 없는 것 같으나, 자기상사에 대해 상당히 의식하며 상사도 자기권위를 지키려 노력한다. 특히 다른 부서의 상사에 대해서는 별로 개의치 않으면서도 자기의 업무와 급여 결정에 관여하는 직속상사는 바른 예우를 해준다. 미국인과 무역상담을 할 때에는 정장을 입어야 하며 여성들은 반드시 양말을 신어야 한다. 미국인과 수입을 위해 상담할 때에는 되도록 지연작전을 쓰는 것이 효과적이다. 이들은 교섭에 임할 때 주고받는(give & take)방식을 취하는데 익숙하며 정해진 시간 내에 교섭을 마무리 지으려 한다. 미국에서는 표준계약서와 이면계약서가 있는데 이면계약서는 당사자간의 협약이므로 주의하여 계약하여야 한다.

3. 초대문화 · 식사문화 · 선물문화

(1) 초대문화

미국에서는 상대에게 부담을 주거나 받지 않으려는 생각이 깔려 있기 때문에 상대를 집까지 초대한다는 어렵다. 초대를 받으면 저녁 식사에 도움이 될 만한 과일이나 포도주 혹은 꽃다발 등과 같은 간단한 선물을 가지고 방문하여야 한다.

(2) 식사문화

미국 전통음식은 거의 존재하지 않는다. 햄버거의 경우는 독일 이민자들이 들여온 것이 발전한 것이고, 피자는 이탈리아식 피자가 두께가 두꺼운 미국식으로 변화한 것이기 때문이다.[14] 미국 음식점에서는 식사를 시작할 때에 커피를 가져다준다. 미국인에게 조찬회동은 흔한 일이며 빠르면 아침 7시부터 시작한다. 일반적으로는 중식을 선호하고 출장인 경우에는 석식으로 약속한다. 식사를 하게 되면 미국인의 식성에 맞게 전채음식부터 포도주까지 주문을 하는 것이 좋다. 식사 중에 음식이나 음료를 권할 때 소신껏 거절해도 된다.

(3) 선물문화

미국에서는 친한 사이에서 생일, 기념일, 취직, 결혼, 임신 등과 같은 일에는 선물을 한다. 미국인은 무역거래시의 선물에 대해서는 부정적 시각을 갖고 있어 무역거래가 성사된 후 감사의 의미로 선물하는 것은 무방하지만 관행은 아니다. 보통 그 나라 특산물을 선물하는 것이 좋으며, 꽃을 선물하는 경우에는 행사 전에 미리 보냄으로써 주최 측에 대한 배려가 되도록 해야 한다. 하지만 향수나 옷과 같은 개인적 취향이 고려되는 선물은 삼가는 편이 좋다.

---

14) http://blog.naver.com/mysunmoon7?Redirect=Log&logNo=130180056627

중남미지역의 무역문화

제1절 아르헨티나

1. 일반 개요

(1) 국가의 특징

아르헨티나(Republic of Argentina)는 1816년 7월 9일 스페인으로부터 독립한 대통령중심제 공화제 국가이다. 남미대륙 최남단, 대서양 연안에 위치하고 기후는 아열대(북부), 한대(남부) 온대(중부)성 기후이며 면적은 2,737천 ㎢로 한반도의 12배이다. 수도는 브에노스 아이레스(Buenos Aires)이다. 민족은 백인(97%), 메스티조 및 인디언 등(3%)으로 구성되어 있다. 언어는 스페인어를 사용한다. 종교는 가톨릭(92%), 기독교(2%), 유대교(2%)이다. 화폐단위는 페소(Peso: Ps)를 사용하며 산업구조는 서비스업(59%)이 주를 이루고 제조업(31%), 농업(10%) 순이다. 주요 수출품은 대두, 석유 및 가스, 옥수수, 밀 등이며 주요 수입품은 기계, 석유 및 천연가스, 유기농 화학제품 등이다. 주요자원으로는 석유, 천연가스, 농산자원 등이 있다.[1)]

1) 한국수출입은행 해외경제연구소, 2014 세계국가편람, 2013.12, p.440 참조.

(2) 국민성

아르헨티나는 유럽식 문화에 남미의 라틴풍 문화가 교묘하게 접합된 이색적 문화를 가지고 있으며 시간관념도 없고 즐기기 위해 일하는 국민이다. 아르헨티나는 남미에서 소득, 문화 교육수준이 최고이다. 아르헨티나인의 문화적 관습은 상당히 보수적이고 선진국 국민이라는 자부심과 자존심이 강하다.

(3) 사회관습

1) 인사

아르헨티나인은 인사를 할 때에 연장자부터 인사를 나눈다. 인사를 할 때는 악수를 하면서 고개를 약간 숙이되 웃으면서 상대방의 시선을 주시하여야 한다.

2) 호칭

아르헨티나인은 직함을 중요하게 여기기 때문에 가능한 한 명함에 직함을 넣는 것이 좋다. 직함이 높은 순서부터 시작하여 낮은 순서로 호칭을 하고 명함을 교환하는 것이 좋다.

3) 복장

아르헨티나에서는 근무시간 중이나 저녁 모임에는 정장차림을 해야 하며, 격식을 차릴 필요가 없는 곳에서는 평상복 차림도 무난하다.

4) 언행

아르헨티나에서 손을 뺨에서 시작해서 머리 위로 쓸어 올리는 행위는 나는 그 사실을 모른다는 뜻을 의미이거거나 또는 나는 그러한 사실에 관여하고 싶지도 않고, 그러한 것에 대하여 신경 쓰지 않는다라는 뜻을 의미하며 오른 주먹과 왼쪽 손바닥을 마주치면 불신 또는 멍청이를 의미한다. 엄지와 검지로 원을 만들어 보이거나, 엄지만 드는 행위는 욕이다. 길거리에서 또는 대중교통 수단에 타고 음식을 먹는 것은 예의가 아니다. 아르헨티나인은 줄서기 등의 질서의식이 강하며, 중남미 타 국가에 대한 우월감이 높다.[2)]

2) http://terms.naver.com/entry.nhn?docId=1178067&cid=40942&categoryId=31643

2. 무역상담 문화

(1) 시간관념

아르헨티나인은 무역상담 시간을 약속한 경우 대부분이 정시에 도착한다. 시간관념은 투철한 편이기 때문에 방문을 하는 경우에는 시간을 지켜야 한다.

(2) 무역상담 전략

아르헨티나인은 정치, 경제적 불안정에서 오는 심리적 불안으로 인해 상거래를 타의에 의한 불가항력이라는 핑계로 변경, 취소하는데 주저치 않는 경향이 있다. 영업사원들은 무역상담을 할 때에 요점만을 이야기하고 끝내는 것이 몸에 배어 있다.

(3) 무역상담 결정형식

아르헨티나인은 지위에 따르는 주어진 특권이 있다는 보편적인 믿음이 있기 때문에 사회의 계급구조가 의사결정에 중요한 역할을 한다. 아르헨티나는 관료주의적이어서 각각의 결정은 다수에 의해 승인되어야 하고 거래가 이루어지기 전에 수차례의 왕래가 필요할 수도 있다.

(4) 무역상담 유의점

아르헨티나 기업의 무역관습은 유럽처럼 소량주문을 한 후, 대량주문을 하는 보수성이 강한 면을 보이며 유태계가 상업 활동의 실권을 갖고 있다. 동(銅)시장은 유태계 상인들이 상권을 장악하고 있다. 지속되는 인플레로 중산층이 소멸되어가고 빈부의 격차가 더욱 심화됨으로서 소비시장이 고급품시장과 저가품시장으로 이원화 되어 있다. 아르헨티나는 지리적으로 남아메리카에 속하여 아르헨티나 국민들을 잉카 또는 마야의 전통을 있는 스페인계 혈통으로 생각하는 경우가 많으나 실제로는 백인들이 대부분을 차지하고 있기 때문에 유럽대륙의 기질이 나타난다. 그래서 무역거래가 성사되는 경우에는 무역계약의 금액이 크다. 아르헨티나인은 업무를 추진하는 속도는 매우 느린 편이나 주어진 업무에 대해서는 완벽하게 처리한다. 따라서 아르헨티나인과 무역상담을 종료하고 무역계약을 체결한 경우에는 그 이행단계별로 정확하게 무역계약서대로 이행하여야 한다.

3. 초대문화 · 식사문화 · 선물문화

(1) 초대문화

아르헨티나인이 가정에 초대하는 것은 아주 드문 일이다. 이 경우 예정시간보다 30분에서 45분 정도 늦게 도착하는 것이 관례이다. 방문 시에는 반드시 선물을 가져가야 하며 꽃, 초콜릿, 패스트리 같은 것들이 좋은 선물이 된다.

(2) 식사문화

아르헨티나의 대표요리는 아사도(asado)이다. 아사도는 쇠고기에 소금과 함께 숯불에 숯불이나 그릴의 한가지인 파릴라에 갈비뼈 부분을 통째로 구운 음식인데 다른 양념은 없이 굵은 소금만 뿌려 간을 맞추며 오레가노, 파슬리, 칠리 등으로 만든 치미추리 소스와 함께 먹는다.[3] 아르헨티나에서는 업무가가 저녁시간으로 연장되는 경우가 많다. 업무접대는 대체로 음식점에서 열린다. 저녁만찬에 초대받을 경우 오후 10시 전후가 될 것이다.

(3) 선물문화

아르헨티나에서 선물은 금액에 관계없이 상담을 부드럽게 하는 촉매역할을 할 수 있다. 선물 받는 것을 좋아하여 거절하는 경우가 없다.

제2절 볼리비아

1. 일반 개요

(1) 국가의 특징

볼리비아(Republic of Bolivia)는 1825년 8월 6일 스페인으로부터 독립한 대통령

3) http://blog.naver.com/jsouthj?Redirect=Log&logNo=50170212511

중심제 국가이다. 남미대륙 중서부에 위치하고 기후는 열대(저지대), 고산(고지대)성 기후이며 면적은 1,099천 ㎢로 한반도의 5배이다. 수도는 라파스(La Paz)이다. 민족은 케츄아족(30%), 메스티조(30%), 아이마라족(25%), 백인(15%) 등으로 구성되어 있다. 언어는 스페인어, 케추아어, 아이마라어 등을 사용한다. 종교는 가톨릭(95%), 기독교(5%)이다. 화폐단위는 볼리비아노(Boliviano: Bs)를 사용하며 산업구조는 서비스업(52%)이 주를 이루고 제조업(38%), 농업(10%) 순이다. 주요 수출품은 천연가스, 아연, 원유, 대두 등이며 주요 수입품은 석유제품, 제지, 항공수송기, 자동차, 살충제 등이다. 주요자원으로는 주석, 납, 아연, 천연가스 등이 있다.[4)]

(2) 국민성

볼리비아인은 스페인 혈통으로 인식해 주기를 바라며 인디오로 언급되는 것을 싫어한다. 볼리비아인은 미국인이 아닌 남미의 전통적인 아메리카 대륙인이라고 생각한다. 볼리비아 사람들은 대부분 사교성이 좋지만 매사에 말이 앞서는 경우가 많으며 관공서의 부패, 뇌물, 청탁압력 등이 강한 사회이다.

(3) 사회관습

1) 인사

볼리비아인의 인사방식은 서로 포옹하고 악수를 하는 것이다. 여성들의 경우 서로 뺨에 입맞춤하는 것이 보편화되어 있다. 그러나 외국 영업사원은 단지 악수를 하는 정도로 그치는 것이 좋다. 대화 시에는 항상 시선을 상대방의 눈에 맞추는데 시선을 회피하는 행동은 거짓을 숨기고 있는 것으로 인식된다.[5)]

2) 호칭

볼리비아인은 직위나 호칭을 무척 중요하게 여긴다. 상대방에게 직위나 호칭이 있다면 반드시 그에 따라 부르고, 당신의 것도 알려주어야 한다. 그러므로 소개를 받을 때에 명함을 교환하는 경우에는 상대방의 직함이나 볼리비아에서 특별하게 호칭되는 범용어가 기재되어 있다면 이를 정확하게 파악하고 그들이 발음하는 것을 거듭 확인한 후에 호칭을 하여야 한다.

---

4) 한국수출입은행, 전게서, p.454 참조.

5) http://100.daum.net/encyclopedia/view.do?docid=b10b0289b002

3) 언행

볼리비아인은 식사가 끝나고 차를 마시는 경우 흡연을 허용하는데 담배를 권하는 것을 기본예의로 생각한다. 볼리비아의 보건상태는 비교적 나쁜 편이며 농촌지역의 상태가 특히 좋지 않다. 건강문제는 의사의 부족으로 더욱 악화되고 있으며 주거환경도 대부분 미개한 상태이다.

2. 무역상담 문화

볼리비아에서는 시간관념이 부족하지만 무역상담을 위해서는 사전에 시간약속을 하고 방문하여야 한다. 볼리비아는 광물자원이 풍부하지만 자본과 기술이 부족하여 해외투자의 유치를 요망하고 있다. 우리나라의 경우 2014년 현재 볼리비아에 8천만불의 투자가 이루어졌다. 우리나라는 볼리비아에 자동차, 고무제품, 기호식품 등 을 주로 수출하고 아연광, 금속광물, 동제품들을 수입하고 있다.

3. 초대문화 · 식사문화 · 선물문화

(1) 초대문화

볼리비아에서 현지회사의 경영자를 대접하는 경우, 그의 비서에게 음식점을 추천해달라고 부탁하는 것이 좋다. 볼리비아인은 고급 일류 음식점을 좋아한다. 그래서 무역상담을 위한 출장 중인 경우 고급 호텔을 이용하는 것이 유리하다.

(2) 식사문화

볼리비아의 대표음식은 꼬르데로(cordero)와 삭따 데 뽀요(sajta de pollo)이다. 꼬르데로는 구은 양고기 갈비 부분이다. 구은 양고기 한 짝과 삶은 옥수수 튀긴 감자가 곁들어 나온다. 삭따 데 뽀요는 양념한 국물에 삶아낸 통닭 위에 소스를 덮고 그 위에 양파, 토마토 파슬리를 잘게 썰어 넣은 양념을 얹는 음식이다. 밑에는 겨울에 얼려서 말린 삶은 감자를 깔고, 주먹만 한 삶은 감자를 같이 놓았다 푹 삶은 닭은 양념들과 곁들어 먹는다.[6)]

---

6) http://www.foodtoday.or.kr/news/article.html?no=92772

(3) 선물문화

볼리비아에서 가정으로 저녁식사 초대를 받았을 경우 샴페인이나 신선한 과일을 선물로 가져가는 것이 좋다. 다만 보라빛 꽃은 피해야 한다. 남성에게는 외국산 음반이나 전자계산기와 같은 소형 가전제품, 여성에게는 향수를 선물하는 것이 좋다.

제3절 브라질

1. 일반 개요

(1) 국가의 특징

브라질(Federative Republic of Brazil)는 1822년 9월 7일 포르투갈로부터 독립한 대통령중심제 연방공화국 국가이다. 남미 중부 및 동부에 위치하고 기후는 열대(북부), 아열대(중부), 온대(남부)성 기후이며 면적은 8,515천 ㎢로 한반도의 38배이다. 수도는 브라질리아(Brasilia)이다. 민족은 백인(54%), 물라토(39%), 흑인(6%) 등으로 구성되어 있다. 언어는 포르투갈어를 사용한다. 종교는 가톨릭(74%), 기독교(15%) 기타종교 등이다. 화폐단위는 릴(Real: R)을 사용하며 산업구조는 서비스업(69%)이 주를 이루고 제조업(26%), 농업(5%) 순이다. 주요 수출품은 운송장비, 대두, 커피, 자동차 등이며 주요 수입품은 기계, 전자 및 운송기기, 원유, 화학제품 등이다. 주요자원으로는 철광석, 임산자원, 보크사이트, 석유 등이 있다.[7)]

(2) 국민성

브라질은 이민으로 구성된 다민족국가로 국민성은 매우 낙천적이며 성격은 급하지 않다. 이들은 돈이 생기면 곧 무엇이든 사야 직성이 풀린다고 하며 이러한 지나친 자유분방함은 약속을 잘 지키지 않거나 공중도덕심, 준법정신부족으로 연결된다. 브라질은 포르투갈의 지배와 흑인 및 기타 유럽인들의 유입으로 다민족 사회를 형성하고 있다. 그래서 그들 각자가 지니고 있던 문화가 오랜 세월 서로 융합되면서 다혈질적

7) 한국수출입은행, 전게서, p.458 참조.

으로 바뀌었으며 그 결과 현재의 브라질 문화에 강한 친화력과 동화력을 가져다주었다. 브라질인은 개방적인 성격으로 스스로를 관리하며, 또 개인적이고 이기적인 모습이긴 하지만 친교적인 브라질 사람들의 생활상은 의례적이거나 가식적이지 않다.

(3) 사회관습

브라질은 인적관계를 중요시하는 사회로서 농촌의 지주들은 아직도 가부장적 성향이 있으나 도시에서는 근대적 생활방식이 지배적이다. 포르투갈 등 남부유럽의 풍속과 습관이 기저를 이루며 특히 축구 등 스포츠와 카니발이 국민생활 속에 깊이 자리잡고 있다. 브라질의 국민성을 대변하는 것은 리오의 카니발이다. 브라질에서 이 행사는 부활절 전 40일간의 사순절을 두고 시작되는 것으로, 춤과 노래, 마시고 먹기 등 사람들의 모임이라기보다 일상생활 속에서 누적된 불만이나 울분 등을 해소하는 좋은 기회로 승화시키고 있다. 초기 식민시기에 흑인노예들이 브라질로 이주하여 온 이 후로 지금까지도 아프리카 음악과 춤의 전통이 강하게 남아있다. 앙골라(Tam-tam)의 음악적 요소들은 리우축제로 인하여 널리 알려진 삼바에 많은 영향을 끼쳤다.

2. 무역상담 문화

(1) 시간관념

브라질에서는 현지 관습상 약속시간을 엄수하여야 하며 최소한 2주전에 약속을 하고 사무실이나 관공서를 즉흥적으로 방문히지 말아야한다. 상담시간은 반드시 2~3일 전에 전화로 확인하여야 하며, 비서를 통해 약속을 하는 것이 일반적이다.

(2) 무역상담 전략

브라질인은 인맥을 통해 사업을 하며 장기적인 관계를 기대한다. 따라서 무역상담을 하기 전에 그 업체에서 적당한 브라질 현지인을 고용하여 적합한 사람들을 만날 수 있도록 도움을 받는 것이 좋다. 브라질인과 상담하기 위해서는 인내심을 가져야 한다. 현지인들은 행동이 느리고 결코 서둘지 않으므로 무역상담 시 끈기를 가지고 임해야 한다. 복잡한 무역상담을 하는 경우에는 부분별로 며칠간 나누어 상담하는 것이 효과적이다.

(3) 무역상담 결정형식

브라질에서 무역상담을 성사시키는 데에는 몇 가지 과정이 필요하다. 상담 중 계약의 모든 면을 차례로 보기보다는 동시적으로 보도록 준비하는 것이 좋다. 명백해 보이는 자료도 결정을 내리기 보다는 융통성을 가지고 접근하여야 한다. 의사결정은 실무자를 중심으로 한다기보다는 최고 경영자가 의사결정권을 가지고 있다.

(4) 무역상담 유의점

브라질의 대기업을 제외한 현지 중소기업들은 소액으로 여러 번 수입하기를 희망하고 있는데 이는 무역관계규정, 세법 등이 수시로 변경 될 뿐 아니라 환율도 매주 1~2회씩 변경되기 때문이다. 브라질은 남미시장의 주요 수출 대상국으로 부상하고 있을 뿐만 아니라 향후 중남미시장진출을 위한 거점과 풍부한 자원을 보유하고 있는 우리의 원자재수입대상국으로서의 중요성이 높아지고 있다.

3. 초대문화 · 식사문화 · 선물문화

(1) 초대문화

브라질에서 초대되면 가정보다는 개인 클럽에서 이루어진다. 이 경우 최소한 15분 늦게 도착하는 것이 좋다. 또한 참고로 초대된 다음날 꽃과 간단한 메모를 건네는 것이 예의이다. 저녁 식사는 저녁 7시에서 10시 사이이다. 저녁 파티는 새벽 2시 정도까지 계속되며, 도착할 때와 떠날 때는 그룹 내 모든 사람들과 악수하는 것이 정중한 인사다.

(2) 식사문화

브라질의 전통음식은 백인의 전통음식인 슈하스코(churrasco)와 흑인의 전통음식인 페이조아다(feijoada)가 있다. 슈하스코는 바비큐의 일종인데 멧돼지, 개구리, 악어고기 등 다양한 고기를 기다란 꼬챙이에 끼워 구운 음식이다. 브라질에서는 결혼식이나 생일 등 행사에서는 빠지지 않는 음식으로 특별한 향신료를 사용하지 않고 주로 소금으로만 간을 하여 만든 음식이다. 페이조아다는 아프리카 등지에서 노예로 온 흑

인들이 농장주들이 먹지 않고 버렸던 돼지의 꼬리와 발, 귀, 내장 등을 페이조라는 검은 콩과 끓여먹는 데서 유래된 요리이다.[8)]

(3) 선물문화

브라질에서 초대를 받은 경우에는 간단한 선물을 가지고 가는 것이 예의이다. 브라질에서 선물은 금액에 관계없이 상담을 부드럽게 하는 촉매역할을 할 수 있다. 선물받는 것을 좋아하여 거절하는 경우가 없다.

제4절 칠레

1. 일반 개요

(1) 국가의 특징

칠레(Republic of Chile)는 1810년 9월 18일 스페인으로부터 독립한 대통령중심제 공화국 국가이다. 남미대륙의 태평양 연안에 위치하고 기후는 온대성 기후이며 면적은 757천 ㎢로 한반도의 3.4배이나, 수도는 산티아고(Santiago)이다. 민족은 백인 및 메스티조(95%), 마푸체족(4%)으로 구성되어 있다. 언어는 스페인어를 사용한다. 종교는 가톨릭(70%), 기독교(17%)이다. 화폐단위는 페소(Peso: P)를 사용하며 산업구조는 서비스업(60%)이 주를 이루고 제조업(36%), 농업(4%) 순이다. 주요 수출품은 구리, 과일, 해산물, 제지, 화학제품, 포도주 등이며 주요 수입품은 석유 및 관련 제품, 화학제품, 전자 및 통신기기, 산업용기기 등이다. 주요자원은 동, 철광석, 몰리브덴, 수산물 등이 있다.

(2) 국민성

칠레인은 낙천적이고 온화하며, 친절하다. 칠레인은 보수적인 가치관이 정치, 경

8) http://blog.naver.com/PostView.nhn?blogId=ts2685&logNo=150178822808

제, 사회적인 사고방식에 널리 퍼져 있으며, 정직과 성실을 가장 소중히 여긴다. 대부분의 국민이 스페인·독일·이탈리아 등 서구의 사회관습과 풍속을 가지고 있으며, 예술활동이 활발하며 남미에서 교육수준이 매우 높은 편이다.[9)]

(3) 사회관습

칠레에서는 여성들이 농업과 생활을 책임지는 경우가 많다. 남성들은 도시노동으로 향하는 경우가 많다. 칠레에서는 명함교환이 중요하므로 되도록이면 스페인어로 된 명함을 사용하며, 상대의 직함에 유의해야 한다.

2. 무역상담 문화

(1) 시간관념

칠레에서는 무역상담을 위한 방문 시에는 반드시 비서를 통해 면담 희망자와 사전에 예약을 해두어야 하며, 약속시간은 철저히 지켜야 한다.

(2) 무역상담 전략

칠레에서는 대인관계를 업무능력이나 경험보다 중요하게 간주한다. 무역상담에서는 예의를 지켜야 한다.

(3) 무역상담 결정형식

칠레에서는 무역상담의 의사결정권자가 최고 경영자이다. 칠레인의 기업에서는 명확한 위계질서가 존재하므로 최고 상급자와 대면하기까지는 시간이 걸릴 수도 있다. 최고 상급자가 누구인지 확실히 알 수 없을 때 서열을 알아내는 한 가지 방법은 모임에서 참석자들이 상호간에 어떻게 대우를 하는지 살펴보면 알 수 있다.

(4) 무역상담 유의점

칠레에서 1월과 2월은 휴가철이라 무역업무에 참조하여야 한다. 칠레는 내수시장

---

9) http://terms.naver.com/entry.nhn?docId=1003461&cid=46627&categoryId=46627

이 협소하여 소량 다품종 주문이 보편적이며, 자체적인 기술이 없는 대신 선진제도와 관행을 받아들이고 있는 나라이다. 기술규격, 표준 등은 매우 선진화 되어 있는데 이를 검사 확인하는 기술 인력들은 독일 등 선진국에서 교육을 받고 온 수준 높은 인력들이다.

3. 초대문화 · 식사문화 · 선물문화

(1) 초대문화

칠레인은 직장생활이나 사회생활에 있어서 철저하게 시간관념을 도입되고 있기 때문에 식사약속을 한 경우에는 시간을 지키는 것이 좋다. 그렇지만 칠레에서 가정으로 초대를 받은 경우에는 약속시간보다 15~30분 정도 늦게 도착하는 것이 예의로 되어 있다. 이것은 초대를 한 상대방이 준비를 하는 시간을 충분하게 해주자는 배려인 동시에 방문하는 사람이 음식만 먹으려고 방문한다는 인식을 피하기 위한 전통적인 관행이다. 그리고 초대를 받고 행사가 종료된 후에는 전화로 감사의 표현을 하는 것이 좋다.

(2) 식사문화

칠레의 요리로는 냄비요리인 까수엘라가 있다. 닭고기나 쇠고기를 주로 사용하고 때로는 돼지고기와 칠면조를 사용하기도 한다. 양념으로는 감사, 호박, 구운 쌀, 녹두, 셀러리, 당근, 마늘, 양배추, 스위트콘 등을 섞어 만든 요리이다.[10] 칠레 전통음식은 칠레의 명물 해물탕이라 불리는 꾸란또이다. 꾸란또는 땅에 구덩이를 파고, 뜨겁게 달군 돌을 깐 다음에 홍합과 조개 등을 비롯한 해물과 소시지, 닭고기나 돼지갈비 등을 넣어서 차돌에 찌는 요리이다.[11]

(3) 선물문화

칠레인은 선물 주고받기를 상당히 좋아한다. 그러므로 상담 방문 시에 조그만 기념품 등을 주는 것이 좋다. 칠레에서 가정으로 초대를 받아 방문을 하는 경우에는 꽃다

10) http://cafe.naver.com/pknu6/12
11) http://blog.naver.com/honeystours?Redirect=Log&logNo=20201090804

발이나 사탕을 선물하는 것이 관례이다. 가정으로 방문하는 경우에는 방문할 때에 꽃다발을 가져가기도 하지만 회사의 업무와 관련한 특별한 행사의 경우에는 상호간의 친분관계 과시나 대외적인 이목을 고려하여 꽃다발 등을 방문 전에 미리 보내놓아야 한다.

제5절 코스타리카

1. 일반 개요

(1) 국가의 특징

코스타리카(Republic of Costa Rica)는 1821년 9월 15일 스페인으로부터 독립한 대통령중심제 공화제 국가이다. 북으로 니카라과, 남으로 파나마 국경을 접하여 중부에 위치하고 기후는 열대성(내륙은 온대성) 기후이며 면적은 51천 ㎢로 한반도의 1/4이다. 수도는 산 조세(San Jose)이다. 민족은 백인이 메스타조 포함(94%), 흑인(3%), 인디언(1%) 등으로 구성되어 있다. 언어는 스페인어를 사용한다. 종교는 가톨릭(76%), 기독교(16%), 기타 종교 등이다. 화폐단위는 코론(Colon: C)을 사용하며 산업구조는 서비스업(72%)이 주를 이루고 제조업(22%), 농업(6%) 순이다. 주요 수출품은 바나나, 파인애플, 커피, 메론, 육류 및 어류 등이며 주요 수입품은 원자재, 소비재, 자본재, 석유, 건축자재 등이다. 주요자원으로는 금, 은, 보크사이트 등이 있다.[12)]

(2) 국민성

코스타리카에서는 시민은 평등하며 동등한 기회가 균등하게 주어진다는 사고가 깊이 뿌리내려 있다. 코스타리카인은 자존심이 강하여 체면을 중시한다. 코스타리카는 백인들이 대다수를 차지하고 있기 때문에 유럽의 영향을 받아 서구의식이 강하다.

12) 한국수출입은행, 전게서, p.472 참조.

(3) 사회관습

코스타리카는 남녀차별이나 남성 주도적인 역할 구분이 다른 남미 국가에 비해 적다. 코스타리카에서는 직함이 중요하며, 때로는 다른 남미 국가들과 달리 직함에 성을 붙이지 않고 직함만으로 상대를 부르는 경향이 있다. 코스타리카에서는 악수가 일반적인 인사이며, 복장차림은 보수적이고 대체로 어두운 정장을 선호한다.[13)]

2. 무역상담 문화

코스타리카인은 약속시간을 잘 지킨다. 코스타리인과의 무역상담은 시간이 소요되지 않는다. 코스타리인과의 무역상담은 대부분 부드러운 분위기에서 진행된다. 무역상담의 결정은 최고경영자가 한다.

3. 초대문화 · 식사문화 · 선물문화

(1) 초대문화

코스타리카인은 짧고 한정된 점심시간을 보내기 때문에 가급적이면 약속시간을 지키는 것이 예의이다. 대부분의 사입싱의 초대는 저녁에 이루어진다. 저녁 초대에 배우자도 초청될 수 있다.

(2) 식사문화

코스타리카의 음식은 단순히 매운 맛에 그치는 것이 아니라 아주 맛있으며 주로 소고기, 닭고기, 생선 요리 등과 쌀, 옥수수, 콩, 그리고 신선한 과일이 추가된다. 갈죠 핀토(gallo pinto)는 쌀과 검정콩을 섞은 아침에 제공되는 전통적인 식사로 나틸라(natilla:sour 크림)와 계란 후라이가 들어간 음식이다. 토르티라스(tortillas)는 멕시코 전통 스타일의 옥수수 팬케익이나 오믈렛에 고기 등을 얹은 음식이다. 카사도(casado)는 고기, 스프, 야채 등이 한꺼번에 나오는 정식이다.[14)]

---

13) http://search.naver.com/search.naver?where=nexearch&sm
14) http://search.daum.net/search?w=tot&DA=YZR&t__nil_searchbox;http://k.daum.net/qna/ view.html?category_id

(3) 선물문화

코스타리카에서는 상대방에게 선물을 하는 것은 크리스마스 시즌이 아니라면 일반적인 것이 아니다. 즉 코스타리카에서는 업무와 관련하여 선물을 하는 경우가 없기 때문이다. 그러므로 업무와 관련한 선물교환은 상대방이 곤란하지 않도록 조심하여야 한다. 그러나 가정으로 저녁 초대를 받은 경우에는 꽃, 초콜릿, 양주 혹은 포도주 등을 선물할 수 있다. 코스타리카에서 선물로 백합은 기피한다.

제6절 에콰도르

1. 일반 개요

(1) 국가의 특징

에콰도르(Republic of Ecuador)는 1822년 5월 24일 스페인으로부터 독립한 대통령중심제 국가이다. 남미대륙 태평양연안에 위치하고 기후는 열대(해안, 동부), 온대(중부산맥)성 기후이며 면적은 277천 ㎢로 한반도의 1.3배이다. 수도는 퀴토(Quito)이다. 민족은 메스티조(65%), 인디언(25%), 스페인계 및 기타(7%), 흑인(3%) 등으로 구성되어 있다. 언어는 스페인어, 케추아어를 사용한다. 종교는 가톨릭(95%)이다. 화폐단위는 미국 달러(US Dollar: US$)를 사용하며 산업구조는 서비스업(58%)이 주를 이루고 제조업(36%), 농업(6%) 순이다. 주요 수출품은 석유, 바나나, 새우, 카카오, 커피 등이며 주요 수입품은 원자재, 연료 및 윤활제, 소비재 등이다. 주요자원으로는 석유, 해산물, 원목 등이 있다.[15)]

(2) 국민성

에콰도르인의 지위는 사회적인 지위, 교육 정도 그리고 가족의 배경이 개인의 업적에 우선하여 인정된다.[16)]

---

15) 한국수출입은행, 전게서, p.482 참조.

(3) 사회관습

에콰도르에서는 정부기관의 종사자들은 명함을 지니고 있지 않은 경우가 많아서 명함을 요구하지 않는 편이 좋다. 에콰도르인은 친구나 사업상 지인들에게 가끔 크고 작은 부탁을 하고는 뜻대로 될 것으로 기대한다. 에콰도르인이 부탁하는 경우 수치감을 주지 않으려고 긍정적인 대답을 하는 경우가 있는데 지킬 수 없는 약속은 절대로 하지 않는 것이 좋다.

2. 무역상담 문화

에콰도르의 기업은 사기업과 정부운영 공기업으로 나누어지며, 통상적으로 정부기업보다는 사기업이 더욱 적극적으로 상담에 응하고 사업가들에게 협조적인 편이다. 에콰도르의 기업은 재정적으로 취약하여 거래규모가 작다. 정부기관은 매우 느린 속도로 업무를 진행하기 때문에 무역상담의 지연이 많이 발생한다. 그래서 시간적인 제약 때문에 상대방과 업무에 관한 문제를 급박하게 해결하려는 시도는 좋지 않다.

3. 초대문화 · 식사문화 · 선물문화

(1) 초대문화

에콰도르인은 평상시에는 말이 많은 편이지만 식사 도중에는 대화를 많이 하지 않는다. 에콰도르인 초대자가 사업에 대한 이야기를 하지 않는 경우에는 인내심을 가지고 기다리는 것이 좋다.

(2) 식사문화

에콰도르에서 대표적인 음식인 쁘리따다는 옥수수, 생선, 바나나, 감자, 양파 등을 돼지기름에 볶아서 만든 음식이다. 옥수수가 고소한 맛을 내고, 생선은 짠 맛을, 바나나는 단 맛을 내서 적절한 조화를 이루는 음식이다.[17] 에콰도르에서 저녁식사는 보통 오후 7시 이후에 시작되지만 일반적으로 10시 이후에나 본격적으로 시작된다. 식사 도중 포크로 음식을 자르는 행위는 피하도록 하며, 손으로 음식을 집는 것은 좋지 않은 인상을 준다.

16) http://search.daum.net/search?nil_suggest
17) http://www.cyworld.com/cwoy1/13456437

(3) 선물문화

에콰도르에서 남성의 선물로는 음악 테이프나 가벼운 전자 제품이 좋다. 여성의 선물로는 향수가 무난하다. 가정에 초대되면 선물로 초콜릿, 샴페인 등이 좋다. 에콰도르인은 수입이 많지 않아서 너무 비싸고 부담스러운 선물을 반가워하지 않는다.

제7절 과테말라

1. 일반 개요

(1) 국가의 특징

과테말라(Republic of Guatemala)는 1821년 9월 15일 스페인으로부터 독립한 대통령중심제단일공화제 국가이다. 중미 북부에 위치하고 기후는 열대(해안), 온대(고지대)성 기후이며 면적은 109천 ㎢로 한반도의 1/2이다. 수도는 과테말라 시티(Guatemala City)이다. 민족은 메스티조(59%), 인디언(31%), 기타 민족 등으로 구성되어 있다. 언어는 스페인어, 마야어를 사용한다. 종교는 가톨릭, 기독교이다. 화폐단위는 쾌절(Quetzel: Q)을 사용하며 산업구조는 서비스업(62.9%)이 주를 이루고 제조업(23.7%), 농업(13.4%) 순이다. 주요 수출품은 커피, 설탕, 석유, 섬유, 바나나 등이며 주요 수입품은 원자재, 부자재, 소비재, 자본재, 기계 및 운송설비 등이다. 주요 자원은 니켈, 원유, 수력자원 등이 있다.[18]

(2) 국민성

과테말라인은 순수하고 온순하다. 모든 일을 긍정적으로 판단하면서 자유분방한 생활을 한다. 과테말라인은 명예와 체면을 중시하기 때문에 자존심이 강하다. 낙천적인 성격으로 서두르는 일이 없지만 감정표현은 직설적으로 한다. 또한 전통을 중시하고 문화를 사랑하는 국민이다.

---

18) 한국수출입은행, 전게서, p.488 참조.

(3) 사회관습

과테말라인은 권위와 명예를 중요하게 여긴다. 과테말라인의 사회적 지위는 그 사람이 이룩한 업적보다는 그가 속한 사회적 계층, 교육정도나 가족관계, 즉 지연과 학연 그리고 인맥으로 결정된다. 과테말라인은 사람을 만나거나 자리를 뜰 때 성별에 관계없이 모든 사람과 악수를 한다. 친분이 쌓이면 악수를 하고 팔꿈치나 팔을 부딪치며 서로의 어깨나 등을 두드리기도 한다. 남자는 악수를 하고 여자는 서로의 뺨을 맞대는 인사를 한다. 과테말라에서는 상대방과 대화하면서 주머니에 손을 넣으면 안된다.[19]

2. 무역상담 문화

과테말라에서 현지인들과 인간관계를 형성하는 것은 필수적이다. 과테말라인은 직접적이고 사무적인 접근방식을 좋아하지 않는다. 따라서 먼저 개인적 친분을 쌓아 접근하여야 한다. 친분과계가 오래되면 오래될수록 좋다.

3. 초대문화 · 식사문화 · 선물문화

(1) 초대문화

과테말라에서 초대를 히는 경우에는 최고급 시설을 이용하어야 하나. 식사와 함께 무역상담을 추진하려면 저녁보다는 아침이나 점심식사 시간을 이용하는 것이 좋다.

(2) 식사문화

과테말라의 전통음식은 토르티야(Tortilla)와 타말(Tamal)이다. 과테말라인의 주식은 닭고기, 쇠고기 등 육식 이외에 곡물로는 팥, 옥수수, 감자가 있는데 토르티야와 타말은 옥수수로 만들어 진다. 토르티야는 옥수수가 루을 물에 섞어 반죽을 만든 후 손으로 두들겨 펴서 코말이라는 진흙화덕에 굽는다. 손바닥 크기의 토르티야에 고기 또는 야채를 넣어서 먹는다. 타말은 옥수수가루를 걸쭉한 반죽으로 만든 후 안에 고기, 치즈, 고추, 생선, 야채 등을 넣고 바나나 잎으로 싼 다음에 찐다. 타말은 토요일

19) http://search.naver.com/search.naver?where=nexearch&sm=tol_sug&query

에 주로 먹는다.[20] 과테말라에서 저녁시간은 대개 7시 이후에 시작해서 10시 정도에 끝난다. 과테말라인은 식사 중에 대화하기를 좋아하지 않는다. 사업문제는 파라과이 동업자가 먼저 언급을 한 후에 이야기를 꺼내는 것이 보통이다. 저녁식사는 일반적으로 아주 늦게 먹으며, 담소는 식사가 끝난 후에도 장시간 계속될 수도 있다.

(3) 선물문화

과테말라에서 사업과 관련한 초대를 받았을 때에 어떤 선물을 해도 좋을지 의사를 타진하여도 좋다. 가정으로 초대를 받은 경우에는 간단한 선물을 가지고 방문하는 것이 좋다.

제8절 자메이카

1. 일반 개요

(1) 국가의 특징

자메이카(Jamaica)는 1862년 8월 6일 영국으로부터 독립한 내각책임제 입헌군주제 국가이다. 카리브해 중부에 위치하고 기후는 열대성(내륙은 온대성) 기후이며 면적은 11천 ㎢로 한반도의 1/20이다. 수도는 킹스톤(Kingston)이다. 민족은 흑인(91%), 혼혈(6%)으로 구성되어 있다. 언어는 영어를 사용한다. 종교는 기독교(63%), 가톨릭(3%), 기타 종교 등아다. 화폐단위는 자메이카 달러(Jamaican Dollar: JQ)를 사용하며 산업구조는 서비스업(63.5%)이 주를 이루고 제조업(29.9%), 농업(6.5%) 순이다. 주요 수출품은 알루미늄, 설탕, 보크사이트, 커피, 섬유 등이며 주요 수입품은 식료품 및 기타 소비재, 연료, 기계 및 운수장치, 건축자재 등이다. 주요자원으로는 보크사이트, 관광자원, 사탕수수, 바나나 등이 있다.[21]

---

20) http://cafe.daum.net/ana-cafe/FtBa/16?q
21) 한국수출입은행, 전게서, p.496 참조.

(2) 국민성

자메이카인은 따뜻하고 친절한 사람들로 대화를 즐기고 제스처가 크며 공공의 장소에서도 자신의 솔직한 감정을 드러내곤 한다.[22) 자메이카에서는 사고로 인한 상해, 노년, 신체장애, 유족 등의 경우에 수당을 지급하는 사회보장제도를 실시하고 있다.

(3) 사회관습

1) 인사

자메이카에서 상대방과 악수를 할 때에는 일찍 손을 빼서는 안 되며, 충분히 상대의 손을 잡고 있어야 한다. 자메이카 사람들은 신체적 접촉을 매우 좋아한다. 친한 남성들은 서로 악수하고 상대방의 팔꿈치를 만지며 등이나 어깨를 두드리기도 한다. 여성들은 서로 뺨을 비빈다. 그들은 서로 가까이 대화함으로써 친밀함을 나타낸다.

2) 복장

자메이카에서 회사 중역의 경우에는 조끼가 있는 품위 있는 정장을 입는 경향이 있다. 일반 사원들은 조끼가 없는 정장을 입는다. 외국인 남성은 날씨가 덥더라도 긴팔셔츠에 품위 있는 정장을 입어야 한다. 여성 사업가의 경우 격식에 맞는 복장을 하여야 한다.

2. 무역상담 문화

자메이카에서는 사회적 지위가 개인적인 성취보다는 세급, 교육, 가족 배경 등에 의해 결정되는 경향이 크다. 자메이카인과 무역상담을 하는 경우에는 자신이나 자기 회사 등에 관한 소개를 하고 본론으로 들어가야 한다.

3. 초대문화 · 식사문화 · 선물문화

(1) 초대문화

자메이카인과 친해지는데 충분한 시간을 할애하는 것이 좋다. 또한 초대시에는 반드시 고급의 일류 음식점으로 약속을 잡아야 한다.

22) http://100.daum.net/encyclopedia/view.do?docid=b18j2210b

(2) 식사문화

자메이카에서는 닭고기, 돼지고기, 생선을 피멘토, 후추, 그 밖에 다른 향신료를 사용하여 양념한 육포가 유명하다. 또 다른 전통음식으로는 붉은 콩 스프, 고추로 양념한 서인도식 매운 스프, 칼랄루(시금치 비슷한 야채), 구운 랍스터, 석쇠로 구운 랍스터, 구운 빵 열매 등이 있다.23) 자메이카인 여자들은 보통 포도주나 리큐르를 마시며, 맥주는 남자 음료로 생각한다. 자메이카인은 아침 7시에서 9시 사이에 간단한 아침을 들고, 정오부터 오후 2시 사이에 점심을 먹는다. 저녁은 보통 오후 7시에 시작되나 10시 이후인 경우도 있다. 자메이카에서는 식사 중에 말을 많이 하지 않는 관행이 있다. 자메이카인 초대자가 사업에 대한 이야기를 하지 않는 경우에는 인내심을 가지고 기다리는 것이 좋다.

(3) 선물문화

자메이카에서는 남자에게는 외국산 음반이나 소형 가전제품을, 여자에게는 향수를 선물하는 것이 좋다. 자메이카인의 가정으로 저녁식사 초대를 받았을 경우 샴페인이나 신선한 과일 등을 선물한다.

제9절 파나마

1. 일반 개요

(1) 국가의 특징

파나마(Republic of Panama)는 1903년 11월 3일 스페인으로부터 독립한 대통령 중심제인 공화제 국가이다. 중미와 남미의 연결지점에 위치하고 기후는 열대 기후이며 면적은 74천 ㎢로 한반도의 1/3이다. 수도는 파나마 시티(Panama City)이다. 민족은 아랍계 메스티조(70%), 인디언 혼혈(14%), 백인(10%), 인디오(6%) 등이다. 스페인어가 공용어이고 영어를 사용한다. 종교는 카톨릭(85%), 기독교(15%) 등이다. 화폐

23) http://cafe.daum.net/crcnet/4syT/3?q

단위는 발보아(Balboa: B)를 사용하며 산업구조는 서비스업(79.4%)이 주를 이루고 제조업(16.8%), 농업(3.8%) 순이다. 주요 수출품은 바나나, 새우, 설탕, 커피, 의류 등이며 주요 수입품은 연료, 의약품, 자동차, 철강, 휴대폰 등이다. 주요자원으로는 동, 몰리브덴, 목재 등이 있다.[24]

(2) 국민성

파나마인은 냉정하게 보이지만 파나마운하가 개통된 이후 중남미와 카리브의 교통, 물자, 비즈니스의 중계지가 되었기 때문에 외국인에 대해서도 개방적이며 너그럽다. 파나마인은 법률이나 규칙에 너무 얽매이지 않고 자유분방하다. 자신이 최선을 다하고 있다고 믿고 있다.[25]

(3) 사회관습

파나마에서 맥주는 남자들이 마시는 술이라고 여기므로 여성들은 포도주나 칵테일이 적당하다. 파나마에서는 명함교환이 중요하므로 되도록이면 스페인어로 된 명함을 사용하며, 상대의 직함에 유의해야 한다.

2. 무역상담 문화

(1) 시간관념

파나마인은 시간약속을 잘 지키는 편이 아니기 때문에 1시간 이상 기다리는 경우도 있다. 무역상담을 위한 시간약속은 사전에 받아 두는 것이 좋다.

(2) 무역상담 전략

파나마인은 무역상담시에 상호 의견이 대립되는 경우에는 자신이 정확히 무엇을 원하는지를 보여주기 위하여 상대의 제안을 단도직입적으로 거절하는 경향이 있다. 그러므로 파나마인을 이해시키기 위해서는 무역상담을 위한 시간을 넉넉히 잡아야 하며, 1차 제안 가격은 추가로 상담할 여지를 두어야 한다. 파마나인은 국내시장 규모가 작기 때문에 미국 및 인접지역에 대한 우회수출을 위한 교두보로서의 역할에 비중을 둔다.

---

24) 한국수출입은행, 전게서, p.504 참조.

25) http://terms.naver.com/entry.nhn?docId=1154201&cid=40942&categoryId=34158

(3) 무역상담 결정형식

파나마에서는 무역상담의 결정권이 대기업의 경우에는 최고 경영자에게 있지만 대부분의 기업은 관청에 주요권한이 집중되어 있다.

(4) 무역상담 유의점

파나마에서는 대학을 졸업한 사람들은 누구나 영어를 구사하지만 무역상담을 위한 첫 대면 시 스페인어밖에 모른다고 말하는 사람도 있다. 파나마에서는 계층에 관계없이 자신의 잘못을 솔직히 인정하고 사죄하는 일은 거의 없다.

3. 초대문화 · 식사문화 · 선물문화

(1) 초대문화

파나마에서는 파티를 준비하는 초대자가가 도착 시간에 맞춰 준비할 수 있도록 약속시간을 지켜야 한다. 따라서 최소한 1주일 전에 초대약속을 결정하는 것이 좋다. 초대장소에 도착하면 악수로 인사를 대신한다.

(2) 식사문화

파나마 전통음식은 바바나잎으로 싼 떡 종류인 따말이다.[26] 파나마인은 대개 오전 7시에서 9시 사이에 가벼운 아침식사를 하며. 정오에서 오후 2시 사이에 잘 차려진 점심 식사를, 저녁식사는 오후 7시에 먹는다. 저녁 이후에 이루어지는 저녁파티는 오후10시 이전에 끝이 난다.

(3) 선물문화

파나마에서 남자를 위한 선물로는 고성능 계산기와 가벼운 소형 전자 제품이나 음악테이프, 여성에게는 향수가 좋다. 가정으로 초대받았을 때는 초콜릿, 샴페인 등이 알맞은데 파나마에서는 보라색 꽃을 기피한다.

---

26) http://search.naver.com/search.naver?sm

제10절 파라과이

1. 일반 개요

(1) 국가

파라과이(Republic of Paraguay)는 1811년 5월 11일 스페인으로부터 독립한 대통령중심제 국가이다. 남미대륙 중심부에 위치하고 기후는 아열대 기후이며 면적은 397천 ㎢로 한반도의 2배이다. 수도는 아순시온(Asuncion)이다. 민족은 메스티조(95%), 기타 민족 등으로 구성되어 있다. 언어는 스페인어, 과라니어 등을 사용한다. 종교는 가톨릭(90%), 기독교(6%) 등이다. 화폐단위는 과라니(Guarani: G)를 사용하며 산업구조는 서비스업(57.7%)이 주를 이루고 제조업(23.1%), 농업(19.2%) 순이다. 주요 수출품은 콩, 면화, 목재, 육류, 가죽 등이며 주요 수입품은 소비재, 석유관련제품, 전자기기, 운송기기, 담배 등이다. 주요자원으로는 목재, 철광석, 망간, 대리석, 수력자원 등이다.[27)]

(2) 국민성

파라과이인은 주변사람과의 인간관계를 중시하고 지속적인 관계를 유지하려고 한다. 파라과이인은 자연을 사랑하며 낙천적으로 생활을 하는 국민이다. 파라과이인은 보수적이면서도 인정과 인내심이 많고 무예를 존중하는 성품을 가지고 있다.

(3) 사회관습

파라과이인 서로 소개할 때, 남성들은 상대방이 남성인 경우나 여성인 경우를 가지지 않고 악수를 나누며 인사를 한다. 여성끼리는 서로 양 뺨에 입맞춤을 하는 인사법을 활용한다.[28)]

---

27) 한국수출입은행, 전게서, p.508 참조.

28) http://terms.naver.com/entry.nhn?docId=1154250&cid=40942&categoryId=34159

2. 무역상담 문화

파라과이에서 무약상담을 하는 경우에는 사전에 시간약속을 하고 방문을 하여야 한다. 파라과이인은 시간관념이 부족하기 때문에 약속시간에 늦는 경우가 있더라도 인내심을 가지고 대처하여야 한다. 파라과이에서는 스페인어가 공식 언어이며 소수의 파라과이 사업가들만이 영어에 유창하기 때문에 방문 전에 통역관이 필요여부를 물어보는 것이 바람직하다.

3. 초대문화 · 식사문화 · 선물문화

(1) 초대문화

파라과이인은 친절한 사람들이기 때문에 종종 자신들의 가정으로 초대한다. 이러한 경우는 정성을 담은 꽃이나 포도주 같은 선물을 가지고 가는 것이 좋다. 선물을 하는 것은 파라과이인의 가정으로 초대받거나 혹은 비즈니스를 할 때가 적당하다.

(2) 식사문화

파라과이 음식에는 소파 파라구야(sopa paraguaya), 찌빠(chipa), 보리보리(bori bori) 등이 있다. 소파 파라구야는 양파, 돼지기름, 치즈, 양파, 우유, 옥수수 가루 등을 납작한 그릇에 넣고 오븐에서 375℃로 구워 낸 것으로 적당히 잘라서 접시에 담아 내는 음식이다. 찌빠는 만디오까 가루 또는 옥수수 가루, 쇠기름, 파라과이 치즈, 달걀, 소금, 우유, 아니스 등을 넣고 반죽하여 적당한 모양으로 표면이 딱딱해 질 때까지 오븐에서 구워 낸 빵의 일종이다. 보리보리는 양파, 피망 등을 잘게 썰어 돼지기름에 볶은 다음 물을 넣고 끓인 수프에 옥수수 가루, 치즈, 육수를 반죽하여 둥글둥글하게 빚어 넣고 익힌 음식이다. 파라과이에서는 점심시간에 보통 낮잠들을 자기 때문에 대부분의 비즈니스 접대는 저녁시간에 벌어진다. 일반적으로 저녁식사는 사교적인 모임이며, 사업문제는 파라과이 동업자가 먼저 언급을 한 후에 이야기를 꺼내는 것이 보통이다. 저녁식사는 일반적으로 아주 늦게 먹으며, 담소는 식사가 끝난 후에도 장시간 계속될 수도 있다.

(3) 선물문화

파라과이인과 거래관계에서 선물은 거래종료 후에 하는 것이 좋다. 파라과이인 가정에 선물을 가져갈 때는 사탕, 꽃 등이 좋다.

제11절 페루

1. 일반 개요

(1) 국가의 특징

페루(Republic of Peru)는 1821년 7월 28일 스페인으로부터 독립한 대통령중심제(공화제) 국가이다. 남미 태평양연안에 위치하고 기후는 온대(해안고지대), 열대(정글) 기후이며 면적은 1,280천 ㎢로 한반도의 6배이다. 수도는 리마(Lima)이다. 민족은 인디언(45%), 메스티조(37%), 백인(15%) 으로 구성되어 있다. 언어는 스페인어(공용어), 케추아어, 아이마라어를 사용한다. 종교는 가톨릭(81%), 기독교(13%), 기타 종교 등이다. 화폐단위는 누보 솔(Nuevo Sol: NS)을 사용하며 산업구조는 서비스업(58.4%)이 수를 이루고 제조업(33.9%), 농업(7.8%) 순이다. 주요 수출품은 구리, 금, 원유 및 석유관련제품, 커피, 농수산물 등이며 주요 수입품은 석유 및 석유 관련 제품, 플라스틱, 기계류, 철강 등이다. 주요자원으로는 금, 은, 구리, 아연, 원유, 천연가스, 임산자원 등이 있다.[29]

(2) 국민성

페루인은 명예와 체면을 중요하게 생각하는 국민이다. 페루인은 사회생활에서 신의를 바탕으로 한 인간관계를 중요하게 여기기 때문에 인간관계가 가까워지면 어떤 문제라도 해결될 수 있다고 생각한다. 페루인은 자연과 더불어 살아 온 민족이기 때문에 선하고, 차분하며, 합리적인 사고방식으로 사물을 판단하는 국민이다.

29) 한국수출입은행, 전게서, p.510 참조.

(3) 사회관습

페루인은 시간적으로 여유로운 품성을 가지고 있기 때문에 서두르는 일이 없다. 페루인은 자존심이 강하며 자국에 대한 애국심이 깊다.[30)]

2. 무역상담 문화

페루는 경제성장이 빠르고 기업의 민영화가 이루어지고 있는 국가이다. 페루인은 거래관계에서는 서두르지 않는다. 따라서 무역상담을 추진하는 데에 많은 시간이 소요된다. 페루인과 무역상담을 하는 경우에는 시간상의 여유를 가지고 진행하여야 한다. 무역상담을 시간을 결정하고 진행하는 것이 아니라 유연성을 가지고 탄력적으로 대처하여야 한다.

3. 초대문화 · 식사문화 · 선물문화

(1) 초대문화

페루에서 가정에 초대를 받는다면 기쁘게 승낙을 하여야 한다. 가정으로 초대를 받은 경우에는 인간관계가 친숙해졌다는 것을 의미한다.

(2) 식사문화

페루의 전통음식은 세비체(cebiche)이다. 세비체는 흰살 생선을 라임즙으로 익힌 다음 고수, 고추, 옥수수 등과 함께 버무려 먹는 물회 같이 생긴 음식이다.[31)]페루인은 식사시간에는 항상 술과 음료 등이 제공된다. 페루인은 오후 6시쯤 간단한 요기를 한다. 페루인이 저녁을 초대하였다면 오후 9시나 10시쯤 늦게 먹는 식사를 의미한다.

(3) 선물문화

페루에서 초대를 받은 경우 선물은 가져가지 않아도 되지만 저녁식사에 초대받았다면 과일이나 포도주를 가져가도 무방하다.

---

30) http://terms.naver.com/entry.nhn?docId=1178537&cid=40942&categoryId=31643
31) http://blog.naver.com/PostView.nhn?blogId=ultraman0805&logNo=220084015246

제12절 베네수엘라

1. 일반 개요

(1) 국가의 특징

베네수엘라(The Bolivarian Republic of Venezuela)는 1811년 7월 5일 스페인으로부터 독립한 대통령중심제 국가이다. 남미 북부에 위치하고 기후는 열대성 기후이며 면적은 882천 ㎢로 한반도의 4.5배이다. 수도는 카라카스(Caracas)이다. 민족은 스페인・이탈리아・포르투갈・독일인, 아랍인, 아프리카인, 인디오로 구성되어 있다. 언어는 스페인어, 인디오 지역방언 다수를 사용한다. 종교는 가톨릭(96%), 기독교(2%) 기타 종교 등이다. 화폐단위는 볼리바르(Bolivar: BS)를 사용하며 산업구조는 서비스업(61.1%)이 주를 이루고 제조업(35.3%), 농업(3.78%) 순이다. 주요 수출품은 석유, 보크사이트 및 알루미늄, 철강, 화학제품, 농산물 등이며 주요 수입품은 농산물, 원재료, 기계류, 수송설비, 건축자재 등이다. 주요자원으로는 석유, 철광석, 천연가스, 금, 보크사이트, 다이아몬드 등이 있다.[32)]

(2) 국민성

베네수엘라는 남미대륙에 속해 있으면서도 남미와는 생활풍속에서 많은 차이점을 보이고 있으며 지정학적으로 미국 및 카리브 지역 문화의 영향을 많이 받았다.

(3) 사회관습

1) 인사

베네수엘라에서 악수를 할 때는 신뢰와 진심의 표시로 손을 강하게 잡아야 하는 것이 특징이다.

---

32) 한국수출입은행, 전게서, p.528 참조.

2) 호칭

베네수엘라 문화에서 명함은 사업관계를 유지하는 데 아주 중요하게 작용한다. 따라서 충분한 양의 명함을 준비하되 한 쪽은 스페인어로, 다른 한 쪽은 영어로 인쇄해야 한다. 또한, 베네수엘라 사업가들은 지위에 대한 의식이 강하기 때문에 방문자의 소속과 직함을 명확하게 기재하고, 호칭할 때도 존경의 표시로 반드시 직함과 성을 사용하여야 한다.

3) 복장

베네수엘라에서 남성은 가벼운 울로 만든 어두운 비즈니스 복장의 보수적인 정장을 입어야한다. 직장에 다니는 여성은 옷차림에서 유럽 유행을 따르려고 하는 경향이 있다. 여성 방문자는 칵테일 드레스를 포함하여 고급의 보수적이고 맵시 있는 옷을 입는 것이 좋다.[33)]

2. 무역상담 문화

베네수엘라에서는 가까운 친구나 지인 등 잘 아는 사람들과 사업을 하는 경향이 많다. 베네수엘라에서는 친목을 도모하는 등 상호 신뢰구축에 큰 노력을 기울여야 한다. 베네수엘라 역사 및 문화에 대한 사전지식을 갖추는 것도 유리하다.

3. 초대문화 · 식사문화 · 선물문화

(1) 초대문화

베네수엘라에서 가정으로 초대받는 것은 아주 이례적인 일이다. 선물을 가져가는 것을 잊지 말아야 한다. 베네수엘라인과 거래관계를 개선하기 위해서는 음식점에서의 만찬이 필요하다. 점심은 보통 수프, 디저트, 강한 커피를 포함해서 5개 이상의 코스로 이루어지는 등 2시간을 넘기는 경우가 많으므로 점심시간과 점심 이후의 약속시간과는 충분한 간격을 두어야 한다. 오전에 약속을 하고 점심에 초대함으로써 거래에 관한 상담을 계속할 수 있는 이점이 있다. 저녁초대를 받는다면 가벼운 식사를 대접받을 것이며, 오후 8시 30분부터 9시 사이의 늦은 저녁시간대에 하게 될 것이다.

33) http://100.daum.net/encyclopedia/view.do?docid=b09b1676b

(2) 식사문화

베네수엘라의 전통음식으로는 아레빠(arepa), 엠빠나다(empanada), 까차빠(cachapa), 빠베용(pabellon), 아야까(hallaca) 등이 있다. 아레빠(arepa)는 옥수수 가루로 만든 두툼한 외피를 튀기듯이 구운 다음, 가운데를 잘라서 고기나 치즈, 야채와 토마토를 넣어 먹는 음식이다. 엠빠나다(empanada)는 밀가루로 만든 외피 안에 찢어서 양념한 닭고기나 으깬 소고기 등의 재료를 넣고 기름에 튀긴 음식이다.

까차빠(cachapa)는 옥수수 가루로 만든 뜨거운 빈대떡 사이에 치즈를 넣어서 먹는 음식이다. 빠베용(pabellon)은 쌀밥에 팥 맛이 나는 삶은 검은 콩, 삶은 쇠고기를 찢어서 양념에 버무려 반찬으로 함께 먹는 음식이다. 아야까(hallaca)는 성탄절 특별음식이며, 바나나 껍질에 고기류, 계란, 건포도, 양파, 땅콩 등을 넣고 실로 묶은 다음 증기에 찐 음식이다.[34] 점심이 거래관계 모임이라면, 저녁은 사교적인 모임이다. 배우자들도 보통 저녁만찬에 초대된다. 만찬에 초대되었을 때 부인은 부인끼리 관례상 식탁 끝에 앉고, 두 경영자는 서로 마주 보며 앉아야 한다. 식사시간 동안에는 대륙의 만찬 스타일 즉, 나이프는 오른손에 잡고 포크는 왼손에 잡는 스타일을 따르며, 모임 후에는 감사편지를 통해 굳건한 관계를 유지하고자 노력해야 한다.

(3) 선물문화

베네수엘라에서 초대에 대한 감사의 표시로 전할 수 있는 선물로는 초콜릿, 양주, 등이 좋다. 여성에게는 좋은 향수나 꽃이 좋다.

34) http://blog.naver.com/PostView.nhn?blogId=koollol7&logNo=110163278878

유럽지역의 무역문화

제1절 오스트리아

1. 일반 개요

(1) 국가의 특성

오스트리아(Republic of Austria)는 1955년 10월 26일 독립한 영세중립국이다. 중부 유럽에 위치하고 기후는 대륙성, 한랭 기후이며 면적은 84천 ㎢로 한반도의 2/5이다. 수도는 비엔나(Vienna)이다. 민족은 오스트리아계(91.1%), 전 유고계(4.0%), 터키계(1.6%) 등으로 구성되어 있다. 언어는 독일어를 공용어로 한다. 종교는 가톨릭(73.6%), 기독교(4.7%), 이슬람교(4.2%) 등이다. 화폐단위는 유로(Euro: EUR)를 사용하며 산업구조는 서비스업(68.4%)이 주를 이루고 제조업(30.1%), 농업(1.5%) 순이다. 주요 수출품은 기계장비, 자동차 및 부품, 제지류, 금속제품, 화학제품 등이며 주요 수입품은 기계장비, 자동차, 화학제품, 금속제품, 원유 등이다. 주요자원으로는 철광석 등이 있다.[1)]

1) 한국수출입은행 해외경제연구소, 2014 세계국가편람, p.304 참조.

(2) 국민성

오스트리아인은 이방인에게 친절하고 보수적이며 합리적이다. 오스트리아인은 검소하며 문화적 긍지가 강한데 질서에 대한 시민 고발정신이 투철하다.

(3) 사회관습

오스트리아에서는 처음 만나는 경우 자신을 먼저 소개하여야 한다. 인사를 할 때에 만날 때와 헤어질 때에 악수를 한다. 오스트리아에서는 사무실 등을 출입할 때에 여성에게 우선권을 준다. 흡연에 대해 관대하지만, 흡연을 할 경우에는 상대방에게 양해를 구하는 것이 좋다.[2)]

2. 무역상담 문화

(1) 시간관념

오스트리아인은 시간 및 법률에 대한 약속을 잘 지키기 때문에 방문 2~3일 전에 방문목적과 시간을 약속하고 이를 지켜야 한다. 방문시간이 제한되어 있을 때에는 일주일 전에 연락하여 약속시간을 받아야 한다.

(2) 무역상담 전략

무역상담시에 오스트리아 측의 문의가 있는 경우 가부에 대한 정확한 답변을 신속하게 해주어야 신뢰를 구축할 수 있다. 일반적으로 현지가격을 기준으로 가격조건을 해결하여야 한다.

(3) 무역상담 결정형식

오스트리아 기업에서는 무역상담에 대한 의사결정권을 최고경영자가 가지고 있다. 무역상담에 참여하는 실무자 또는 중간관리자는 무역상담에 관한 진행상황을 정리하여 최고경영자에게 보고하는 역할을 맡기 때문에 최고경영자와 무역상담을 직접 하는 것이 유리하다.

---

2) http://100.daum.net/encyclopedia/view.do?docid=b16a1044b005

(4) 무역상담 유의점

오스트리아인은 비록 독일어를 사용하고 있으나 관습이나 가치관이 전혀 다르다. 스위스에 대해서는 경쟁 심리를 가지고 있기 때문에 스위스에 대한 주제는 피하는 것이 좋다.

3. 초대문화 · 식사문화 · 선물문화

(1) 초대문화

오스트리아인을 상대로 식사초대를 하는 경우에 포도주를 시키게 될 때에는 잔으로 시키는 것이 아니라 병으로 시키는 것이 예의이다. 오스트리아에서는 식사 도중이나 술자리에서 술은 각자 주량에 따라 자신이 먹을 술만을 주문하거나 병이 있는 경우에는 스스로 따라 마시는 관습이 있다.

(2) 식사문화

오스트리아의 대표적 음식은 비너 슈니첼(wiener schnitzel)인데 얇게 썬 소고기에 빵가루를 묻힌 후 기름에 튀긴 음식이다. 비너 슈니첼은 보통 레몬과 고수(coriandrum sativum)의 마른 열매 또는 그 씨인 코리안더(coriander), 그리고 감자나 쌀과 함께 차려 놓고 먹는다. 그리고 오스트리아에서 호이리게라는 포도주가 있었는데 시간이 지나면서 포도주를 마실 수 있는 전통 음식점을 의미하는 단어로 변형되었다.[3] 오스트리아에서는 식사 중에 수프나 국 혹은 국수를 먹는 경우 소리를 내서 입으로 마시거나 상대방에게 입속에 음식물을 넣고 입속의 모습이 보일 정도로 크게 벌려 음식물을 씹는 것을 조심하여야 한다. 식사 중에 트림을 하는 것은 예의가 아니기 때문에 유의하여야 한다.

(3) 선물문화

오스트리아에서 저녁초대를 받는 경우에는 방문을 할 때에 꽃이나 초콜릿 등과 같은 간단한 선물을 준비하는 것이 예의이다.

---

3) http://k.daum.net/qna/view.html?category_id=QKB007&qid=3Buip&q

제2절 벨기에

1. 일반 개요

(1) 국가의 특징

벨기에(Kingdom of Belgium)는 1830년 10월 4일 네덜란드로부터 독립한 입헌군주제 내각책임제 국가이다. 유럽 중서부에 위치하고 기후는 온대 해양성 기후이며 면적은 31천 ㎢로 한반도의 1/8이다. 수도는 브뤼셀(Brussels)이다. 플라망족(58%), 왈론족(31%) 등으로 구성되어 있다. 언어는 네덜란드어, 프랑스어, 독일어 등을 사용한다. 종교는 가톨릭(75%)이다. 화폐단위는 유로(Euro: EUR)를 사용하며 산업구조는 서비스업(77%)이 주를 이루고 제조업(22.3%), 농업0.7%) 순이다. 주요 수출품은 기계장비류, 화학제품, 금속제품, 식료품 등이며 주요 수입품은 원자재 기계장비류, 제약, 식료품, 운송장비, 석유제품 등이다. 주요부존자원으로는 석탄이 가장 유명하다.[4)]

(2) 국민성

벨기에인은 출신 지역에 따라 각기 다른 성격을 가지고 있는 자신들이 태어난 도시의 전통적 가치에 집착을 보이고 가족에 대한 애착이 강하다. 벨기에인은 자신의 손으로 집을 짓거나 소유물을 만드는 것을 긍지로 삼고 있다. 벨기에인은 소규모일지라도 자신과 가족의 생활환경을 최상이라고 생각하며 산다. 카톨릭 교회는 중요한 정신적 배경이 되고 있다. 북부 플라망족은 지역주의, 민족적 이기주의, 냉소주의, 준법정신의 결여 등이 있고 남부 왈론족은 정확하고 합리적·개인적 성격이 돋보인다.

벨기에인은 한 국가에서 서로 다른 문화와 언어를 접하기 때문에 타협정신이 탁월하고 개방적이며 겸손하다. 벨기에인은 직장이나 가정에서의 생활태도가 근면하기 때문에 요리를 하고 청소 등을 하는 가사 일에서 생활의 즐거움을 찾는 낙천적인 면도 보인다. 벨기에인은 경험적 증기와 사실을 가장 신뢰할 수 있는 증거라고 생각하지만,

4) 한국수출입은행, 전게서, p.306 참조.

개인적 감정도 고려하기 때문에 필요한 경우 타협을 하려하고, 상식적으로 생각하여 해결하려는 실용주의적인 성향을 지녔다.[5)]

(3) 생활관습

1) 호칭

벨기에를 구성하는 민족으로는 독일계, 프랑스계, 플라망계가 있다. 프랑스계는 성에 씨(Monsieur), 부인(Madame), 양(Mademoiselle)을, 독일계나 플라망계는 씨(Mr), 부인(Mrs, Ms), 양(Miss) 등을 붙여 호칭한다.

2) 인사

벨기에에서는 상대방과 인사를 할 때 친한 친구 사이에서는 서로 볼을 맞대거나 양뺨에 입맞춤을 한다. 프랑스계 왈론인과 만날 때는 양 뺨에 입맞춤을 하는데 서로 잘 아는 사이인 경우에는 서로 껴안아 친밀감을 나타낸다. 벨기에에서는 남성이 여성을 만나는 경우에는 자리에서 일어나 인사하여야 한다. 벨기에인은 대화하면서 몸동작으로 표현하는 것을 싫어한다.

3) 언행

벨기에는 국민의 대다수가 카톨릭 신자로 매사에 경건하고 타인에 대해 조심스러운 행동양식을 보이고 있다. 벨기에인은 사생활을 유지하는 것을 중요하게 여긴다. 벨기에의 북부에 거주하고 있는 플라망족과 남부에 거주하는 왈론족은 혼인관계 및 교류가 전혀 없다. 2개의 민족은 각각 2가지 언어를 사용하고 있는데 왈론족은 지배권을 장악하고 중공업을 급속히 발전 시켜오고 플라망족은 농업이나 방직업을 영위하면서 발생한 경제적 격차에 원인이 있다. 국왕은 연설을 할 때도 2가지 언어로 함으로써 양자의 화합을 위해 노력하고 있으며 방송과 출판, 신문, 교통 표지판까지도 이 2언어가 함께 쓰이고 있다.[6)] 벨기에인은 정오쯤에는 일을 멈추고 점심을 먹으러 가정으로 가는 전통을 소중히 여긴다.[7)]

---

5) http://terms.naver.com/entry.nhn?docId=1175208&cid=40942&categoryId=33136
6) http : //www.modetour.co.kr
7) http : //www.shoestring.co.kr

2. 무역상담 문화

(1) 시간관념

벨기에인과의 약속은 항상 정확하게 지켜야 하며 약속을 위한 전화나 편지는 최소 1주일 전에 만들어져야 한다. 따라서 벨기에 회사들은 자신들이 약속시간을 정하는 편이다. 만일 오전 11시 30분의 약속이라면, 대개 점심 약속이다. 또한 벨기에인은 사생활을 중시하므로 다소 친하다고 해서 상대방에 대해 너무 자세하게 낱낱이 물어보지 말아야 한다.[8] 또한 대개의 벨기에인은 사업을 하기 전에 먼저 사람을 알아야 한다고 생각한다. 사업상 벨기에에 가는 경우 일 년에 한 번씩 한 달간 휴가를 가는 기간을 피해야 한다. 무역상담은 하루 전에 미리 약속해야 하고, 공휴일엔 불가능하다.

(2) 무역상담 전략

벨기에에서는 신용과 시간 약속을 철저히 지켜야 한다. 거래처 사람들과의 사적인 관계는 몇 차례 거래를 통해서만 이루어진다. 벨기에인 사업가는 무역상담에 능숙하며 객관적인 자료를 중시한다. 무역상담시에 견본이나 설명서 등을 준비하고 상대방이 제시하는 조건에 대한 가격산출이 가능하도록 하는 것이 좋다. 무역상담은 형식을 갖추고 효율적으로 진행한다. 벨기에인은 회사의 지명도보다는 제품의 품질, 기술, 거래신용도를 실제 체험한 후 거래를 결정한다. 벨기에는 기술상으로는 최고 수준을 기지고 있다. 벨기에의 경영자는 벨기에인은 기업 내에서 자신의 지위를 정확하게 파악하고 있기 때문에 직원보다 늦게 출근한다.

(3) 무역상담 결정형식

벨기에인은 외부기업이나 타인이 가지고 있는 아이디어나 비법 등을 수용하는 경우가 많다. 벨기에인은 어떤 사항에 대한 의사결정을 하는 경우에 직장 내의 여건, 상대방과의 관계, 직장 구성원간의 관계 등과 같은 여러 여건을 고려하기 때문에 진행속도가 느리다. 일반적으로 플라망지역에서 사업을 하는 경우, 의사결정은 그룹에 의해 내려진다. 월론지역에서는 위계질서 체계가 있어서 최고권한자가 결정을 한다. 벨기에서 가족 단위의 소규모 기업과는 구매결정권자와 직접 무역상담이 가능하다.

---

8) http : //www.modetour.co.kr

(4) 무역상담 유의점

벨기에에서는 플라망계와 대화할 때는 영어를 써야 하고, 프랑스어를 쓰면 안 된다. 플라망어를 잘하는 경우에는 플라망어를 쓰도록 한다. 무역상의 관행이 매우 보수적이고 가능하도록 하는 것이 좋다. 벨기에 사업가는 무역상의 관행이 매우 보수적이고 배타적이어서 쉽게 거래처나 구매상품을 변경하지 않는다.

3. 초대문화 · 식사문화 · 선물문화

(1) 초대문화

벨기에의 플라망계는 가정으로 초대를 하는 경우가 많다. 벨기에의 관습에 따라 초대자가 식탁 상석에 앉고 배우자는 맞은편에 앉는다. 전통적으로 가장 연장자인 여성이 초대자의 오른 쪽에, 가장 연장자인 남성은 초대자 부인의 왼쪽에 앉는다.

(2) 식사문화

벨기에 대표음식은 물르(moules)인데 우리나라의 홍합탕과 비슷한 음식이다. 크고 밑이 깊은 냄비에 양파, 파슬리, 샐러리, 마늘 등의 야채를 깔고 그 위에 홍합은 얹은 뒤 중간 불로 삶아 만든 음식이다.[9]

건배제의가 끝날 때까지 술잔을 입에 대지 말아야 한다. 주인이 건배를 위해서 일어서면 같이 일어선다. 플라망에서는 건배를 하는 경우 잔을 두 번 든다. 한 번은 축사를 위해서, 두 번째는 잔을 서로 부딪쳐 소리를 내려고 든다. 점심과 저녁 반주로 포도주가 일반적이다. 커피나 원하는 경우에 제공된다. 나이프는 오른손으로 포크는 왼손으로 잡고 손을 바꾸지 않는다. 벨기에에서는 식사 중에 식탁 밑으로 손을 내리는 것은 무례한 것으로 받아들이기 때문에 손을 반드시 식탁 위에 올려놓아야 한다. 벨기에서는 자신의 요리법에 특별한 자부심이 있기 때문에 요리에 대한 칭찬을 해주어야 한다, 플라망지역에서는 빵보다 감자가 식사로 제공된다. 왈론지역에서는 보통 빵이 버터 없이 식사로 제공된다. 벨기에에서는 제공받은 음식을 남김없이 먹어야 한다. 파티에 가면 식사자 제공될 때까지 기다려야 하고 저녁식사 후에는 음주와 함께 사교활동이 있다.

---

9) http://terms.naver.com/entry.nhn?docId=2096275&cid=42864&categoryId

(3) 선물문화

벨기에에서는 무역거래와 관련하여 선물을 주고받지 않는다. 절친한 상대방에게 선물을 하는 경우에는 명함은 넣지 말고 전달하는 것이 좋다. 가정으로 초대받은 경우에는 초대자의 부인을 위해 꽃이나 초콜릿 등을 선물하는데 벨기에에서는 앞에서 뜯어보고 감사를 표시한다.

제3절 불가리아

1. 일반 개요

(1) 국가의 특징

불가리아(Bulgaria)는 1878년 3월 3일 터키로부터 독립한 의회민주제 국가이다. 유럽 동남부, 발칸반도 북동부에 위치하고 기후는 대륙성 기후이며 면적은 111천 ㎢로 한반도의 1/2이다. 수도는 소피아(Sofia)이다. 민족은 불가리아인(76.9%), 디기인(8.0%) 등으로 구성되어 있다. 언어는 불가리어가 공용어이고, 터키어 등을 사용한다. 종교는 불가리아 정교(82.6%), 이스람교(7.8%) 등이다. 화폐단위는 레프(Lev: Lv)를 사용하며 산업구조는 서비스업(57.7%)이 주를 이루고 제조업(35.2%), 농업(7.1%) 순이다. 주요 수출품은 금속, 의류, 신발, 철강, 기계장비 등이며 주요 수입품은 기계장비, 금속, 플라스틱 등이다. 주요자원으로는 보크사이트, 납, 아연, 망간 등이다.[10)]

(2) 국민성

불가리아인은 자유분방하고 낙천적인 성품을 가진 국민이다. 불가리아인은 타인에 대해서 개방적이며 전통적인 문화를 존중하는 민족이다. 그러지만 자존심이 강하고 직함이나 명예를 중요하게 여기는 면도 있다.

10) 한국수출입은행, 전게서, p.310 참조.

(3) 사회관습

불가리아인은 대화를 할 때 신체적 접촉을 많이 하면서 진행하는 경향이 있다. 불가리아인은 가까운 사람을 만나면 서로 껴안거나, 입맞춤을 하여 친근감을 나타내는 경우가 많다. 불가리아인은 상대방과 시선을 맞추고 가깝게 앉아 대화를 하는 것을 즐긴다.[11] 상대방이 시선을 자주치지 않는 경우에는 거짓말을 하는 것으로 인정하여 불신한다.

2. 무역상담 문화

(1) 시간관념

불가리아인은 시간관념이 희박하여 무역상담을 위한 시간약속을 하더라고 늦는 경우가 많다. 그러므로 인내심을 가지고 상대하여야 한다.

(2) 무역상담 전략

불가리아인은 불가리아어보다는 영어로 써진 편지를 더 선호한다. 무역상담을 위한 초기업무 단계에서는 상대방과 인간관계를 형성하는 것이 유리하다. 무역상담시에는 배경정보와 전문적인 사항들이 자료를 최대한 활용하여야 한다.

(3) 무역상담 결정형식

불가리아의 기업조직은 관료적인 체제를 지니고 있으며 위계질서가 분명하여 의사결정권은 최고경영자에게 있다. 그러므로 무역상담에 임할 때에는 최고경영자와 상담을 하는 것이 유리하다.

(4) 무역상담 유의점

불가리아인은 상담에 아주 능숙하다. 따라서 상담에 임할 때는 향후 양보의 가능성을 두고 흥정을 해야 한다. 불가리아인은 주제에 대해 직접 이야기하는 것을 싫어하기 때문에 간접적인 화법을 구사하는 것이 유리하다.

---

11) http://100.daum.net/encyclopedia/view.do?docid=b10b1649b

3. 초대문화 · 식사문화 · 선물문화

(1) 초대문화

불가리아인은 개인적인 친분이 있는 경우 가정으로 초대하는 경우가 있다. 불가리아인의 마음을 담은 초대이기 때문에 호의를 받아들여야 한다.

(2) 식사문화

불가리아의 전통적인 음식으로는 꼬챙이에 고기를 꿰어 구운 요리인 케밥(kebab)을 비롯하여 미트롤을 숯불에 구운 케바프체(kebapche), 육류와 채소를 이용한 불가리아풍의 스튜인 카바르마(kavarma), 쌀과 계란을 넣어 구운 양의 간 요리인 드롭사르마(drop sarma), 고추나 양배추에 돼지고기와 쌀로 속을 채운 사르미(sarmi) 감자, 토마토 등의 채소와 함께 돼지고기나 양고기를 넣은 다음 냄비에 찐 것으로 요구르트를 곁들이는 무사카(moussaka) 등이 있다.[12)]

(3) 선물문화

불가리아에서는 무역상담 등과 같이 중요한 일이 있는 경우 경축하기 위해 저렴한 선물을 교환하는 것이 일반적이다. 가정으로 식사 초대를 받았을 경우에는 꽃을 선물로 한다.

제4절 크로아티아

1. 일반 개요

(1) 국가의 특징

크로아티아(Croatia)는 1991년 6월 8일 구유고연방으로부터 독립한 의회민주제 국

12) http://www.sisabreak.com/news/articleView.html?idxno=26445

가이다. 아드리아해 동부해안에 위치하고 기후는 지중해성, 북동부는 대륙성 기후이며 면적은 57천 ㎢로 한반도의 1/4이다. 수도는 자그레브(Zagreb)이다. 민족은 크로아티아인(89.6%), 세르비아인(4.5%) 등으로 구성되어 있다. 언어는 크로아티어를 사용한다. 종교는 가톨릭(87.8), 크로아티아 정교(4.4%), 이슬람교(1.38%) 등이다. 화폐단위는 크로아티아 쿠나(Croatia Kuna: HRK)를 사용하며 산업구조는 서비스업(69.2%)이 주를 이루고 제조업(25.8%), 농업(5.9%) 순이다. 주요 수출품은 운송장비, 기계류, 섬유류 등이며 주요 수입품은 기계류, 운송장비 및 전기기기, 화학제품, 연료, 식료품 등이다. 주요자원으로는 보크사이트, 원유, 석탄 등이 있다.[13)]

(2) 국민성

크로아티아인은 자주적이고 자존심이 강한 국민이다. 크로아티아인은 자존심이 강하여 체면을 중시한다. 크로아티아인은 적극적이며 순박한 성품을 지닌 국민이다.

(3) 사회관습

크로아티아인은 신체적 접촉을 즐기며 가까운 사람과 포옹, 입맞춤을 하기도 한다. 크로아티아인은 대화를 할 때에 서로 가까이 앉아 상대방과 시선을 맞추고 이야기하는 경향이 있으므로 이를 피하려고 해서는 안 된다.[14)]

2. 무역상담 문화

(1) 시간관념

크로아티아 사업체와 무역상담을 위한 시간약속을 정할 때에는 2~3주 전에 서신을 보내고. 이후에는 확인하여야 한다. 크로아티아인은 시간관념이 희박하기 때문에 인내심을 가지고 무역상담에 임해야 한다.

(2) 무역상담 전략

크로아티아인과 사업을 시작할 때에는 상대를 직접 대면하는 것이 좋다. 상대방에

13) 한국수출입은행, 전게서, p.312 참조.
14) http://100.daum.net/encyclopedia/view.do?docid=b22k0399b

게 점차 좋은 인상을 심어주면서 본론으로 접근하는 것이 좋다. 크로아티아인은 영어로 작성된 서신을 선호한다.

(3) 무역상담 결정형식

크로아티아에서는 위계질서가 분명하여 각자의 업무범위와 권한이 정해져 있다. 이러한 영향으로 업무회의 등에서 격식을 따지고 옷을 입는 방식이나 상하의 계급질서를 중요하게 여긴다. 크로아티아에서는 무역상담에 관한 의사결정권을 최고경영자가 가지고 있다. 따라서 무역상담에 임할 때에는 실질적인 결정권을 갖고 있는 최고경영자와 무역상담을 진행하는 것이 더 효율적이다.

(4) 무역상담 유의점

크로아티아인은 외국인에 대해 호의적인 편이다. 크로아티아인은 무역상담시에 서두르며 초조해 하는 모습 등을 많이 보인다. 크로아티아에서는 연배가 높은 사람인 경우 상당수가 외국 유학 경험이 있는 젊은 세대보다 서구 문화에 대한 이해가 부족하고 거래에 있어 모호한 태도를 보이는 경우가 있다. 그러나 크로아티아인은 연장자를 존중하기 때문에 이들을 무시하거나 예의에 어긋나게 행동해서는 안 된다.

3. 초대문화 · 식사문화 · 선물문화

(1) 초대문화

크로아티아에서의 식사에는 사교적인 의미가 강하게 내포되어 있다. 전통적으로 점심식사가 하루 중 가장 중요한 식사로 인식되지만 생활방식의 변화로 대도시의 크로아티아인은 음식점에서 정식 만찬을 갖기도 한다. 일반적으로 크로아티아인은 혼자 식사 하지 않는다. 만일 동료들과 함께 음식점에 갈 때면 각자 다른 음식을 주문하는 경우가 많다.

(2) 식사문화

크로아티아인은 기름기 있는 음식을 좋아하는데 고기와 치즈가 들어 있는 여러 층의 파이 부레크, 자그레브 지역의 치즈 도넛, 피로스크(pirosk) 등이 대표적인 음식이다. 아드리아해 지역에는 해산물음식인 스참피(scampi), 조개인 프르스타치(prstaci), 여러 가지 생선과 쌀을 끓인 스튜 달마티안 브로데트 등이 있다. 콩과 신선한 옥수수 수프인 마니스트라 오드 보비차(manistra od bobica), 혹은 시어진 우유로 만든 연하고 흰 치즈 스트룩클레(struckle) 등은 내륙지방의 특별 음식이다.[15)]

크로아티아에서는 보통 점심이 하루의 정찬이다. 크로아티아인들은 공식적인 자리나 그렇지 않은 경우를 막론하고 건배제의를 한다. 건배를 할 때는 가볍게 잔을 부딪치고 고개를 살짝 끄덕인 상태에서 건강이나 행운을 빈다는 덕담을 하면 된다. 손님으로 초대받은 경우 정중한 방식으로 함께 식사비를 부담하고 싶다고 말하는 것이 좋다.

(3) 선물문화

크로아티아에서는 무역상담의 계약을 성사하거나 명절을 경축하기 위해 선물을 교환한다. 가정에 초대를 받았을 경우에는 꽃 선물이 좋다.

제5절 덴마크

1. 일반 개요

(1) 국가의 특징

덴마크(Kingdom of Denmark)는 1849년 6월 5일이 제헌절인 입헌군주제 국가이다. 북유럽에 위치하고 기후는 온대성 기후이며 면적은 43천 ㎢로 자치령인 그린랜드와 페로제도를 제외하면 한반도의 1/5이다. 수도는 코펜하겐(Copenhagen)이다. 민족은 게르만계 데인족으로 구성되어 있다. 언어는 덴마크어, 영어(제2언어) 등을 사용한다. 종교는 복음루터교(95%), 기독교 및 가톨릭(3%), 이슬람교(2%) 등이다. 화폐단위는 데니쉬 크론(Danish Krone: Dkr)를 사용하며 산업구조는 서비스업(76.6%)이

15) http://k.daum.net/qna/view.html?category_id=QLA&qid=0C6hx&q

주를 이루고 제조업(22.1%), 농업(1.3%) 순이다. 주요 수출품은 기계·운송장비, 육가공류, 유제품, 의약품 등이며 주요수입품은 기계·운송장비, 원자재, 중간재, 화학제품, 식료품, 소비재 등이다. 주요자원으로는 원유, 천연가스 등이 있다.16)

(2) 국민성

덴마크는 기후가 따뜻해서 목축업과 낙농업이 일찍부터 발달했다. 덴마크의 우유나 유제품은 품질이 세계 1위이다. 덴마크는 계급차가 적은 평등한 사회를 이루고 있으며 사회복지제도가 잘 정비되어 있고 개인의 자유와 독립을 중시한다. 덴마크는 밝은 국민성으로 담소하기를 좋아하여 상업이 발달하였다. 덴마크인은 애국심이 매우 강하여 작은 나라이긴 하지만 상업활동에 매우 능숙한 나라라는 자부심이 있다.

덴마크인은 개인주의적이지만 순박하고 검소와 절약이라는 실용적인 생활태도와 준법정신으로 인권과 민주주의를 최고의 가치관으로 존중하고 있다. 덴마크 어린이들은 어렸을 때부터 자신의 용돈을 벌어서 사용하고 있다. 부모님에게 의지하지 않으며, 대학에 입학하여서도 자신의 등록금은 의지하지 않는다. 이러한 근면은 어렸을 때부터 아르바이트를 하여 독립심을 길렀기 때문이다.17)

(3) 사회관습

1) 인사

덴마크인은 인사를 할 때에 시선을 미주하면서 악수를 한다. 시선을 마주하는 것은 진실을 전달한다는 의미를 내포하고 있다.

2) 호칭

덴마크에서는 편지를 쓰는 경우나 서로 소개할 때 직위나 학위 등과 같은 칭호를 잘 사용하지 않는다. 덴마크에서는 위계질서가 무시되기 때문에 직장에서 동료나 상사도 대개 세례명으로 부른다. 이름을 부를 때도 씨(Mr.)나 부인(Mrs.) 등과 같은 칭호를 붙이지 않고 그냥 성만 부른다.

---

16) 한국수출입은행, 전게서, p.318 참조.
17) http : //www.metro.seoul.kr/kor/seoulnews

3) 언행

덴마크에서는 여성의 지위가 남성과 동등하다. 덴마크 여성은 1915년에 투표권을 가졌으며 일찍부터 남녀 동일 임금 원칙이 도입되었다. 남성이나 여성 어느 한쪽 성에 편향된 광고는 하지 못하도록 법으로 정해 놓고 있다.

2. 무역상담 문화

(1) 시간관념

덴마크인은 부지런한 국민인 만큼 무역상담 약속시간을 엄수한다. 더욱이 덴마크인은 업무를 주어진 시간 안에 끝내는 것을 기본원칙으로 하고 있다. 그러므로 무역상담을 위한 시간을 상대방과 사전에 약속해 놓고 진행을 하면 일정을 계획하는 데에 도움이 된다.

(2) 무역상담 전략

덴마크인은 제품을 선정할 때 가격과 품질의 적합성을 따진다. 덴마크인이 생각하는 고유 디자인은 검소하고 실용적이며 쉽게 친숙해 질 수 있는 것이다. 덴마크인은 무역거래와 관련한 문제가 발생했을 때 상담을 통해 해결하고 솔직하며 명료한 태도로 상담에 임한다. 덴마크인은 자사의 미적 디자인 등에 대하여 자부심을 갖고 있기 때문에 다른 경쟁사의 미적 디자인 등과 비교하는 것은 금물이다.[18] 덴마크인은 첫 대면부터 업무에 관한 주제를 다루는데 문서화된 계약사항을 중요하게 취급한다.

(3) 무역상담 결정형식

덴마크인은 무역상담시에 직선적이며 솔직한 태도를 보이기 때문에 상대방도 입장을 분명히 밝혀 주기를 바란다. 덴마크인은 무역상담시에 상담 분야의 전문적 내용을 정확히 꿰뚫고 있기 때문에 전문적인 지식을 최대한 이용하여 유익한 결과를 도출하는 데에 활용한다. 덴마크 기업들은 무역상담 담당자가 경영진이 아니더라도 의결권을 행사하는 경우가 많다.

---

18) 주간상의, "유럽바이어들과의 상담, 이 점을 유의하자"－덴마크, 대한상공회의소, 1998. 9. pp. 40~41.

(4) 무역상담 유의점

덴마크에서는 소량의 다품종 주문이 필수적이다. 시장개척단계에서 여러 업체를 상대한 후에 가장 좋은 조건을 제시하는 업체를 대리인으로 선정하면 유리하다.

3. 초대문화 · 식사문화 · 선물문화

(1) 초대문화

덴마크인의 무역거래 관련 초대는 점심이나 저녁이 일반적이다. 덴마크인이 가정으로 초대하는 일이 드물다. 초대받은 사람은 약속 시간을 반드시 지켜야 한다. 가정으로 초대받은 경우에는 편안한 복장을, 공식적인 행사에는 정장차림을 해야 한다.

(2) 식사문화

덴마크에서는 스모러브로드(smorrebrod)와 콜드볼드(koldbord) 대표적인 음식이다. 스모러브로드는 식빵보다 얇은 빵에 버터를 바르고 거기에 육류나 수산물 생선을 넣고 먹는 샌드위치이다. 콜드볼드는 생선, 육류, 야채, 달걀, 치즈 의 순서로 먹는 바이킹 음식이다.[19] 덴마크에서 초대를 받은 경우에는 자기가 먹을 수 있는 적절한 분량만 주문하며, 일단 가져온 음식은 남기지 않는다. 공식적인 행사에서는 주빈이 안주인 왼쪽에 앉는 등 의전절차를 지키는 경우가 많다. 건배제의를 하는 경우에는 주인이 간단히 인사한 후 보통 오른쪽에 앉은 여성과 눈인사를 하고 건배제의를 한 후에 잔을 들이키며 잔을 비운 후 다시 눈인사를 한다. 식사 후에는 주빈이 일어나서 초대에 감사하는 말을 한다. 이러한 감사의 말은 거의 예외 없이 유모가 넘치는 말이 많으며 약간은 반어적인 풍으로 한다.

(3) 선물문화

덴마크에서는 선물 교환이 적은 편이다. 자국의 특산품이나 소개책자 같은 것이 좋은 선물이 될 수 있을 것이다. 가정에 초대받은 경우 술이나 꽃을 사 가지고 가도록 한다. 꽃을 사는 경우 반드시 포장을 해야 한다.

---

19) http://kin.naver.com/qna/detail.nhn?d1id=11&dirId

제6절 핀란드

1. 일반 개요

(1) 국가의 특징

핀란드(Republic of Finland)는 1917년 12월 6일 러시아로부터 독립한 공화제 국가이다. 북유럽, 스칸디나비아 반도에 위치하고 기후는 겨울은 춥고 길으며 여름은 짧고 온화한 온난성 기후이며 면적은 34만 ㎢로 한반도의 1.4배이다. 수도는 헬싱키(Helsinki)이다. 민족은 핀족(93.4%), 스웨덴인(5.6%), 러시아인(0.5%)으로 구성되어 있다. 언어는 핀란드어(91.2%), 스웨덴어(5.5%)등을 사용한다. 종교는 루터교(82.5%), 기독교(1.1%), 그리스정교(1.1%) 등이다. 화폐단위는 유로(Euro: EUR)를 사용하며 산업구조는 서비스업(70.1%)이 주를 이루고 제조업(27.1%), 농업(2.8%) 순이다. 주요 수출품은 전기 및 광학 기구, 기계·운송장비, 제지, 화학제품 등이며 주요 수입품은 식료품, 원유, 화학제품, 운송장비 등이다. 주요자원으로는 목재, 구리, 니켈, 코발트, 납, 금 등이 있다.[20)]

(2) 국민성

핀란드인은 처음 대하는 사람에게는 조심성 있게 행동하며 되도록 듣는 입장을 취한다. 그러나 일단 상대방이 믿을 수 있다고 생각되면 마음을 터놓으며 세심한 점까지도 신경을 써준다.

(3) 사회관습

1) 호칭

핀란드인은 만나는 사람에게 친근한 호칭을 사용하는 습관이 있다. 핀란드인은 이름과 성의 순서로 자신을 소개한다. 여성의 경우는 결혼 전의 성과, 지금 남편의 성

20) 한국수출입은행, 전게서, p.322 참조.

의 순서로 말한다. 핀란드인은 자신의 칭호 등에 민감한 편이지만 소개할 때에는 언급하지 않는다. 직장 내에서는 공식적인 직함으로 호칭하여야 한다. 한 직장에서 일하는 사람들은 서로의 이름을 부르는 것이 일반적이며, 대기업의 고위 경영자들 또한 마찬가지이다. 명함을 받으면 이름 끝에 넨(nen)이라고 되어 있으면 핀란드계이고 호름(horum)이나 베리(bery)라고 쓰여 있으면 스웨덴계이다.

2) 인사

핀란드에서는 인사할 때 포옹을 하는 일이 드물다. 길에서 아는 사람을 만났을 경우에는 남성이라면 모자를 벗고, 겨울에는 모자챙을 살짝 건드리는 정도로 인사한다. 핀란드식 악수는 명확하고 간결하며 서로의 팔꿈치나 어깨를 치는 것과 같은 직접적인 신체접촉은 피한다. 핀란드인 부부에게 인사할 때에는 특별히 초대된 사람이 주인에게 먼저 인사하게 될 경우를 제외하곤 여성에게 먼저 인사말을 건넨다. 핀란드에서는 아이들과도 악수를 하고, 만날 때나 헤어질 때 악수를 한다.

핀란드에서는 여성들이 손에다 입 맞추는 행동을 하지만 일상적인 관습은 아니다. 친구들이나 지인들 간에 뺨에다 입을 맞추는 것은 일반적으로 도시지역에서 행해지는 습관이고 지방에서는 거의 없다.[21)]

2. 무역상담 문화

(1) 시간관념

핀란드인은 형식에 구애받지 않는 민족이지만 신용을 중시하기 때문에 무역상담시에는 사전약속을 하고 약속시간은 정확하게 이행하여야 한다.

(2) 무역상담 전략

핀란드인은 개인적인 감정을 드러내는 것을 좋아하지 않기 때문에 과장은 피하고 정확한 사실과 자료에 기초한 무역상담을 하는 것이 유리하다. 무역상담과 관련하여 중요한 숫자와 정보에 대해서는 인쇄물을 마련하는 것도 좋다. 핀란드인은 전문분야에 대한 지식이 뛰어나기 때문에 대화 주제는 업무적인 것에서 벗어나면 안 된다.

---

21) http://search.daum.net/search?nil_suggest=btn&w=tot&DA

핀란드인과 무역상담을 할 때는 합리적이고 현실적인 조건을 제시하고 상대방의 반응에 따라 조정하여야 한다. 핀란드 기업과 서신으로 상담을 할 때에는 되도록 존칭이나 직함을 사용하고 개인 앞에서 보내는 것 보다는 회사를 상대로 하여 보내는 편이 좋다. 핀란드인은 격식은 좋아하지 않기 때문에 특별히 정해진 격식은 없다.

(3) 무역상담 결정형식

핀란드에서는 무역상담과 관련한 의사결정권이 무역상담에 참여하는 실무자나 중간관리자에게 있기 때문에 최선을 다하여 진행을 하여야 한다. 무역상담의 내용에 관한 의사결정권이 비록 실무자나 중간관리자에게 있다고 하더라도 정확하게 업무를 추진하는 성향이 있기 때문에 의사결정에 많은 시간이 소요되기도 한다.

(4) 무역상담 유의점

핀란드에서는 소비자 보호가 철저하게 이루어지고 있어 제품의 품질보증 조건을 중요하게 여기고 거래를 한다.

3. 초대문화 · 식사문화 · 선물문화

(1) 초대문화

핀란드에서 초대를 받는 경우에는 초대시간을 엄수해야 한다. 핀란드인인 사우나에 초대하였다면 친분관계가 형성되었다는 의미이다. 핀란드 사우나는 남녀가 함께 들어가고 간헐적인 수증기가 나오는 열탕이다.

(2) 식사문화

핀란드에서 시장에 가면 신선한 연어와 청어 등과 같은 해산물을 만날 수 있다. 핀란드인은 생선요리와 감자, 진한 스프, 호밀 빵과 커피를 즐겨 먹고 마신다. 대표적인 음식으로는 카리알 지방의 특산물로서 고기와 감자를 가느다란 빵에 싼 카리알라 파이, 탐페레 지방의 특산물인 소의 피로 만든 소시지, 사보 지역에서는 돼지고기와 담수어를 호밀 빵에 넣고 구운 칼라쿠코(kalakukko가 있다. 핀란드인의 전통음식으로 슈트가 있다. 슈트는 소금에 절인 연어, 청어, 바닷가재 등의 해산물 음식이다.[22)]

핀란드에서 아침식사는 가볍게 하는 편이다 점심과 저녁식사에서는 핀란드식 예절을 지켜야만 한다. 초대한 안주인이 겉옷을 벗지 않는다면 손님도 벗으면 안된다. 초대자가 건배를 제의를 할 대가지 포도주 잔을 만지지 않아야 한다. 핀란드인은 식사 전 많은 술을 마시지만 주점이 없기 때문에 술을 마시려면 술을 사서 각자 가정으로서 마신다. 손가락으로 음식이나 과일 종류를 손으로 만져선 안 된다.

(3) 선물문화

핀란드에서 초대를 받는 경우에는 간단한 선물을 준비하는 것이 좋다. 핀란드인은 선물을 기대하지는 않지만 감사의 마음을 전하는 것이 좋다.

제7절 프랑스

1. 일반 개요

(1) 국가의 특징

프랑스(Fresch Republic)는 공화제 국가이다. 서유럽 중앙부에 위치하고 기후는 대서양성(북서부), 대륙성(동부), 지중해성(남부) 기후이며 면적은 551천 ㎢로 한반도의 2.4배이다. 수도는 파리(Paris)이다. 민족은 켈트족, 튜튼계 라틴족, 슬라브족, 북아프리카계, 바스크족 등으로 구성되어 있다. 언어는 프랑스어를 사용한다. 종교는 가톨릭(88%), 회교(10%), 기독교(2%), 유대교(1%) 등이다. 화폐단위는 유로(Euro: EUR)를 사용하며 산업구조는 서비스업(79.2%)이 주를 이루고 제조업(18.8%), 농업(2.0%) 순이다. 주요 수출품은 기계·운송장비, 비행기, 플라스틱, 화학제품, 의약품 등이며 주요 수입품은 기계·장비, 자동차, 원유, 비행기, 플라스틱, 화학제품 등이다. 주요부존자원으로는 선철, 석탄, 천연가스, 암염, 보크사일, 등이 있다.[23)]

22) http://kin.naver.com/qna/detail.nhn?d1id=13&dirId=130504&docId

23) 한국수출입은행, 전게서, p.324 참조.

(2) 국민성

프랑스인은 세계에서 가장 우수하다는 자부심을 가지고 있는 국민이다. 프랑스인은 폐쇄적이며 보수적이고 전통을 존중하지만 현실주의적인 처신도 많이 한다. 프랑스인은 각자의 주관과 행동을 중요하게 여기는 개인주의와 인간을 중시하는 인본주의 사고방식을 가지고 있다. 프랑스인은 자기의 느낌과 견해에 대하여 논리적이고 명확한 어조로 단호하게 전하는 경향이 있다. 프랑스인은 강요를 싫어하며 자유분방하게 생활하지만 타인을 배려하여 모든 일을 융통성 있게 처리한다. 프랑스인은 이상주의자이며 대의를 위하여 항상 투쟁할 수 있는 혁명주의자의 기질을 갖고 있기 때문에 프랑스의 내외적인 위협을 이겨내며 시대적 변화에 잘 적응하여 왔다.[24)]

(3) 사회관습

1) 호칭

프랑스에서는 상대방이 허락하는 경우에만 이름을 부르고 연장자에게는 존댓말을 사용하여야 한다. 프랑스인 기업에서는 계층구조가 분명하기 때문에 면담하는 사람들의 직함을 정확하게 불러주어야 하며 이름을 직접 호칭하는 경우는 거의 없다. 남성에게는 씨(Monsieur)를, 여성에게는 부인(Madame)을 붙여 부른다. 프랑스인은 자신의 성을 먼저 말하고, 이름을 뒤에 말하기도 한다.

2) 가족제도

프랑스는 개인주의의 발달로 핵가족제도가 대부분이다. 프랑스는 법률적으로 성인이 되면 부모의 경제적 도움 없이 부모로부터 독립하여 생활을 하기 때문에 자녀교육은 대단히 엄격한 편이다. 프랑스에서는 미혼 여성이나 기혼 여성을 불문하고 직장을 갖고 있는 경우가 많기 때문에 경제적 자립이 가능하며 여성의 사회참여도가 극히 높은 편이다.[25)]

3) 언행

프랑스인은 자신이 받은 교육에 대하여 자부심을 갖고 있는 국민이다. 그래서 상대

24) http : //myung.chonbuk.ac.kr

25) http : //www.changwon.ac.kr/~hfrench/genf.htm

방에게 자신이 받은 교육방법과 내용에 대하여 이야기 하는 것을 좋아한다. 프랑스인은 대화를 하는 중에 하나의 단어가 가지고 있는 여러 가지 의미를 적절히 이용하여 상대방에게 유머를 가지고 재치 있게 응수한다. 타인의 어떤 성격이나 행동에서 못마땅한 점을 보면 상당히 민망할 정도로 지적을 하기도 한다.

2. 무역상담 문화

(1) 시간관념

무역상담시에 약속시간은 사전에 하고 약속시간은 엄격히 지켜야 한다. 무역상담의 경우에는 약속시간보다 빠르게 가지 않는다.

(2) 무역상담 전략

프랑스인은 무역상담시에 본론에 들어가기 전에 자료와 설명서 등을 충실하게 분비하여야 한다. 프랑스인과 무역거래를 위해서는 여러 번의 방문을 통해서 인간관계를 가깝게 하고 신용을 쌓아야 한다. 프랑스인은 보수적이고 장기적인 안목에서 조심스럽게 거래를 추진한다. 프랑스에서는 외국인이 프랑스어를 하면 발음을 무시하며 얕잡아 보는 경향이 있기 때문에 프랑스 대기업과 무역상담을 하는 경우에는 영어를 사용하는 것이 좋다. 다만 프랑스인 대부분은 영어를 사용하는 경우에 노골적으로 적대시하는 면도 있기 때문에 무역상담을 준비하는 과정 중에 서로 사용할 언어를 타진하는 것도 좋다.

(3) 무역상담 결정형식

프랑스 기업에서는 위계질서가 분명하고 권한을 행사하는 최고경영자의 명예와 권위가 우선이기 때문에 중간관리자에게는 무역상담에 대한 의사결정권이 없고 최고관리자에게 있다. 그래서 대형 유통업계와 무역계약을 성사시키는 경우, 구매담당자가 한 상품의 구매를 결정하는 데에 보통 1~2년이 걸릴 정도로 의사결정과정에 애로점이 많다. 프랑스에서는 관료주의가 팽배해 있어 행정절차를 업무의 효율성이나 유연성보다 중요하게 여기기 때문에 업무를 제대로 추진하지 못하는 경우 무역계약 추진과 관련한 원칙과 규칙을 피해 가는 방법을 강구하게 된다.

(4) 무역상담 유의점

프랑스 소비자들은 품질, 패션, 디자인을 중요시한다. 중소규모의 회사에는 회사안내 설명서 등이 없기 때문에 사전에 회사개요 등을 충분히 조사하여야 한다. 프랑스인과 무역상담을 하려면 사전에 모든 것을 준비하는 습관이 우선되어야 하며 앞뒤가 맞는 행동을 하는 것이 중요하다. 프랑스인은 권한을 행사할 수 있는 범주를 벗어난 충동구매를 하지 않는다. 프랑스인은 제품을 선택할 때에도 독창성과 창의성을 중요하게 생각하며 소량 다품종의 시장특성도 보이고 있다. 무역상담을 하고 그 결과에 따라 무역계약서가 체결되어 이행을 하는 과정에서 일단 신용관계가 형성되면 쉽게 거래처를 변경하지 않는다.

3. 초대문화 · 식사문화 · 선물문화

(1) 초대문화

프랑스에서는 저녁식사 등에 초대를 받았을 경우 약 10분 정도 늦게 도착하여야 한다. 초대받은 다음날에는 감사 카드를 보낸다. 프랑스 가정에 초대받을 경우에는 정장을 하는 것이 예의이며 안내를 받기 전에 기웃거리거나 집안 물건에 손을 대는 것은 실례가 된다.

(2) 식사문화

프랑스인이 즐겨먹는 푸아그라(foie gras)는 프랑스를 대표하는 고급요리이다. 세계 3대 식재료 중 하나로 국내에도 잘 알려져 있으며, 프랑스 식재료 중에서도 귀하게 다루어지는 음식이다. 푸아그라는 프랑스어로 살찐 간(fat liver)이라는 뜻이다. 프랑스 북동부의 알자스(Alsace)와 남부 페리고르(perigord) 지방의 특산품이다.[26]

무역거래와 관련한 식사는 저녁보다는 점심식사를 선호한다. 그러나 식사를 같이 하는 것은 개인적인 친분을 쌓기 위한 것이지 업무가 성사되는 것과는 무관하다. 가정으로 초대된 경우에는 음식물은 남기지 말고 먹어야 하며 안주인의 요리솜씨를 칭찬하는 것이 예의이다. 식사는 애피타이저. 메인 코스. 치즈. 디저트 커피에 이르는 정식코스로 한다. 접시에 있는 음식은 남김없이 먹고, 포도주는 주인이 줄 때까지 기

---

26) http://blog.daum.net/wr10065/16

다리는 것이 예의이다. 저녁 초대는 보통 오후 8시 30분이고, 최소한 오후 11시까지는 머무를 것으로 기대한다. 다른 손님들이 커피를 다 마실 때까지 기다렸다가 자리를 일어서야 한다. 커피나 포도주를 마시기 전에는 흡연을 피해야 한다.

(3) 선물문화

프랑스에서는 무역상담과 관련하여 상호간에 선물을 금지하고 있다. 그러므로 선물을 전달하는 경우에는 간단한 선물이 좋다. 즉 사교모임이나 저녁식사 초대 후에 감사표시로 선물을 하는 것은 좋다. 프랑스에서는 선물의 경우 뇌물과 같은 이상을 주지 않기 위해서 명함을 넣지 않는다. 가정으로 초대되는 경우 선물로 꽃, 초콜릿, 주류 등을 준비하여 행사시작 전에 주는 것이 좋다.

제8절 독일

1. 일반 개요

(1) 국가의 특징

독일(Federal Republic of Germany)은 별도의 독립일이 없는 의원내각제 국가이다. 유럽 중서부에 위치하고 기후는 온대 및 냉대 기후이며 면적은 357천 ㎢로 한반도의 1.6배이다. 수도는 베를린(Berlin)이다. 민족은 게르만족(91.5%), 터키(2.4%) 등으로 구성되어 있다. 언어는 독일어를 사용한다. 종교는 기독교(34%), 가톨릭(34%), 회교(3.7%) 등이다. 화폐단위는 유로(Euro: EUR)를 사용하며 산업구조는 서비스업(71.2%)이 주를 이루고 제조업(28%), 농업(0.8%) 순이다. 주요 수출품은 자동차 및 기계류, 화학제품, 컴퓨터 및 전자제품, 의약품 등이며 주요 수입품은 기계류, 자동차, 화학제품, 광물, 원유 및 가스 등이다. 주요자원으로는 석탄, 갈탄, 천연가스, 구리, 니켈 등이 있다.[27)]

---

27) 한국수출입은행, 전게서, p.326 참조.

(2) 국민성

독일인은 보수적이면서 치밀하고 우직한 편으로 주위정돈을 중요하게 생각한다. 독일의 모든 시스템은 체계적이며 완벽하다는 것을 자랑으로 생각한다. 완벽한 체계를 위하여 조직력을 중요시하여 명령에 충실하다.[28] 독일인은 절약정신이 투철하다. 독일인은 절제력이 강하여. 타인과의 대화에서도 큰소리를 내지 않으며 타인에게 방해되는 행동은 하지 않는다. 독일인들의 근면이란 주어진 시간에 맡은 임무에 최선을 다한다는 것이다. 독일인들은 근로시간 내에서의 전반적인 노동의 강도는 상당히 높다.[29] 독일인은 보수적이며 생활규율을 엄격히 지키며 매사에 격식과 진지함을 중시한다. 독일인의 자연보호정신은 세계적이며 그들은 문화재를 소중히 여긴다. 거주하는 지역에 대한 자부심이 강하다.[30] 독일인은 게르만 의식이 내면에 흐르고 있기 때문에 겉으로는 매우 친절한 태도를 취하지만 다른 민족에 대한 차별의식이 심하다. 그리고 문화적으로는 프랑스 및 이탈리아 등과 같은 국가에 대하여 열등감을 가지고 있다.

(3) 사회관습

1) 인사

독일에서는 모임에서 도착이나 출발할 때는 굵고 짧은 악수가 일반적이다. 이때는 각 사람마다 악수를 하도록 해야 한다. 독일에서는 얼굴을 맞대고 눈을 보며 말하는 것이 신뢰감을 준다. 독일인들은 명함 교환하기를 즐기는 편이기에 명함을 많이 준비해두는 것이 좋다.

2) 호칭

독일에서 성 부르는 것은 전통적으로 가족과 친한 친구에게 하고 다른 사람에게는 직책을 붙여 성을 부른다. 상대방을 지칭할 때 존칭인 씨(Sie.)대신에 당신(Du.)를 사용한다. 나이가 많은 독일인은 아주 가까운 친구 사이를 제외하고는 일반적으로 선생(Herr)과 부인(Frau)이라는 호칭을 사용한다. 전화를 받을 때는 성을 사용한다. 독일

28) http : //www.nobelmann.com/about/land/deutsch.htm
29) http : //www.nobelmann.com/about/land/deutsch.htm
30) http : //www.nobelmann.com/about/land/deutsch.htm

인은 가능한 경우 제3자가 소개해 주는 것을 선호한다. 당신을 소개하는 사람이 누구냐, 언제 어떤 식으로 소개하느냐는 당신이 어떻게 인식되느냐 그들의 계층구조 속에 어떻게 위치되느냐를 의미하기 때문이다.

3) 가족제도

독일은 핵가족제도가 정착되어 있는데 젊은이들은 결혼 전에 혹은 결혼 대신 동거생활을 하는 일이 많으며 심지어 계약 결혼도 유행하고 있다. 법적 혼인은 시청에서 신고하고 종교적 예식은 개인마다 다르다.[31]

4) 언행

독일에서는 어느 장소에 들어가거나 연장자나 상급자가 먼저 들어간다. 나이와 지위가 비슷하면 남성이 여성보다 먼저 들어간다. 독일에서는 여성이 방에 들어오면 남성이 자리에서 일어나는 것이 예의이며, 여성이 서있으면 나이가 많건 지위가 높건 간 자리를 양보한다.[32] 독일의 음식점이나 공공장소에서 흡연실은 찾아보기 힘들다.

2. 무역상담 문화

(1) 시간관념

독일에서는 정확한 시간관념이 존재한다. 무역상담을 위한 시간약속을 하고 약속시간에 늦으면 상대하기 싫어한다. 무역상담 약속을 한 상대방이 방문자보다 연장자이거나 상급자일 경우에는 신뢰성을 잃을 가능성도 있다. 무역상담 시간을 약속한 경우에는 상대방으로부터 약속시간과 장소를 변경하지 않는 이상 방문예정자가 약속시간과 장소를 변경해서는 안 된다. 독일인은 가정과 직장을 분리하여 생각하는 국민이기 때문에 휴일, 휴가철, 축제기간 중에는 시간 약속을 하지 않는 것이 좋다.

(2) 무역상담 전략

독일인과 신뢰를 구축하는 데에는 시간이 상당히 걸리지만 일단 신뢰를 잃게 되면 다시 회복하기가 어렵다.[33] 독일인은 모든 무역상담 내용을 문서화시키고, 무역계약

31) http : //www.eyeofeagle.co.kr/
32) 무역일보사, 「세계시장정보 ⑤ 독일」, 1999, p.67.

도 철저히 이행하도록 요구하며 일단 합의한 내용은 절대 변경하지 않는다. 독일인은 제품에 대하여 기술적인 측면을 중요하게 생각하기 때문에 논리적으로 설명하여야 한다. 독일인은 물품을 구매하는 무역상담에서는 완벽한 사전계획을 하고 참여하기 때문에 제품의 성능, 디자인의 장단점, 기술보증, 품질보증, 사후 서비스 등과 같은 세부적 사항까지 준비하여 대응하는 것이 유리하다.

(3) 무역상담 결정형식

독일에서 무역상담에 대한 의사결정은 완만하고, 천천히 이루어진다. 첫 상담에서 여러 종류의 사람들을 대면하지만, 최고경영자만이 내용을 알고 최종 결정을 내릴 수 있다. 독일과의 거래에서 에서 계약은 중대한 것으로 간주된다.

(4) 무역상담 유의점

독일인은 실용적이고 과학적인 사고방식을 가지고 있기 때문에 외형적인 면만 강조하거나 과장하여 설명하는 것은 좋지 않다. 제품을 사용한 기록이나 성능의 우수점 등을 통계자료로 분석하여 제시하는 것이 유익하다.

3. 초대문화 · 식사문화 · 선물문화

(1) 초대문화

독일인은 가정에서 회사 사람과 어울리기를 좋아하지 않는다. 그렇지만 상대방이 중요한 사람이거나 친분관계가 두터운 사이인 경우에는 가정으로 초대하는데 이때는 승낙하는 것이 예의이다. 가정으로 초대받으면 간단한 선물을 준비하여 방문하고 방문 이후에는 가장 빠른 시간 내에 감사의 서한을 보내는 것이 예의이다.

(2) 식사문화

독일의 음식은 맛이나 빛깔이 단순하고 투박한 것이 특징이며 독일인은 주식으로 빵과 감자 및 소시지(wrust)를 즐겨 먹는다. 독일에서 대표적인 소시지는 프랑크푸르

---

33) 정영만 옮김, 「PASSPORT 독일」, 경성라인, 1998, p.59.

터 (frankfurter)인데 돼지의 붉은 살코기에 파슬리나 향신료를 넣은 것이다. 소시지나 각종 음식r에는 반드시 매시드포테이토와 사우어크라우트(sauerkraut)라는 식초에 절인 양배추가 곁들여 나온다. 가장 보편적인 소시지 요리로는 야채수프에 넣어서 끓여 먹는 보크부르스트(bockwurst)인데 돼지피를 넣은 블루트부르스트(blutwurst), 돼지 간을 넣은 레버부르스트(leberwurst) 등이 있다.[34)]

독일에서는 식사에 초대하는 경우에는 정시에 시작하기 때문에 시간약속을 정확하게 지켜야 한다. 만약 약속시간에 늦을 가능성이 있는 경우에는 초대자에게 연락하여야 한다. 식사하기 전에 또는 식사 중에 건배를 하는 경우에는 식탁에 앉아 있는 사람들과 눈을 마주쳐 가벼운 인사를 하며 마신다. 저녁식사는 고기나 생선에 야채와 디저트를 곁들이기 때문에 점심식사의 음식종류와 비슷한 면이 있다.

(3) 선물문화

독일에서는 무역상담과 관련하여 상호간에 선물을 금지하고 있다. 사교모임이나 저녁식사 초대 후에 감사표시로 선물을 하는 것은 좋다. 가정으로 초대되는 경우 선물로 꽃, 초콜릿, 주류 등을 준비하여 행사시작 전에 주는 것이 좋다. 독일에서 가정으로 저녁 초대를 받은 경우에는 안주인을 위해서 포장 없는 꽃을 선물하면 좋다.

제9절 그리스

1. 일반 개요

(1) 국가의 특징

그리스(Hellenic Republic)는 고대로부터 존재하는 별도의 독립일이 없는 내각책임제 국가이다. 유럽 동남부, 발칸반도 남단에 위치하고 기후는 지중해성 기후이며 면적은 132천 ㎢로 한반도의 3/5이다. 수도는 아테네(Athens)이다. 민족은 그리스인

34) http://cafe.daum.net/foodknol/FcPx/4?q

(93%) 등으로 구성되어 있다. 언어는 그리스어를 사용한다. 종교는 그리스정교(98%), 회교(1.3%) 등이다. 화폐단위는 유로(Euro: EUR)를 사용하며 산업구조는 서비스업(80.6%)이 주를 이루고 제조업(16%), 농업(3.4%) 순이다. 주요 수출품은 식료품 및 음료수, 공산품, 석유제품, 화학제품, 섬유 등이며 주요 수입품은 기계류, 운송장비, 연료, 화학제품 등이다. 주요자원으로는 갈탄, 원유, 아연, 니켈, 대리석 등이다.[35)]

(2) 국민성

그리스인은 큰 소리로 말하며 다양한 몸동작을 표현하면서 대화를 한다. 그리스인은 아니오인 경우에 말을 하지 않고 고개를 뒤로 약간 젖히거나 눈썹을 올린다. 손을 흔드는 인사법은 그리스인들에게는 커다란 무례이다. 그리스인과 무역상담을 할 때는 반드시 상대방의 눈을 쳐다봐야 한다.[36)] 그리스는 국민에 대한 사회보장제도가 완벽하여 일을 해도 또는 하지 않아도 최소한의 생활은 할 수 있기 때문에 게으르다

2. 무역상담 문화

(1) 시간관념

그리스인은 시간에 대하여 급박한 마음을 갖고 있지 않고 않다. 그래서 무역상담을 위한 시간을 약속하였다고 하더라도 약속된 시간에 정확하게 진행이 이루어진다는 보장이 없다. 그리스에서는 시에스타(siesta)라고 하는 낮잠을 자는 풍습이 존재한다. 이때는 기업의 모든 사무실이 쉬고 공무원의 업무 및 텔레비전 방송도 중단된다. 그러므로 이 시간에는 이유를 불문하고 약속을 하는 일이 없어야 한다.

(2) 무역상담 전략

그리스는 소비인구의 절대수가 작은 시장이기 때문에 소량다품종 주문이 일반적이다. 그리스의 기업들은 거래의 계속성 및 안정성보다는 단기적인 이익을 올리는 데에 초점을 두고 있다. 그래서 그리스에서 거래를 원활하게 하려면 개인적으로 인간관계를 맺어 활용하는 것이 필요하다.

---

35) 한국수출입은행, 전게서, p.328 참조.

36) http://search.daum.net/search?nil_suggest=btn&w=tot&DA=SBCO&q

(3) 무역상담 결정형식

그리스는 보수적인 색채가 강하고 고위층에 권력이 집중되어 있는 국가여서 모든 업무의 가치판단이 특정계층에 의해 결정되는 경우가 많다. 그리스 기업은 가족경영이 많으며 의사결정이 특정인에 한정되어 있어 의사결정을 하더라도 약속도 지켜지지 않는 경우가 빈번하다. 즉 무역상담에 관여한 실무자가 어떤 내용을 결정하였다고 하더라도 최종 의사결정권자가 다른 결정을 내리면 소용이 없기 때문이다.

(4) 무역상담 유의점

그리스에서는 인맥을 형성하기 위한 전략을 가지고 있어야 한다. 일단 그리스 기업을 상대한 후에 개인적인 관계를 형성하는 데 인간관계를 형성하기 위해서는 긴 시간과 인내가 필요하다. 그리스와 같이 인간관계 중심의 사업방식이 중요시되는 시장에서는 직접 방문할 필요가 있다. 그리스인은 열정적으로 상담을 하는 것을 즐긴다.

3. 초대문화 · 식사문화 · 선물문화

(1) 초대문화

그리스에서는 아침초대가 거의 없고 점심식사가 대부분이다. 식사초대를 받았다는 것은 상호간의 인간관계가 돈독해졌다는 것을 의미한다. 더욱이 가정으로 식사초대를 받았다면 좋은 일이기 때문에 기쁜 마음으로 승낙하여야 한다. 그리스인은 사업과 관련하여 초대를 하는 경우에는 음식점을 택하는 것이 일반적이다.

(2) 식사문화

그리스의 전통음식으로는 호리아티키(horiatiki), 수블라키(sovurakiI), 짜지끼(tzaziki) 등이 있다. 호리아티키는 그리스 샐러드이다. 수블라키는 고기를 통채로 불에 익힌 다음 익은 고기만 얇게 썰어 왼쪽 양파와 토마토 그리고 감자와 함께 밀가루 빵에 말아먹는 음식이다. 짜지끼는 주로 양고기와 소고기, 닭고기를 꼬치에 토마토나 야채와 함께 먹는 음식이다.[37)]

---

37) http://k.daum.net/qna/view.html?qid=00x0c&category_id=QKB007&q

(3) 선물문화

그리스에서는 가정으로 초대받았을 때에 초콜릿, 꼬냑, 화초 등과 같은 간단한 선물을 가지고 방문한다. 화초를 준비하는 경우에는 반드시 포장하여 전달하여야 한다. 그리스인들과 식사를 할 때는 반드시 양손을 식탁 위에 올려놓고 식사를 한다.

제10 헝가리

1. 일반 개요

(1) 국가의 특징

헝가리(Republic of Hungary)는 1918년 11월 16일 공화제를 선포한 내각책임제 이원집정부제 성격을 가미한 국가이다. 유럽 중동부에 위치하고 기후는 대륙성 기후이며 면적은 93천 ㎢로 한반도의 2/5이다. 수도는 부다페스트(Budapest)이다. 민족은 헝가리인(92.3%), 로마인(1.9%) 등으로 구성되어 있다. 언어는 헝가리어를 사용한다. 종교는 가톨릭(51.9%), 칼빈교(15.9%), 루터교(3%) 등이다. 화폐단위는 포린트(Forint: Ft)를 사용하며 산업구조는 서비스업(68.2%)이 주를 이루고 제조업(28.5%), 농업(3.3%) 순이다. 주요 수출품은 기계류, 공산품, 식료품, 원재료 등이며 주요 수입품은 기계류, 공산품, 원료, 식료품 등이다. 주요자원으로는 보크사이트, 석탄, 천연가스 등이 있다.[38)]

(2) 국민성

헝가리인은 진취적이고 도전정신이 강하며 개척정신이 강하다. 헝가리인은 인내심이 강하며 근면 성실한 성품을 지닌 국민이다. 헝가리는 국가 이름에서 알 수 있듯이 훈족(hun)의 땅(gary)이다. 그래서 헝가리인은 용맹한 민족으로 알려지고 있다. 또한 헝가리인은 자국문화에 대한 자존심도 높은 민족이다.

---

38) 한국수출입은행, 전게서, p.334 참조.

(3) 사회관습

1) 인사

헝가리인은 인사를 할 때 악수를 하는 것이 일반적이다. 헝가리는 공산주의 체제를 벗어나 유럽의 문화를 급속하게 수용하면서 발전하고 있기 때문에 인사를 할 때도 손을 꽉잡고 인사를 하는 등 적극적인 행동을 취한다.

2) 호칭

헝가리인의 이름은 성이 앞에 오고 이름이 뒤에 온다. 헝가리에서는 위계질서가 엄격한 국가이기 때문에 성 앞에 직함이나 직위 등을 붙여 호칭을 하여야 한다.

3) 언행

헝가리인은 타인의 명예와 체면을 존중하여 예의 바르게 간접적으로 말하는 경향이 있다. 헝가리인은 학벌 및 지위를 중요하게 여기지만 출신지역은 무시한다. 헝가리에서는 맥주잔을 들고 건배하지 않는다.[39]

2. 무역상담 문화

(1) 시간관념

헝가리인은 약속시간에 대한 관념이 희박하다. 무역상담을 위해서는 사전에 약속을 하고 약속일에는 다시 확인하는 것이 좋다. 그리고 헝가리인은 무역상담에 참여하여 진행을 하다고 하더라도 느긋한 자세로 임하기 때문에 계획한 일정대로 추진할 수 없기 때문에 이를 대비하여야 차질이 없다.

(2) 무역상담 전략

헝가리에서 인간관계를 형성하기 위한 장시간의 대화가 필요하다. 헝가리에서는 인간관계에 따라 무역상담의 성과가 다르게 결정되는 경향이 있기 때문에 거래처를 자주 방문하고 통화하는 것이 좋다.

---

39) http://100.daum.net/encyclopedia/view.do?docid=b25h0350b

(3) 무역상담 결정형식

헝가리 기업에는 무역상담에 대한 의사결정권이 최고 경영자에게 있다. 국영기업의 경우에는 최고관리자에게 모든 권한이 집중되어 있다.

(4) 무역상담 유의점

헝가리는 자국 산업을 보호하는 정책을 강하게 추진하고 있다. 공산주의 체제에서 사회주의 체제로 변환하는 과정에서 대부분 정부가 개입하는 사업이 많고 개인적인 사업은 단편적으로 이루어지고 있다. 그래서 일반적으로 소량주문 체제에서 대량주문체제로 전환하는 방법을 구사한다.

3. 초대문화 · 식사문화 · 선물문화

(1) 초대문화

헝가리에서 음식점으로 초대를 받은 경우에 좌석은 초대받은 손님이 벽에 등을 향하는 음식점의 안쪽으로 배치를 한다. 개인적으로 친분관계가 두텁지 않으면 가정으로 초대받는 경우는 흔하지 않다. 그러므로 헝가리인이 초대를 한 경우에는 개인적으로 흔쾌하게 승낙을 하고 방문을 하는 것이 좋다.

(2) 식사문화

헝가리에서는 음식을 주빈에게 먼저 가져다 준 후에 연장자 순으로 가져다 준다. 헝가리의 대표적인 음식은 쇠고기에 감자, 파프리카를 넣어서 만든 폴콜트(porkolt)인데 타국에서는 굴라쉬(gulyas)라고 한다. 서트 폴콜트(sertes porkolt)는 돼지고기를 모나게 썰어서 파프리카를 넣고 삶은 음식이고 마라폴콜트(marha porkolt)는 돼지고기 대신 쇠고기를 넣고 삶은 음식이다. 헝가리의 기본 식사는 지방이 많은 고기 특히 돼지고기를 선호한다. 또는 바짝 익힌 생선, 전분가루, 보기 좋은 장식용 피클 등이다.[40)]

40) http://blog.naver.com/PostView.nhn?blogId=2lili&logNo=20194412239

(3) 선물문화

헝가리에서 가정으로 초대를 받은 경우에는 꽃 같은 간단한 선물을 준비하는 것이 유익하다. 헝가리에서는 연인관계에 있는 남성이 여성을 방문하게 되는 경우 꽃을 사가는 것이 관례이다. 헝가리인은 장미 한 송이라도 예쁘게 포장에서 들고 간다.

제11절 아일랜드

1. 일반 개요

(1) 국가의 특징

아일랜드(Ireland)는 1921년 12월 6일 영국으로부터 독립한 내각책임제 국가이다. 영국 서부에 위치하고 기후는 온대 해양성 기후이며 면적은 70천 ㎢로 한반도의 1/3이다. 수도는 더빈(Dublin)이다. 민족은 켈트계 아일랜드인 등으로 구성되어 있다. 언어는 아일랜드어, 영어 등을 사용한다. 종교는 가톨릭(87.4%), 아일랜드교회(2.9%), 기독교(1.9%) 등이다. 화폐단위는 유로(Euro: EUR)를 사용하며 산업구조는 서비스업(72%)이 주를 이루고 제조업(26.3%), 농업(1.8%) 순이다. 주요 수출품은 기계장비, 컴퓨터, 화학제품, 제약품 등이며 주요 수입품은 기계장비, 화학제품, 원유 및 석유제품, 섬유, 유리 등이다. 주요자원으로는 천연가스, 납, 아연, 구리, 은 등이 있다.[41]

(2) 국민성

아일랜드인은 책임감이 강하고 타인에게 책임을 돌리지 않는다. 아일랜드인은 대화, 논쟁 등을 선호한다. 아일랜드인은 연역적이고 연상적인 사고를 가지고 있다. 아일랜드인 현실적이기 때문에 주변에서 확보하는 정보가 상식적이고 현실적인지 확인한다. 아일랜드인은 보수적이지만 특이한 사람이나 예술가 등을 존중한다.

41) 한국수출입은행, 전게서, p.338 참조.

(3) 사회관습

1) 인사

아일랜드에서는 인사를 할 때에 눈길을 주면서 악수를 하고 따뜻한 인사말을 하는 것이 인사법이다. 아일랜드에서는 헤어질 때도 악수를 한다. 아일랜드인을 만나서 소개를 받을 때는 상대방에게 지속적으로 눈길을 주어야 관심을 갖고 있는 것으로 생각한다. 소개를 하거나 대화를 하는 중에 눈길을 마주치지 않는 경우에는 관심이 없거나 진실을 숨기는 사람으로 간주한다. 아일랜드에서 사무실에 여성이 들어오면 남성은 보통 자리에서 일어나고, 여성을 위해 문을 열어준다.

2) 호칭

아일랜드에서는 호칭에 붙는 씨(Mr), 부인(Mrs), 양(Miss) 등을 축약형으로 생각하는 것이 아니라 하나의 단어로 간주하기 때문에 문서를 작성하는 경우에는 이 단어에 축약형을 나타내는 마침표를 찍지 않아야 한다. 아일랜드인은 직함이나 직위 등을 명예롭게 여기기 때문에 상대방이 이러한 직함이나 작위 등이 있는 경우 반드시 붙여 호칭하여야 한다.

3) 언행

아일랜드에서는 개인적으로나 직업적으로 보수적인 태도가 높이 평가받는다. 아일랜드인은 개인의 생활영역을 중시한다. 아일랜드에서는 여성의 지위가 점진적으로 개선되고 있기는 하지만 상류층에는 거의 없다. 여성 사업가는 동료들과 술을 마시는 자리에서도 직업적인 외모와 행동을 유지하는 것이 신뢰성과 권위를 유지하는 데 큰 도움이 된다. 아일랜드에서는 사물을 가리킬 때 손가락이 아니라 머리나 턱으로 한다. 상대방의 코를 건드리는 것은 신뢰의 표시이다. 숫자 1을 표시할 때는 검지를, 숫자 5를 표시할 때는 엄지를 사용한다. 검지와 중지로 V 자를 만드는 것은 음란한 의미로 간주하기 때문에 피하여야 한다. 아일랜드인은 질서의식이 강하다. 아일랜드인은 아니오라고 하지 않고 불확실하거나 모호한 대답으로 질문을 피해간다. 아일랜드에서는 역사적으로 영국과 구원이 잔존하기 때문에 그리스인을 영국인이라고 부르면 큰 실례가 된다[42)]

42) http://terms.naver.com/entry.nhn?docId=1121647&cid=40942&categoryId=34108

2. 무역상담 문화

(1) 시간관념

아일랜드인은 약속이나 시간에 대한 관념이 부족하여 약속이나 시간을 정확하게 지키지 않는다. 아일랜드인과 약속한 일이 있는 경우 사전에 약속에 대한 이행여부를 확인을 하여야 한다. 무역상담시간을 약속한 경우에도 하루 전 쯤에 약속시간에 대한 확인을 하여야 차질이 없게 된다.

(2) 무역상담 전략

아일랜드인은 업무에 대한 방식, 시기, 이유 등과 같은 진행과정을 결과보다 더 중요하게 생각한다. 아일랜드인은 무역상담시에 논의되는 주제에 대하여 단순성을 강조하며 확실한 근거자료를 요구하는 경우가 많다. 또한 업무에 대해서는 개성적이면서도 독창적인 사고발상이 많기 때문에 제품의 성능이나 디자인 등에 대하여 순간적으로 예상하지 않았던 질문을 하거나 요구를 하는 경우가 있다.

(3) 무역상담 결정형식

아일랜드 기업에서는 무역상담의 의사결정과정에서 단기계획에 중점을 둔다. 그래서 아일랜드기업에서는 무역상담에 참가하는 실무자가 의사결정권을 가지고 바로 의사결정을 하는 경우가 많다.

(4) 무역상담 유의점

아일랜드 기업을 상대로 직접적 정보를 획득하거나 무역상담을 위한 적극적인 광고나 타사 제품이나 서비스에 대하여 비방하는 행위는 피해야 한다.

3. 초대문화 · 식사문화 · 선물문화

(1) 초대문화

아일랜드에서는 저녁식사보다는 점심식사를 하면서 사업논의를 많이 한다. 아일랜드에서는 저녁식사에 초대하는 경우 부부동반이 이루어진다. 식사초대에 부부동반을 전제로 하는 경우에는 배우자에게도 별도의 초대장을 보내야 한다.

아일랜드인은 가정으로 초대하는 것을 좋아한다. 가정으로 저녁식사에 초대받은 경우 그 가정에 가정부가 없으면 같이 부엌일을 하는 것이 전통이다. 식사가 끝나면 커피나 음료를 마시며 대화하고, 노래나 춤을 추면서 새벽까지 있기를 기대한다. 음식점으로 초대한 경우에는 초대한 쪽이 음식값을 지불하지만 초대받은 사람도 지불의사를 표시하는 것이 예의다. 아일랜드에서는 직급에 따라 돈을 내는 사람이 결정되는 경우도 있다.

(2) 식사문화

아일랜드에서 많이 알려진 음식은 가자미 생선을 일종의 튀김처럼 구운 것으로 아일랜드식 전통 딥소스와 감자튀김이 곁들여지는 피쉬 & 칩스(Fish & chips)이다. 그리고 부드러운 쇠고기 등심이 버섯 모양의 파이 속에 들어있는 음식으로 으깬 감자·버터와 함께 살짝 익힌 완두콩들과 곁들이는 기네스 스테이크&버섯파이(Guinness Steak & Mushroom Pie)가 있다.[43)]

아일랜드인은 식사시간에 격식을 차리지 않는다. 식사도구는 대륙식으로 하여 왼손에 포크를 오른손에 나이프를 든다. 아일랜드에서는 잔을 들면서 건배를 한다. 음식점에서 식사가 이루어지는 경우 많은 양의 음식을 제공하기 때문에 더 요청할 필요는 없지만 먹으려고 떠 담은 자기의 음식은 모두 먹어야 한다. 음식점 종업원은 눈짓으로 부를 수 있고, 손을 흔들거나 소리 내어 부르는 것은 무례하게 생각한다.

(3) 선물문화

아일랜드에서는 무역상담과 관련하여 선물하는 것을 뇌물이라고 생각하기 때문에 무역상담이나 업무가 진행되는 과정 중에는 선물을 하지 않는 것이 좋다. 개인적으로 선물을 전하는 경우에는 무역상담이 종료된 후에 하는 것이 좋다. 그렇지만 가정으로 초대되었을 경우에는 감사한 마음의 표시로서 작은 선물을 해야 한다. 가장 좋은 선물은 꽃, 포도주 또는 초콜릿이다. 아이들이 있는 경우에는 아이들에게 알맞은 선물을 하는 것도 좋다.

---

43) http://cafe.daum.net/ds201331/PcW5/59?q

제12절 이탈리아

1. 일반 개요

(1) 국가의 특징

이탈리아(Italian Republic)는 1861년 3월 17일 이탈리아 왕국을 선포한 내각책임제 국가이다. 유럽 남부 지중해에 위치하고 기후는 지중해성 기후이며 면적은 31만㎢로 한반도의 1.5배이다. 수도는 로마(Rome)이다. 민족은 이탈리아인 등으로 구성되어 있다. 언어는 이탈리아어가 공용어이며, 독일어, 프랑스어 등을 사용한다. 종교는 가톨릭(80%) 등이다. 화폐단위는 유로(Euro: EUR)를 사용하며 산업구조는 서비스업(73.8%)이 주를 이루고 제조업(24.2%), 농업(2%) 순이다. 주요 수출품은 기계류, 금속, 섬유·의류, 자동차, 수송장비 등이며 주요 수입품은 금속, 화학제품, 운송장비, 원유, 식료품 등이다. 주요자원으로는 석탄, 아연, 대리석, 천연가스 등이 있다.44)

(2) 국민성

이탈리아인은 향토의식이 강한데 북쪽 출신의 이탈리아인들은 남쪽 출신들을 경시한다. 이탈리아인은 혈연보다는 지연을 우선하기 때문에 각 도시마다, 시골마다 대립해서 뭉쳐지고 있으며 국가보다는 지방 자치생활을 지향한다. 이탈리아인을 신체적으로 북과 남을 비교해 보면 신장은 북쪽 사람들이 크고, 남쪽 사람들은 통통한 체형이 많다. 머리칼과 눈의 색깔은 남쪽 사람의 대다수가 검고, 북으로 올라갈수록 붉은 털과 푸른 눈이 섞여 있다. 생활태도는 남쪽은 개방적인 성격인데 비해 북쪽 사람들은 개인생활을 소중히 하고, 타인에게도 간섭하지 않는 차이가 있으며 정치사상도 북은 진보적인데 비해 남은 보수적으로 카톨릭의 신앙심도 강하다. 이들은 상대를 처음 만나면 이름보다 먼저 출신지를 묻고 동향인이면 포옹을 하면서 기쁨을 나타낸다. 이탈리아인은 성격이 자유분방하고 남에 대한 배려와 이해심이 있으며 친절하다. 또 상

44) 한국수출입은행, 전게서, p.340 참조.

대방으로 인해 기분 나쁜 일이 있더라도 좀처럼 직설적으로 나타내지 않고 우회적으로 표현하는 경향이 있다.

(3) 사회관습

1) 인사

이탈리아에서는 상대방을 처음 만나는 경우에는 이름보다 먼저 출신지를 묻고 동향인이면 포옹을 하면서 기쁨을 나타내는 인사를 한다. 이탈리아에서는 만나면 우선 손님을 먼저 소개하고 성구별이나 관계, 직책 등에 상관없이 악수를 하는 것이 일반적인 인사법이다.

2) 호칭

이태리 사업가는 자신들이 주요인사와 거래하고 있음을 과시하는 것을 선호하기 때문 명함에는 최종학력과 직함 또는 직책을 기재하는 것이 유익하다. 직함이 있는 경우에는 직함에다 경어를 붙여 사용한다. 대학을 졸업한 남성에게는 남학사(dottore), 여성에게는 여학사(dottoressa)라는 호칭을 쓴다. 상대방이 대학을 졸업했다고 추측을 하는 경우에도 존경하는 의미로 동일한 호칭을 사용한다. 낯선 사람을 소개받을 때는, 성(姓)에다 씨(Signore)와 부인(Signora) 등을 붙여서 사용한다. 이탈리아에서는 양(Signorina) 이라는 호칭은 거의 사용하지 않기 때문에 상대방 여성이 비교적 젊고 결혼 여부를 확실히 알 수 없을 때만 사용한다.

3) 가족제도

이탈리아인은 전통적으로 가족 간의 유대감이 매우 강하다. 결혼한 후에는 가족의 모임 그 중에서도 식사와 주말의 피크닉과 같은 모임을 대단히 중요하게 생각한다. 이탈리아 남성은 모친에 대해서는 절대적인 애정을 지니고 있는 반면 부인에 대해서는 상당히 무례하게 대한다.

4) 언행

이탈리아인이 인사를 할 때에 눈을 맞추는 것은 관심을 표현하는 방법이다. 배에다 손을 얹는 것은 일반적으로 어떤 사람을 싫어한다는 의미이다. 손가락 끝으로 턱을

비비며 앞으로 내미는 것은 멸시하는 동작이다. 손가락과 손을 밖으로 향하게 하여 악마의 뿔 모양을 나타내는 것은 외설적인 표현이다. 그러나 손가락을 안쪽으로 향하게 하는 것은 재앙을 물리치기 위한 신호다. 엄지와 계지를 사용하여 가리키는 것은 누군가에게 재앙이 닥치기를 바랄 때만 사용한다. 사람을 부를 경우에는 손바닥을 아래로 향한 채 상화로 흔들거나 눈짓으로 불러야 한다.45)

2. 무역상담 문화

(1) 시간관념

이탈리아 기업문화에서 방문자는 반드시 약속시간에 도착하여야 한다. 이탈리아인들은 다소 약속시간에 대한 개념이 부족하다. 이탈리아인 보다는 15분~45분 전에 도착하는 것이 좋다. 일반적으로 좋은 약속시간대는 오전 10시~11시 사이와 오후 3시 이후다.

(2) 무역상담 전략

이탈리아인은 처음 만나는 사람에 대하여 예절을 중시하고 겸손하기 때문에 무역상담시 첫 대면을 할 때에 애매모호한 대답을 듣더라도 여러 번 만나서 서로 이해를 하면 상담은 자연스럽게 진행된다. 이탈리아인들은 회사보다 개인을 더 신뢰한다.

(3) 무역상담 결정형식

이탈리아에서는 무역상담에 대한 의사결정권이 최고경영자에게 있다. 그래서 이탈리아인은 어느 조직이든 최고층에 있는 사람들하고만 거래관계를 맺고 싶어 한다.

(4) 무역상담 유의점

이탈이아에서는 개인적인 친분관계나 지연 등을 중시하기 때문에 무역상담을 원하는 경우라면 인간관계를 맺는 일이 필요하다. 이탈리아인은 선택의 여지가 있다면, 낯선 사람보다는 안면이 있는 사람과 사업관계를 맺는 것을 더 좋아한다. 이탈리아인은 대부분 영어에 서투르기 때문에 사업을 하는 경우에는 통역이 필요하다.

---

45) http://terms.naver.com/entry.nhn?docId=1135678&cid

3. 초대문화 · 식사문화 · 선물문화

(1) 초대문화

이탈리아에서는 무역거래와 관련한 아침식사 초대가 드물다. 아침식사 초대의 경우 북부지방에서는 간단한 대륙식 식사인데, 남부지방에서는 일찍 아침식사를 하며 양도 많다. 이탈리아 기업문화에서는 음식점에서 후하게 이루어지는 접대가 결정적인 역할을 한다. 이탈리아에서 초대를 받는 경우 승낙을 하여야 한다.

(2) 식사문화

이탈리아에서는 라비올리(ravioli)와 리조또(risotto)가 유명한 음식이다. 라비올리는 이탈리아식 사각형 또는 반달형 만두와 비슷하다. 소스를 찍어서 먹거나 국물에 넣어서 먹는다. 리조또는 올리브유 혹은 버터에 쌀을 볶아주다가 육수를 붓고 다시 살살 저어주다가 쌀이 부드러워지면 기호에 따라 해산물이나 야채를 더 넣어서 맛을 내는 음식이다.[46]

이탈리아에서는 식사의 격식을 중시한다. 이탈리아 요리는 다양하며 해산물, 생선, 채소, 과일 등이 풍부하다. 초대받은 자리에서 음식에 소금, 후추 혹은 케첩을 넣는 것은 음식이 맛이 없다거나 아니면 시원치 않다는 인상을 주인에게 줄 수 있기 때문에 피해야 한다. 전통적으로 식사가 끝나갈 무렵에는 에스프레소 커피 한 잔이 제공된다. 저녁은 다소 늦게 먹는 경향이 있다. 개인적으로 저녁에 초대받는 것은 드문 일이기 때문에 흔쾌하게 수락해야 한다. 저녁파티는 자정 무렵에 끝나거나 경우에 따라서는 이른 아침시간까지 계속되기도 한다.

중요인물은 주인의 오른편에 앉는데 상석은 식탁 각 면의 중앙이다. 초대자가 부부인 경우, 새로운 사람들을 소개하고 대화에 활기를 주기 위해서 남편과 부인은 식탁 양쪽 끝에 앉는다. 음식은 왼쪽으로 건네주어야 한다. 화장실에 가거나 혹은 어떤 이유든지 간에 식탁을 떠나는 것은 결례로 간주한다. 식사방법은 왼 손에 포크를, 오른 손에 나이프를 쥐며 식사를 완전히 마쳤을 경우에는 모두 접시에 놓아둔다. 그리고 다른 사람이 식사를 다하지 않았는데 자리를 털고 일어서는 것은 금기사항이다.

---

46) http://blog.naver.com/mysunmoon7?Redirect=Log&logNo=130181435934

(3) 선물문화

이탈리아에서는 무역상담과 관련한 선물을 주는 것은 드문 일이다. 선물은 사교행사에서 오고 가며. 특별히 가정에서 초대하는 경우에 감사의 뜻으로 선물을 보낸다. 일반적으로 북부지방에서는 가정으로 선물을 가져가거나 보내며 선물은 보통 받거나 도착한 즉시 열어본다. 선물은 작고 성의가 깃들인, 값이 적정한 유명한 상표여야만 한다. 가정으로 초대받았을 경우에는 포장된 꽃이나 초콜릿을 들고 가는 것이 좋다. 꽃은 절대로 짝수로 선물하지 않아야 하며. 국화는 선물하지 않는다.

제13 네덜란드

1. 일반 개요

(1) 국가의 특징

네덜란드(Kingdom of the Netherlands)는 1579년 1월 23일 스페인으로부터 독립한 입헌군주제 내각책임제 국가이다. 서유럽, 북해 연안에 위치하고 기후는 온난다습한 해양성 기후이며 면적은 42천 ㎢로 한반도의 약1/5이다. 수도는 암스테르담(Amsterdam)이다. 민족은 네덜란드인(80.7%), 인도네시아인(2.4%) 등으로 구성되어 있나. 언어는 네덜란드어를 사용한다. 종교는 가톨릭(30%), 네덜란드 개신교(11%), 칼빈교(6%), 회교(5.8%) 등이다. 화폐단위는 유로(Euro: EUR)를 사용하며 산업구조는 서비스업(73.2%)이 주를 이루고 제조업(24.1%), 농업(2.8%) 순이다. 주요 수출품은 기계·운송장비, 화학제품, 연료, 식료품 등이며 주요 수입품은 기계·운송장비, 화학제품, 연료, 식료품, 의류 등이다. 주요자원으로는 천연가스, 석유, 이탄, 석화석 등이 있다.[47] 네덜란드는 국토의 1/3이 바다 보다 낮아 바다를 제방으로 막아 국토를 넓혀 온 이 나라는 유럽의 북쪽에 있는 문자 그대로 낮은 땅(Neder land)에 있는 나라이다.[48]

47) 한국수출입은행, 전게서, p.354 참조.

(2) 국민성

네덜란드인은 부지런하고, 민주적인 정신이 투철하다. 네덜란드인은 역사적으로 유럽대륙의 북쪽에 위치해 있고 동으로는 독일, 남으로는 벨기에와 국경을 마주하고 있고 라인강, 마스강, 스헬더강이 모두 네덜란드를 지나 북해로 빠져나가는 유럽의 교통의 중심지인 지역에서 생활을 하여 왔기 때문에 국제적인 경제 감각이 탁월하다. 네덜란드인은 양질의 교육을 받은 까닭에 사고방식은 합리적이고 사무적이며 전통을 고집하지 않는 혁신적이면서 융통성을 발휘하는 국민이다. 네덜란드인은 정직하고 뛰어난 상담가들이기 때문에 양측 모두 만족할만한 결과를 창출해 내는 데 익숙하다. 네덜란드인은 개인주의가 강해서 내 것 네 것이라는 구분을 명확히 한다. 이러한 것은 종교적 이념적 배경을 가진 지역인들이 모여 이루어 낸 지역적 개인주의가 원인이다.[49] 그렇지만 국가가 위난에 처한 경우에는 국민이 단결하는 단결성도 있다. 즉 네델란드의 지리적 역경을 헤쳐 나가고자 합심하여 바다를 막아 방파제를 쌓고 이를 지키기 위한 자발적 정신도 그들에게는 있다.[50] 네덜란드인을 구성하는 종족 중에서 게르만족은 진지하고 내향적이며 관념주의가 강하고, 알핀족은 낭만적이고 외향적이며 종합적 조화를 중요하게 여긴다. 지역감정과 관련 제이란드, 북브라반트, 림부르그, 그로닝언, 프리스란드 토착민들은 자신이 네덜란드인이라고 느끼기에 앞서 그 지역인이라는 데에 긍지를 가지고 살아가는 종족이다. 그래서 홀란드 주의 경우 네델란드(The Netherlands)라는 표기대신 홀란드(Holland)라고 쓰는 것을 선호한다.

(3) 사회관습

1) 인사

네덜란드에서는 힘차고 간결한 악수가 표준 인사법이다. 서로 헤어질 때도 또한 악수를 한다. 남성은 여성이 손을 내밀기를 기다리지 않고 먼저 악수를 청한다. 소개할 때는 악수한 손을 흔들면서 당신의 성(姓)을 반복하면 된다. 모임에서 모든 사람에게 공식적으로 소개되지 않았을 경우에는 자신이 소개해야 한다. 절친한 사람과는 인사의 뜻으로 상대방의 뺨에 가볍게 입맞춤을 한다.

---

48) 김명환. 「동아 월드투어 가이드16」. 동아출판사. 1991. p.185.
49) http : //www.travel21.co.kr
50) 정연주, "일간스포츠 〈국제경제〉 -네덜란드 경제모델이 세계적 모범", 1997. 7. 18.

2) 호칭

네델란드에서는 처음 만났을 때 상대방이 이름을 불러도 좋다고 하지 않는 한 이름을 함부로 부르지 않는 것이 예의이다. 네델란드에서는 명함에 학위나 신분계급을 표시하는데, 씨(Mr.)라는 표시는 남성을 호칭하는 것이 아니라 법학석사 또는 변호사를 뜻하는 경우가 많다.

3) 언행

네델란드에서는 대화를 하는 중에 양손을 주머니에 넣고 서 있는 것을 경멸한다. 그리고 아는 사람인 경우이건 모르는 사람의 경우이건 왼손을 주머니에 넣은 채 오른손을 내밀어 악수하는 것을 건방진 태도로 여겨 싫어한다. 네덜란드인은 재산이 많다고 자랑하는 것을 달가워하지 않는다. 네덜란드인들의 전화매너에 다정함과 친절함이 없다. 네덜란드인이 자신의 집게손가락으로 귓바퀴에 갖다 대면 그 뜻은 그가 전화를 했다는 의미다. 네덜란드인은 팔꿈치 밑 부분을 두드리면서 팔을 구부리는 것은 누군가를 믿음직스럽지 못하다고 비난하는 방법이다

2. 무역상담 문화

(1) 시간관념

네덜란드인은 효율적인 시간관리를 매우 중요하게 생각하기 때문에 시간엄수는 필수적이다. 약속한 무역상담시간에 단 몇 분이라도 지각하면 상대방의 능력과 신뢰성을 의심한다. 더구나 네덜란드인은 신뢰할 수 없다고 판단하기 시작하면 그들은 곧잘 거래를 취소한다. 네덜란드인을 만나고자 할 때는 반드시 사전 약속 필요하다. 네덜란드 사업가들은 보통 여름인 6, 7, 8월과 12월말에 장기간의 휴가를 가고, 근무시간은 아침 8시부터 시작해서 오후 5시 30분경에 끝나고 가족적이기 때문에 일찍 귀가하는 편이다. 따라서 저녁 때 무역상담시간을 약속하는 것은 피해야 한다.

(2) 무역상담 전략

네덜란드의 사업가는 무역상담에 능숙하고 냉정하기 때문에 업무처리에도 빈틈이 없을 정도로 완벽하게 처리한다. 네덜란드 사업가는 교육수준과 사회적 지위도 비교

적 높은 편이다. 네덜란드의 사업가는 거래자간의 신뢰관계를 매우 중요하게 여기기 때문에 신규 판로개척이 어렵지만 한번 거래를 맺으면 쉽게 거래처를 바꾸지 않는 경향이 있다.[51] 네덜란드인은 한두 가지 외국어를 할 줄 알기 때문에 의사소통에 있어서도 편리한 면이 존재하고 있다. 특히 네델란드에서 영어는 공용어처럼 국민 대다수가 사용하고 있어서 영어권 문화에 있는 사람들이 사업을 하기에는 좋은 점이 많다. 즉 무역상담 일행이 네델란드 기업의 직원들과 무역상담과 거래를 진행할 때에 언어소통에 문제가 거의 없다라는 것이 좋은 점이다. 네델란드 기업의 직원들은 자신들의 고객을 만족시키는 방법을 직감적으로 알아내는 데 뛰어나다. 네덜란드 기업의 직원과 무역상담을 할 때는 평등주의가 네덜란드 사회의 지배적인 풍조이기 때문에 무역상담을 위한 방문자가 상대방보다 우월하다는 인식을 줄 언행은 삼가야 한다.

(3) 무역상담 결정형식

네델란드인은 무역상담에서 제시한 제안의 장점을 평가하거나 최종결정을 내릴 때는 주관적인 감정에 의존하는 경우가 거의 없다. 네덜란드에서는 소속 직원의 다양성과 의사결정 과정의 민주성을 소중히 여기기 때문에 무역상담과 관련한 안건에 대한 의사결정은 합의를 통해서 이루어진다. 그래서 의사결정 과정이 다소 느리긴 하지만, 네덜란드인들은 한번 거래가 성립되고 서류가 완료되면 최선을 다해 업무를 추진한다. 네덜란드 기업은 회사 내의 모든 사람은 총수로부터 말단 노동자에 이르기까지 소중하고 존경할 가치가 있는 사람으로 생각하기 때문에 모든 사원에게 무역상담에 관한 제안들이 개방되고, 정보를 얻을 수 있는 기회를 제공하기 때문에 비밀이 없다. 그래서 무역상담을 위해서는 회사의 조직구조와 의사결정에 영향이 큰 사람이 누구인가를 파악하는 것이 중요하다.

(4) 무역상담 유의점

네덜란드인은 여성 사업가에 대하여 우대를 한다. 네덜란드인은 모임이나 혹은 기타 상담 전의 사교에 많은 시간을 할애하지 않기 때문에 소개가 끝나자마자 본론에 들어간다. 그러므로 네덜란드인에게 경험적인 증거나 자료 등을 준비하여 상품이나 아이디어의 장점을 설득하여야 한다.

---

51) http : //www.skynews.co.kr

3. 초대문화 · 식사문화 · 선물문화

(1) 초대문화

네덜란드인은 식사를 하면서 무역상담하는 것을 좋아하지 않는다. 그러므로 초대를 받아 식사를 하는 경우에는 일상적인 주제를 중심으로 대화를 진행하는 것이 좋다. 네델란드는 절기에 따라 일몰시간이 빠른 경우가 많기 때문에 저녁식사 초대를 할 때는 8시 전까지 마무리하는 것이 일반적이다. 네덜란드인은 개인적인 사생활에 대하여 보호받기를 원하기 때문에 비공식적 모임인 경우는 식사를 하지 않는 것을 원칙으로 한다. 즉 비공식적인 모임인 경우에는 저녁식사시간을 피하여 식사 전이나 식사 후에 초대하는 것을 선호한다. 그런데 비공식적인 모임에서 오히려 무역상담과 관련한 내용이나 개인적인 생각을 전할 수 있는 기회가 많다. 네델란드에서는 상대방을 초대하여 저녁식사를 함께 할 경우에는 초대장에 그 사실을 명시하여야 한다. 그리고 동반자의 참석여부도 명시하는 것이 좋다. 네덜란드인은 가정생활을 소중하게 여기기 때문에 저녁식사에 초대하는 것은 상당한 예의를 표시하는 것이기 때문에 흔쾌히 수락하여야 한다.

(2) 식사문화

네델란드의 전통음식은 으깬 감사에 시금치 당근 등을 섞어 소세지나 소고기를 함께 먹은 스탬폿(stamppot)이 대표적이다.52) 네덜란드에서 초대받은 손님이 방문을 하면 좌석배치는 전통적인 관례에 따라 초대자와 그 부인이 서로 식탁의 맞은편에 마주보고 앉는다. 관습저으로 남성 손님은 초대자 부인의 왼쪽에 앉고 여성 손님은 초대자의 왼쪽에 앉는다. 초대를 받은 경우 저녁 식탁에서는 손을 무릎에 올려놓지 말고 양 손을 식탁 위에 올려놓아야 한다.

(3) 선물문화

네델란드에서는 초대를 받으면 감사의 표시로 꽃이나 초콜릿 등과 같은 작은 선물을 들고 가야 한다. 그렇지만 무역상담과 관련한 선물은 달가워하지 않기 때문에 주의해야 한다.

---

52) http://blog.naver.com/otcom6526?Redirect=Log&logNo=40204081236

제14절 노르웨이

1. 일반 개요

(1) 국가의 특징

노르웨이(Kingdom of Norway)는 1905년 10월 26일 독립한 입헌군주제 내각책임제 국가이다. 북부 스칸디나비아 반도에 위치하고 기후는 해양성 기후이며 면적은 2,541천 ㎢로 한반도의 1.5배이다. 수도는 오슬로(Oslo)이다. 민족은 노르웨이인 등으로 구성되어 있다. 언어는 노르웨이어를 공용어로 한다. 종교는 노르웨이 국교회(85.7%), 오순절교(1%) 등이다. 화폐단위는 노르웨지안 크론(Norwegian Krone: NOK)을 사용하며 산업구조는 서비스업(55.7%)이 주를 이루고 제조업(41.5%), 농업(2.7%) 순이다. 주요 수출품은 석유, 가스, 기계장비, 금속, 화학제품 등이며 주요 수입품은 기계장비, 금속, 화학제품, 식료품 등이다. 주요자원으로는 원유, 천연가스, 철광석, 구리, 납, 아연, 티타늄, 황철광, 니켈 등이 있다.[53)]

(2) 국민성

노르웨이인은 평등성을 중시하며 형식적인 것보다는 실질적인 면을 추구하는 국민이다. 노르웨이인은 온순하고 친절하며 타인을 고려하여 자신의 감정을 직접적으로 표현하는 경우가 드물다.

(3) 사회관습

1) 인사

노르웨이에서는 인사를 할 때에 악수를 하는 것이 일반적이다. 남성의 경우 개인적인 친분이 두터운 사이에서는 서로 껴안고 등을 가볍게 두드려 주는 인사를 하고 여성의 경우에는 서로 양 볼을 서로 맞대는 인사를 한다.

---

53) 한국수출입은행, 전게서, p.356 참조.

2) 호칭

노르웨이에서는 처음 소개를 받을 때 상대의 성과 이름을 모두 사용한다. 친분관계가 이루어지면 성 앞에 씨(Mr.), 부인(Mrs.)를 붙인다. 노르웨이인이 먼저 호칭을 하기 전에는 이방인이 호칭을 함부로 부르면 안 된다. 사업상의 직함은 쓰지 않지만, 의사와 교수, 정부 관료와 같은 전문직 직함 뒤에는 성을 붙여 부른다.

3) 언행

노르웨이 가정이나 사무실에서는 허락 없이 담배를 피울 수 없다. 노르웨이에서는 상대방과 대화를 할 때 팔 하나 정도 떨어진 거리에서 한다. 악수 이외에 팔을 잡거나 등을 두드리는 것과 같은 신체적인 접촉은 거의 없다. 노르웨이인은 대화중에 몸동작으로 표현하는 일이 거의 없다.[54)]

2. 무역상담 문화

(1) 시간관념

노르웨이 사업가들은 시간약속에 대해 엄격하거 때문에 무역상담시 시간약속을 철저히 지켜야 한다. 시간약속을 지킬 수 없으면 사전에 전화로 취소 내지 일정을 연기하여야 한다.

(2) 무역상담 전략

노르웨이인은 과장하기 보다는 실질적으로 사전준비를 철저히 한다. 노르웨이인과는 합리적인 조건을 제시하고 무역상담을 하여야 한다.

(3) 무역상담 결정형식

노르웨이 기업의 경영체제는 수평적이어서 의사결정권이 담당자 및 중간관리자에게 위임되어 있다. 따라서 무역상담에 대한 내용에 대하여 담당자 및 중간 경영층에서 의사결정을 하기 때문에 성사여부는 바로 확인할 수 있다. 그렇지만 노르웨이 기업을 규제하는 국가의 관련 제도가 복잡하여 업무를 처리하는 속도는 느린 편이다.

54) http://terms.naver.com/entry.nhn?docId=533557&cid=46627&categoryId=46627

(4) 무역상담 유의점

노르웨이인은 무역상담을 할 때에 상대방을 쳐다보다가 이따금씩 딴 곳으로 시선을 돌리는 경우가 많다. 이것은 노르웨이인들의 행동특성이지 상대방을 무시하는 의미는 아니다.

3. 초대문화 · 식사문화 · 선물문화

(1) 초대

노르웨이에서는 가정으로 식사초대를 많이 한다. 초대를 받으면 승낙을 하고 약속을 이행하여야 한다. 가정으로 방문하는 경우에는 감사의 말을 하는 것이 전통이다. 노르웨이에서는 아침보다는 점심이나 저녁식사 초대가 많다. 저녁식사가 끝나면 환담이 장시간 이루어진다. 겨울에는 밤 10시, 여름에는 밤 11시에 이후에 파티에서 나오는 것이 일반적이다. 음식점으로 초대를 하는 경우에는 초대하는 측이 식사비를 계산한다. 음식점에서 점원을 부를 때는 검지를 들어 보이면 된다. 점심식사 시간에 사업에 대해 언급해도 되지만 저녁식사를 할 때는 주최자가 먼저 언급하기 전에는 먼저 하지 않는다.

(2) 식사문화

노르웨이에서는 생선요리를 중심으로 갖가지 메뉴를 모아 놓는 바이킹 요리, 콜보르(koldbord)가 유명하다. 생선요리 중에서도 삶은 연어와 장어 훈제요리, 가재요리 등이 식탁에 자주 오른다. 고기류는 양고기를 이용한 요리가 많다. 호밀로 만든 빵(flatbrod)도 노르웨이 전통음식의 하나다. 바이킹 시대에 굶주림으로부터 벗어나고자 터득한 식량 보존법이 훌륭한 음식이 된 노르웨이만의 메뉴도 있다. 퇴르피스크(torrfisk)라고 하는 말린 대구와 스페케마트(spekemat)라는 소금에 절인 양고기, 감메로스트(gammelost)라고 하는 갈색 치즈와 산양의 젖으로 만든 갸이토스트(geitost)가 알려져 있다.[55] 노르웨이에서는 식사 전에 주최자가 눈인사를 하면서 건배제의를 하고 마시고 눈인사를 하면서 잔을 내려놓는다. 성별에 관계없이 건배를 할 수 있다.

---

55) http://k.daum.net/qna/openknowledge/view.html?category_id

(3) 선물문화

노르웨이 기업에서는 업무와 관련된 선물을 주고받지 않는다. 노르웨이인은 기업 윤리 의식이 투철하여 업무를 개인적인 사생활과 엄격하게 분리하여 처리한다. 이는 정부기관이나 공기업에서도 마찬가지이다. 심지어 정부기관의 인사에게 선물을 제공하는 경우에는 정부당국에 신고하도록 되어 있다. 그렇지만 개인적으로 친분관계가 있는 경우에는 저녁식사 후 또는 상담 후에 선물을 전달하는 것이 좋다. 노르웨이에서 무역상담의 결과가 무역계약으로 이어진 경우에 기념으로 간단한 선물을 전하는 것은 문제가 없다. 선물은 포장하는 것이 기본이다.

제15 폴란드

1. 일반 개요

(1) 국가의 특징

폴란드(Republic of poland)는 1918년 11월 11일 독립공화국을 선포한 공화제 국가이다. 중부 유럽에 위치하고 기후는 대륙성 및 해양성 기후이며 면적은 310천 ㎢로 한반도의 1.4배이다. 수도는 바르샤바(Warsaw)이다. 민족은 폴란드인(96.7%), 독일인(0.4%) 등으로 구성되어 있다. 언어는 폴란드어를 사용한다. 종교는 가톨릭(89.8%), 동방정교(1.3%) 등이다. 화폐단위는 지로티(Zloty: PLN)를 사용하며 산업구조는 서비스업(57%)이 주를 이루고 제조업(30.2%), 농업(12.9%) 순이다. 주요 수출품은 기계・운송장비, 공산품, 잡화제품 등이며 주요 수입품은 기계・운송장비, 공산품, 화학제품 등이다. 주요자원으로는 석탄, 유황, 구리, 천연가스, 은, 납, 호박 등이 있다.[56] 폴란드는 역청탄과 황의 매장량은 세계적인 규모이다. 아연, 구리, 은 등에 있어서는 유럽의 주요 생산국이다. 이밖에 갈탄·암연·중정석·석고·천연가스 등도 상당량 매장되어 있다.

56) 한국수출입은행, 전게서, p.358 참조.

(2) 국민성

폴란드인은 민족주의 의식이 발달하여 자기주장이 강하고 자유를 사랑하는 민족이다. 폴란드인은 단체보다는 자신의 이익을 우선하는 개인적인 성향이 있다. 폴란드인은 솔직하고 정적이며 사람 만나기를 좋아하는 성향이 있지만 의심이 많아 타인과 사귀는데 시간이 오래 걸린다. 폴란드인은 정열적인 면도 갖고 있어 춤과 음악을 생활의 일부로 여긴다. 폴란드인은 전통을 사랑하는 보수성으로 인하여 자국의 문화에 대한 긍지감이 강하다. 특히 민족문화의 보호, 가톨릭 정신에 바탕을 둔 인간성 등의 자유정신에 입각한 구국정신이 바탕이 되어 나라를 되찾았다는 자존심이 강하다.

(3) 사회관습

1) 인사

폴란드에서 인사를 할 때에 악수를 하는 것이 보편적이다. 폴란드에서는 악수를 할 때에 따른 한손으로 상대방의 다른 팔을 가볍게 두드려 친근함을 표시하는 경향이 있다. 여성의 경우에는 양볼을 서로 맞대어 친근함을 표시한다.

2) 호칭

폴란드에서는 남성을 소개할 경우에는 씨(pan), 여성을 소개할 경우에는 부인(pani)이라고 호칭한다. 사무실에서는 전문직에 종사하고 있는 의사, 변호사, 사장 등에 대해 직업명을 붙여 호칭한다. 폴란드에서는 서로 친한 사람들의 모임에서는 성을 부른다. [57]

3) 언행

폴란드인은 크리스마스 이브에 마술의 힘이 강해진다고 믿는 풍습이 있다. 크리스마스 때는 언제 어디서나 나타날 수 있는 물의 악마가 특히 좋아하는 행동이라고 생각하여 바느질과 뜨개질 등을 하지 않는 풍습을 지킨다. 크리스마스 이브 날 아침에 찾아오는 첫 번째 손님이 젊은 청년이면 다음해는 행운이 깃든다고 생각한다. 그리고 크리스마스 기간에 아픈 사람이 있으면 다음 해에는 항상 건강을 조심해야 한다는 풍습을 지키고 있다.[58]

---

57) http://terms.naver.com/entry.nhn?docId=1003495&cid=46627&categoryId=46627

2. 무역상담 문화

(1) 시간관념

폴란드인이 갖고 있는 시간관념은 느긋한 경향이 많다. 그래서 무역상담을 위한 시간을 약속했다고 하더라도 약속시간에 늦는 경우가 많기 때문에 시간약속을 한 후에는 반드시 확인하는 것이 필요하다.[59)]

(2) 무역상담 전략

폴란드에서 무역상담을 진행하는 경우에는 여러 차례에 걸쳐 상담할 준비가 되어 있어야 한다. 폴란드 기업인은 무역상담을 위한 준비가 철저하기 때문에 무역상담에 참가하는 방문자도 이에 상응하는 자료 등을 철저하게 준비하여야 한다. 무역상담을 위한 방문자가 무역상담과 관련된 업무지식이 해박하고 업무에 관련된 전문적 능력을 보유하고 있다면 호의적으로 대해 준다. 폴란드인은 상술에 능하기 때문에 그들이 제시하는 조건에 대하여 적절하게 탄력적으로 대응하여야 한다. 폴란드 기업인은 제품의 기술 및 품질을 매우 중요하게 생각하기 때문에 제품에 대한 정보를 사전에 확실하게 파악하여 대비를 한다. 심지어는 원하는 방향으로 무역상담을 진행하기 위하여 방문하는 직원에 대한 정보 등도 철저하게 조사하여 대비하는 습성이 있다.

(3) 무역상담 결정형식

폴란드에서는 위계질서를 중요하게 생각하기 때문에 무역상담에 대한 의사결정권을 최고경영자가 가지고 있다. 그리고 정부구매의 경우에는 해당관서의 최고관리자가 결정권을 행사한다.

(4) 무역상담 유의점

폴란드 기업은 자국시장의 불안정, 장기 주문 생산에 필요한 자금 부족 등과 같은 이유로 소량 다품종구매가 일반적이다. 폴란드에서는 무책임하게 약속하고 책임은 회피하는 경향을 보이므로 무역상담의 결과는 문서로 작성하는 것이 유익하다.

---

58) http://polski.egloos.com/viewer/1459189
59) http : //www.mofat.go.kr

3. 초대문화 · 식사문화 · 선물문화

(1) 초대문화

폴란드인은 자신의 가정에 방문한 손님을 극진하게 대접한다. 가정으로 초대받아 방문하는 경우에는 초대받은 시간보다 약간 늦는 것을 예의로 여긴다.

(2) 식사문화

폴란드에서 대표적인 전통음식은 비고스(bigos)이다. 비고스는 소금에 절인 양배추와 흰 양배추, 다양한 종류의 고기, 소시지, 토마토 정도를 섞어 조리한 음식이다. 소금에 절인 양배추와 고기 조각들을 벽난로 옆에 두고 따뜻하게 온도를 유지하면서 조리한다.60) 폴란드에서는 공식적이든 비공식적이든 식사 시작 전에 건배를 한다. 지역과 가족의 전통마다 차이가 있긴 하지만 전통적으로 크리스마스 이브 날 만찬 식탁에는 땅에서 재배한 채소 및 과일들로 12가지가 차려진다. 이는 1년 12달동안의 행운을 빌기 위한 것으로 한 가지씩 다 맛을 보아야 한다. 폴란드인 가정의 하얀 식탁보를 깔아놓은 식탁에는 손님이나 예상치 못한 방문객을 위한 접시가 하나 더 놓여 있다. 폴란드에서 크리스마스 이브의 만찬은 영혼세계에 대한 폴란드인들의 사고를 나타낸다. 폴란드인은 죽은 선조의 영혼이 특히 크리스마스 이브에 찾아온다고 믿는다. 따라서 조상을 섬기는 마음으로 영혼이 함께 앉아 식사를 할 수 있도록 식탁 옆에 빈자리를 마련해 놓는 것이다. 또한 오스트리아, 독일, 러시아 사이에 위치한 폴란드는 잦은 외침을 견디면서 민족 정체성을 유지해야 했는데 시베리아로 망명을 떠나야 했던 가족들을 위로하고자 하는 애국적인 의미로 크리스마스가 되면 많은 가정에서 빈자리와 여분의 접시를 마련하였던 전통에서 비롯된 풍습이다.61)

(3) 선물문화

폴란드에서는 가정으로 초대받으면 집주인에게는 포장하지 않은 꽃을, 그 집의 아이들에게는 사탕 같은 것을 선물한다. 폴란드에서 붉은 장미는 연인사이에서만 주고받는 꽃이기 때문에 조심하여야 한다.

---

60) http://www.sisabreak.com/news/articleView.html?idxno=25579
61) http://polski.egloos.com/viewer/1459189

제16절 포르투칼

1. 일반 개요

(1) 국가의 특징

포르투칼(Portugese Republic)은 1910년 10월 5일 독립공화국으로 선포한 내각책임제 국가이다. 유럽남서부에 위치하고 기후는 해양성 기후이며 면적은 92천 ㎢로 한반도의 2/5이다. 수도는 리스본(Lisbon)이다. 민족은 켈트족, 이베리아족, 게르만족 등으로 구성되어 있다. 언어는 포르투칼어 등을 사용한다. 종교는 가톨릭(84.5%), 기독교(2.2%) 등이다. 화폐단위는 유로(Euro: EUR)를 사용하며 산업구조는 서비스업(74.8%)이 주를 이루고 제조업(22.6%), 농업(2.6%) 순이다. 주요 수출품은 농산품, 식료품, 석유, 화학제품, 섬유, 의류, 포도주, 고무제품 등이며 주요 수입품은 농산품, 화학제품, 운송기관자재, 컴퓨터 부속품 등이다. 주요자원으로는 수산자원, 코르크, 철광석, 구리, 아연, 텡스텐, 보석류, 대리석 등이다.[62]

(2) 국민성

포르투갈인은 언어 및 문화적인 측면에서 서정적인 면이 강하다. 포르투갈인은 성격 측면에서 내향성을 띠고 있으며 말도 적게 하고 매사 의사표시도 분명하지 않지만 심성은 착하고 소박한 면이 많다.

(3) 사회관습

1) 인사

포르투갈인에서 인사를 할 때는 일반적으로 악수를 한다. 남성과 여성 모두 친분관계가 두터운 사람끼리는 양 볼을 서로 맞대는 인사를 한다.

62) 한국수출입은행, 전게서, p.362 참조.

2) 호칭

포르투갈인은 친한 사람은 이름을 부르고 그러지 않은 경우에는 성에 씨(Mr.)를 붙여 부른다.[63]

3) 가족제도

포르투갈의 대부제도나 가족제도는 높은 집단의식을 보여주는 것이다. 포르투갈인은 대부(padrinho)는 부모를 대신하는 것으로 좋은 대부가 되는 것은 의무라고 생각하며 경제적으로 어려운 상태에 있는 대자(afilhado)를 직접 돌보는 경우도 있고, 교육비를 분담하거나 일자리를 구해주기도 한다. 따라서 대자는 대부에게 충성하고 섬겨야 하는 의무가 있다. 이렇게 대부와 대자는 상호 의무를 안고 있으며 포르투갈 사회에서 전통적인 가족제도처럼 대부제도가 모든 사회계층에서 영향력을 끼치고 있다.

4) 언행

포르투갈에는 사회저변에 남성우월주의가 팽배해 있다. 남성에 비해서 여성의 사회적 지위가 낮다.

2. 무역상담 문화

(1) 시간관념

포르투갈인과 상담 시에는 사전약속을 하고 시간을 지켜 방문해 주는 것이 예의이다. 포르투칼인은 확실하게 답변을 하지 않고 모호하게 약속을 하거나 결정을 연기하는 경우가 많기 때문에 약속된 시간은 반드시 확인하고 방문하여야 한다.

(2) 무역상담 전략

포르투갈인은 무역상담을 진행하는 과정은 느리지만 무역상담에 대한 결정이 내려지면 신속하게 업무를 처리한다. 포르투갈인은 무역상담시에 항상 오래 생각하고 판단하는 습관이 있어 시간이 지연되어 상대방을 난감하게 만드는 경향이 있다. 포르투칼인은 형식과 절차를 선호하기 때문에 합의한 내용은 문서상으로 명시하여야 한다.

---

63) http://terms.naver.com/entry.nhn?docId=1003494&cid=46627&categoryId=46627

(3) 무역상담 결정형식

포르투갈에서는 무역상담에 관한 의사결정권이 최고경영자에게 있다. 최고경영자는 실무자나 중간관리자의 의견을 존중하기 때문에 무역상담에 필요한 설명자료를 철저하게 준비하여야 한다.

(4) 무역상담 유의점

포르투갈인과 무역상담을 하는 경우에는 역사적으로 스페인의 지배를 받은 경험이 있다는 점을 유의하여 스페인과 관련된 주제는 언급하지 않아야 한다.

3. 초대문화 · 식사문화 · 선물문화

(1) 초대문화

포르투갈인은 가족단위 생활을 중요하게 여기기 때문에 업무와 관련한 회식의 경우 점심식사는 무방하나 저녁식사는 피하는 것이 좋다.

(2) 식사문화

포르투갈에서는 바깔랴우(bacalho)가 대표적인 음식이다. 바깔랴우는 대구 생선요리이다. 포르투갈인이 가장 좋아하며 가장 대중적인 음식인데 대구를 소금에 절여 다양한 요리법으로 음식을 만든다.[64]

(3) 선물문화

포르투갈인은 선물을 받기 좋아하므로 선물도 사전에 준비하여 처음 대면을 할 때나 떠날 때 선물하는 것이 좋다. 저녁초대를 받으면 꽃 등과 같은 선물을 준비하여 가야 한다. 초대에 대한 답례는 조용하고 분위가 있는 음식점에 초대하는 것이 바람직하다. 과중한 선물은 뇌물처럼 생각하므로 가볍고 오래 기억할 수 있는 것이 바람직하다. 그래서 포르투갈인은 우정 어린 인사로 선물교환하기를 좋아한다.

---

64) http://k.daum.net/qna/view.html?category_id=QJF&qid=3B2XT&q

제17절 루마니아

1. 일반 개요

(1) 국가의 특징

루마니아(Rumania)는 1881년 3월 26일 오스만 터키로부터 독립한 대통령중심제 국가이다. 유럽 동남부부에 위치하고 기후는 대륙성 기후이며 면적은 140천 ㎢로 한반도의 1.1배이다. 수도는 부하레스트(Bucharest)이다. 민족은 루마니아인(895%), 헝가리인(6.6%), 로마인(2.5%) 등으로 구성되어 있다. 언어는 루마니아어, 헝가리어 등을 사용한다. 종교는 동방정교회(86.8%), 기독교(7.5%), 로마식 가톨릭(4.7%) 등이다. 화폐단위는 레이(Lei: RON)를 사용하며 산업구조는 서비스업(59.5%)이 주를 이루고 제조업(33.0%), 농업(7.5%) 순이다. 주요 수출품은 기계·장비, 섬유, 금속, 화학제품, 농산물, 광물, 연료 등이며 주요 수입품은 기계·장비, 광물·연료, 화학제품, 섬유제품 등이다. 주요자원으로는 목재, 석탄, 천연가스, 철광석, 석유 등이 있다.[65)]

(2) 국민성

루마니아인은 상대방과 대화를 할 대에 직접적인 화법보다는 간접적인 화법을 구사한다. 루마니아인은 인정이 많고 낙천적인 성품을 지닌 민족이다.

(3) 사회관습

1) 인사

루마니아에서는 인사를 할 때 처음 만나는 남성끼리는 악수를 하며 여성끼리는 양볼 을 맞대기도 하고 악수도 하지만, 남성이 여성에게 인사를 하는 경우에는 여성이 손을 내밀면 손을 잡고 가볍게 들고 약간 허리를 굽혀 손에 입맞춤을 하는 방법을 예의로 생각한다. 그런데 루마니아에서는 가까운 친구들 사이에는 서로 껴안고 양 볼을

---

65) 한국수출입은행, 전게서, p.364 참조.

맞대면서 가볍게 상대방의 등을 두드려 주는 인사를 한다. 루마니아인은 앉거나 서있을 때 상대방과 가까운 거리를 유지하기 때문에 당황하는 수가 있는데 전통적인 관습으로 이해하면 된다.66)

2) 호칭

루마니아에서 대부분의 루마니아인은 남성은 씨(Domnul), 여성은 부인(Doamna) 등과 같은 호칭으로 부른다. 젊은이들은 외국인의 이름을 부르는 경우도 있다. 루마니아에서는 가족이나 친한 사람이 아니면 상대방을 지칭할 때 존칭을 사용해야 한다.

2. 무역상담 문화

(1) 시간관념

루마니아인은 마감시간이나 일정은 엄격하게 지켜지지 않는데 그들은 일반적으로 일은 제때에 일어나기 마련이라고 믿기 때문에 서둘러 회의나 업무를 하거나 일정을 바꾸려고 하지 않는다. 정부기관 등과 사업을 하는 경우에는 더 심하다. 그렇지만 루마니아에서도 예정 없이 방문하는 것은 예의가 아니다. 무역상담을 위한 방문을 하는 경우에는 사전에 양해를 얻어 시간약속을 하여야 한다. 루마니아에서는 루마니아어보다는 영어로 쓴 편지를 선호한다. 무역상담을 희망하는 경우에는 희망하는 날짜보다 2~3주 앞서 편지를 보낸 후에 다시 한 번 확인을 해야 한다.

(2) 무역상담 전략

루마니아에서는 무역상담시 간결하게 설명을 하는 것이 유리하다. 루마니아는 정부의 관료주의가 심하고 이로 인해 일이 지체되기 때문에 무역상담을 신청하기 전에 의사결정권이 누구에게 있는가를 파악하여 대비하여야 한다. 루마니아인과 무역상담을 하는 경우에는 항상 변화에 대처할 수 있는 방안을 수립하여야 한다. 무역상담을 할 때는 제품에 관한 정보나 기술적인 세부사항을 포함한 시청각자료를 활용하는 것이 좋다.

---

66) http://100.daum.net/encyclopedia/view.do?docid=b06r2142b

(3) 무역상담 결정형식

루마니아에서는 무역상담에 관한 의사결정 권한은 상층부에 집중되어 있어 대기업 국영기업일수록 실무자의 권한이 크게 제약되어 있다. 그래서 무역상담에 많은 시간이 소요되기 때문에 이러한 기업과 무역상담시에는 인내심을 가지고 임해야 한다.

(4) 무역상담 유의점

루마니아에서는 외상거래가 보다 보편화되어 있다. 루마니아에서는 상대방을 먼저 배려해 주는 습관이 몸에 배어 있어야 하고, 다른 사람이 있다는 것을 항상 의식하며 행동해야 한다.

3. 초대문화 · 식사문화 · 선물문화

(1) 초대문화

루마니아에서는 점심이 하루의 중심 식사이다. 루마니아에서는 공식적이건 비공식적이건 식사에 건배를 하는 것이 관행이다. 루마니아에서는 초대자가 음식과 선물 그리고 음료를 대접하면서 인간관계를 형성하는 일이 많다. 루마니아에서 가정으로 식사초대를 받았을 때는 꽃다발을 준비하는 것이 좋다.

(2) 식사문화

루마니아의 전통음식은 다진 돼지고기를 양배추 잎이나 포도잎 등으로 싸서 동그랗게 응고한 옥수수 가루와 생크림을 곁들여 먹는 사르말레(sarmale)이다.[67]

(3) 선물문화

루마니아에서는 크리스마스와 부활절에 대부 등을 방문하여 간단한 선물을 전하는 것이 관례이며 3월 1일은 여성의 날로 가까운 여성에게 가슴에 부착할 수 있는 간단한 선물을 하는 것이 관례이다. 루마니아인은 선물을 자주 교환한다. 무역상담의 합의서명을 축하할 때는 간편한 선물이 좋다.

---

67) http://ask.nate.com/qna/view.html?n=10450681

제18절 러시아연방

1. 일반 개요

(1) 국가의 특징

러시아연방(Russian Federation)은 1991년 8월24일 구소련연방에서 독립한 대통령중심제 연방공화제 국가이다. 북유라시아에 위치하고 기후는 대륙성 기후이며 면적은 17,098.2천 ㎢로 한반도의 76.8배이다. 수도는 모스코바(Moscow)이다. 민족은 러시아인(79.8%), 타타르인(3.8%), 우크라이나인(2.0%) 등으로 구성되어 있다. 언어는 러시아어, 다수의 소수민족 언어 등을 사용한다. 종교는 러시아정교, 회교, 유대교 등이다. 화폐단위는 러시안 루블(Russian Ruble: RUB)을 사용하며 산업구조는 서비스업(60.1%)이 주를 이루고 제조업(36%), 농업(3.9%) 순이다. 주요 수출품은 석유, 석유제품, 천연가스, 곡물류, 목재, 금속 등이며 주요 수입품은 차량, 기계, 설비, 플라스틱, 약, 과일 등이다. 주요자원으로는 원유, 천연가스, 광물, 목재 등이 있다.[68)]

(2) 국민성

러시아연방인은 일은 그 자체가 목적이며 쉬는 것은 다음 일을 위한 체력비축 행위로 간주한다. 러시아연방인은 편안하고 풍부한 삶을 추구하며 조직 내에서의 일에 대해서는 의욕적이고 주체적이다.[69)]

(3) 사회관습

1) 인사

러시아연방인은 제3자를 통해 자신을 상대에게 소개하는 것이 일반적이다. 그래서 모르는 사람인 경우에는 누가 자신을 소개해 줄 때까지 기다리는 것이 좋으며 기다렸

68) 한국수출입은행, 전게서, p.412 참조.
69) http://100.daum.net/encyclopedia/view.do?docid=b06r0203b002

는데도 아무도 소개시켜주지 않는다면 그때 스스로 자신을 소개하여야 한다. 러시아연방에서 처음 소개받을 때에는 소개되고 있는 동안 상대방을 주시하여야 한다. 러시아연방인은 인사를 할 때, 공공장소에서도 감정을 표현한다. 친척이나 친한 친구 간에는 포옹을 하거나 뺨에 입맞춤을 한다. 러시아연방에서 일반적인 인사방법은 악수이다. 남성끼리는 세게 손을 잡고 여러 번 빠르게 흔드는 방식으로 악수한다. 남성과 여성 간 혹은 여성끼리의 악수는 훨씬 더 부드럽다. 여성끼리는 연장자가 먼저 손을 내밀고 남성은 여성이 악수를 위해 손을 내밀 때까지 기다려야만 한다.

2) 호칭

러시아연방인은 친근한 사이인 경우에는 상대방의 이름을 부르고 그 외의 사람들에 대해서는 성만 부른다. 러시아연방에서는 직함을 중요하게 여기기 때문에 그 호칭을 유의하여 사용하여야 한다. 러시아연방인은 일반적인 이름, 성, 그리고 아버지의 이름을 바꾼 경우의 호칭을 사용한다. 러시아연방에서는 남성의 경우 아버지의 아들(vich 또는 ovich), 여자의 경우 아버지의 딸(a 또는 ova) 이라는 접미사를 붙이는데 어르신(Senior)나 젊은이(Junior) 등과 같은 접두어를 쓰는 경우도 있다. 러시아에서 친구를 부를 때에는 씨(Gaspodin), 부인 혹은 양(Gaspazhah)을 이름 앞에 붙인다. 그리고 다른 사람과 구별하기 위해 생일을 사용하는 경우도 있다. 상대의 성과 이름, 중간이름을 모두 호칭하는 경우에는 경어를 사용하지 않는다.

3) 언행

러시아연방인은 부정적 상황을 가정하고 문제의 발생 원인을 찾는 데에 집중하는 경향이 있다. 러시아연방인은 변화에 대비하는 생활이 관행으로 되어 있다. 러시아연방인은 최선의 결과를 생각해야 하지만, 동시에 최악의 결과를 대비해야 한다고 믿는다. 러시아연방에서는 공연장이나 사무실 등의 공공장소에서 코트를 입고 있거나 겨울 부츠를 신으면 안 된다. 코트는 반드시 보관소에 맡겨야 한다. 다리를 벌리거나 꼬고 앉는 것, 코트를 벗어서 깔고 앉는 것, 주머니에 손을 넣고 있는 것, 공공장소에서 크게 웃거나 떠드는 것 혹은 쓸데없이 공공장소를 배회하는 것, 공연장에서 박수를 치며 휘파람을 부는 것 등을 무례하게 본다. 사람을 부를 때는 팔을 상대에게 향하고, 손바닥을 아래로 한고 상하로 흔들면 된다. 검지로 사람에게 손짓을 하는 행동은 모욕으로 여긴다. 러시아연방에서는 가정이나 기타 실내에서 휘파람을 돈을 잃어

버리게 한다는 미신이 있다. 임신한 여성에게 아기를 낳기 전에 신생아 선물을 주는 것은 불길한 일로 여겨진다.

2. 무역상담 문화

(1) 시간관념

러시아연방에서는 무역상담을 위한 시간약속이 어렵기 때문에 약속시간을 정한 경우에는 반드시 지켜야 한다. 러시아연방인은 일정을 수시로 변경하기 때문에 상대방을 방문하기 전에 확인을 하여야 한다. 러시아연방인은 일과를 일찍 시작하고 마무리는 경우에 따라 다르다. 러시아연방인은 약속시간에 대한 개념이 거의 없다.

(2) 무역상담 전략

러시아연방에서는 무역상담을 하는 경우에 러시아법의 해석과 적용에 대한 전문가의 자문을 받아야 한다. 러시아연방에서 무역상담을 위해서는 상대와 개인적인 교분을 쌓아 추진하여야 한다. 러시아연방인은 첫 대면에서 상대방을 분석하고 평가한다. 그러므로 우호적이고 친밀한 분위기를 해치지 않는 범위 내에서, 격식을 차려 확고한 자세를 견지하여야 한다. 러시아연방인은 서구권 사업가의 사업경험을 신뢰하는 경향이 있다. 무역상담을 위한 자료는 간단명료하게 이해하기 쉽게 준비하여야 한다. 무역상담시에 영어로 진행하는 경우는 러시아어로 작성된 문서와 자료를 별도로 준비하고, 직접 통역할 사람을 데리고 가는 것이 좋다.

(3) 무역상담 결정형식

러시아연방에는 계급사회의 위계의식이 있어 최고경영자는 무역상담에 대한 의사결정권을 행사한다. 무역상담에 상대방의 최종 결정권자가 참석해야만 모든 참석자들이 현안에 대한 의견이나 정보교환 등을 교환한다. 그러므로 실무자보다는 최고경영자와 무역상담을 하는 것이 효율적이다.

(4) 무역상담 유의점

러시아연방인은 타협하거나 양보하는 것을 수치로 생각한다. 그래서 상대방이 양보하지 않으면 회의를 연기하거나 감정적인 행동을 보이며, 회의 중 퇴장하는 일도 발생한다. 이러한 경우 무역상담의 가져다 줄 이드에 대하여 설득하여야 한다. 러시아연방인은 회의 중에 논의된 사항들을 문서로 작성하는 것을 선호하기 때문에 무역상담에 대한 결과를 낭독하고 상호확인 한 후에 무역계약을 체결한다. 무역계약서를 작성할 때는 영어와 러시아어로 번역하여 계약조건은 명확하고, 간결하게 작성한다. 러시아연방인은 이후에도 계약조건을 수정하려는 행태가 있다. 무역상담과 관련한 서한은 러시아어로 작성하며, 우편물의 경우 정확한 수취인의 이름을 기재하여야 한다.

3. 초대문화 · 식사문화 · 선물문화

(1) 초대문화

러시아연방에서는 사업과 관련한 문제로 아침식사를 초대하는 경우는 거의 없다. 러시아연방인 가정으로 초대되는 경우 감사하게 승낙을 하여야 한다. 러시아연방인의 가정에서 식사가 이루어지는 경우 자정을 넘긴 시각까지 머무를 수도 있다. 러시아연방인은 상대와 술자리를 함께 하는 것은 그들에게 좋은 인상을 줄 수 있는 가장 쉬운 방법이다.

(2) 식사문화

러시아연방 음식 식단은 전채, 수프, 따뜻한 요리, 후식, 음료수 등으로 나눌 수 있다. 전채로는 각종 차가운 육류, 캐비어, 청어 절임에 야채샐러드가 곁들여지며, 포도주나 보드카와 같은 알콜 음료도 함께 나온다. 수프로는 양배추를 넣어서 끓인 쉬와 쉬에 빨간무(스뵤클라)를 넣어 붉게 물을 들인 보르쉬 그리고 잘게 썬 고기와 야채를 듬뿍 넣은 솔랸카, 생선을 우려낸 우하 등이 있다. 따뜻한 요리로는 쇠고기를 크림소스로 끓인 비프 스트로가노프, 양고기를 구워서 만든 샤실리크 등이 있다. 후식으로는 아이스크림이나 각종 파이, 케이크와 잼을 곁들인 홍차 등이 나온다.

러시아연방에서는 다양한 민족 요리를 맛볼 수 있다. 빵 종류(피로슈키)와 수프(보르쉬), 고기 요리(비프 스트로게노프), 그리고 우크라이나의 명물인 고기 요리, 주로 닭고기(키예프식 커틀릿), 코카서스의 양고기에 양념을 하여 쇠꼬챙이에 꽂은 다음

숯불의 김으로 익힌 샤실리크), 중앙아시아의 (고기, 야채, 밥이 들어 있는 볶음밥(플로프) 등 다양한 음식문화가 존재하고 있다.[70] 시베리아쪽에서는 흑빵과 국수로 쑨 죽, 양배추 소금절이, 아주 적은 양의 우유만을 먹는다. 러시아연방인은 음주를 매우 즐기기 때문에 서로 술을 마시며 사업에 대한 논의를 하는 것을 선호한다. 종업원을 부르고 싶으면 그들을 응시하고 있으면 되는데 검지를 펴서 살짝 손을 드는 것도 무방하다. 손을 흔들거나 이름을 부르는 행동은 무례하고 건방진 행동으로 여겨진다.

(3) 선물문화

러시아연방에서는 감사편지나 카드를 잘 쓰지 않기 때문에 식사초대에 대한 답례는 선물로 표시하는 것이 좋다. 러시아연방에서 선물을 할 때에 포장은 하지 않아도 된다. 받은 선물은 현장에서 개봉하지 않는다. 러시아연방에서 초대를 받아 가정으로 방문하는 경우 주인의 아내, 여동생, 어머니 등을 위해 꽃다발을 가져가는 것이 관례이다. 러시아에서의 꽃 선물은 거의 여성에게만 하며 남성에게는 하지 않는다. 아이들이 있는 경우, 장난감이나 사탕 갑이 작은 선물을 준비하는 것이 좋다. 꽃의 경우 빨간색의 장미는 사랑이나 강한 애정의 표시이다. 노란색 꽃과 흰 꽃은 피하는 것이 좋다.

제19절 스페인

1. 일반 개요

(1) 국가의 특징

스페인(Kingdom of Spain)은 입헌군주제 내각책임제 국가이다. 이베리아반도에 위치하고 기후는 대륙성 및 해양성 기후이며 면적은 504.9천 ㎢로 한반도의 2.3배이다. 수도는 마드리드(Madrid)이다. 민족은 카스티야인, 갈리시아인, 카탈루냐인, 바

---

70) http://kin.naver.com/qna/detail.nhn?d1id=8&dirId=802&docId=110741061&qb

스크인 등으로 구성되어 있다. 언어는 스페인어, 카탈루냐어, 바스크어를 사용한다. 종교는 가톨릭(94%)이다. 화폐단위는 유로(Euro: EUR)를 사용하며 산업구조는 서비스업(72.6%)이 주를 이루고 제조업(24.2%), 농업(3.3%) 순이다. 주요 수출품은 기계, 자동차, 식료품, 의약품 등이며 주요 수입품은 기계·장비, 연료, 화학제품, 식료품 등이다. 주요자원으로는 석탄, 아탄, 철광석, 구리, 납, 우라늄, 텅스텐, 황철광, 석고 등이 있다.[71]

(2) 국민성

스페인인은 자존심이 강하고 낭만적이며 대인관계에 있어 포용력이 크다. 스페인인에게는 역사의 산물인 식민지 지배에 대한 우월한 인식이 아직 잔존하고 있다. 스페인은 대부분의 국민이 가톨릭 신자여서 생활문화 곳곳에 종교적 의식이 짙게 배여 있다. 스페인인의 국민성은 지역별로 약간의 차이가 있다. 지역별로 보면 카탈루냐 지방 사람은 매우 근면하나 타산적이고 사무적인 성격이며 인심이 그다지 후하지 않다. 남부 안달루시아 지방은 가장 낙천적이며 춤추고 기타 연주를 좋아한다. 바스크 지방 사람은 부지런하고 호탕한 기질을 가졌으며 과음하는 습성이 있으며 비교적 노래 부르는 것을 좋아한다.[72]

(3) 사회관습

1) 인사

스페인에서 인사를 하는 경우에는 악수가 상례이지만 여성의 경우는 손을 내밀 때만 악수를 하며 친한 친구인 경우에는 포옹을 한다. 악수를 할 때는 가볍게 손을 쥐고 고 흔들면서 인사말을 곁들인다.

2) 호칭

스페인에서는 남성은 씨(Senor) 여성은 양(Senorita)를 붙여서 호칭한다. 스페인에서는 결혼한 여성의 경우 성을 바꾸지 않는다. 명함은 한 면은 영어로, 다른 한 면은 스페인어로 인쇄하고, 교환하는 경우에는 스페인어를 윗면으로 하여야 한다.

---

71) 한국수출입은행, 전게서, p.374 참조.

72) http://www.espain.co.kr/g_so.htm

3) 종교

스페인인은 종교적 영향으로 일상생활에 높은 수준의 문화 의식이 깃들어 있다. 스페인에서는 노년층과 여성들 대부분 성당을 빠짐없이 다닌다. 스페인의 각 지방에는 종교 기념일이 있는데 수호 성인으로 받드는 성인의 날을 택하여 각종 행사와 축제를 벌인다. 또한 각 도시에는 많은 성당이 있는데 제일 규모가 크고 화려한 것을 '카테드랄(Catedral)', 그 외의 것은 '이글레시아(Iglesia)'라고 부른다. 스페인에서 일요일 시내에 정장 차림을 한 시민의 모습을 많이 볼 수 있는데 대부분 성당을 찾아 경건하게 하루를 보내려는 사람들이다. 스페인에서 결혼식, 장례식 등은 반드시 카톨릭식으로 거행된다.[73)]

4) 언행

스페인인은 사람들은 자신의 행위에 대하여 가족, 친구, 동료 등의 동의나 승인을 구한다. 스페인인은 집단이나 이웃, 마을 또는 기업조직의 일부가 되어야 그 사회의 일원이 될 수 있다고 생각한다. 그래서 외부인에 대하여 거부감을 가진다. 스페인인의 문화에 대한 관심과 존중감을 보여 줄 때에 그들과 동화될 수 있다. 스페인인은 하인들에게 존대를 하여 존중을 표시한다. 반말은 동료 사이에 하는데 간혹 가까운 사이인 경우에는 직원이 상사에게 반말을 하는 경우도 있다.

2. 무역상담 문화

(1) 시간관념

스페인에서는 기업의 영업시간은 월요일~금요일 오전 9시에서 오후 1시 30분, 오후 3시에서 6시까지이다. 일반적으로 소규모회사는 매일 오후1시~4시 가정에 가서 가족과 식사를 하거나 낮잠을 자는 시간을 갖는다. 무역상담을 위해서는 사전에 약속하여야 하며 도착 전에 확인용 서신을 보내야 한다. 스페인인은 1년에 30일의 유급휴가를 가지고 7월이나 8월에 휴가를 떠나며 부활절이나 크리스마스에는 휴일이 되기 때문에 시간약속을 피해야 한다. 스페인에서는 조찬회의를 피해야 하며 시간약속을 하였다고 하더라도 15~30분 늦는 것이 일반적이다.

---

73) www.travel21.co.kr

(2) 무역상담 전략

스페인인은 무역상담을 할 때 상대방을 높여주는 말을 잘하기 때문에 조심하여야 한다. 스페인인은 사업논의에 들어가기 전에 상대방에 대한 신상파악을 우선으로 여긴다. 그러므로 무역상담을 위한 첫 대면시에는 방문자가 자신의 신상에 대한 사항이나 가족관계, 또는 회사 등을 소개하면 상대방도 이에 상응하는 소개를 한다. 이러한 과정을 거쳐 서로 스스럼없이 대화를 할 수 있는 친분관계를 형성한 이후에 무역상담을 진행하면 매우 유익한 결과를 얻을 수 있다.

(3) 무역상담 결정형식

스페인의 기업에서는 무역상담에 관한 최종합의 경과에 대한 의사결정권이 최고경영자에게 있다. 일반적으로 하위급 직원들은 최고경영자의 명령을 따르고 권위에 복종하기 때문에 문제가 발생하기 전에 해결하는 관행이 있다. 스페인인도 무역상담을 위한 방문자에 대하여 최종 결단을 내릴 수 있는 권한을 가진 사람인가의 여부에 관심을 보이기 때문에 전권을 위임받아 무역상담에 참여하는 것이 유리하다.

(4) 무역상담 유의점

스페인에서는 무역상담시에 대화에 갑자기 끼어드는 관행이 있다. 무역상담의 내용에 관한 모든 자료는 철저하게 준비하는 것이 좋다. 스페인 사람들은 보통 무엇을 어떻게 말하는지에 주의를 기울여야 한다. 스페인인은 복장을 보고 사람을 판단하는 관행이 있기 때문에 품위가 있는 복장을 하고 무역상담에 참여하는 것이 유익하다. 스페인에서는 신뢰를 바탕으로 쌓은 인간관계를 밑바탕으로 하여 거래처를 선택하면 이후에 변경하는 일이 거의 없다.

3. 초대문화 · 식사문화 · 선물문화

(1) 초대문화

스페인에서는 주말에 식사 초대를 많이 하며 외식하기를 좋아한다. 스페인에서 점심은 사업상 현안들을 논의하기에 좋은 시간이다. 스페인인은 가정에서 점심을 먹는

경우가 많기 때문에 점심식사 초대는 거절하는 경우가 많다. 그런데 스페인 남성은 여성 사업가의 점심, 저녁 초대를 승낙하는 것이 보통이다. 초대받은 경우 다음에는 답례로 상대편을 초대하는 것이 예의이다. 가정으로 초대되는 경우에는 한 번 정도는 사양하는 것이 예의이다. 그런데 재차 초대를 하는 것은 진실이기 때문에 승낙을 하여야 한다. 사업상의 초대는 음식점에서 이루어지는 경우가 많다. 가정으로 초대하는 것은 다른 음식점으로 가기 위해 잠깐 들리는 경우일 수 있다. 부부동반으로 식사초대를 하는 경우에는 상대방의 배우자에게도 초대장을 보내고 초대에 응하면 당신의 배우자도 참석할 수 있다. 스페인은 사교행사가 있을 때 전통적 서구식으로 앉는다. 주인과 안주인이 식탁의 양쪽 끝에 앉고 최상위 남성이 안주인의 오른쪽에, 최상위 여성이 주인의 오른쪽에 앉는다.

(2) 식사문화

스페인의 전통음식은 빠에야(paella)이다. 빠에야는 해산물과 고기, 채소, 쌀을 넣어서 만든 요리인데 기본적인 맛은 짠맛이다.[74] 스페인에서는 음식문화가 매우 다양하게 발달되어 있다. 스페인인의 식사시간은 길고 포도주를 즐겨 마시며 밤늦게까지 담소한다. 대륙식 저녁식사에서 포크는 왼손으로 나이프는 오른손으로 들고 손을 바꾸지 않고 나이프로 포크 위에 음식을 올려서 먹는다. 식사를 할 때는 먹을 수 있을 때만 더 달라고 하며 주어진 음식을 남김없이 먹도록 한다. 식사가 종료되면 나이프와 포크를 접시위에 나란히 놓으며 아직 더 먹을 경우에는 나이프와 포크를 포개놓거나 양쪽으로 놓으면 된다. 스페인인의 가정으로 초대받은 경우 식사를 마친 후 커피를 마실 때까지 사업 이야기를 꺼내지 않는 것이 좋다.

(3) 선물문화

스페인에서는 선물은 무역상담이 성공한 때에만 주며, 선물을 받으면 상대방이 보는 앞에서 바로 뜯어보는 관행이 있다. 가정으로 초대받았을 경우에는 초콜릿이나 꽃과 같이 간단한 선물을 가지고 가면 좋다. 선물을 하는 경우에는 상대방의 취향을 파악하여 이에 걸 맞는 선물을 하여야 한다. 꽃을 선물하는 경우는 다알리아나 국화는 피하여야 한다.

---

74) http://blog.naver.com/mysunmoon7?Redirect=Log&logNo=130184575356

제20절 스웨덴

1. 일반 개요

(1) 국가의 특징

스웨덴(Kingdom of Sweden)은 1953년 6월 6일 독립한 입헌군주제 내각책임제 국가이다. 북유럽, 스칸디나비아 반도 동부에 위치하고 기후는 한랭 및 대륙성 기후이며 면적은 450천 ㎢로 한반도의 2배이다. 수도는 스톡홀름(Stockholm)이다. 민족은 스웨덴인(95%), 기타 랩족(5%) 등으로 구성되어 있다. 언어는 스웨덴어를 사용한다. 종교는 루터복음교(87%) 등이다. 화폐단위는 스웨디스 크로나(Swedish Krona: SKI)를 사용하며 산업구조는 서비스업(70.9%)이 주를 이루고 제조업(27.3%), 농업(1.8%) 순이다. 주요 수출품은 기계류, 자동차, 펄프, 제지, 철강제품, 화학제품 등이며 주요 수입품은 기계류, 원유, 화학제품, 식료품, 의류 등이다. 주요자원으로는 철, 동, 납, 텡스텐, 우라늄, 비소, 장석, 목재 등이다.[75)]

(2) 국민성

스웨덴인은 인사성이 밝고 작은 일에도 감사하며 낙천적으로 사는 국민이다. 스웨덴인은 시간을 철저하게 지키며, 합리적으로 사고하고 직접적인 표현을 되도록 하지 않는다. 그렇지만 적극적이며 합리적인 국민성을 가지고 있으며, 개인생활에 있어서의 개인적 성향이 두드러지지만 공동이익에 대한 협력정신도 강하지만

(3) 사회관습

스웨덴에서는 상대방의 어깨에 손을 얹는 등과 같은 육체적 접촉은 피해야 한다. 점심식사에서는 술을 마시지 않는데 음주운전과 관련된 법이 엄격하다.[76)]

---

75) 한국수출입은행, 전게서, p.378 참조.
76) http://terms.naver.com/entry.nhn?docId=559461&cid=46627&categoryId=46627

2. 무역상담 문화

(1) 시간관념

스웨덴에서는 무역상담 약속시간이 정해지면 반드시 이행한다. 스웨덴인은 철저하게 시간엄수를 하며, 제시간에 도착한다. 스웨덴 실업가들은 약속한 시간보다 5분에서 10분 정도 먼저 도착하는 것이 보통이다.

(2) 무역상담 전략

스웨덴에서 무역상담은 사전 약속을 구매담당자와 하여야 한다. 스웨덴 경영자들은 품질, 디자인 포장, 선적 등 제반 조건에 대한 요구 수준이 높다.

(3) 무역상담 결정형식

스웨덴에서는 무역상담과 관련한 모든 사항을 간부회의에서 결정하기 때문에 시간이 많이 소요된다.

(4) 무역상담 유의점

스웨덴 사업가는 제품을 어느 정도의 가격이면 구입할 수 있는가에 민감하다. 그래서 품질 수준이 낮아 가격이 저렴하다 할지라도 팔리지 않는 경향이 있다. 스웨덴인은 일반적으로 차분하며 논리적인 화법으로 상담에 참여하기 때문에 무역상담을 할 때에 유의해야 한다. 무역상담의 주제와 관련한 대화가 논리적이고 설득력이 있어야 하며, 너무 소란스럽지 않고 조용하게 대화를 나누는 것이 좋다. 서두에 다른 이야기를 하는 분위기이면 날씨, 스웨덴의 전통행사, 취미 등에 대해 대화를 하면 좋다.

3. 초대문화 · 식사문화 · 선물문화

(1) 초대문화

스웨덴인은 격식을 차리는 국민이다. 초대받으려면 전화로라도 승낙을 받아야 한다. 초대를 받은 경우에는 시간을 꼭 지켜 주어야 한다. 스웨덴에서 가정으로 초대받는 일은 드문 경우인데 특별하게 생각한다는 의미이다. 초대를 받으면 상대방에게도 동일한 수준의 초대를 하여야 한다. 식사하는 동안의 대화로는 활기 넘치고 널리 알려진 일반적인 이야기가 좋다. 식사하는 동안에는 사업에 관한 이야기를 피해야 한다.

(2) 식사문화

스웨덴에서 시작한 음식이 뷔페이다.[77] 스웨덴에서는 일련의 음식들이 차가운 것에서부터 더운 음식의 순서로 식탁에 차려진다. 오른손으로는 나이프를 집고 포크는 왼손으로 드는 대륙식으로 음식을 먹는다. 식사를 마쳤다는 표시를 하려면 접시 위에 나이프와 포크를 모아 놓으면 된다. 음주를 하는 경우에는 초대자나 최고 연장자가 건배를 권하고 나면 마신다. 건배를 하는 경우에는 상대방과 눈인사를 하고 잔을 내릴 때도 눈인사를 한다. 식사를 마칠 때는 초대자의 부인 왼쪽에 앉은 귀빈이나 남성 손님이 감사의 표시로 초대자나 그의 부인에게 건배를 권한다.

(3) 선물문화

스웨덴에서 무역상담과 관련하여 가정으로 초대를 받으면 꽃을 선물하는 것이 예의인데 초대받은 당일에 꽃을 보내는 경우도 있다. 꽃을 직접 전달하는 경우에는 포장을 풀고 전달하여야 한다. 초대받은 다음 날에는 감사의 말을 전하여야 한다.

제21절 스위스

1. 일반 개요

(1) 국가의 특징

스위스(Swiss Confederation)는 스위스식 회의체 연방국화제 국가이다. 유럽 중부 내륙에 위치하고 기후는 대륙성 및 고산성 기후이며 면적은 41천 ㎢로 한반도의 1/5

77) http://kin.naver.com/qna/detail.nhn?d1id=13&dirId

이다. 수도는 베른(Bern)이다. 민족은 독일계(64%), 프랑스계(20%), 이탈리아계(7%) 등으로 구성되어 있다. 언어는 독일어, 프랑스어, 이탈리아어를 사용한다. 종교는 가톨릭(41.8%), 기독교(35.3%), 이슬람교(4.3%)이다. 화폐단위는 스위스 프랑(Swiss franc: Sw fr)을 사용하며 산업구조는 서비스업(70.6%)이 주를 이루고 제조업(28%), 농업(1.4%) 순이다. 주요 수출품은 기계, 화학제품, 금속, 시계 등이며 주요 수입품은 기계, 화학제품, 자동차, 금속 등이다. 주요자원으로는 수력자원, 목재, 소금 등이 있다.[78)]

(2) 국민성

스위스인은 보수적인데 부지런하고 모든 일에 빈틈이 없다. 스위스인은 법규는 물론 모든 면에서 자율적으로 질서를 지키며 생활한다. 스위스인은 높은 생활수준을 가지고 있으며 역사에 대한 자부심도 강하다. 역사적으로 겪은 경험으로 인하여 항상 유사시를 대비하는 습관이 배어있는 국민이다. 스위스인은 자기의 견해와 다르면 충돌을 피하며, 타협점을 모색하지만 자기의 실수나 잘못은 시인하지 않는다.

(3) 사회관습

1) 인사

스위스에서는 처음 만나거나 헤어질 때 인사를 하는 방법은 악수를 하는 것이다. 그렇지만 자주 만나는 사람들끼리는 악수를 하지 않는 것이 일반적이다.[79)] 친분이 있거나 오래간만에 만나는 경우에는 서로 껴안고 상대방의 등을 가볍게 토닥거린다.

2) 호칭

스위스에서는 가까운 사이라도 이름을 부르지 않는다. 직함이나 직위가 있는 경우에는 성 앞에 직함이나 직위를 붙여 호칭하는 것이 일반적이다.

3) 언행

스위스인은 부를 과시하는 것을 싫어하고 사생활을 대단히 중요하게 여긴다. 그래서 다른 사람의 개인적인 일에 대해서는 관여를 하지 않는다.

---

78) 한국수출입은행, 전게서, p.380 참조.

79) http://terms.naver.com/entry.nhn?docId=559462&cid=46627&categoryId=46627

2. 무역상담 문화

(1) 시간관념

스위스인과 상담을 하려면 사전약속은 필수적이며 시간약속도 엄격히 지켜야 한다. 스위스인은 시계처럼 움직이며 규율 또한 엄격하기 때문에 약속된 시각에 도착하며 시간이 허락하는 한 성실하게 대해준다.

(2) 무역상담 전략

스위스인은 무역거래를 할 때에 상세한 계약서 작성을 요구하고 있다. 그래서 무역상담시에 제반사항도 논리적으로 설명하여야 하고 상품의 가격, 품질, 시장성에 대한 철저한 조사자료가 있어야 한다. 스위스인은 소량주문을 하다가 상대방의 신뢰도가 높으면 대량주문을 한다.

(3) 무역상담 결정형식

스위스는 보수적인 성격이 강하여 무역상담에 대한 의사결정권은 관련 업무담당자 상급자들이 결재권을 행사한다. 스위스의 무역상담 결정형식은 중앙집중식 의사결정이며 간부들의 결재가 필요하다.

(4) 무역상담 유의점

스위스인은 무역상담시에 해당분야에서 해박한 지식과 능력을 가진 전문가가 참여한다. 스위스에서는 인간관계보다 정확한 사업가 자세를 보인다. 무역상담시에 갑작스럽게 무역상담의 내용을 변경하면 안 된다.

3. 초대문화 · 식사문화 · 선물문화

(1) 초대문화

스위스에서는 무역상담과 관련한 식사초대는 거의 하지 않는다. 개인적인 친분이 있는 경우에만 식사초대를 하여 인간관계를 돈독하게 만든다.

(2) 식사문화

스위스의 전통음식은 퐁듀(fondu)이다. 퐁듀라는 말은 프랑스어의 녹아서 섞였다는 의미이다. 스위스가 알프스 산맥에서 활동하였던 사냥꾼들이 딱딱하게 얼어버린 치즈를 불에 녹여서 먹기 쉽게 하여 마른 빵을 찍어먹었던 것이 시초가 되었다.[80)]

(3) 선물문화

스위스 가정으로 초대받으면 개인의 취미에 대하여 칭찬해 주는 것이 예의이다. 선물은 그림 또는 꽃을 선사하거나 초콜릿을 선물한다. 붉은 장미는 예외로 한다.

제22절 우크라이나

1. 일반 개요

(1) 국가의 특징

우크라이나(Ukraine)는 1991년 8월 24일 구소련연방으로부터 독립한 대통령중심제 국가이다. 유럽 동부에 위치하고 기후는 내륙성 기후이며 면적은 603.6천 ㎢로 한반도의 2.7배이다. 수도는 키프(Kiev)이다. 민속은 우크라이나인(77.8%), 러시아인(17.3%), 벨로루시인(0.6%) 등으로 구성되어 있다. 언어는 우크라이나어가 공용어이고, 러시아어 등을 사용한다. 종교는 우크라이나 정교, 가톨릭 등이다. 화폐단위는 히리브니아(Hryvnia: UAH)를 사용하며 산업구조는 서비스업(58.25%)이 주를 이루고 제조업(31.6%), 농업(10.2%) 순이다. 주요 수출품은 금속, 기계설비 및 운송설비, 섬유, 식음료, 농산품, 연료, 석유제품, 화학제품 등이며 주요 수입품은 기계·설비, 에너지, 화학제품 등이다. 주요자원으로는 망간, 목재, 석탄, 천연가스, 철광석 등이 있다.[81)]

---

80) http://blog.naver.com/PostView.nhn?blogId=jsouthj&logNo=50166998840
81) 한국수출입은행, 전게서, p.422 참조.

(2) 국민성

우크라이나인은 친절하고 정이 많은 국민이다. 우크라이나인은 자국의 문화에 대한 자부심이 있고 자존심이 강하여 예술이 발달하였다.

(3) 사회관습

우크라이나인들은 일반적으로 농담을 즐기는 편이나 자신의 외모나 가족에 대한 농담에 대해서는 불쾌하게 생각한다. 여성에게 나이를 묻는 것은 실례이며, 남녀를 불문하고 어깨나 팔 등 신체의 일부를 접촉하는 것을 싫어한다.[82]

2. 무역상담 문화

우크라이나인은 친분관계를 형성한 후 그 결과를 문서로 작성하여 서명하는 경우가 많다. 이것은 양측이 협력하기로 계획한 내용들에 관한 합의문서이다. 이후 무역상담을 하고 합의가 되면 최종계약서를 작성하고 서명한다.

3. 초대문화 · 식사문화 · 선물문화

(1) 초대문화

우크라이나에서는 음식점이 드물기 때문에 우크라이나 사업체의 초대장소를 물색하고 초대한 측이 비용을 부담한다. 가정으로 초대받아 방문을 한 경우에는 출입문 바로 안쪽에 신발을 벗는다.

(2) 식사문화

우크라이나의 전통음식은 어린 송아지 고기로 육수를 내고 붉은색 무와 다양한 야채를 넣어 끓여 새콤한 느낌의 크림을 가운데 얹어 먹는 보르쉬(Borsche)이다.[83] 우크라이나에서는 식사하는 중에 건배를 하고 나서 술을 마신다. 초대자가 먼저 건배를 제안한다. 여성들은 절대로 술을 따라서는 안 된다.

82) http://search.daum.net/search?nil_suggest=btn&w=tot&DA
83) http://cafe.daum.net/quiltweaver/42Wf/429?q

(3) 선물문화

우크라이나에서 가정으로 초대받은 경우에는 선물을 준비하는 것이 좋다. 초청자의 부인을 위해서 꽃을 준비하는 것이 좋은데 꽃의 수는 홀수이어야 한다. 짝수의 꽃은 재앙을 상징하기 때문이다.

제23절 영국

1. 일반 개요

(1) 국가의 특징

영국(United Kingdom of Great Britain and Northern Ireland)은 입헌군주제 내각책임제 국가이다. 유럽 서부에 위치하고 기후는 온대해양성 기후이며 면적은 240천 ㎢로 한반도의 1.1배이다. 수도는 런던(London)이다. 민족은 앵글로색슨, 켈트 등으로 구성되어 있다. 언어는 영어, 웨일즈어, 게일어를 사용한다. 종교는 기독교(71.6%), 이슬람교(2.7%)이다. 화폐단위는 파운드(Pound: £)를 사용하며 산업구조는 서비스업(78.6%)이 주를 이루고 제조업(21%), 농업(0.4%) 순이다. 주요 수출품은 공산품, 연료, 화학제품, 식료품 등이며 주요 수입품은 공산품, 기계 연료 등이다. 주요 자원으로는 석탄, 원유, 천연가스, 철광석 등이 있다.[84)]

(2) 국민성

영국인은 온건하고 보수적이며 천성이 온화하고 큰 변화를 싫어한다. 또한 개인주의적인 성향도 존재하며, 신사도를 지키면서도 실용적인 상업주의를 중시한다. 영국인은 인내심을 갖고 이성적으로 생각하기 때문에 타인의 일에 간섭하지 않고 또한 실례가 되지 않도록 행동하는 규범에 익숙해 있으며, 타인으로부터 다른 사람에 대한 이야기를 듣는 것을 좋아한다. 생활태도나 심리상태는 변화에 민감하고 온건하며 역

84) 한국수출입은행, 전게서, p.386 참조.

사와 경험을 토대로 하는 현실을 존중한다. 사물을 있는 그대로 관찰하고 자료를 다각적으로 수집하여 결론을 내는 귀납법적인 사고방식을 가지고 있다. 영국인은 연장자를 존중하며 이들의 권위적인 태도를 잘 수용한다. 영국인은 장기적인 인간관계를 중시한다. 영국인은 인간관계가 이루어지면 솔직하고, 직설적으로 표현하는 경우가 많은 편이다.

(3) 사회관습

1) 인사

영국인은 오랜만에 만나거나 처음 소개받을 때 외에는 악수하는 것을 선호하지 않는다. 악수는 가볍게 하며, 여성이 손을 내밀 때만 악수를 나눈다. 영국인은 긍정적이든 부정적이든 감정표현은 하지 않는다. 영국인들은 제3자가 소개해 주는 것을 선호한다. 손가락으로 코를 톡톡치는 행위는 신뢰의 표시나 장난의 표시이다.

2) 호칭

영국인은 가까운 사이라도 가장 존경하는 호칭으로 부르며 그 사람에 대한 경력을 모르면 다른 사람이 그 사람을 호칭하는 말로 부른다. 또한 자신을 소개할 때는 성이나 아니면 이름 전체를 말한다. 여성의 경우에는 이와는 반대로 성 앞에 부인(Mrs.), 양(Miss.)을 붙인다.

3) 복장

영국의 복장에는 두 가지 방식이 있는데 정장으로 입거나 간단한 복장을 하는 경우이다. 군대나 공립학교 등을 의미하는 줄무늬 넥타이를 착용하는 것은 좋지 않다. 그래서 줄무늬 넥타이를 하는 것은 계급의식이 강하다는 표시로 오해받을 수 있다.

4) 언행

영국인은 대화를 나눌 때에 담배를 피우려는 경우 상대방에게 우선 권하는 관습이 있다. 영국인은 어릴 때부터 인사하는 생활습관이 배어 있어서 지나가는 사람이라도 웃으며 의례적인 인사말을 하는 경우가 많다. 이러한 것은 개인적인 친분을 나타내는 인사말이 아니다.

2. 무역상담 문화

(1) 시간관념

영국에서는 시간을 정확히 지키는 것이 오히려 예의에 어긋난다고 생각한다. 무역상담 시간 약속은 적어도 방문 2주전에 요청해야만 한다. 영국인 기업이 무역상담 진행이 느리기는 하지만 확실하고 장기적인 관계구축으로 이어지는 경우가 많기 때문에 유연한 대처가 필요하다.

(2) 무역상담 전략

영국인은 형식과 예절을 중시하기 때문에 무역상담과 관련하여 자신의 감정을 되도록 노출하지 않으며 상대방에게 최대한 배려와 예의를 표한다. 그러나 웨일즈나 스코틀랜드 지방에서 사는 영국인들은 형식이나 예의 등에 구애받지 않고 행동한다. 영국인은 무역상담시에 본론부터 시작하며 논리적으로 설명하며 애매모호한 표현은 하지 않는다.

(3) 무역상담 결정형식

영국인 기업에서는 무역상담에 대한 의사결정은 3사람 이상의 설성과성을 서신다. 영국인 기업에서는 업무와 관련된 문제인 경우는 개인적으로 판단하여 의사결정을 하는 일이 거의 없다. 구성원 전체의 의견을 수렴하여 공동의 토론과정을 거쳐 합의점에 도달하는 것이 일반적이다. 그러므로 무역상담을 효과적으로 진행하려면 제품과 관련된 객관적인 자료를 준비하여 관련자 전원이 참석한 상태에서 설명하여야 한다.

(4) 무역상담 유의점

영국인은 무역상담시 상대방의 말을 경청하며 머리를 상하로 움직이는 경우가 있는데 이는 승낙의 표시가 아니라 듣고 있다는 표시이다. 무역거래를 서면으로 추진할 경우 우선은 서신과 팩스를 활용하는 것이 좋다. 영국인이 무역상대자를 평가하는 기준은 신용이다. 당사자의 합의가 구두에 의한 것이라도 반드시 지켜야 한다. 무역상담시에는 단정적인 표현보다는 우회적인 표현이 좋다.

3. 초대문화 · 식사문화 · 선물문화

(1) 초대문화

영국인과 무역상담과 관련한 식사를 할 경우 저녁보다는 점심을 선호한다. 초대는 주로 음식점이나 일반 음식점에서 이루어진다. 음식점에 예약했더라도 30분 이상 늦게 도착하면 취소되기 때문에 영국인보다 미리 도착하는 것이 바람직하다. 영국인은 특별한 고객인 경우 가정으로 초대한다. 초대나 회합 등에서 검은 넥타이 착용 등으로 쓰여 있는 경우 남성은 전통적 예복을 입으며 여성은 롱드레스를 입어야 한다.

(2) 식사문화

영국의 서민음식으로는 피시 앤드 칩스(fish and chips)가 있는데 썰은 감자와 반죽한 생선을 튀겨서 만든 즉석식 음식이다. 요크셔푸딩(Yorkshire-Pudding)은 영국요리 중 하나로, 짭짤한 맛을 가진 푸딩이다. 이 음식은 자주 로스트비프와 함께 먹거나, 육즙이 있는 고기 요리나 그 자체로 먹는다. 육즙은 요크셔푸딩을 전채로 먹을 때, 많은 사람이 기본적인 요소로 여긴다.[85)]

영국인은 초대식사의 경우에는 형식과 절차를 지켜 자리배치를 하고 식사를 시작한다. 식사의 방법은 별도로 정해진 것은 없는데 건배제의를 하는 경우에는 서로 눈을 마주쳐서 눈인사를 하는 것이 기본예절이다. 식사는 사전요리, 주요리, 후식, 커피 등으로 이어지는 정식코스로 한다. 영국인들은 우유를 넣은 풍부하고 진한 홍차를 즐기며 맛을 내기 위해 설탕을 넣기도 한다.[86)]

(3) 선물문화

영국에서는 업무상 친분이 있는 사람에게 특정일에 선물을 보내지 않는다. 영국의 기업이나 공기업에서는 포도주나 위스키 같은 작은 선물일지라도 엄격히 금지하고 있다. 개인적인 초대의 경우에는 초콜릿, 꽃, 위스키 등 과 같은 간단한 선물을 준비하는 것이 좋으며, 꽃을 선물할 때는 홀수로 전달하지만 국화, 백합, 붉은 장미 등은 피해야 한다.

---

85) http://k.daum.net/qna/view.html?category_id=QQO&qid
86) http : //www.uhak24.com/top/england/en01_03.html

아프리카지역의 무역문화

제1절 알제리아

1. 일반 개요

(1) 국가의 특징

알제리아(People's Democratic Republic of Algeria)는 1962년 7월 5일 프랑스로부터 독립한 공화제 대통령 중심제 국가이다. 북부 아프리카에 위치하고 기후는 지중해성(북부), 대륙성 및 사막(남부) 기후이며 면적은 2,382천 ㎢로 한반도의 11배이다. 수도는 알지어스(Algiers)이다. 민족은 아랍 베르베르인(99%), 기타 민족 등으로 구성되어 있다. 언어는 아랍어가 공용어이고 프랑스어, 베르베르어 등을 사용한다. 종교는 수니파 이슬람교(99%), 기독교, 유대교 등이다. 화폐단위는 알제리안 디나르(Algerian Dinar: AD)를 사용하며 산업구조는 제조업(60.9)이 주를 이루고 서비스업(30.2%), 농업(8.9%) 순이다. 주요 수출품은 원유, 가스, 석유제품 등이며 주요 수입품으로는 자본재, 식량, 소비재 등이다. 주요자원으로는 석유, 천연가스 등이 있다.[1)]

---

1) 한국수출입은행, 해외경제연구소, 2014 세계국가편람, 2013.12, p.132 참조.

(2) 국민성

알제리 문화는 베르베르, 이슬람, 프랑스 문화가 뒤섞여 있다. 그러나 프랑스 문화가 근대화의 중심으로 정치, 경제, 교육 등 제도의 밑바탕을 이루고 있어 일상생활에서는 프랑스 문화의 영향이 강하다. 도심지역 사람들은 프랑스의 영향을 많이 받아 폐쇄적이고 차가운 태도를 보이는 경향이 크나, 남부 및 농촌지역 사람들은 개방적이고 우호적이다.

(3) 사회관습

알제리인은 명예와 평판을 중시한다. 가족에 대한 성실성은 절대적인데 종종 가족이란 가치는 개인의 요구를 앞선다. 가부장적 권위가 매우 강하며 결혼, 이혼 등과 같은 경조사에 있어 가장의 의사가 절대적이다. 노인에 대한 존경심도 철저하다. 알제리에서는 가까운 친구끼리 서로 껴안거나 볼을 맞대는 인사를 한다. 초대자가 소개해주기 전에 자신을 소개해서는 안 되며 인사를 마친 후에 연장자가 자리를 권하면 앉아야 한다. 알제리에서 직위나 직함은 중요한데 명함에 이를 표시하여야 한다.[2)]

2. 무역상담 문화

(1) 시간관념

알제리인은 인간관계를 약속시간보다 우선시한다. 알제리인은 약속시간에 늦는 경우가 많기 때문에 무역상담을 원하여 방문한 경우에는 인내심을 가지고 대응하여야 한다.

(2) 무역상담 전략

알제리인은 감정을 직선적으로 표현하며 무역거래의 목적을 달성하기 위해 과장된 표현을 한다. 정교한 언어표현을 한다. 알제리인은 무역상담에서 갈등이 표출되는 것을 싫어한다. 알제리인은 무역상담시에 가격과 거래조건을 양보해주기를 바라며 어느 정도의 양보를 얻어냈는가에 따라 자신의 능력 또는 성공여부를 판단하기도 한다.

---

2) http://100.daum.net/encyclopedia/view.do?docid=b14a3849b

(3) 무역상담 결정형식

알제리에서는 무역상담에 관한 의사결정권을 최고경영층이 갖고 있다. 실무자는 무역상담의 진행과정을 보고하는 위치에 있을 뿐이다. 그러므로 기업의 최고경영층과 직접 무역상담을 시도하는 것도 방법이 된다.

(4) 무역상담 유의점

알제리에서는 서로의 부탁을 주고받는 것은 상대방과 친분관계를 유지하는 초석이다. 알제리인의 부탁은 들어주기 불가능하거나 내키지 않더라도 일단은 이를 거절해서는 안 된다.

3. 초대문화 · 식사문화 · 선물문화

(1) 초대문화

알제리인이 진심으로 가정으로 초대하고 싶은 경우에는 몇 번이고 초대 의사를 밝히며 교통편도 제공해주는 경우가 많다. 이러한 경우는 특별한 것이기 때문에 반드시 초대에 응해야 한다.

(2) 식사문화

알제리의 대표음식은 쿠스쿠스(couscous)이다. 쿠스쿠스는 삶은 좁쌀을 깔고 삶은 야채와 양고기, 소고기, 닭고기 중 하나를 얹어 토마토소스를 뿌려 먹는 음식이다.[3)]

알제리인은 접대를 할 때 많은 음식을 먹도록 권하는 경향이 있다. 따라서 음식을 가능한 한 많이 먹는 것이 예의이다. 더 이상 음식을 들지 못할 때에는 명확하게 여러 차례 거절 표시를 해야 한다.

(3) 선물문화

알제리인은 선물을 기대하지는 않는다. 알제리인은 소유한 물건에 대해 찬사를 받게 되면 그 물건을 선물하는 경향이 있으므로 조심하여야 한다.

---

3) http://search.daum.net/search?w=tot&DA

제2절 보츠와나

1. 일반 개요

(1) 국가의 특징

보츠와나(Republic of Botswana)는 1966년 9월 30일 영국으로부터 독립한 공화제 국가이다. 아프리카 남부, 남아프리카공화국과 접경에 위치하고 기후는 열대(북부), 온대 및 아열대(기타지역) 기후이며 면적은 582천 ㎢로 한반도의 2.7배이다. 수도는 가보론(Gaborone)이다. 민족은 트스와나(Tswana)(79%), 카란가(kalanga)(11%), 바사르와(Basarwa)(3%) 등으로 구성되어 있다. 언어는 셋스와나(Setswana)어(78.2%), 영어가 공용어 등을 사용한다. 종교는 기독교(72%), 토착신앙(6%) 등이다. 화폐단위는 프라(Pula: P)를 사용하며 산업구조는 서비스업(52.9%)이 주를 이루고 제조업(45%), 농업(2.1%) 순이다. 주요 수출품은 다이아몬드, 구리, 니켈 등이며 주요 수입품은 식료품, 기계류, 전자제품 등이다. 주요자원으로는 다이아몬드, 동, 니켈, 소금, 철광석, 은 등이 있다.[4] 보츠와나는 영국으로부터 독립한 이후 국민소득은 물론 생활수준이 상당히 높은 국가로 발전하였다. 보츠와나는 낙농업을 우선으로 하는 국가이다. 보츠와나는 지역을 통치하는 추장들에게 권한을 집중하는 중앙집권체제를 유지하면서 국민들이 추장의 정책을 비판할 수 있는 개방적인 체제도 동시에 유지하였다. 추장은 국민들의 비판을 수용하여 영국의 착취적인 경제정책에 대항하면서 경제적 권익을 보호하는 기틀을 조성하여 경제적 성공을 하게 되었다.[5]

(2) 국민성

보츠와나인은 외국인에게 우호적이고 인정이 많다. 보츠와나인은 지위와 명예를 소중하게 여기고 자존심이 강하다. 대화중에도 자신의 생각이나 감정을 잘 표현하지 않는데 이는 체면을 손상당할 수 있다는 우려 때문이다.

4) 한국수출입은행, 전게서, p.192 참조.
5) http://www.cyworld.com/gothedistance/954960

(3) 사회관습

보츠와나에서는 서방 문화를 따르는 경향이 있다. 명함 등은 영어로 인쇄하는 것이 좋다. 그리고 사람들을 만날 때는 반드시 악수를 해야 하는데 남성도 여성과 악수를 할 수 있으며 친밀해진 후에는 뺨을 맞대는 전통적인 인사도 가능하다. 보츠와나인은 대화를 할 때에 상대방과 시선을 맞춘다.6)

2. 무역상담 문화

(1) 시간관념

보츠와나인은 약속시간을 엄수한다. 약속시간은 팩스나 서신을 통해 정하는 것이 가장 좋은데 보츠와나에서는 이 두 가지 통신수단이 가장 믿을만한 연락 수단이기 때문이다. 대개의 업무 약속은 정시에 시작한다.

(2) 무역상담 전략

보츠와나에서는 제품을 설명할 때에 열의를 갖고 해야 한다. 무역상담이 합의에 도달하지 못해 중지되면 그 업계에 알려지게 된다. 보츠와나에서는 합의에 도달하려는 충분한 노력을 보여준 다음이이야만 다른 거래를 추진할 수 있다.

(3) 무역상담 결정형식

보츠와나의 대기업과 거래할 때에는 상대방의 최종 의사결정권자가 처음부터 나오는 법은 없다. 이들은 고위층 참석을 물건 값을 흥정하는 카드로 사용한다. 최고경영자는 상담에 참석하지 않고 추후 필요한 경우 상대방의 양보를 얻어내기 위해 사용된다.

(4) 무역상담 유의점

보츠와나인은 대화를 할 때에 서로 가깝게 붙어 이야기한다. 특히 보츠와나인은 상담식탁에서 감정이 격화되는 경우 상대방에게 더 가깝게 다가서는데 이럴 경우 절대 뒤로 물러서면 안 된다. 보츠와나인은 상대방이 물러서는 경우, 냉정하고 인정이 없는 무례한 사람이라고 생각하는 관행이 있다.

---

6) http://terms.naver.com/entry.nhn?docId=576794&cid=46627&categoryId=46627

3. 초대문화 · 식사문화 · 선물문화

(1) 초대문화

보츠와나에서 일반적인 식사초대는 점심시간에 이루어지는데 장소는 호텔의 음식점이 알맞다. 대기업의 경우 때로는 회사 내의 시설에서 손님을 접대하는 경우도 있다. 보츠와나인은 보통 오전 10시와 오후 4시에 티타임을 갖는다. 보츠와나인과 친숙하게 관계가 발전하면 가정으로 초대하는 경우도 있다.

(2) 식사문화

보츠와나의 전통적인 음식은 우리나라 감자와 고구마의 중간정도 되는 모라마(morama)와 송로버섯(Kalahari truffle), 끓이거나 굽거나 혹은 기름에 튀겨서 먹는 모페인 애벌레(mopane worm) 등이 있다. 일반적으로 보츠와나의 음식은 기장(millet)와 수수(sorghum)로 만든 죽(porridge)이 주식이며 소고기와 염소고기가 일반화된 음식의 재료이다. 보츠와나에서 인기 있는 전통음식은 세스와(seswaa) 또는 쵸틀로(chotlho) 라는 고기 요리인데 옥수수 죽 과 함께 나온다. 또한 염소, 양, 소의 내장으로 만든 세로베(serobe)와 소꼬리(oxtail)고기도 유명하다. 다양한 종류의 빵이 있다.[7] 보츠와나인의 저녁시간은 보통 오후 7시 30분 이후에 시작된다. 보츠와나인은 포도주, 맥주 그리고 위스키를 즐겨 마신다.

(3) 선물문화

보츠와나인의 가정으로 저녁식사 초대를 받을 경우에는 그에 대한 답례로 꽃이나 초콜릿, 포도주와 같은 선물을 가져가는 것이 좋다. 선물은 반드시 그 초대자의 부인에게 주어야 한다. 그러나 보츠와나에서 선물을 주는 것이 필수적인 것은 아니다. 만약 무역상담과 관련하여 상대방에게 선물을 줄 때는 오해가 발생하지 않도록 공식석상에서 전달하는 것이 좋다.

---

7) http://kin.naver.com/qna/detail.nhn?d1id=13&dirId=130504&docId

제3절 카메룬

1. 일반 개요

(1) 국가의 특징

카메룬(Republic of Cameroon)은 1960년 1월 1일 프랑스로부터 독립한 공화제 대통령 중심제 국가이다. 아프리카 중서부. 대서양 연안에 위치하고 기후는 고온다습(남부), 고온건조(북부) 기후이며 면적은 475천 ㎢로 한반도의 2.2배이다. 수도는 야운데(Yaounde)이다. 민족은 카메룬 하이랜더(Cameroon Highlander)(31%), 이큐아토리알 반투(Equatiorial Bantu)(19%), 키르디(Kirdi)(11%) 등으로 구성되어 있다. 언어는 영어와 프랑스어가 공용어이고 24개의 토착어 등을 사용한다. 종교는 터착 종교(40%), 기독교(40%), 이슬람교(20%) 등이다. 화폐단위는 세파 프랑(CFA franc: fr)을 사용하며 산업구조는 서비스업(51.5%)이 주를 이루고 제조업(27.7%), 농업(20.7%) 순이다. 주요 수출품은 원유, 석유제품, 목재, 코코아, 알루미늄 등이며 주요 수입품으로는 기계류, 전기장비, 운송장비, 연료, 식료품 등이다. 주요자원으로는 원유, 보크사이트, 철광석, 목재 등이 있다.[8] 카메룬에서 석유가 발견된 것은 1989년으로 카메룬 경제성장의 원동력이 되고 있다. 다른 지하자원의 경우는 산림지대에 위치하고 있는데다 교통망이 발달되지 않아서 채굴에는 상당히 어려운 점이 많다.

(2) 국민성

카메룬인은 영국과 프랑스의 영향을 받아 진취적이며 개방적이기 때문에 외국의 문화를 신속하게 수용하려고 한다. 카메룬인은 자국의 전통문화에 대한 자긍심이 강하여 전통문화를 보존하는 데에도 심혈을 기울이고 있다. 그렇지만 200여 종족으로 이루어진 국가이기 때문에 다양한 정통문화가 존재한다. 카메룬인은 지위와 명예를 소중하게 여긴다. 그래서 자신의 생각이나 감정을 질 표현하지 않는다.

---

8) 한국수출입은행, 전게서, p.198 참조.

(3) 사회관습

1) 인사

카메룬에서는 인사를 할 때에 악수를 하는 것이 보편적이다. 남성과 인사를 할 때는 상대방 눈을 쳐다보면서 매우 힘차게 악수를 해야 한다.

2) 가족제도

카메룬인의 가족에 대한 성실성은 절대적이다. 카메룬인에게 가족은 이 세상에서 가장 귀중한 존재이기 때문에 개인의 요구는 무시하는 경우가 많다. 이러한 이유로 카메룬에서는 가부장적 권위가 매우 강하며 결혼, 이혼 등과 같은 경조사에 있어 가장의 의사가 절대적이다. 노인에 대한 존경심도 철저하다.

3) 언행

카메룬인은 큰 소리로 말하고 풍부한 얼굴 표정과 몸동작으로 의사소통을 한다. 카메룬인과 상담할 때나 대화중에는 계속해서 눈을 들여다보아야 한다. 대화 도중에 한눈을 파는 것은 상대편에게 관심이 없다는 것으로 간주한다.[9)]

2. 무역상담 문화

(1) 시간관념

카메룬인은 무역상담 약속시간을 정하였다고 하더라도 30분 이상 혹은 더 늦게 약속 장소에 모습을 나타낸다.

(2) 무역상담 전략

카메룬인은 영어와 불어가 공식언어이기 때문에 영어를 구사하는 사람이 많다. 카메룬에 주재하는 무역중개기관과 계약을 맺어 거래를 위한 카메룬 사람을 소개받는 것도 좋다. 카메룬에서는 최초의 접촉을 가진 후에는 개인적인 유대관계를 수립하는 것이 중요하다.

---

9) http://100.daum.net/encyclopedia/view.do?docid=b21k0887b

(3) 무역상담 결정형식

카메룬에서는 무역상담에 관한 의사결정권을 최고경영층이 갖고 있다. 실무자는 무역상담의 진행과정을 보고하는 위치에 있을 뿐이다. 그러므로 기업의 최고경영층과 직접 무역상담을 시도하는 것도 방법이 된다.

(4) 무역상담 유의점

카메룬에서 사업을 하기 위해서는 일정한 수준의 격식이 필요하다. 카메룬인 사업 관점에서는 상대를 정확하게 알고 싶어 하기 때문에 수시로 방문하는 것이 좋다.

3. 초대문화 · 식사문화 · 선물문화

(1) 초대문화

카메룬인이 가정으로 저녁 초대를 하였다면 특별한 예우를 한 것이기 때문에 흔쾌하게 승낙하여야 한다. 그러한 경우 초대자의 부인을 적절한 선물은 초콜릿, 양주 등이다.

(2) 식사문화

카메룬의 선동음식은 풀로 만들거나, 야체로 만든 음식이 대부분이다. 그중 옥수수로 만든 쿠스쿠스(couscous)가 있다.[10] 초대자는 모든 음식을 맛보고 또 많이 먹도록 권한다. 더 이상 먹을 수 없는 경우에는 냅킨을 식탁 위에 올려놓으면 거절의 표시가 된다.

(3) 선물문화

카메룬인은 선물을 기대하지는 않는다. 그러므로 무역상담을 하는 중에 나 혹은 가정에 초대를 받은 경우에도 큰 부담을 가질 필요는 없다. 선물은 무역상담이 종료된 후에 하는 것이 좋다.

---

10) http://foodwide.net/board/index.html?dir_id=90205&doc_id

제4절 코트디부아르

1. 일반 개요

(1) 국가의 특징

코트디부아르(Republic of Côte d'Ivoire)는 1969년 8월 7일 프랑스로부터 독립한 공화제 대통령 중심제 국가이다. 아프리카 동서부, 대서양 연안에 위치하고 기후는 열대성 기후이며 면적은 322천 ㎢로 한반도의 1.4배이다. 수도는 행정수도인 야모스코로(Yamoussoukro)와 경제수도인 아빗잔(Abidjan)이다. 민족은 아칸(Akan: 42%), 볼타이쿠스(Voltaiques: 18%), 노던 만데스(Northern Mandes: 17%) 등으로 구성되어 있다. 언어는 프랑스어가 공용어이고, 디오우라(Dioula) 외 60여개 토착어를 사용한다. 종교는 이슬람교(39%), 기독교(33%), 토착종교(12%) 등이다. 화폐단위는 세파 프랑(CFA franc: fr)을 사용하며 산업구조는 서비스업(51.5%)이 주를 이루고 농업(26.6%), 제조업(21.8%) 순이다. 주요 수출품은 코코아, 커피, 석유, 면화, 바나나, 파인애플 등이며 주요 수입품은 연료, 자본재, 식료품 등이다. 주요자원으로는 석회암, 소다, 형석, 소금 등이 있다.[11] 코트디부아르는 경공업을 위주로 하는 공업 생산은 성장을 거듭해왔지만, 공업의 정착을 위한 정부의 시도는 민간투자회사와 사업기술의 부족으로 난관에 봉착해 있다. 1980년부터 시작된 석유생산이 각종 광산업 중에서 가장 중요한 비중을 차지하며, 전력은 주로 수력발전에 의존한다.

(2) 국민성

코트디부아르인은 가족을 중요하게 생각하며 기족에 대한 애착과 성실성은 절대적이다. 코트디부아르인은 가부장적 권위가 매우 강하며 결혼, 이혼 등과 같은 경조사에 있어 가장의 의사가 절대적이다. 코트디부아르인은 수많은 민족이 같이 생활하는 동안에 서로 돕는 정신을 터득하여 타인에 대하여 우호적이다.

---

11) 한국수출입은행, 전게서, p.216 참조.

(3) 사회관습

코트디부아르인은 가부장적인 사회를 구성하고 있기 때문에 연장자를 존중하는 관습을 가지고 있다. 대부분의 사람들이 가정으로서 점심식사를 하는 것을 선호하지만 접대를 위해서 밖에서 점심이나 저녁식사를 하는 일도 있다. 코트디부아르인은 보통 청량음료와 포도주를 즐겨 마신다.[12)]

2. 무역상담 문화

(1) 시간관념

코트디부아르인은 시간관념이 철저하여 약속된 시간에 정확히 무역상담이 시작되는 경우가 보통이다. 코트디부아르인은 업무나 거래에 있어서 완벽을 추구한다. 그러나 코트디부아르 공무원들의 경우에는 시간약속에 대한 관념이 희박하다. 코트디부아르인과 무역상담 시간을 약속하는 경우에는 재차 확인하여야 차질이 없다.

(2) 무역상담 전략

코트디부아르 사업가들은 세계 여러 나라의 기업들과 교역하기를 원한다. 그렇지만 교역을 할 자원은 많은 편이 아니다.

(3) 무역상담 결정형식

코트디부아르에서는 무역상담에 관한 의사결정권을 최고경영층이 갖고 있다. 실무자는 무역상담의 진행과정을 보고하는 위치에 있을 뿐이다. 그러므로 기업의 최고경영층과 직접 무역상담을 시도하는 것도 방법이 된다.

(4) 무역상담 유의점

코트디부아르에서는 불어가 공용어이다. 홍보물이나 상품설명서 같은 것은 반드시 불어로 번역해 놓아야 한다.

---

12) http://encykorea.aks.ac.kr/Contents/Index?contents_id=E0058643

3. 초대문화 · 식사문화 · 선물문화

(1) 초대문화

코트디부아르에서는 업무상의 접대를 위한 음식점으로 호텔 음식점을 선호한다. 상대를 자신의 가정으로 초대하는 경우도 많다.

(2) 식사문화

코트디부아르에서는 쿠스쿠스처럼 카사바를 갈아 곁들이는 음식인 아띠에케(atti'ek'e)가 대표적이다. 아띠에케는 비싸지 않은 모래 위에 식탁과 의자가 있는 야외 음식점인 마퀴(marquis)에서 쉽게 찾을 수 있다. 마퀴에선 일반적으로 기름에 볶아 물에 익힌 닭 요리와 양파와 토마토와 함께 부드럽게 만들어 요리한 생선을 아띠에케 또는 야채와 부드러운 소스로 요리한 닭고기인 케제누(kedjenou)와 함께 먹을 수 있다.[13)]

(3) 선물문화

코트디부아르인은 선물을 기대하지는 않는다. 그러므로 무역상담을 하는 중에 나 혹은 가정에 초대를 받은 경우에도 큰 부담을 가질 필요는 없다. 선물은 무역상담이 종료된 후에 하는 것이 좋다.

제5절 이집트

1. 일반 개요

(1) 국가의 특징

이집트(Arab Republic of Egypt)는 1922년 2월 28일 영국으로부터 독립한 대통령

---

13) http://www.shoestring.kr/travel/af/ar_11.html

중심제 국가이다. 아프리카 동북부, 지중해 연안에 위치하고 기후는 아열대성 사막기후이며 면적은 1,001천 ㎢로 한반도의 5배이다. 수도는 카이로(Cairo)이다. 민족은 아랍계 이집트인(99%), 베두인인, 누비아인 등으로 구성되어 있다. 언어는 아랍어가 공용어이고, 영어, 프랑스어를 사용한다. 종교는 대부분 수니파인 이슬람교(90%), 기독교 등이다. 화폐단위는 이집트 파운드(Egyptian Pound: E£)를 사용하며 산업구조는 서비스업(47.9%)이 주를 이루고 제조·공업(37.4%), 농업(14.7%) 순이다. 주요 수출품은 원유 및 석유제품, 면직, 섬유, 금속, 화학, 가공식품 등이며 주요 수입품으로는 기계장비, 식량, 화학, 목재, 연료 등이다. 주요자원으로는 석유, 천연가스, 철광석 등이 있다.[14)]

(2) 국민성

이집트인은 많은 종족이 혼합되어 있기 때문에 성격적으로나 체격적으로 차이가 있지만 이집트인들은 붙임성이 있고 인정이 많으며 온화하고 융통성이 있지만 반면 자존심이 강하고 이기적이며 고집이 세다. 이들은 자녀의 결혼에 대해서 상대와 결혼자금에 관하여 교섭을 행하며 여성의 지위는 낮은 것으로 되어 있으나 가정에서 실질적인 권한을 갖는 것은 아내인 경우가 많다.

그리고 이집트인 상당수의 사람들은 영어를 구사할 줄 안다.[15)] 이집트에서는 상해사건이나 범죄 발생률이 적은데 이집트인의 너그러운 성격을 갖고 있어 조그만 일에 구애하지 않고 관대하게 넘어가기 때문이다. 이집트인은 외국인에게 매우 친절하다.

(3) 사회관습

1) 인사

이집트는 보수적인 관습은 유지하고 있다. 이집트 남성들은 인사할 때에 주로 악수를 한다. 아랍의 전통적인 남성간의 인사 방법은 서로의 오른손을 잡고 왼손을 상대방의 오른쪽 어깨에 올린 다음 서로의 뺨을 대맞는 것이다. 양 볼을 맞댄 후에는 서로 양손을 잡고 장황하게 인사를 하며 상대방의 가족 등 많은 사람의 안부를 함께 물어보는 것이 좋은 인사예절이다. 친족, 형제, 부자, 부녀 등 친족관계가 아닌 여성과

14) 한국수출입은행, 전게서, p.138 참조.
15) http://myhome.naver.com/salashin.main.htm

남성 간에는 뺨을 맞대는 인사는 하지 않는다. 보통 남성과 남성, 여성과 여성의 경우에 이러한 인사를 하며 오랜만에 만난 경우는 포옹을 하기도 하나 처음 만났을 때는 보통 악수를 한다.

2) 호칭

이집트에서는 영어와 같은 순서로 이름을 쓴다. 이집트인은 성에 직함을 붙여서 호명하는 것을 좋아한다. 단순히 미스터 아무개 씨로 부르는 것보다는 의사, 기술자, 전직 주요 정부관리라면 당시 직함 등을 불러주면 매우 좋아한다. 상대방이 허락하지 않은 상태에서 성(姓)만 불러서는 안 된다.

3) 복장

이집트애에서는 지나치게 노출된 복장, 공공장소에서의 음주, 여성들과의 신체접촉 등은 허용되지 않는다. 거래모임에서는 재킷과 타이를 착용하는 것이 좋고 셔츠는 칼라 부분까지 단추를 채워야 한다. 남자는 눈에 띄는 목걸이 등과 같은 액세서리를 피해야 한다. 이집트인은 외국인이 자신들의 전통의상을 입는 것을 좋아하지 않는다.

4) 음주

이집트에서 독실한 이슬람교도들은 술과 돼지고기를 먹지 않는다. 최고급 호텔에서만 도수가 높은 술이 판매되고 대부분의 이집트 음식점에서는 맥주와 포도주만 판매된다.

5) 종교

이슬람교도는 1일 5회 예배를 실시하며 예배중인 사람을 방해하는 것은 실례이다. 따라서 무슬림이 아닌 사람이 관광차 모스크에 들어갈 경우에는 정숙하여야 한다. 금식기간인 라마단 기간 중에는 외국인도 낮에는 공공장소에서 흡연, 음식 등을 피해야 한다.

6) 가족제도

이집트는 이슬람교를 기반으로 한 가부장 중심사회이며, 일부다처제이다. 이집트의 혼인문제는 개인의 문제가 아닌 가족전체의 문제이기 때문에 인생의 반려자는 가족 구성원이 공동으로 물색하여 서로 상의하여 선택한다. 이것은 개인보다는 집안을

중요시하는 이슬람적 혈연의식의 대표적인 특징으로서 개인간의 결혼이 아닌 집안과 집안, 씨족과 씨족, 부족과 부족의 결혼으로 생각하기 때문이다. 이슬람교도 남자가 타 종교의 여자와 결혼하는 것은 가능하지만 이슬람교도 타종교의 남자와 결혼하는 것은 불가능하다.[16)]

7) 언행

이집트에서는 식사를 하거나 물건을 전달할 때에 오른손만을 사용하여야 한다. 앉는 경우에 발바닥이나 신발바닥이 상대방을 향하면 안 된다.[17)]

2. 무역상담 문화

(1) 시간관념

이집트에서 무역상담시에 시간엄수는 중요시되지 않는다. 시간을 엄수하려고 노력하지만 상대방이 약속시간에 늦거나 심지어 약속 장소에 나타나지 않을 수도 있다.

(2) 무역상담 전략

이집트는 중동, 아프리카의 정치・경제・문화의 중심지일 뿐만 아니라 아시아, 유럽, 아프리카를 잇는 동서 문화의 중심지이며 아랍국가 중 가장 서구화된 나라이기도 하다. 그러므로 무역거래도 서구화된 관습을 존중하기 때문이 이를 전략에 활용하여야 한다.[18)]

(3) 무역상담 결정형식

이집트 기업에서는 무역상담과 관련한 의사결정권을 최고경영자가 가지고 있다. 무역상담에 참여하는 실무자 또는 중간관리자는 계속적으로 최고경영자에게 보고하고 승낙을 얻는 방법을 사용하기 때문에 의사 결정과정이 복잡하다. 따라서 무역상담에 관련된 의사결정에 소요되는 시간이 오래 걸릴 수 있다. 이러한 점을 고려하여 일정을 계획하여야 한다.

---

16) http://100.daum.net/encyclopedia/view.do?docid=b18a0464b
17) http://100.daum.net/encyclopedia/view.do?docid=b18a0464b
18) 정선행, 「이집트사회의 이해」, 한빛출판사, 1999, p.57.(http://www.mofat.go.kr/egypt)

(4) 무역상담 유의점

이집트어는 과장이나 시적인 표현, 감정 표현, 미사여구 등의 수사적 표현이 많다. 이집트인은 성격이 낙천적이라 할 수 없다고 직접 표현하지 않고 내일(부크라), 또는 신이 원하기 때문에(인샬라) 등과 같은 간접적인 표현을 사용하여 거절한다. 이집트에서는 금요일이 회교도의 성스러운 날이기 때문에 이 날 에는 업무를 하지 않는다. 또한 대부분의 사람들이 목요일에도 일하지 않는다. 일반적으로 업무 시간은 토요일부터 수요일이다. 관공서의 업무 시간은 오전 8시부터 2시까지이며, 목요일과 금요일 또는 금요일과 토요일 중에 휴무이다.

3. 초대문화 · 식사문화 · 선물문화

(1) 초대문화

이집트인은 인간관계를 중요하게 여기기 때문에 방문객을 접대하는 것에 있어서도 특히 많은 정성을 쏟는다. 그래서 이집트에서는 초대방문시에 인사는 장황하고 길게 그리고 많은 덕담을 큰 소리로 이야기하며 응접실은 가장 좋은 방을 택하여 주인은 손님의 말동무가 되어준다. 남자손님의 경우 남자주인이 접대하며 부부가 초청된 경우는 주인 부부가 함께 나와 접대한다. 초대받은 집안의 여자에게 남자손님이 직접 이야기하는 것은 큰 실례이다. 이집트에서 손님 접대는 융숭하게 대접하는 것이 예의범절이다. 여름철 저녁식사에 초대받는 경우는 밤 12시 이후에 음식이 나오기 때문에 외국의 경우는 방문 전 간단하게 식사를 하고 가는 것이 좋다.

(2) 식사문화

이집트인의 주식은 밀가루와 이스트, 약간의 소금을 반죽해 화덕에서 구워내는 빵인 아에쉬(aish)이다. 이집트인은 아에쉬를 찢어서 샐러드나 육류 요리에 싸서 먹는다. 쿠샤리(kushari)는 마카로니, 여러 콩 종류, 쌀 등을 삶아서 튀긴 양파를 곁들여 매콤한 토마토 소스를 첨가해 비벼 먹는 음식이다. 팔라펠(falafel)는 따메야라고도 하는데 작은 콩을 갈아서 밀가루를 살짝 섞고 향신료를 조금 첨가해 반죽을 만든 뒤, 기름에 튀겨내는 음식이다.[19)]

19) http://cafe.daum.net/drivingtour/MSsd/46?q

이집트에서는 식사 전에 반드시 화장실에 가서 손을 씻어야 한다. 감사하다는 인사와 함께 식사를 시작하고 식사가 끝나면 하느님의 은총이 함께하기를 바란다는 인사를 한다. 오른손을 사용하여 식사를 하며 왼손은 빵이나 고기를 양손으로 찢을 때 이외에 가급적으로 사용하지 않는다. 이집트에서의 정찬은 저녁식사가 아니라 점심식사라서 초대도 점심 때 이루어지는 경우가 많으며 날고기나 돼지고기는 공공장소에서 먹지 않는다. 음식을 많이 내놓고 그릇에 가득 담아 주는 것이 초대예절이며 음식이나 과일 등을 손님들 눈에 보이는 곳에 많이 놓아둔다. 손님은 많이 먹어주어야 하는 것이 예의이나 접시에 있는 음식을 전부 먹는 것이 아니고 조금 남기는 것이 충분히 먹었다는 표시이다. 식사를 할 때 음식에 소금을 뿌리는 것은 음식이 싱겁거나 간이 맞지 않는다는 의미로 받아들여질 수 있으므로 주의해야 한다. 이집트인을 사교모임에 초대할 경우에는 음료가 제공되는지 확인해야 한다.

(3) 선물문화

이집트인은 선물을 매우 좋아하므로 적당한 선물은 개인 친분 관계를 만드는 데 좋다. 초대를 받아 방문할 때는 꽃이나 초콜릿을 가지고 간다. 여성에게만 따로 선물하지는 않는다. 이집트에서 꽃은 전통적으로 장례식이나 결혼식 선물로 간주되기 때문에 조심하여야 한다.

제6절 모로코

1. 일반 개요

(1) 국가의 특징

모로코(Kingdom of Morocco)는 1956년 3월2일 프랑스로부터 독립한 입헌군주제 국가이다. 북아프리카 지중해 서남단에 위치하고 기후는 지중해성(북부), 사막(남부) 기후이며 면적은 447천 ㎢로 한반도의 2배이다. 수도는 라바트(Rabat)이다. 민족은 아랍 및 베르베르인(99%) 등으로 구성되어 있다. 언어는 아랍어가 공용어이고, 베르베르어, 프랑스어 등을 사용한다. 종교는 이슬람교(99%), 기독교(1%) 등이다. 화폐단위는 디람(Dirham: Dh)를 사용하며 산업구조는 서비스업(52.6%)이 주를 이루고 제조업(32.8%), 농업(14.7%) 순이다. 주요 수출품은 의류 및 섬유, 전기부품, 무기화학제품 등이며 주요 수입품은 원유, 직물, 통신장비 등이다. 주요자원으로는 인광석(세계매장량의 2/3), 철광석, 망간 등이 있다.[20]

(2) 국민성

모로코인은 감정의 표현이 자유롭고 솔직하다. 모로코인은 언변이 뛰어나고 다양한 수식어를 구사할 줄 안다. 모로코인은 인간관계에 있어서는 타인에게 불쾌한 감정을 주지 않으려고 한다.

(3) 사회관습

1) 인사

모로코에서 인사할 때는 여러 이야기를 하면서 장시간 인사를 하는 것이 좋다. 모로코에서는 간단하게 인사하게 되면 상대를 무시하는 것이라 생각한다. 모로코에서는 악수는 부드럽고 힘 있게 하며 시선은 상대방을 본다.

2) 가족제도

모로코인은 명예, 품위를 중요하게 생각하며 가족에 대한 충실도가 매우 높아 가족이 개인보다 더 우선한다. 모로코인의 신분은 주로 그 사람의 사회적 계급이나 집안으로 결정된다.

3) 언행

모로코에는 여자 사업가가 많지 않다. 따라서 모로코에서는 여자 방문객과 상담하는데 익숙하지 않을 수 있다. 모로코인은 동성끼리 가깝게 앉거나 서 있기를 좋아한다. 모로코인은 친한 사람들끼리는 신체접촉을 자주한다. 이슬람 전통이 지켜지는 나라는 아니지만 여성은 가능한 한 노출 부위를 최소화하도록 신경을 써야 한다.[21]

---

20) 한국수출입은행, 전게서, p.162 참조.

21) http://100.daum.net/encyclopedia/view.do?docid=b07m3558b

2. 무역상담 문화

(1) 시간관념

모로코에서는 인간관계가 무역상담 약속시간 보다 우선한다. 그래서 무역상담을 진행하는 과정 중에도 개인적인 업무 또는 개인적인 일을 처리하는 경우가 많다. 모로코에서는 시간은 항상 있는 것이기 때문에 갑작스럽게 등장하거나 발생한 일을 처리하는 것이 우선이라는 사고방식이 자리잡고 있다. 또한 모로코에서는 마감시간이라는 것이 없기 때문에 무역상담을 특정 날짜에 마치기 위해 상대방을 재촉하는 것은 불이익을 초래할 수 있다.

(2) 무역상담 전략

모로코인과의 거래에서 친해지고 그들로부터 신뢰를 얻기 위해서는 거래가 지연될 경우를 예상하고 참을성을 보이며 이해하고 유연함을 보여야 한다. 모로코인은 무역상담시에 부드러운 진행을 선호하며 완고한 상담태도를 싫어한다. 모로코인은 구체적 계약보다는 일반적인 포괄적 계약을 선호한다. 그러나 시간이 걸리고 비용이 많이 들더라도 중요한 무역계약은 문서화하는 것이 좋다.

(3) 무역상담 결정형식

모로코에서는 무역상담에 관한 의사결정권을 최고경영층이 갖고 있다. 실무자는 무역상담의 진행과정을 보고하는 위치에 있을 뿐이나. 그러므로 기입의 최고경영층과 직접 무역상담을 시도하는 것도 방법이 된다.

(4) 무역상담 유의점

모로코에서 라마단 기간 중에는 근무 시간이 줄어들고 금식을 한다. 모로코인과 무역상담을 하기 전에 가족 및 사회문제, 날씨 등 가벼운 이야기를 먼저 하고 업무적인 이야기를 시작하는 것이 좋다. 모로코인과의 거래관계를 원활히 하기 위해서는 그들의 부탁을 쉽게 거절해서는 안 된다. 설사 들어 줄 수 없거나 하고 싶지 않을 때도 일단은 수용하는 것으로 이야기해야 한다.

3. 초대문화 · 식사문화 · 선물문화

1) 초대문화

모로코에서 거래상의 초대는 보통 음식점이나 호텔에서 오랜 시간동안 점심 혹은 저녁식사를 함께 하면서 이루어지는데 배우자는 초대하지 않는다. 모로코에서 사업문제로 가정에 초대하는 것은 드문 일이다.

2) 식사문화

모로코인이 점심과 저녁때 주식으로 먹는 음식은 타진(tajin)이다. 오목한 그릇에 돔이나 원뿔 같은 고깔 모양의 뚜껑을 씌워 제공하는데 이 그릇이 타진이다.[22] 즉 타진에 담겨진 음식을 이르는 말이다.

3) 선물문화

모로코에서 무역상담과 관련한 선물은 보통 교환되지 않는다. 공식적인 경우가 아니면 선물은 뇌물로 치부하기 때문에 유의하여야 한다. 개인적인 친분을 나타내기 위하여 선물을 하는 경우는 있다.

제7절 모잠비크

1. 일반 개요

(1) 국가의 특징

모잠비크(Republic of Mozambique)는 1975년 6월 25일 포르투갈로부터 독립한 공화제 대통령 중심제 국가이다. 아프리카 동남부 해안에 위치하고 기후는 열대성 기후이며 면적은 799.4천 ㎢로 한반도의 3.6배이다. 수도는 마푸토(Maputo)이다. 민족은 마크와(Makhuwa), 통가(Tsonga) 등 아프리카계(99.7%) 등으로 구성되어 있다.

22) http://blog.naver.com/PostView.nhn?blogId=parangusl__&logNo=70190220300

언어는 포르투갈어가 공용어이고, 이마크흐와(Emakhuwa), 시찬가나(Xichangana) 등을 사용한다. 종교는 가톨릭(28.4%), 기독교(27.7%), 이슬람교(17.9%) 등이다. 화폐단위는 메티칼(Metical: MT)을 사용하며 산업구조는 서비스업(46.5%)이 주를 이루고 농업(29.5%), 제조업(23.9%) 순이다. 주요 수출품은 알루미늄, 새우, 캐슈너트, 면화, 설탕 등이며 주요 수입품은 기계, 설비, 섬유, 연료, 식료품, 금속제품 등이다. 주요자원으로는 석탄, 티타늄, 천연가스, 수력자원 등이 있다.[23]

(2) 국민성

모잠비크인은 대화중에 다른 사람들의 말을 끊고 말하는 경향이 있다. 모잠비크인은 활동적이고 감정에 대한 표시하기를 좋아한다.

(3) 사회관습

1) 인사

모잠비크에서는 인사를 하는 경우 일반적으로 악수를 한다. 모잠비크인은 악수를 할 때에 상대방의 눈을 쳐다보면서 강하게 손을 잡아 흔든다.

2) 언행

모잠비크인은 자신이 느끼는 바를 표현하기를 좋아하고 대화할 때 큰 목소리로 말하며 다양한 표정과 제스처를 사용한다.[24] 모잠비크인은 이웃과 소음은 상관없이 음악을 크게 틀어놓고 춤을 추며 파티를 여는 경우가 많다.

2. 무역상담 문화

(1) 시간관념

모잠비크인은 무역상담을 약속한 시간보다 30분 이상 늦게 올 수 있지만 상대방은 정시에 올 것을 기대한다. 다중적 시간구조의 문화 특성을 지닌 모잠비크인은 한 번에 여러 건의 회의를 진행하는 경우가 많다. 즉 동일한 시간에 여러 상대방을 대상으로 무역상담을 진행하는 관행이 있다.

---

23) 한국수출입은행, 전게서, p.256 참조.

24) http://100.daum.net/encyclopedia/view.do?docid=b07m3848b

(2) 무역상담 전략

모잠비크에서는 인간관계를 형성하여 무역상담을 하는 것이 유리하다. 모잠비크인은 거래뿐만 아니라 개인적으로 친분을 쌓으려고 한다. 그래서 모잠비크 거래처를 자주 방문하는 것이 좋다.

(3) 무역상담 결정형식

모잠비크에서는 무역상담에 관한 의사결정권을 최고경영층이 갖고 있다. 실무자는 무역상담의 진행과정을 보고하는 위치에 있을 뿐이다. 그러므로 기업의 최고경영층과 직접 무역상담을 시도하는 것도 방법이 된다.

(4) 무역상담 유의점

무역상담시에 항시 상대에게 시선을 주어야 하는데 시선을 딴 곳으로 돌리는 것은 모잠비크인에게는 대화에 관심을 가지고 있지 않다는 오해를 살 수 있다.

3. 초대문화 · 식사문화 · 선물문화

(1) 초대문화

모잠비크에서 가정으로 초대받았을 때는 흔쾌하게 승낙을 하여야 한다. 주인은 손님이 모든 음식을 맛보고 먹기를 바란다. 식사를 더 이상 하지 못할 경우는 식탁 위에 냅킨을 올려놓으면 된다. 가정으로 초대를 받았다면 안주인에게 미리 꽃을 배달시키는 것이 좋으며 소개받는 자리에서 바로 선물을 증정하는 것이 관례이다. 저녁식사시간은 통상 저녁 9시 이후인데 최소한 밤 11시까지 머물러 주는 것이 예의이다.

(2) 식사문화

모잠비크의 대표적인 음식은 옥수수 및 카사바로 만들어진 씨마(xima)와 업스와(upshwa)이다. 모잠비크에서는 해산물이 풍부하여 참새우(camaroes)나 가재(lagosta) 등을 활용한 다양한 해산물 음식이 있다.[25]

---

25) http://www.startour.pe.kr/local/africa/mozamboque_guide.htm

(3) 선물문화

모잠비크에서 선물로는 탁상용 전자시계나 필기류 등과 같은 사무용품이 좋다. 선물은 보통 무역상담을 시작할 때 증정하는 것이 좋다. 모잠비크인은 사회적 지위와 위치에 민감하기 때문에 선물은 받는 이의 지위와 격을 고려하여 준비하여야 한다.

제8절 나이지리아

1. 일반 개요

(1) 국가의 특징

나이지리아(Federal Republic of Nigeria)는 1960년 10월 1일 영국으로부터 독립한 연방공화 국가이다. 아프리카 서부, 기니만 연안에 위치하고 기후는 열대성 기후이며 면적은 923.8천 ㎢로 한반도의 4.2배이다. 수도는 아브자(Abuja)이다. 민족은 하우사 풀라니(Hausa & Fulani)족, 요루바(Yoruba)족, 이보(Igbo)족 등 250여개의 종족으로 구성되어 있다. 언어는 영어가 공용어이고, 하우사(Husa)어 등 500여개의 토착어 등을 사용한다. 종교는 회교(50%), 기독교(40%), 토착신앙(10%)이다. 화폐단위는 나이라(Naira: N)를 사용하며 산업구조는 제조업(43%)이 주를 이루고 농업(30.9%), 서비스업(26%) 순이다. 주요 수출품은 석유 및 석유제품(95%), 코코아, 고무 등이며 주요 수입품은 기계, 화학제품, 운송장비, 제조품, 식료품, 가죽 등이다. 주요자원으로는 석유, 천연가스, 주석, 석탄, 철광석 등이 있다.[26] 나이지리아는 대부분의 국내경제 성장의 원동력을 원유생산 경제에 의존하여 왔다. 최근에는 비석유부문의 산업에 관심을 가지고 투자를 증가시키고 있다. 그렇지만 대내정책의 실천과정이 불투면하고 치안이 불안하여 나이지리아 경제의 지속적인 발전과 성장에 걸림돌이 되고 있다. 나이지리아가 외국 자본을 효과적으로 유치하려면 자국 내의 행정절차등의 비합리적 관행을 척결하여야 가능할 것이다.

26) 한국수출입은행, 전게서, p.264 참조.

(2) 국민성

나이지리아는 지리적 위치가 아프리카 대륙의 중심지에 있으므로 민족과 문화와 언어가 매우 다양하여 각자 고유한 관습과 전통을 가지고 있다. 나이지리아의 부족들은 예전부터 포루노 왕국과 풀라니 대제국, 하우사 왕국, 베냉 왕국, 오요 왕국 등 각 부족마다 찬란한 문화를 꽃피웠기 때문에 각 부족의 자존심이 매우 강하다. 그래서 각 부족의 단결과 화합이 이루어지지 못하고 있다.

(3) 사회관습

1) 호칭

나이지리아에서는 남성에게 씨(Mr.)라는 호칭을 잘 사용하지 않는다. 나이지리아인은 자국의 전통적인 호칭을 선호하기 때문에 외국문화에서 유입된 호칭에 대해서는 부정적인 반응을 보인다. 그래서 나이지리아의 부인들에게 보통 마지(ma'aji)라고 부른다. 나이지리아에서는 존경하는 의미로 메카를 순례한 이슬람교도에게는 알하지(alhaji), 서부나 중서부의 부족들은 지역사회에 미치는 영향력이 큰 사람에게 치프(chief), 북부지역에서는 전통적으로 권위를 가지고 있는 사람이라는 에밀(emir), 요루바족에서는 왕들이라는 오바(oba), 서부지역의 이페족들에서는 권위를 가지고 있는 사람이라는 오니(oni) 등과 같은 칭호를 붙여 부른다.[27]

2) 종교

나이지리아에는 국교가 없다. 이슬람교를 믿는 사람들과 믿지 않는 사람들이 자주 충돌을 일으키기도 한다. 북부지역에서는 이슬람교의 영향으로 인하여 여성의 지위가 다른 지역에 비해 낮은 편이다. 타 지역의 여성들은 경제적으로 주도권을 가지고 있다. 나이지리아에서는 이슬람교를 믿지 않는 사람은 정치 지도자가 될 수 없다. 나이지리아에 종교적인 불평등이 존재하고 있음을 알 수 있다. 기독교는 아프리카의 토속 신앙의 생활과 도시 생활을 반영하여 신앙의 발전을 도모하여 왔다. 나이지리아에서는 이슬람교와 기독교가 교리, 의식은 다르지만 공통적으로 토속 신앙과 융합하여 발전시켜 나가고 있다.[28]

---

27) http : //www.sktour.co.kr/sktour/info/worldinfo/tip-35.html
28) http : //travel21.co.kr

3) 언행

나이지리아에서는 상대를 똑바로 응시하는 것은 무례하고 도발적인 행위로 본다. 나이지리아인은 신체적 접촉을 즐기지 않는데 악수를 제외하고는 공공장소에서 거의 신체접촉을 하지 않는 편이다. 나이지리아인은 보통 상대방과 팔 하나 정도의 거리를 유지하며 떨어져 앉는 것을 좋아한다. 상대방과 시선을 마주하고 얼굴을 마주보면서 이야기하는 것을 불편하게 여기기 때문에 정면으로 보기보다는 약간 비스듬히 앉거나 서서 이야기를 하는 경향이 있다.

2. 무역상담 문화

(1) 시간관념

나이지리아인은 자신들은 융통성을 가지고 여유롭게 생활하는 데에 익숙하기 때문에 약속시간에 조금 늦는 것은 당연하다는 인식을 가지고 있다. 자신들은 약속시간을 잘 지키지 못하지만 서양인들은 약속시간을 잘 지킨다고 알고 있다. 즉 나이지리아인은 서양인이 약속한 시간에 반드시 나타난다고 생각하는 경향이 있다. 그렇지만 나이지리아에서는 현지의 복잡한 시내교통으로 인하여 약속된 시간 내에 약속된 장소에 정확하게 도착할 수 있다고 장담을 하지 못한다. 또한 전화통화의 어려움 등으로 약속시간을 지키지 못하는 경우에 연락하기도 어렵기 때문에 유의해야 한다.[29]

(2) 무역상담 전략

나이지리아에서는 아는 사람의 추천 또는 소개가 있어야 거래가 수월해진다. 따라서 실무자를 만나기보다는 고위경영층에 거래서한을 보내는 것도 방법이다. 나이지리아인은 일반적으로 상대를 파악하기 전에는 업무에 관해 이야기하려 하지 않는다. 나이지리아인은 무역상담시에 상대방의 발언을 방해하는 일이 거의 없다. 나이지리아인은 첫 대면에서 제시하는 조건에 대해서는 나름대로의 경험을 살려 가격의 경우에는 상당한 폭으로 인하를 주장하는 경우가 있다. 나이지리아인은 성문화된 계약 조건과 법적인 측면을 중시한다. 이후 계약에 명시되어 있지 않은 문제를 제기하여 갈등이나 분쟁을 발생시키면 신뢰를 잃게 된다.

29) http : //www.mofat.go.kr/web/market-env.nsf/

(3) 무역상담 결정형식

나이지리아에서는 무역상담에 관한 의사결정권을 최고경영층이 갖고 있다. 실무자는 무역상담의 진행과정을 보고하는 위치에 있을 뿐이다. 그러므로 기업의 최고경영층과 직접 무역상담을 시도하는 것도 방법이 된다.

(4) 무역상담 유의점

나이지리아인은 과장된 주장이나 과장 홍보를 좋아하지 않으며 유머도 없다. 무역상담시에 설명형식은 간단명료한 것을 선호한다. 나이지리아는 품질보다는 가격시장이다. 나이지리아는 소량주문이라는데 특징이 있다.

3. 초대문화 · 식사문화 · 선물문화

(1) 초대문화

나이지리아인은 가정으로 초대하여 손님이 즐거운 시간을 보낼 수 있도록 하는 것이 예의라고 생각한다. 가정으로 초대받은 데에 대한 감사표시는 전화를 활용하기 보다는 보다는 손으로 직접 쓴 감사카드로 하는 것이 좋다. 나이지리아인의 개인적 경제사정을 고려할 때에 가정으로 초대한다는 것은 상당한 호의를 나타내는 것이다.

(2) 식사문화

나이지리아인은 고구마의 일종인 얌(Yam)과 카사바(Cassaba)를 주식으로 많이 먹는다. 나이지리아인이 좋아하는 음료는 야자나무에서 나오는 천연주스인 팜와인이다.[30] 나이지리아의 대표적인 음식은 고기와 고추로 만든 매운 스튜 음식인 에구시(egusi)이다. 후추스튜는 남부지역에서, 곡식이나 고기요리는 북부지역에서 일반적이다. 옥수수, 옥수수쌀이나 기장으로 만든 투오(tuwo), 야채스프인 에포(efo), 염소머리 고추 스프인 이시-에우(Isi-ewu) 등도 대중적이다. 나이지리아인의 식사하는 방법은 부족에 따라 다르고 식기는 도자기를 이용한다. 식사할 때에는 양손을 식탁 위에 올려놓고 여유 있게 식사를 한다.

---

30) http://k.daum.net/qna/view.html?category_id=QKB&qid

(3) 선물문화

나이지리아인은 선물을 주고받는 것을 좋아하지 않는다. 따라서 상대에 대한 보답으로는 선물보다는 만찬대접이 바람직하다. 나이지리아인의 가정으로 초대받은 경우에는 초콜릿, 술, 샴페인이나 꽃과 같은 부담 없는 선물을 준비하는 것이 좋다.

제9절 세네갈

1. 일반 개요

(1) 국가의 특징

세네갈(Republic of Senegal)은 1960년 4월 4일 프랑스로부터 독립한 공화제 대통령 중심제 국가이다. 아프리카 서부 북대서양 연안에 위치하고 기후는 열대성 기후이며 면적은 19.7천 ㎢로 한반도의 9/10이다. 수도는 다카르(Dakar)이다. 민족은 워로프(Wolof)족(43%), 플라(Pular)족(24%), 세레(Sere)족(15%) 등으로 구성되어 있다. 언어는 프랑스어가 공용어이고 워로프(Wolof)어 기타 토속어 등을 사용한다. 종교는 이슬람교(94%), 기톨릭(5%), 토착신앙(1%)등이다. 화폐난위는 세파 프랑(CFA franc: fr)을 사용하며 산입구조는 시비스업(62.2%)이 주를 이루고 제조업(22.6%), 농업(15.2%) 순이다. 주요 수출품은 어류, 석유제품, 땅콩, 인산염 등이며 주요 수입품으로는 식음료, 연료, 자본재 등이다. 주요자원으로는 어류, 철광석, 인산염(phosphate) 등이 있다.[31] 세네갈에서 수출하는 땅콩은 세네갈의 국가의 재정을 위한 중요한 수입원이 되고 있다. 경제적 측면에서 섬유, 식품 등의 경공업이 발달해 있다. 무역에 있어서는 과거에 가졌던 정치적 관계 때문에 수출입 모두 프랑스에 대한 의존도가 높다. 어업부문에서는 참치, 문어, 오징어, 가다랑어, 새우가 많이 잡히지만 대부분은 수출된다. 인광석을 원료로 하는 화학공업이 발달하고 있지만 아직 초기단계이다.

31) 한국수출입은행, 전게서, p.272 참조.

(2) 국민성

세네갈인은 감정의 표현이 자유롭고 솔직하다. 경제적인 문제로 인하여 어려운 생활을 하지만 순수한 마음을 가지고 있다. 세네갈인은 언변이 뛰어나고 다양한 수식어를 구사할 줄 안다. 세네갈인은 인간관계에 있어서는 타인에게 불쾌한 감정을 주지 않으려고 한다.

(3) 사회관습

1) 인사

세네갈에서 인사를 하는 경우에는 악수를 하는 것이 일반적이다. 세네갈인은 악수를 할 때에 부드럽고 힘을 주어 손을 잡으며 시선은 상대방을 향한다.

2) 가족제도

세네갈인은 명예, 품위를 중요하게 생각하며 가족에 대한 충실도가 매우 높아 가족이 개인보다 더 우선한다. 세네갈인의 신분은 주로 그 사람의 사회적 계급이나 집안 관계로 결정된다.

3) 언행

세네갈에는 여자 사업가가 많지 않다. 따라서 세네갈에서는 여자 사업가가 무역상담을 위하여 방문하는 경우 진행이 어려울 수가 있다. 세네갈인은 동성끼리 가깝게 앉거나 마주보고 서 있기를 좋아한다. 세네갈인은 친한 사람들끼리는 신체접촉을 자주한다.[32)]

2. 무역상담 문화

(1) 시간관념

세네갈에서는 인간관계가 무역상담 약속시간 보다 우선한다. 세네갈에서는 마감시간이라는 것이 없기 때문에 특정 날짜에 마치기 위해 상대방을 재촉하면 안 된다.

---

32) http://100.daum.net/encyclopedia/view.do?docid=b12s1099b

(2) 무역상담 전략

세네갈인은 인간적인 유대 관계를 매우 중요하게 여기기 때문에 가능한 한 자주 거래처를 방문하여 개인적으로 접촉을 하여 친분관계를 쌓아가는 것이 유리하다. 무역상담을 진행하는 과정 중에 가격을 최대한 인하시키려는 전략을 보이는 경우가 많으므로 유연하게 대응하여야 한다.

(3) 무역상담 결정형식

세네갈에서는 무역상담에 관한 의사결정권을 최고경영층이 갖고 있다. 실무자는 무역상담의 진행과정을 보고하는 위치에 있을 뿐이다. 그러므로 기업의 최고경영층과 직접 무역상담을 시도하는 것도 방법이 된다.

(4) 무역상담 유의점

세네갈인에게는 무역상담을 진행하기 전에 인사말이 매우 중요하다. 첫인상을 좋게 남기도록 하여야 한다.

3. 초대문화 · 식사문화 · 선물문화

(1) 초대문화

세네갈에서는 개인적으로 친분관계가 밀접한 경우에 가정으로 초대하는 경우가 있다. 업무와 관련한 초대는 일반적으로 음식점이 초대장소가 된다.

(2) 식사문화

세네갈의 대표적인 음식은 양념에 절여 구운 닭고기나 생선음식인 쁠레(poulet) 또는 뽀이즌 야사(poisson yassa), 땅콩을 넣은 스튜인 마페(maf), 야채소스와 생선과 함께 익힌 쌀 음식인 체이보우젠(tiboudienne) 등이다. 33) 세네갈에서는 포도주를 마시면서 식사하는 것이 아주 일상적이며 긴밀한 유대관계 형성에 매우 중요한 부분이 된다.

---

33) http://k.daum.net/qna/view.html?category_id=QKB&qidN

(3) 선물문화

세네갈인은 선물을 좋아하는 편이다. 가정으로 초대를 받아 방문하는 경우에는 선물을 꼭 가져가야 한다. 무역상담과 관련한 업무적인 이유로 선물을 하는 경우에는 생활용품이나 세네갈에서 구입하기 어려운 품목이면 환영을 받을 수 있다. 생활용품으로는 시계, 운동화 등이 있고 컴퓨터 소모품인 USB도 대상이 된다.

제10 남아프리카공화국

1. 일반 개요

(1) 국가의 특징

남아프리카공화국(Republic of South Africa)은 1910년 5월 31일 영국으로부터 독립한 공화제 대통령중심제 국가이다. 아프리카 대륙 최남단에 위치하고 기후는 아열대성 기후이며 면적은 1,219.1천 ㎢로 한반도의 5.6배이다. 수도는 프리토리아(Pretoria)이다. 민족은 흑인(79%), 백인(9.6%), 유색인종(8.9%), 아시아 및 인도계 혼혈(2.5%) 등으로 구성되어 있다. 언어는 영어가 공용어이고, 아프리칸스어(Afrikaans) 등을 사용한다. 종교는 영국성공회를 포함한 개신교 (36.6%), 가톨릭(7.1%) 기타 종교 등이다. 화폐단위는 랜드(Rand: R)를 사용하며 산업구조는 서비스업(68.1%)이 주를 이루고 제조업(29.3%), 농업(2.6%) 순이다. 주요 수출품은 금, 다이아몬드, 백금, 기계 및 설비 등이며 주요 수입품으로는 기계 및 설비, 화학제품, 석유제품, 과학기기, 식료품 등이다. 주요자원으로는 금(세계1위), 크롬, 철광석, 망간, 우라늄, 구리, 천연가스 등이 있다.[34)]

(2) 국민성

남아프리카공화국에서 백인은 아프리칸스어를 사용하는 네덜란드계와 영어를 사용

34) 한국수출입은행, 전게서, p.278 참조.

하는 영국 이민자들로 구분된다. 네델란드계가 완고하고 강건한 성격인데 반해 영국계는 진취적이고 진보적이다. 남아프리카공화국 백인은 전학제가 의무교육이지만 흑인의 취학률은 낮다. 남아프리카공화국에서 영국 문화의 영향을 받은 백인 집단의 경제문화는 개인주의와 사업가 중심주의, 그리고 조직의 중앙 집중적인 성격을 지니고 있다. 이와는 달리 흑인 문화는 조직과 집단 우선인 경향이다. 두 집단 사이의 문화적 차이는 매우 크다. 예를 들어 백인들이 편지나 전보 등과 같이 문서로 된 형식으로 의견을 교환하는 것을 선호하지만, 흑인들은 구두로 의사를 소통하는 것을 선호한다.

(3) 사회관습

남아프리카공화국에서는 과거 엄격한 청교도식 법규의 영향으로 영화관이나 상점들이 일요일에 영업을 하지 않는 경우가 많으며 운동을 하는 것조차 삼가는 편으로 쇼핑도 하지 않다. 대다수의 흑인들은 영어, 보어어로 된 이름과 세례명, 축신 민족 특유의 이름 등 여러 개의 이름을 사용하지만 업무상에 있어서는 하나의 통일된 성과 이름을 사용하는 경우가 많다. 흡연은 엄격히 제한되어 있기 때문에 공공장소나 가정에서 담배를 피우는 것이 어렵다.[35)]

2. 무역상담 문화

(1) 시간관념

남아프리카공화국에서 백인과 흑인, 양 십난은 서로 다른 시긴관념을 가지고 있는데, 백인들은 시간을 매우 중요한 금전과 같은 것으로 여기고 흑인들은 단지 현재 일어나고 있는 조그마한 사실에 불과한 것으로 생각한다. 남아프리카공화국의 무역거래업무는 상담, 사교 등에 있어서 유럽식을 많이 따른다. 아침 9시 이전의 이른 시간이나 오후 4시 이후의 늦은 시간에는 상담 약속을 하지 않는 것이 좋지만 영세한 개인사업자의 경우 바쁜 시간대를 피해 4시 이후에 상담약속을 해오는 경우도 있다.

남아프리카공화국에서 흑인 소유의 소규모 기업일수록 시간을 엄수하는 편이다. 그들 앞에서 초조함을 보이는 것보다는 다른 날로 약속을 변경하는 것이 좋다. 비서들은 상관의 업무일정에 큰 영향을 미치기 때문에 좋은 관계를 유지하여야 한다.

---

35) http://blog.naver.com/PostView.nhn?blogId=gootaeji&logNo=110151325028

(2) 무역상담 전략

남아프리카공화국인은 쌍방에게 모두 이익이 되는 거래를 선호하는 관용적인 행태를 보인다. 일반적으로 공정하며 지나치게 가격을 인하하려 하거나 세부적인 문제에 매달리는 경우는 적다. 남아프리카공화국의 백인들은 토의 시에도 말을 많이 하기 보다는 많이 듣는 입장을 견지한다. 그러나 상황에 따라서 적당한 시기가 되면, 주도권을 쥐고 회의를 이끄는 경우가 있을 수 있다. 남아프리카공화국의 기업인들은 저돌적인 상담방식을 좋아하지 않기 때문에 무역상담시 공격적인 방식은 바람직하지 않다.

(3) 무역상담 결정형식

남아프리카공화국인은 거래를 구두로 하는 경우가 많지만 거래의 확실성을 높이려면 상품의 질 또는 납기일, 보상조항 등을 문서화하는 것이 좋다. 남아프리카공화국인은 계약 마감시한을 그리 중요한 것으로 생각하지 않는다. 남아프리카공화국인은 세부적인 사항에 몰두하는 것을 좋아하지 않기 때문에 사전에 준비하여야 한다. 그들과의 관계유지에 있어서는 항상 먼저 연락을 취해야 한다.

(4) 무역상담 유의점

남아프리카공화국에는 정치적으로 인종간의 긴장상태가 계속 유지되고 있는 상황이다. 남아프리카공화국인은 약간 보수적이어서 영국계 백인과 아프리카 흑인은 일반적으로 표현을 거의 하지 않아 말 수가 적은 편이다. 따라서 이들과 상담이나 대화를 할 때에는 큰소리로 말하거나 떠들지 않아야 한다. 남아프리카공화국인과 무역상담을 할 때에는 시간을 엄수하여야 하지만 상대방이 약속시간보다 늦게 왔더라도 화를 내서는 안 된다. 이들과 상담할 때에는 어느 정도 격식을 차려야 하지만 아프리카 특유의 관료정치의 복잡성과 업무의 지연에 대비하여야 한다. 남아프리카공화국 사람들과 비즈니스를 하기 위해 주의할 것은 토요일과 일요일에는 상담이 불가능하며 금요일 오후 2시 이후에는 상담약속을 하지 않는 것이 좋다. 특히 남아프리카공화국의 여름철인 12월 중순부터 1월 중순까지는 대부분의 업체들이 휴가를 떠나는 기간으로 업무가 중단된다.[36]

---

36) 대한무역투자진흥공사, 「지구촌 비즈니스 테크닉」, 청년정신출판사, 1999, pp.360~365.

3. 초대문화 · 식사문화 · 선물문화

(1) 초대문화

남아프리카공화국인은 상대방을 자신의 가정으로 초대하여 접대한다. 그들의 가정에서의 업무적인 식사자리에 안주인은 보통 참석하지 않는다. 특히 흑인사회의 경우에 여성의 사회적 활동은 제한되어 있다. 남아프리카공화국인이 손님을 접대할 때 만찬은 저녁 일찍 오후 5시에 시작하는 것이 보통이다. 따라서 식사초대를 받았을 때는 정시에 도착해야 좋지만, 만찬 시간에 30분 정도 늦는 것은 실례가 안 된다.

(2) 식사문화

남아프리카공화국의 전통음식은 케이프 더치(cape dutch)이다. 남아프리카공화국에서 생활하던 토속민족들이 육두구(nutmeg, 肉荳蔻))나 피멘토나무의 열매, 후추를 많이 사용하여 만든 음식이었는데, 영국인들을 따라 입국하게 된 말레이반도 출신자들이 증가하고 음식점에 진출하게 됨에 따라 오늘날에는 동양에서 생산되는 향신료를 많이 넣어 만든 음식이다.[37] 육두구는 인도네시아 몰루카제도가 원산지이다.

남아프리카공화국인과 식사할 때 손님은 식탁에서 어떤 것을 건네 달라고 부탁하지 않아야 하고 식사가 끝난 후 몇 시간 동안은 자리에 머물러 이야기를 나눠야 한다. 실제 식사시간보다는 칵테일파티와 같이 서로 음료를 마시는 시간이 더 긴 경우가 많다. 식사예질은 유럽의 방식을 따르는데 나이프는 항상 오른손에 들며 포크는 왼손으로 잡는다. 음식을 입안에 넣고서 식기를 손에 들고 있는 것은 무례한 행동으로 여겨지므로 음식을 씹고 있을 때에는 식기를 그릇에 놓아두는 것이 좋다. 음식을 입에 넣고 말을 하는 것도 실례이다.

(3) 선물문화

남아프리카공화국에서는 무역상담과 관련된 선물은 뇌물로 간주하기 때문에 유의하여야 한다. 그러나 가정으로 초대받은 경우에는 선물을 준비하는 것이 좋다. 선물은 꽃이나 초콜릿, 고급 포도주 같은 것이 좋다. 어린이가 있는 가정인 경우에는 어린이를 위한 선물을 준비하는 것도 좋다.

---

37) http://ko.wikipedia.org/wiki/

제11 튀니지

1. 일반 개요

(1) 국가의 특징

튀니지(Republic of Tunisia)는 1956년 3월 22일 프랑스로부터 독립한 공화제 대통령 중심제 가이다. 북부 아프리카 중앙, 지중해 연안에 위치하고 기후는 지중해성, 사막 기후이며 면적은 164천 ㎢로 한반도의 4/5이다. 수도는 튀니스(Tunis)이다. 민족은 아랍인(98%), 유럽인(1%), 유대인 등으로 구성되어 있다. 언어는 아랍어가 공용어이고 프랑스어 등을 사용한다. 종교는 이슬람교(98%), 기독교(1%), 가톨릭 등이다. 화폐단위는 튀니지안 디나르(Tunisian Dinar: TD)을 사용하며 산업구조는 서비스업(61.5%)이 주를 이루고 제조업(29.6%), 농업(8.9%) 순이다. 주요 수출품은 의루 및 직물, 반제품, 농산물, 화학제품 등이며 주요 수입품은 직물, 기계 및 운송장비, 탄화수소 등이다. 주요자원으로는 석유, 인광석, 철광석 등이 있다.[38)]

(2) 국민성

튀니지인은 가족과 인간관계를 중시한다. 튀니지인은 감정을 잘 드러내는 편이며 가끔 지나친 강조의 미사여구 등을 사용하기도 한다.

(3) 사회관습

1) 인사

튀니지인과 인사를 할 때는 악수를 하는 것이 일반적이다. 튀니지인은 악수를 할 때 살짝 상대의 손을 쥐는 형식을 취한다. 튀니지에서는 동성간 가까운 친구끼리는 서로 껴안거나 볼을 맞대는 전통적인 인사를 하기도 한다. 튀니지인과 인사할 때는 그들의 근황, 가족 등에 관한 인사말을 길게 해야 한다. [39)]

---

38) 한국수출입은행, 전게서, p.176 참조.

2) 호칭

튀니지에서는 직함이 매우 큰 의미를 갖기 때문에 가능한 한 상대의 직함을 사용해서 호칭하는 것이 좋다. 특히 아랍계통의 사람을 상대할 때에는 상대의 지위나 직함에 대해 미리 알아두는 것이 좋다.

3) 언행

튀니지에서는 다른 사람으로부터 물건을 받거나 건네줄 때에는 반드시 오른손이나 두 손을 사용하여야만 한다.

2. 무역상담 문화

(1) 시간관념

튀니지인은 무역상담과 관련한 약속시간을 정확하게 지켜야 한다는 의식은 부족하다. 그렇지만 무역상담을 목적으로 방문을 하는 경우에는 약속된 시간보다 전에 도착하는 것이 좋다.

(2) 무역상담 전략

튀니지인은 흥정을 잘하는데 가격과 계약조건에 대한 양보를 얻어 내는 것에 대하여 상당한 가치를 둔다. 따라서 무역상담시에는 이들의 전략을 파익하여 대응히여야 한다.

(3) 무역상담 결정형식

튀니지인과의 실제적인 거래관행에서 구두계약이 일상화되어 있지만 계약 내용은 문서화하는 것이 좋다. 튀니지인은 계약조건이 구체적이기보다는 대략적인 것을 선호한다. 무역상담에 관한 의사결정권을 최고경영층이 갖고 있다. 실무자는 무역상담의 진행과정을 보고하는 위치에 있을 뿐이다. 그러므로 기업의 최고경영층과 직접 무역상담을 시도하는 것도 방법이 된다.

---

39) http://100.daum.net/encyclopedia/view.do?docid=b22t3780b

(4) 무역상담 유의점

튀니지에서 일반적인 업무는 오전 8시에서 오후 5시까지이며, 종종 더 늦게 시작해서 일찍 끝나는 직종도 있다. 하절기에는 업무시간이 달라지며, 라마단 기간에는 짧아진다. 이러한 기간 중에는 튀니지 기업들이 일하지 않는 경우가 많기 때문에 중요한 약속을 정하지 않는 것이 좋다.

3. 초대문화 · 식사문화 · 선물문화

(1) 초대문화

튀니지인에게 식사접대를 하는 경우에는 점심시간에 음식점에서 하는 것이 좋다. 튀니지인과 개인적으로나 업무적으로 여러 번 만나 친분관계가 돈독해진 이후에는 가정으로 식사초대를 받는 경우가 있다. 가정으로 초대를 받은 경우에는 좀 더 사적인 대화가 가능하며 배우자를 대동할 수도 있다.

(2) 식사문화

튀니지의 전통음식은 야채로 만든 음식이 대부분인데 그중 옥수수로 만든 쿠스쿠스(couscous)가 대표적이다.[40] 꾸스꾸스는 토마토소스를 끓이는 증기열로 좁쌀이나 거친 밀가루를 쪄낸 후에 닭고기나 양고기 등을 얹어서 토마토소스와 곁들여 먹는 음식이다. 오짜(ojja)는 토마토소스에 각종 채소, 육류 또는 해산물을 볶아 만든 음식이다. 오짜는 육류나 해산물 등 들어가는 재료에 따라 맛이 각양각색이며, 바게트 빵과 곁들여 먹기도 한다.[41]

(2) 선물문화

튀니지인에서는 선물에 대한 관념이 없기 때문에 무역상담과 관련하거나 가정으로 초대를 받아 방문을 하는 경우에도 선물에 대한 부담을 가질 필요가 없다. 개인적으로 선물을 하는 경우에는 무역상담이 종료된 후에 하는 것이 좋다.

---

40) http://foodwide.net/board/index.html?dir_id=90205&doc_id
41) http://blog.naver.com/kjy20124?Redirect=Log&logNo=110184059910

참고문헌

1. 국내문헌

고익환, 유럽문화와 관광, 도서출판 두남, 2007.
강경훈, 글로벌상거래문화, 도서출판 두남, 2007.
______, 글로벌상거래문화, 도서출판 두남, 20110.
권　오, 국제관습 및 협약론, 청목출판사, 2014.
______, 국제무역보험, 도서출판 두남, 2011.
______, 국제무역분쟁해결론, 청목출판사, 2013
______, 국제무역실무, 청목출판사, 2012.
______, 국제무역운송론, 청목출판사, 2012.
______, 국제무역의 이해, 도서출판 두남, 2014
______, 무역 관련 국내법규론, 청목출판사, 2014.
______, 무역대금결제론, 청목출판사, 2008.
______, 보험학원론, 청목출판사, 2011.
김경림, 국제금융 및 자금관리론, 법문사, 1983.
김명환. 동이 월드투어 가이드16. 동아출판사. 1991.
김미란, 일본문화」, 형설출판사, 2000.
김성옥 외5인, 중국통상론, 도서출판 두남, 2013.
김성호, 글로벌시대의 국제통상협상, 도서출판 두남, 2011.
김성훈, 국가별 유망아이템, 두남 .
김종숙, PASSPORT 미국, 경성라인, 1998.
김종칠, 세계화와 국제통상, 도서출판 두남, 2004.
김홍구, 태국학 입문」, PUFS, 1998.
박승락・성옥석, 해외시장개척론, 도서출판 두남, 2013.
박종수, 국제무역관리, 삼영사, 1994.
박준형, 볼프강의 글로벌 비즈니스 에티켓, 김영사, 2000.
손효원, 홀로 떠나는 세계여행-아시아편」, 햇빛, 1990.
손태빈, 국제상관습, 도서출판 두남, 2013.
송기호, 중국경제의 이해, 청목출판사, 2008.
신현종・노택환, 무역학개론, 박영사, 1996.
원융희, 글로벌 비즈니스에티켓, 두남, 2001.
______, 글로벌 비즈니스에티켓, 두남, 2006.

_____, 국제 비즈니스 맨을 위한 에티켓, 비즈프라임, 2007.
유승삼, 세계를 간다(멕시코·중미), 중앙M&B.
이무원, 국제무역환경론, 도서출판 두남, 2008.
이상영옮김, PASSPORT 일본, 경성라인, 1998.
이승영. 국제상담의 ABC 일신사. 1992.
이재기, 북미경제의 이해, 청목출판사, 2008.
_____, 신중동, 아프리카경제론, 청목출판사, 2013.
_____, 신미국경제론, 청목출판사, 2009.
_____, 신유럽경제론, 청목출판사, 2010.
_____, 현대동남아경제론, 청목출판사, 2007.
_____, 현대동아시아경제론, 청목출판사, 2008.
_____, 현대러시아경제론, 청목출판사, 2008.
_____, 현대인도경제론, 청목출판사, 2013.
_____, 현대일본경제론, 청목출판사, 2007.
_____, 현대오세아니아경제론, 청목출판사, 2008.
_____, 현대중국경제론, 청목출판사, 2006.
_____, 현대중남미경제론, 청목출판사, 2008.
이재기 · 이요한, 동아시아지역 연구, 2001.
이학규 · 강경훈, 중국무역론, 도서출판 두남, 2005.
우종모 외 4인, 인간과 문화, 도서출판 두남, 2011.
장홍훈 · 최성희, 신판 상거래문화, 청목출판사, 2010.
정도영, 국제경제, 박영사, 1986.
정선행, 이집트사회의 이해, 한빛출판사, 1999.
정연주, 일간스포츠 〈국제경제〉 －네덜란드 경제모델이 세계적 모범, 1997. 7. 18.
정영만 옮김, PASSPORT 독일, 경성라인, 1998.
정완용, 인터넷 전자거래의 법률관계에 관한 고찰, 한국법제연구원, 2000.11.
정인기, 수출입실무절차 해설, 조세통람사, 1999.
조현준, 해외여행 인솔실무, 도서출판 두남, 1998.
최장호, 무역과 생활, 도서출판 두남, 2006.
홍기용, 지역경제론, 박영사, 1986.
대한무역투자진흥공사, 지구촌 비즈니스 테크닉」, 청년정신출판사, 1999.
매일경제, 세계요리 특선, 멕시코 타코
무역일보사, 세계시장정보 ⑤ 독일」, 1999.
서울대학교, 글로벌시티즌이 되는 길, 2000.
주간상의, 유럽바이어들과의 상담, 이 점을 유의하자－덴마크, 대한상공회의소, 1998. 9.
한국몽골협력협회, 한몽골 수교 10주년 특별좌담.
한국무역협회, 세계 비즈니스 문화기행, 도서출판 두남, 2002.
한국무역상무학회, ISBP 국제표준은행관습, 2003.
AT&T, 「미국 생활 안내서」, 2000.
(사)한국라보·서울특별시, 「민박안내서」, 2000.

2. 日本文獻

龜井利明, マリン・リスクマネヅメントと保険制度, 千倉書房, 1982.
_______, リスク・マネジメントの理論と實務, ダイセモント社, 1980.
山本敬三, 國際取引法, 學陽書房, 1984.
石田貞夫, 改訂 貿易實務, 自桃書房, 1981.
小島 淸, 交易條件, 勁草書房, 1956.
_______, 低開發國の貿易, 1964.
_______・山澤逸平 譯, 國際貿易の新理論, グイヤモンド社, 1964.
園乾治, 危険と保険, 文雅堂, 1978.
_______, 改訂 輸出マーケティング論, 東洋經濟新報社, 1977.
_______, 貿易賣買と商慣習(第3版), 東京布井出版(株), 1982.
中村 弘, 貿易契約の基礎, 東洋經濟新報社, 1983.
東京銀行 編, 新版 貿易と信用狀, 實業之日本社, 1987.
外務省外務報道官編編集, やさしい國際儀禮, (財)世界の 動き社, 1986.

3. 英美文獻

Athearn James L., *Risk and Insurance,* Meredith Corporation, 1969.
Baglins Norman A., *Risk Management in American Multinational and International Corporation,* University Microfilms International, 1974.
Brooke M. Z., and Remmers H. L., *The Strategy of Multinational Enterprise,* London, 1971.
Cateora, P. R., & J. M. Hess, *International Marketing,* 3rd ed., Illinois: Irwin, 1975.
Fayerweather, J., *International Business Management,* McGrow-Hill, 1969.
Gruber, W., Mehta, D., Vernon, R., The R&D Factor in International Trade and International Investment of United States Industries, Journal of Political Economy, February, 1967.
Haberler, G., *The Theory of International Trado,* W. Hodge and Company, 1936(재참조).
Head George L., *Risk Management Pross, Risk and Insurance Management Society,* Inc., 1978.
Heckscher, E. F., *The Effect of Foreign Trade on the Distribution of Income, Translated from Swedith and Reprinted in Readings in the Theory of International Trade*(American Economic Association Series), 1953(재참조).
Kulp C. A. and Hall J. W., *Casualty Insurance,* 4th ed., The Ronald Press Company, 1968.
Leontief, W. W., *Domestic Production and Foreign Trade,* The American Capital Position Reexamined, Economica Internationale, 1954; Reprinted in Readings in International Economics, 1968.
Linder, S. B., *Trade and Trade Policy for Development,* Fredrik A. Praeger, Inc., N. Y. 1976.
______, *An Essay on Trade and Transformation,* Uppsala: Almqviet & Wiksells, 1961
List, F., *Das National System der Politischen Őkonomie,* Bd. I, Stuttgart u. Tűbingen, 1841(Sammlung Sozialwissenschftlich Meister von Meisterr von H. W ntig 1928)(재참조).
Mill, J., *Principles of Political Economy,* London, 1917; New York: Appleton, 1902(재참조).

Mowbray A. H., Blanchard R. H. and Williams, Jr C. A., *Insurance,* 6th ed., McGraw-Hill Book Company, New York, 1969.
Ohlin, B., *Interregional Trade,* Havard University Press(1933), Revised, ed., 1962.
Posner, M. V., *International Trade and Technical Change,* Oxford Economic Papers, Oct. 1961.
Ricardo, D., *The Works and Correspondence of David Ricardo,* Cambridge University Press, 1951(재참조), vol. I, 'on the Principles of Political Economy and Taxation, Chapter VII.'
Smith, A., *An Inquiry into the Nature and Causes of the Wealth of Nations,* London, 1776(재참조).
Terpstra V., *International Marketing,* 3rd ed., The Dryden Press, 1983.
Vernon, R., "*International Investment and International Trade in the Product Life Cycle,*" *Quartely Journal of Economics,* May, 1960.
Willet Allan H., The Economic Theory of Risk and Insurance, University of Pennsylvania Press, 1951, p. 8.

American Marketing Association(AMA), Marketing Definition: A Glossary of Marketing Terms, complied by the Committee on Definition of the American Marketing Association(AMA) 1960.
ICC, Incoterms® 2010, ICC publication No. 715E, 2010.
ICC, The Uniform Customs and Practice for Documentary Credits, 2007 Revision ICC Publication No. 600, 2007.
WTO, 2002, Rules of Origin Regimes in Regional Trade Agreements, WT/REG/W/45, WTO
WTO/GATT, General Agreement on Tariffs and Trade.

http://100.daum.net/encyclopedia/view.do?docid=b06r0203b002
http://100.daum.net/encyclopedia/view.do?docid=b06r2142b
http://100.daum.net/encyclopedia/view.do?docid=b07m3848b
http://100.daum.net/encyclopedia/view.do?docid=b08m1733b002
http://100.daum.net/encyclopedia/view.do?docid=b09b1676b
http://100.daum.net/encyclopedia/view.do?docid=b10b0289b002
http://100.daum.net/encyclopedia/view.do?docid=b10b1649b
http://100.daum.net/encyclopedia/view.do?docid=b11s0520b
http://100.daum.net/encyclopedia/view.do?docid=b12s1099b
http://100.daum.net/encyclopedia/view.do?docid=b14a3849b
http://100.daum.net/encyclopedia/view.do?docid=b16a1044b005
http://100.daum.net/encyclopedia/view.do?docid=b16a2649b008#ID65
http://100.daum.net/encyclopedia/view.do?docid=b18a0464b
http://100.daum.net/encyclopedia/view.do?docid=b18j2210b
http://100.daum.net/encyclopedia/view.do?docid=b21k0887b
http://100.daum.net/encyclopedia/view.do?docid=b21k1355b004
http://100.daum.net/encyclopedia/view.do?docid=b22k0399b
http://100.daum.net/encyclopedia/view.do?docid=b22t2452b002
http://100.daum.net/encyclopedia/view.do?docid=b22t3780b
http://100.daum.net/encyclopedia/view.do?docid=b25h0350b
http://100.daum.net/encyclopedia/view.do?docid=v102ha130a5
http://100.naver.com/search.naver?

http://100.naver.com/search.naver?where
http://119tour.co.kr/attent.htm
http://ask.nate.com/qna/view.html?n=10450681
http://ask.nate.com/qna/view.html?n=9290702
http://blog.daum.net/wr10065/16
http://blog.honeymoonairtel.com/123
http://blog.naver.com/hihiment?Redirect=Log&logNo=90182568707
http://blog.naver.com/honeystours?Redirect=Log&logNo=20201090804
http://blog.naver.com/jsouthj?Redirect=Log&logNo=50170212511
http://blog.naver.com/kjy20124?Redirect=Log&logNo=110184059910
http://blog.naver.com/mysunmoon7?Redirect=Log&logNo=130180056627
http://blog.naver.com/mysunmoon7?Redirect=Log&logNo=130181435934
http://blog.naver.com/mysunmoon7?Redirect=Log&logNo=130184575356
http://blog.naver.com/otcom6526?Redirect=Log&logNo=40204081236
http://blog.naver.com/PostView.nhn?
http://blog.naver.com/PostView.nhn?blogId
http://blog.naver.com/PostView.nhn?blogId=2lili&logNo=20194412239
http://blog.naver.com/PostView.nhn?blogId=gootaeji&logNo=110151325028
http://blog.naver.com/PostView.nhn?blogId=jsouthj&logNo=50166998840
http://blog.naver.com/PostView.nhn?blogId=komec1&logNo
http://blog.naver.com/PostView.nhn?blogId=koollol7&logNo=110163278878
http://blog.naver.com/PostView.nhn?blogId=parangusl_&logNo=70190220300
http://blog.naver.com/PostView.nhn?blogId=qqaz1005&logNo=50157101413
http://blog.naver.com/PostView.nhn?blogId=ts2685&logNo=150178822808
http://blog.naver.com/PostView.nhn?blogId=ultraman0805&logNo=220084015246
http://blog.naver.com/workersj?Redirect
http://cafe.daum.net/_c21_/filefilter_viewer_hdn?grpid
http://cafe.daum.net/ana-cafe/FtBa/16?q
http://cafe.daum.net/crcnet/4syT/3?q
http://cafe.daum.net/cyhdscom/3E3J/147?q
http://cafe.daum.net/ds201331/PcW5/59?q
http://cafe.daum.net/foodknol/FcPx/4?q
http://cafe.daum.net/myanmar12/FMpZ/3?q
http://cafe.daum.net/quiltweaver/42Wf/429?q
http://cafe.daum.net/sounkji0168/OOGz/2?q
http://cafe.daum.net/tklovefood/1Osd/9312?
http://cafe.naver.com/injakarta/
http://cafe.naver.com/kopiasrilanka/274
http://cafe.naver.com/kopiasrilanka/376
http://cafe.naver.com/pknu6/12
http://chunchu.yonsei.ac.kr/news/articleView.html?idxno=12758
http://encykorea.aks.ac.kr/Contents/Index?contents_id=E0058643
http://foodwide.net/board/index.html?dir_id=90205&doc_id
http://k.daum.net/qna/ view.html?category_id

http://k.daum.net/qna/openknowledge/view.html?
http://k.daum.net/qna/openknowledge/view.html?category_id
http://k.daum.net/qna/view.html?
http://k.daum.net/qna/view.html?category_id
http://k.daum.net/qna/view.html?category_id=QJF&qid=3B2XT&q
http://k.daum.net/qna/view.html?category_id=QKB&qid
http://k.daum.net/qna/view.html?category_id=QKB&qidN
http://k.daum.net/qna/view.html?category_id=QLA&qid=0C6hx&q
http://k.daum.net/qna/view.html?category_id=QQO&qid
http://k.daum.net/qna/view.html?qid=00x0c&category_id=QKB007&q
http://kin.naver.com/open100/detail.nhn?d1id
http://kin.naver.com/qna/detail.nhn?
http://kin.naver.com/qna/detail.nhn?d1id
http://kin.naver.com/qna/detail.nhn?d1id=11&dirId
http://kin.naver.com/qna/detail.nhn?d1id=13&dirId
http://kin.naver.com/qna/detail.nhn?d1id=13&dirId=130504&docId
http://kin.naver.com/qna/detail.nhn?d1id=8&dirId=802&docId=110741061&qb
http://ko.wikipedia.org/wiki/
http://polski.egloos.com/viewer/1459189
http://search.daum.net/search?nil
http://search.daum.net/search?nil_suggest
http://search.daum.net/search?nil_suggest=btn&w=tot&DA
http://search.daum.net/search?nil_suggest=btn&w=tot&DA=SBCO&q
http://search.daum.net/search?w=tot&DA
http://search.naver.com/search.naver?sm
http://search.naver.com/search.naver?where=nexearch&sm
http://search.naver.com/search.naver?where=nexearch&sm=tol_sug&query
http://terms.naver.com/entry.nhn?
http://terms.naver.com/entry.nhn?docId
http://terms.naver.com/entry.nhn?docId=1003461&cid=46627&categoryId=46627
http://terms.naver.com/entry.nhn?docId=1003494&cid=46627&categoryId=46627
http://terms.naver.com/entry.nhn?docId=1003495&cid=46627&categoryId=46627
http://terms.naver.com/entry.nhn?docId=1121647&cid=40942&categoryId=34108
http://terms.naver.com/entry.nhn?docId=1135678&cid
http://terms.naver.com/entry.nhn?docId=1154201&cid=40942&categoryId=34158
http://terms.naver.com/entry.nhn?docId=1154250&cid=40942&categoryId=34159
http://terms.naver.com/entry.nhn?docId=1175208&cid=40942&categoryId=33136
http://terms.naver.com/entry.nhn?docId=1177930&cid=40942&categoryId=31643
http://terms.naver.com/entry.nhn?docId=1178067&cid=40942&categoryId=31643
http://terms.naver.com/entry.nhn?docId=1178537&cid=40942&categoryId=31643
http://terms.naver.com/entry.nhn?docId=2096275&cid=42864&categoryId
http://terms.naver.com/entry.nhn?docId=533557&cid=46627&categoryId=46627
http://terms.naver.com/entry.nhn?docId=559461&cid=46627&categoryId=46627
http://terms.naver.com/entry.nhn?docId=559462&cid=46627&categoryId=46627

http://terms.naver.com/entry.nhn?docId=576794&cid=46627&categoryId=46627
http://terms.naver.com/entry.nhn?docId=957070&cid=48195&categoryId
http://www.aph.gov.au
http://www.asie.co.kr
http://www.blog.naver.com
http://www.blog.naver.com/PostView.nhn?blogId=komec1&logNo
http : //www.canadanet.co.kr/VerMenu/CulSys/LifeStandard/Family.htm
http://www.changwon.ac.kr/~hfrench/genf.htm
http://www.chinainkorea.co.kr
http://www.chinatrade.pe.kr
http://www.chosun.ac.kr/~oasis/life/a8.html
http://www.connectyou.com
http://www.customs.gov
http://www.cyworld.com/cwoy1/13456437
http://www.drtravel.net/mailn/
http://www.edpia.com
http://www.espain.co.kr/g_so.htm
http://www.eyeofeagle.co.kr/
http://www.foodtoday.or.kr/news/article.html?no=92772
http://www.hanatour.co.kr
http://www.hanmichina.co.kr/trade5.htm
http://www.hanmichina.net
http://www.hoestring.co.kr/destinations/middle.htm
http://www.home.dreamx.net/bong622/
http://www.iccwbo.org/incoterms/id3040/index.html
http://lka.mofa.go.kr/korean/as/lka/information/culture/index.jsp
http://www.iregent.com
http://www.irmcentral.com
http://www.isepyuhak.com/nz/nz09.htm
http://www.kbsword.net
http://www.keic.or.kr
http://www.kli.co.kr
http://www.kmca.or.kr/
http://www.korea.dreamwater.com/japan.htm
http://www.kotra.or.kr/
http://www.kotra.or.kr/main/info/country
http://www.kotra.or.kr/main/info/country/countrydetail.php3.
http://www.kr.gobizkorea.com
http://www.lmalloyds.com
http://www.logiskorea.co.kr
http://www.mail.kebi.com/~james10/
http://www.malay.co.kr
http://www.metalland.co.kr
http://www.modalohr.com

http://www.mofat.go.kr/missions/Newzealand.nsf?opendatabase
http://www.mofat.go.kr/missions/oman.nsf
http://www.mofat.go.kr/web/market-env.nsf/
http://www.mongolia.pe.kr/
http://www.my.dreamwiz.com/japan815/siksayejeol.htm
http://www.my.netian.com/~japan73/j3.htm
http://www.myhome.shinbiro.com/~james74/index.html/
http://www.myung.chonbuk.ac.kr
http://www.nemopan.com/762264
http://www.nhic.co.kr
http://www.nobelmann.com/about/land/deutsch.htm
http://www.ofmi.or.kr
http://www.rhlg.com
http://www.rightquote.com
http://www.seam.or.kr/html
http://www.seoul-gchs.seoul.kr/~jeonghee/frame1.htm
http://www.shoestring.kr/travel/af/ar_11.html
http://www.sisabreak.com/news/articleView.html?idxno=25579
http://www.sisabreak.com/news/articleView.html?idxno=26445
http://www.sktour.co.kr/sktour/info/worldinfo/tip-35.html
http://www.skyyoram.hihome.com/etiket.html
http://www.soholink.co.kr/trade/phi/phi_1.htm
http://www.spide.go.kr
http://www.taishin.co.kr/menu/menu07b3_6.htm
http://www.teerak.tripod.com
http://www.the.or.kr
http://www.topas.net
http://www.tourcs.co.kr/world/asia/oman.htm
http://www.tourpia.co.kr/outbound/country/asia/hongkong_n8.html
http://www.toursale.net/aboutphil.htm
http://www.tradegoods.com
http://www.travel21.co.kr
http://www.tywell.com
http://www.uhaknews.com
http://www.uhaknews.com/stepby/prestuff/distri.asp?var=oksk&kind=b11
http://www.user.chollian.net/~foe2026/
http://www.user.chollian.net/~pecreple
http://www.whedu.co.kr/bbs/index3-00.asp?gotopage
http://www.yoohantravel.co.kr/pimages/p-js.htm

찾아보기

ㄱ

ㄴ

ㅅ

ㅇ

[저자 약력]

권 오

경력 경제학박사(건국대)
대한상사중재원 중재인/관세사시험 출제위원 및 선정위원/한국관세학회 고문/공무원 7급, 9급 시험출제위원/한국무역학회 부회장/한국통상정보학회 부회장/
관세청 민관합동규제개혁추진단위원
관세청 세관선진화추진위원회위원
기획재정부 관세심의위원회위원
현) 한성대학교 사회과학대학 무역학과 교수

수상 기획재정부장관상 표창
교육부장관상 표창

저서 국제무역실무 / 현대무역학원론
국제무역보험론 / 무역대금결제론
국제무역운송론 / 보험학원론
국제무역분쟁해결론 / 국제무역관습 및 협 약론 /
무역관련 국내법규론 / 국제무역의 이해

논문 해상운송인의 위험대응조치와 적하보험자의 책임에 관한 연구/UCP 600의 서류심사기준과 eUCP 및 ISBP의 관련규정에 관한 고찰 외 다수

홍승린

경력 경제학박사(일본 마츠야마대)
한국관세학회 상임이사
한국무역상무학회 상임이사
한국통상정보학회 상임이사
한국동북아경제학회 상임이사
국제 e-비즈니스학회 상임이사
한일경상학회 상임이사/사무국장(현)
한국무역학회 이사/사무국장(현)
건국대학교 겸임교수/인하대학교 연구교수/마츠야마대학교 객원교수/중원대학교 국제통상학과 조교수
현) 한성대학교 사회과학대학 무역학과 조교수

저서 무역실무 테크닉90
물류개론
국제무역의 이해

논문 한국의 수출경쟁력과 물류통관에 관한 연구/수출입물류비용 절감을 통한 수출입물류경쟁력 강화방안에 관한 연구 외 다수

글로벌 무역문화론

초 판 1쇄 인쇄 —— 2014년 8월 20일
초 판 1쇄 발행 —— 2014년 8월 25일
지은이 —— 권 오·홍 승 린
펴낸이 —— 전 두 표
펴낸곳 —— 도서출판 두남
서울시 강동구 성내로6길 34-16 두남빌딩
신 고 : 제25100-1988-9호
TEL : 02) 478-2065, 2066, 2067, 2311
FAX : 02) 478-2068
E-mail : dunam1@unitel.co.kr
http://www.dunam.co.kr

정가 27,000원

ISBN 978-89-6414-545-6 93320